韓国経済発展の始動

金子文夫・宣在源【編著】

日本経済評論社

凡　　例

1．年次の表記は原則として西暦に統一した。

2．韓国語文献のうち、タイトルのハングル表記を日本語に翻訳したものについては、タイトルの後に＊を付した。

3．国名は、大韓民国を韓国、朝鮮民主主義人民共和国を北朝鮮と略記した。

4．英語の組織名については、初出は略称（フルネーム、訳語）、以後は略称を用いることを基本とした。たとえば、USOM（U.S. Operations Mission to Korea，駐韓米国経済協調処）とした。ただし一部の章は別の方式とした。

5．欧米人の人名はアルファベット表記またはカタカナ表記とした。韓国人の人名は漢字表記を原則とした。

6．通貨表記は、1962年6月10日以前はファン、以後はウォンとした。

7．図表中の―は該当なし、…は不明を示す。

目　次

序　章　**1960年代韓国経済発展研究の意義**……………………… 宣在源　1

　　1．1960年代韓国経済発展研究の意義を理解するための前提　1
　　2．先行研究と分析方法　3
　　3．分析対象と各章の概要　5

第Ⅰ部　体　　制

第1章　**対外政策**──新たな日韓経済関係の形成 ………………… 金子文夫　15

　　1．はじめに　15
　　2．日韓条約以前の日韓経済関係　16
　　3．日韓条約以後の日韓経済関係　25
　　4．おわりに　35

第2章　**為替改革**──単一変動為替制への帰結 ………………… 柳尚潤　41

　　1．はじめに　41
　　2．1961年2月の「現実的単一為替レート」実施──為替一本化の試み　42
　　3．1964年5月の「為替レート現実化」──変動為替制の導入　51
　　4．おわりに　56

第3章　**輸出支援**──輸出計画と合同経済委員会輸出振興
　　　　　分科委員会 ……………………………………………… 李相哲　63

　　1．はじめに　63
　　2．輸出計画と輸出支援政策の展開　64

3．合同経済委員会輸出振興分科委員会と輸出支援政策　70

4．おわりに　77

第4章　輸出組合──設立経緯とその運営………………………………朴燮　81

1．はじめに　81

2．「輸出組合法」の制定　84

3．輸出推薦　88

4．輸出自家補償　91

5．おわりに　96

第Ⅱ部　要　　素

第5章　企業金融──高金利政策と私金融市場…………………………李明輝　103

1．はじめに　103

2．金利引き上げと制度圏金融市場の拡大　104

3．貸出金利と政策金融　111

4．法人企業の資金調達構造　113

5．企業経営の悪化　119

6．私金融市場の繁栄と私債　122

7．おわりに　126

第6章　株式公開──全経連の「企業公開」推進と政府・

各企業の対応戦略………………………………………………李定垠　129

1．はじめに　129

2．全経連の資本市場育成推進の条件と意図　132

3．全経連の要求事項と政府政策との関係　137

4．個別企業の企業公開と対応戦略　147

5．おわりに　152

第7章　**人材育成**──技能工養成政策の展開と成果……………**丁 振聲**　161

   1．はじめに　161
   2．技術振興5ヵ年計画　163
   3．第2次科学技術振興5ヵ年計画　169
   4．技術系マンパワー政策の成果　173
   5．おわりに　183

第8章　**技術革新**──機械工業の設備投資と生産管理…………**宣 在源**　189

   1．はじめに　189
   2．研究開発　190
   3．設備投資と機械工業の実績　193
   4．生産管理──『機械工業技術実態調査』分析　198
   5．労働生産性　204
   6．おわりに　206

第Ⅲ部　産　　業

第9章　**石炭産業**──石炭開発とエネルギー転換………………**林 采成**　215

   1．はじめに　215
   2．石炭需要と供給条件　217
   3．大単位炭座開発と「煉炭波動」　226
   4．エネルギー転換と炭鉱経営支援政策　234
   5．おわりに　242

第10章　**鉄鋼産業**──鉄鋼業育成総合計画と仁川製鉄…………**李 相哲**　247

   1．はじめに　247
   2．総合製鉄所建設の構想　248

3．鉄鋼業育成総合計画の樹立　254
  4．仁川製鉄の設立と不実化　259
  5．おわりに　269

第11章　造船産業――対日請求権資金による国家主導の
　　　　育成の試み………………………………………裵錫満　275

  1．はじめに　275
  2．対日請求権資金と造船産業　277
  3．船舶建造の仕組みと実績　280
  4．造船業界の対応　283
  5．おわりに　287

第12章　紡績産業――綿紡績業輸出体制の形成と発展………徐文錫　293

  1．はじめに　293
  2．1960年代以前における紡績業の動向　294
  3．輸出体制の形成と発展　298
  4．おわりに　311

終　章　総括と展望………………………………………金子文夫　317

あとがき　323
索引（人名・事項）　327

序　章　1960年代韓国経済発展研究の意義

宣在源

1．1960年代韓国経済発展研究の意義を理解するための前提

　1960年代の韓国経済発展を研究する意義は、人類史上もっとも高い成長率を示した代表的な事例を分析することにある（表序-1）。第2次大戦後から第1次石油危機に至る1950年から73年までの期間に、世界の1人当たりGDP年平均成長率（年平均複利成長率）は2.92％であり、イギリス産業革命の効果が世界に普及した1870年から1913年までの時期の1.30％の2倍以上であった。1950年から73年までの時期、日本の成長率は8.06％と目覚ましいものであったが、他の全ての地域もそれ以前の時期の成長率を上回っている。とりわけ韓国も含まれているアジアの成長率は、前期のマイナス0.10％から2.91％に転じており、この地域に大きな変化があったことが推測できる。本書の目的は、第2次大戦後に、市場経済や安定的な対外関係の回復と円滑な資本移動や技術移転という

表序-1　地域別1人当たりGDP成長率（年平均複利成長率）

(単位：％)

	世界	アジア	日本	アフリカ	西ヨーロッパ	東ヨーロッパ	旧ソ連	西欧その他	南米
1000～1500	0.05	0.05	0.03	−0.01	0.13	0.04	0.04	0.00	0.01
1500～1820	0.05	0.00	0.09	0.00	0.14	0.10	0.10	0.34	0.16
1820～1870	0.54	−0.10	0.19	0.35	0.98	0.63	0.63	1.41	−0.03
1870～1913	1.30	0.42	1.48	0.57	1.33	1.39	1.06	1.81	1.82
1913～1950	0.88	−0.10	0.88	0.92	0.84	0.60	1.76	1.56	1.43
1950～1973	2.92	2.91	8.06	2.00	3.92	3.81	3.35	2.45	2.58
1973～2001	1.41	3.55	2.14	0.19	1.80	0.68	−0.96	1.84	0.91

出所：Maddison, Angus, *The World Economy: Historical Statistics*, OECD, 2003, p. 263.
注：1）アジアは日本を除く。
　　2）西欧その他は米国、カナダ、オーストラリア、ニュージーランド。

環境に適応しつつ経済発展の始動期に入った1960年代の韓国経済の解明であり、とりわけ企業との相互作用を通じて形成された経済政策、内外からの資源調達、市場と政策に敏感に反応した企業行動に注目し、高成長を可能にした原因と仕組みを明らかにすることである。

人類の経済生活の分岐点は、マルサスの罠を解消した産業革命により生じたといわれる[1]。そのことは1870〜1913年の世界の1人当たりGDP成長率が1.30%に達し、それ以前より大きく伸びたことからも確認できる。経済成長の分岐に貢献した地域は、ロシアを除いたヨーロッパ、北米と南米、そして日本であった。世界の経済成長は、二つの大戦を含む世界経済秩序の大転換を経験した1913〜50年の時期に減速した。しかし、1950年以後、第1次石油危機が起きた1973年までの1人当たりGDP成長率は2.92%となり、Gregory Clarkの研究によれば、有史以来最高の成長率を見せたことになる。この成長率上昇に寄与した地域は、ロシア（旧ソ連）を含むヨーロッパと日本である。米国の成長率は西欧その他に含まれて確認できないが、その寄与は予想できる。

ここで注目すべきことは、1870〜1913年にアジアとアフリカの1人当たりGDP成長率が世界平均のそれぞれ32%と44%にとどまったのに対して、1950〜73年のアジアは世界平均と同レベルとなり、アフリカも68%に上昇したことである。アジアの勢いは1973〜2001年にも続いている。アジアが欧米に追いついた主因は生産性向上であった。すなわち、1960〜95年における製造業従業員1人当たり年平均生産額成長率は、中国7.7%、マレーシア5.6%、台湾4.5%、韓国7.8%であり、日本の6.1%を除くと米国3.5%、イギリス3.1%、フランス3.8%、ドイツ3.2%などの先進国を上回っていた[2]。特に1960年代における製造業生産額年平均成長率は、マレーシア10.9%、台湾15.0%、韓国17.7%となり、日本の15.2%を除くと米国4.2%、イギリス2.9%、フランス6.9%、ドイツ7.7%などの先進国の数値を大幅に上回った。人類史のうえで最高の成長率を示し、マルサスの罠という問題を解消していった第2次大戦後から第1次石油危機に至るアジアの経済発展、とりわけ、1960年代において驚異的な成長率を示した韓国経済の成長要因を分析する意義は大きいであろう。

2．先行研究と分析方法

韓国経済は1950年代に成長の基盤が形成され[3]、1960年代から持続的に成長し、第2次石油危機による1980年の落ち込みを挟んで高成長を続け、アジア金融危機に伴う1998年の外貨危機に直面して急転落した。その後は一旦V字回復をしたとはいえ、2009年まで成長率は逓減した（図序-1）。

1960～80年代における韓国の高成長の原因と展開に関する研究は多くの蓄積がある。これらの研究に、高成長の原因を市場開放あるいは市場機能への円滑なる適応に求めるか、政府の役割に求めるかによって大きく分かれる。

最近の研究では、産業革命により人類の経済生活に分岐点が生じたとするClarkの発想を韓国経済史に適用した車明洙の研究が注目される[4]。彼は韓国においてはマルサスの罠がいつどのような過程を通じて解消されたかについて、経済成長の主たる要素である資本、技術、人的資源と、罠の解消の指標になる出産、人口、生活水準に関して、一次資料と信頼性の高い計量方法を用いて分析している。そして彼は植民地期における経済成長と、解放後の経済成長の原

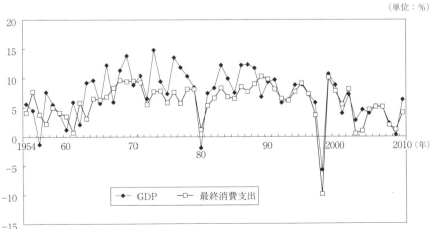

図序-1　経済成長主要指標（前年同期比実質増減率）

出所：金洛年編『韓国の長期統計――国民経済計算、1911～2010』*ソウル大学校出版文化院、2012年、416～425頁。

因が、政府による市場介入によるものではなかったと主張している[5]。朴根好は、1960年代における韓国経済成長の原因として産業政策とりわけ輸出政策に注目している従来の研究を批判し、輸出政策があったことは間違いないが、それが輸出拡大の実績につながったという根拠は示されていないと主張している[6]。彼は1960年代における韓国の経済成長は、米国の対外政策の一環としての「バイ・コリアン政策」により牽引されたとしており、従来の彼の研究[7]を進展させている。

一方、Alice Amsdenは、後発国の経済成長に関する研究方法[8]に基づいて、第2次大戦後から急上昇していった後発国の経済成長パターンの特徴に注目した[9]。彼女は、後発国の経済成長が、市場の相対価格に順応するのではなく、先進国における企業家のリーダーシップ[10]に代わる政府のリーダーシップによる相対価格の歪曲、すなわち産業政策を展開する過程において実現された点を強調している。ここで相対価格の歪曲というのは、与えられた国家間の比較優位条件を前提に交易するのではなく、輸出競争力の高い商品を誕生させるために企業を選別し、補助金あるいは融資斡旋、該当商品の輸入制限などの政府の介入によって競争力を高めて比較優位条件を変えることを意味する。彼女がこのような後発国政府の行動に注目する理由は、この行動こそがすでに作られた先進国による比較優位構造を変えられると考えたためである[11]。しかし、Amsdenは、韓国政府がある企業を輸出企業として選定する際には、輸出のためのサポートだけではなく、輸出目標額を達成させるように規律（disciplinary）を適用したが、市場自由化後も自由化の下で実績を上げられるように新しい規律を適用した実態をも明らかにしている[12]。

本書は、1960年代の韓国経済発展において政府の役割が重要であったという立場を基本とし、Amsdenの研究を継承している。一方、1980年代後半以降政府の役割が低下し、企業と政府との関係が変化した点を、Amsdenは分析していないという批判にも留意しなければならない[13]。本書は、韓国政府が市場の動向に敏感に反応しており、企業の行動を常にチェックしながら政策を柔軟に変更していたと評価している。すなわち、韓国政府が企業経営のリーダーシップを代行したわけではなく、シグナルを提示して企業が自ら行動をとるように誘導していたと判断している。Naomi Lamoreauxは、ヒエラルヒー（位階秩序）

分析の方法に基づいて 20 世紀米国の経済発展における大手企業の浮上について研究した Alfred Chandler を批判しつつ、原材料を購入する際と商品を販売する際に大手企業が自らの組織あるいはヒエラルヒーを利用したことは間違いないとしても、中小企業は市場の動向に適応していた点を指摘している[14]。同様に朴燮は、市場への独自な形に沿った「適応」や政府と企業との相互関係に基づいた「協力」という分析概念を用いながら、開港期や植民地期を含む 20 世紀韓国経済の成長が、市場開放に伴う国際分業に「適応」するスピードと、政府と企業との「協力」の程度によって左右されていた実態を明らかにしている[15]。以上の研究を踏まえて本書は、1960 年代の韓国経済発展を分析する際に、経済行為を市場かヒエラルヒーかというように二分法的に分析するのではなく、経済行為ごとに市場分析の方法とヒエラルヒー分析の方法をそれぞれ適用する。

3．分析対象と各章の概要

　以上の分析方法に基づいて、本書では第 2 次大戦以後に著しい経済成長を遂げた代表的な後発国である韓国の 1960 年代経済発展始動期における成長要因を明らかにする。すなわち、第Ⅰ部「体制」（第 1 〜 4 章）では、第 2 次大戦後、新たな市場環境に沿った対日経済関係、自由貿易と米国の対外政策の変化に対応しつつ安定的な運用を模索した為替制度、相対価格を歪曲し新たな比較優位条件を創出した輸出支援政策、その中でも政府と企業の間を調整した輸出組合の運営など、対外関係を中心にした政策形成と展開の様相を検討する。

　第Ⅱ部「要素」（第 5 〜 8 章）では、資本調達の多様化に対応すべく実施された金利現実化措置以後の企業金融の実態、資本市場育成に向けた企業公開政策とそれに対する企業団体の対応、人材育成計画の展開と各現場での適応過程、生産管理の展開における技術革新の実態など、政府と企業との調整のなかで、資本調達や人的資源・技術の確保等、経営資源が調達されるプロセスを解明する。

　それをふまえて第Ⅲ部「産業」（第 9 〜 12 章）では、当時の主たるエネルギー産業であった石炭産業、重化学工業化の軸であり基礎素材産業である鉄鋼産業、当時付加価値の高い代表的な重工業であった造船産業、技術革新のリーディン

グ産業であり、輸出の主力であった紡績産業（綿紡績業）における企業行動の実態を明らかにする。各章の概要は以下のとおりである。

第1章「対外政策」（金子文夫）は、1965年を境に1960年代を2期に区分し、経済政策（5ヵ年計画、日韓間の経済外交交渉）と実体経済（資本移動、貿易）との関連性を究明した。60年代前半、第1次5ヵ年計画の遂行のために韓国政府は日韓会談の妥結を急ぎ、名目で日本に譲歩しつつ、無償・有償資金を獲得した。これに呼応して日本の貿易商社は韓国に進出し、政府間協定成立以前の資本導入（商業借款）を目指した。そうした動向が日韓会談に影響し、商業借款の早期実現、また協定における商業借款の増枠をもたらした。貿易面では韓国の重化学工業品輸入における対日依存度が上昇した。60年代後半、第2次5ヵ年計画の早期達成を目指して、韓国政府は日韓閣僚会議において資本輸入の繰上げ実施および増枠を要請し、並行して日韓の経済界の連携も深まった。日本の対韓商業借款はブームとなり、日本からのプラント輸入によって工業化が急速に進展した。同時に、韓国の対日貿易赤字は拡大し、日本が重化学工業、韓国が軽工業を担当する垂直的分業関係が形成された。

第2章「為替改革」（柳尚潤）は、1960年代の輸出主導型工業化政策を可能にした為替レートの現実化について、米国の公文書を活用して分析した。李承晩政権崩壊後に韓米当局は、為替レートの現実化という共通の課題を解決しようとした。1960年に米国務省は、それまでの援助政策に強い不満を有した米国議会を説得するために、十分な準備なしに単一為替レートを押し付けた。1961年の為替改革について、米国の支援が不可欠と考える韓国政府は時期尚早であると判断しながらそれを受け入れたが、まもなく事実上の複数為替レートへと回帰してしまった。この教訓を生かした1964年の改革は、米国政府が韓国経済の安定と同時に発展を目標として掲げ、変動性を補完する安全装置を確保したため、持続可能な外国為替制度として定着した。

第3章「輸出支援」（李相哲）は、輸出計画の変遷と韓米合同経済委員会傘下の輸出振興分科委員会の運営を分析している。民主党政権による第1次経済開発5ヵ年計画の草案でも輸出振興が示され、援助削減後の外貨確保対策のために輸出政策が必要となるという認識が広がっていた。このため合同経済委員会輸出振興分科委員会が設置され、米国支援の下に韓国経済官僚により輸出補助

金、輸出金融、各種租税減免措置、貿易振興機構の設立、海外展示機能の強化、輸出検査制度、国連軍への納入、保税加工という形で洗練・具体化された。同委員会に参加した官僚は、1960年代初めの貿易・産業政策の立案にも参加しており、その仕組みは1970年代まで維持された。

第4章「輸出組合」(朴燮) は、韓国政府の輸出促進政策における輸出組合の役割を分析した。1950年代の輸出企業の過当競争は深刻な問題であり、軍事政変前の政府は輸出を認証して輸出秩序を立てようとしたが、行政指導力が足りなかった。このため政府も企業も、1950年代後半から法律的な根拠を持つ輸出組合の必要性を認識していたが、韓国には独占禁止法がなく、政府は輸出組合が独占的利益団体に発展することを憂慮していた。しかし、政府は、1961年の軍事政変によってその地位を固め、独占問題に配慮することなく、9月に輸出組合法を制定した。輸出組合は輸出基準価格を設定し、それを超える輸出契約だけを政府に推薦し、政府は推薦された輸出契約だけを認証することで過当競争問題を解決した。政府は輸出組合に輸出増加を要求したが、輸出企業の価格競争力は低かった。多数の輸出組合は、会員企業が国内市場で得た利潤を用いて輸出による損失を補償する計画を立て、会員企業の輸出意欲を高めた。

第5章「企業金融」(李明輝) は、金融市場を是正するために施行された「金利現実化政策」とそれに対応する企業行動を分析した。1965年の金利現実化措置は、金利の急上昇に対応して貯蓄資金を動員するものであり、資金需要に合わせて特殊銀行を設立して金融制度を整備した。韓国金融市場は、その措置後に貯蓄性預金が増加して貨幣の信頼性も改善され、海外からの資金調達も容易になり預金金利も徐々に低下した。しかし、第2次経済開発計画を進める中で重点育成事業に指定された企業は、莫大な投資資金を借り入れなければならなかったため、財務構造は脆弱であった。このため重点企業への貸出金利は、各種政策金融の優遇と配分方式により1965年以前の低金利政策へと回帰した。この結果1965年から1971年にかけて施行された金利現実化政策は徐々に解体され、金融市場の二重構造を廃止しようとしていた当初の政策目標は達成されなかった。このような試行錯誤を是正するために1972年に私債凍結措置と高利貸出市場の規制そして不良企業整理が行われたのである。

第6章「株式公開」(李定垠) は、大手企業の円滑な資本調達のために全経連

が実施した 1967 年から 73 年までの「企業公開」推進事業とその政策への反映を分析した。証券市場の育成が明確な政策課題と認識されていなかった 1967～68 年において、全経連は「株式大衆化」を掲げ、資本市場の育成活動を進めた。この背景には、企業の資金需要の急増と財務構造の不健全化があった。財務状況の開示に積極的ではなかった大手企業を説得するため、全経連は企業の社会的責任を訴えつつ、政府には公開法人に対する税制や銀行借入の優遇と経営権保護のための各種措置を求めた。このような全経連の活動は、1968 年 11 月に「資本市場育成法」制定として結実した。それ以降、法人税減税などの優遇措置の影響もあり、公開に踏み切る企業は増加していったが、1973 年からは政府の圧力も強まっていった。

　第 7 章「人材育成」（丁振聲）は、経済開発 5 ヵ年計画の一環として実施された技能工養成政策について、技術振興 5 ヵ年計画と第 2 次科学技術振興 5 ヵ年計画をとりあげている。政府は、技能工は自然に成長するものと認識し、1960 年代初めにはその養成に関心を払わなかったが、1960 年代後半には技能工の養成が主要な政策課題として浮上した。その背景には、韓国の産業構造の高度化に伴う技能水準上昇の要請があった。技能工の養成手段としては工業高等学校とともに職業訓練が重視され、産業教育振興法（1963 年）と職業訓練法（1967 年）によって法制度は一応整った。その結果、政府のマンパワー政策は技能工の量的な確保という面においては相当な成果を上げたと評価できるが、それによって技能工不足が解決できたわけではなかったし、技能工の質的な成長にはなお問題が多かったと指摘している。

　第 8 章「技術革新」（宣在源）は、韓国政府による積極的な研究開発投資と、機械工業を事例とした設備投資と品質改善や生産管理に関する実態を明らかにしている。1960 年代前半の韓国機械工業は、少額とはいえ輸出を増加させ、一般機械部門で一部の輸入代替に成功した。機械工業製品の品質は、新規設備の導入に伴う労働生産性向上とともに改善され、さらに工程管理、品質管理、熱処理作業のような生産管理を通じて改善された。企業は生産管理の過程で検出された欠陥とその原因を探り、企業内では常時または臨時にそして外部に委託して技術訓練を行った。とりわけ多数の技術職員に対して技術訓練を行った電気機械器具および輸送用機械器具製造業では品質向上を実現した。代表的な工

作機械である旋盤製作の労働生産性は、日本に比べると依然低い水準だったが、生産性の上昇率は日本を超え、それは主として組立や加工工程で実現しており、全機械部門における労働生産性向上は、新規設備の導入よりもむしろ生産管理、作業環境、労働条件、賃金制度の改善と操業度の上昇によって実現した。

第9章「石炭産業」（林采成）は、1960年代に軍事政権の登場に伴って経済開発が推進されるにつれ、それまで主なエネルギー供給を担当してきた石炭産業が成長と再編を繰り返したことを検討し、そのなかで施された産業政策の歴史的意義を考察した。韓国政府は1960年代に入り規模の経済を追求し、政策的に炭鉱企業（炭座会社）の設立を促すために石炭開発臨時措置法と鉱業開発助成法を施行した。しかしながら政府支援の遅延と歪められた市場構造のため、長期資金調達を必要とする炭座会社は経営難に直面した。その炭座会社の採掘不足分を一般の民営炭鉱が補ったものの、全体的に見て炭田がそれほど経済性を持たない場合もあった。1960年代の大規模炭鉱開発を中心とする石炭政策は失敗し、石油へのエネルギー転換が実施され、石炭産業の成長を前提とする石炭開発臨時措置法体制から、衰退を前提とする石炭鉱業育成臨時措置法体制への転換が行われた。

第10章「鉄鋼産業」（李相哲）は、鉄鋼業育成総合計画の形成および施行過程と仁川製鉄の成立および運営について考察し、試行錯誤を繰り返した産業政策と企業行動について明らかにした。1950年代末から構想された総合製鉄工場建設の計画は、第1次経済開発5ヵ年計画を経てより具体化されたが、資金調達の困難に直面した。1964年12月に確定した鉄鋼業育成総合計画は、それまでの試行錯誤をもとに、借款および外国技術導入を通じた一貫製鉄所として構想された。しかしこの計画は、鉄鋼需要と導入設備の規模の経済の検討と最適工程の技術に対する理解、そして導入される資金の効果的使用を誘導できる適切な監督システムという面で多くの限界を内包していた。仁川製鉄の成立とその失敗は、経験の少ない韓国政府の試行錯誤の代表的な事例である。しかしこれは、官僚、企業、学界などの相互作用と一連の試行錯誤を通じて「韓国型発展国家モデル」が形成される過程でもあった。

第11章「造船産業」（裵錫滿）は、韓国造船産業部門に使用された対日請求権資金の規模と使用方法について検討し、それが韓国の造船業に与えた影響を

分析している。韓国造船業界は、1960年代後半から70年代前半にかけて導入された対日請求権資金を通じて輸入代替を目論んでいた。当時、請求権資金により沿岸中小型漁船が建造され、大手の大韓造船公社も設備拡充と貨物船の建造という成果を挙げた。しかし、請求権資金の導入は造船業界の期待を満たすものではなく、かえって海運振興事業により貨物船・タンカーなどの大型鋼船の輸入が増加した。大韓造船公社は、対日請求権資金の導入などによる船舶建造需要の増加を予想し、商業借款を受け入れて設備を拡充し、資材を輸入するなど積極的に対応したが目論見は外れ、作業量不足は変わらず、経営難が続いた。韓国政府が商業借款まで含めたより多額の請求権資金を造船公社の設備投資に使ったならばこの問題は解決したかもしれないが、そのための政策的な調整は試みられることはなかった。

第12章「紡績産業」(徐文錫)は、1950年代後半に援助経済が限界を露呈させる中で、持続的な発展のために作られた綿紡績業輸出体制の形成と発展について分析した。1950年代に過剰に拡大した綿紡績業界は、その後半にはすでに輸出体制を作り始めていた。綿紡績業の事例をみるかぎり、朝鮮戦争の廃墟の上で援助経済の限界を克服しながら本格的な経済成長に向けた具体的かつ実質的な一歩を踏み出していたとみることができる。韓国における1960年代の輸出体制の形成は経済発展の大きな転換点になったが、綿紡績業における輸出体制の形成と発展に関する考察は、これまでいわゆる「不妊の時代」と呼ばれた1950年代韓国経済についても再考を促している。従来は、綿紡績業の輸出体制は、韓国政府が企画し強力に施行する形で形成されたとみられていたが、実際には綿紡績業界の要求を受け入れながら相互作用の形で形成されたといえるのである。

注

1) Clark, Gregory, *A Farewell to Alms: A Brief Economic History of the World*, Princeton University Press, 2007, p. 2(グレゴリー・クラーク著、久保恵美子訳『10万年の世界経済史 上』日経BP社、2009年)。

2) Amsden, Alice H., *The Rise of "The Rest": Challenges to the West from Late-Industrialising Economies*, Oxford University Press, 2001, p. 12.

3) 原朗・宣在源編著『韓国経済発展への経路——解放・戦争・復興』日本経済評論社、

2013 年。
 4 ）車明洙『飢餓と奇跡の起源――韓国経済史、1700～2010』*ヘナム、2014 年。
 5 ）同前、224 頁。
 6 ）朴根好『韓国経済発展論――高度成長の見えざる手』御茶の水書房、2015 年。
 7 ）朴根好『韓国の経済発展とベトナム戦争』御茶の水書房、1993 年。
 8 ）Gerschenkron A., *Economic Backwardness in Historical Perspective*, Harvard University Press, 1962（アレクサンダー・ガーシェンクロン著、池田美智子訳『経済後進性の史的展望』日本経済評論社、2016 年）。
 9 ）Amsden, Alice H., *Asia's Next Giant: South Korea and Late Industrialization*, Oxford University Press, 1989.
10）Chandler, Alfred D. Jr., *The Visible Hand: The Managerial Revolution in American Business*, Belknap, 1977（アルフレッド・D. チャンドラー Jr. 著、鳥羽欽一郎・小林袈裟治訳『経営者の時代――アメリカ産業における近代企業の成立　上・下』東洋経済新報社、1979 年）。
11）Amsden, Alice H., *Escape from Empire: The Developing World's Journey through Heaven and Hell*, The MIT Press, 2007（アリス・アムスデン著、原田太津男・尹春志訳『帝国と経済発展――途上国世界の興亡』法政大学出版局、2011 年）。
12）Amsden, 1989.
13）深川由起子『韓国・先進国経済論――成熟過程のミクロ分析』日本経済新聞社、1997 年。
14）Lamoreaux, Naomi R., Daniel M. G. Raff and Peter Temin, "Beyond Markets and Hierarchies: Toward a New Synthesis of American Business History," *American Historical Review*, April 2003, p. 404.
15）朴燮『適応と協力の時代――20 世紀の韓国経済』*ヘナム、2013 年。

第Ⅰ部

体　　制

第1章　対外政策——新たな日韓経済関係の形成

金子文夫

1．はじめに

　韓国の工業化が進行し、高度経済成長が始動した1960年代は、特に対外政策の観点からみれば1965年を画期にして二つの時期に区分することができる。1965年の日本との国交正常化（日韓条約締結）とベトナム戦争参戦という政策決定は、韓国の経済発展にとってきわめて大きなインパクトを与えたといえる。

　日韓条約とベトナム参戦は、現代韓国経済史にとって重要な意義をもつため、これまでに一定の研究の蓄積がなされてきた。日本での研究動向をみると、ベトナム参戦の経済史的意義については、まず朴根好『韓国の経済発展とベトナム戦争』をあげることができる[1]。同書は、韓国の高度成長の要因とされる外資導入、輸出拡大、政府の関与、財閥形成について、それぞれベトナム戦争の影響を検討した成果である。

　日韓条約の研究に関しては、一次資料の利用が可能となったため、条約成立に至る政治外交史的研究が進展している。太田修『日韓交渉』、吉澤文寿『戦後日韓関係』、金斗昇『池田勇人政権の対外政策と日韓交渉』、李鍾元・木宮正史・浅野豊美編『歴史としての日韓国交正常化Ⅰ、Ⅱ』などがその代表作といえる[2]。これらの研究では、日韓会談の重要課題のうち請求権＝経済協力問題に焦点があてられ、外交交渉過程の詳細が明らかにされた。しかし、そうした政策形成過程の分析が進展した半面、日韓経済関係の実体的変化については依然として研究蓄積は十分ではない。日韓条約50年を契機として編集された安倍誠・金都亨編『日韓関係史 1965～2015 Ⅱ 経済』にしても、1960年代に重点を置いた分析は手薄なままである[3]。

　そこで本章では、1965年を画期にして1960年代を二分し、それぞれの時期

の日韓経済関係について、経済政策（5ヵ年計画を中心に）と実体経済（資本導入と輸出入）がいかに関連し、また変化していったのか、やや立ち入って明らかにしていきたい。

その際注目するのは、韓国の対外経済面において、市場と政府がいかなる関係をもっていたのかという点である。1960年代前半の韓国経済の現実は、第1次経済開発5ヵ年計画（1962～66年）、その実施過程と重なる日韓国交正常化交渉をどのように規定していたのか、また逆にそうした政策動向は韓国経済にいかなる影響を及ぼしていったのか。さらに1960年代後半において、韓国経済の高度成長は第2次5ヵ年計画（1967～71年）、およびそれと密接にかかわる日韓政府間交渉に対してどのようなインパクトを与えたのか、逆に政策や制度の形成は現実の高度成長にどのように作用していったのか。こうした問題意識をもちながら、1960年代から2010年代に至る日韓経済関係の長期の歴史のなかで[4]、1960年代の歴史的位置を明らかにすることが本章のねらいである。

2．日韓条約以前の日韓経済関係

(1) 第1次経済開発5ヵ年計画と日韓会談

1961年5月の軍事クーデターで成立した朴正熙政権は、経済開発5ヵ年計画（第1次1962～66年、第2次1967～71年）に沿って1960年代韓国経済の工業化＝高度成長を推進していった。その際、外国資本をいかに有効に活用するかが計画達成の要であって、そのことが日韓会談の妥結をもたらす大きな要因であった。

韓国の長期経済計画は1950年代の李承晩政権末期から作成が試みられてきた。最初の「経済復興5ヵ年計画」（1957～61年）は構想のみであり、次の「経済開発3ヵ年計画」（1960～62年）は60年4月の学生革命で消滅した。代って成立した張勉政権では、「経済開発5ヵ年計画」（1962～66年）が作成されたが、これも61年5月の軍事クーデターで中断した[5]。

朴政権はこの張勉政権時代の計画案をもとに、61年5月に建設部「第1次5ヵ年経済開発計画（素案）」を作成し、7月にこれを補強した国家再建最高会議

「総合経済再建計画案」(1962〜66年) を公表した。この案に対する内外 (特に米国) の意向を反映させ、1962年1月に経済企画院「第1次経済開発5ヵ年計画」が確定した[6]。

　この計画は、韓国経済の自立的成長と工業化の基盤造成を目標とし、エネルギー、農業、基幹産業、社会間接資本に重点を置いた総合的なもので、1960年を基準として1966年の目標値をGNP40.8％増 (年平均成長率7.1％)、総投資額2.4倍、輸出4.2倍などと設定した。そのための投資財源は政府56％、民間44％の割合で調達、また内外資別では外資に28％ (約7億ドル) 依存する計画であり、米国、西独などからの借款を中心に確保する見込みであった[7]。

　投資財源の国内調達手段として、1962年6月、通貨改革が突然実施され、通貨のファンからウォンへの切替え (表示金額の10分の1への切下げ)、預金封鎖が断行された。秘密のうちに準備されたこの措置は、名目はインフレ防止、富の偏在是正であったが、基幹的な重化学工業建設への内資動員がねらいであった。しかし、事前協議なしの実施に対する米国の強硬な反発、国内企業の生産活動萎縮によって、1ヵ月にして封鎖資金は解除を余儀なくされ、通貨改革は失敗に終わった。この後、米国の関与のもとに5ヵ年計画は下方修正に向かい、62年11月から63年にかけて「補完計画」へと組み替えられていった[8]。

　1962年6月の通貨改革の失敗は、韓国の内資動員の挫折、外資導入への傾斜を意味していた。62年11月、日韓間の請求権資金問題を事実上決着させた「金・大平メモ」が作成されたことは、そうした文脈で捉えることができる。そこで次に、日韓会談における請求権資金問題の交渉経過をたどることにしよう。

　韓国政府は1948年の韓国独立前後から対日賠償調査に着手し、1954年に『対日賠償要求調書』にまとめあげたが、日本の植民地支配に起因する収奪、損害に対する補償として総額21〜25億ドルに達する規模であった[9]。1950年代の日韓会談において、韓国側はこの調書に基づき8項目の対日請求権を主張し、これに対して日本側は植民地統治の合法性を根拠に韓国側の主張の多くを否定して、問題解決の見通しはまったく立たなかった。

　1960年、李承晩政権の崩壊後、許政暫定政権を経て張勉政権が成立すると、日韓会談は妥結に向けて大きく局面を転換させていく。1961年1月、張勉政権は61年度の重点的施策の一つとして「日本との国交正常化に伴い日本の投資ま

たは借款の可能性を検討する」ことを明らかにした10)。日本側では、請求権問題を「棚上げ」し、無償もしくは借款による経済協力方式が検討され、61年5月には韓国側に伝えられている11)。軍事クーデターによって張勉政権が倒れ、朴正熙政権に移行するが、経済計画の推進、日韓国交正常化を通じた資金導入という大枠は基本的に継承されていく。

　請求権問題に関する日韓間の対立点は、請求権資金か経済協力かという名目問題と、資金の規模との二つがあり、両者は絡み合って交渉された12)。日本側は植民地支配に起源をもつ広義の請求権を受け入れず、厳密に法的に認められる請求権は金額が小規模にならざるをえないとして、経済協力という名目の採用を促した。韓国側は、国内世論を考慮し、請求権の表現には最後までこだわったが、最終的には日本側に譲歩する形となった。譲歩の兆候は61年11月の朴・池田首脳会談における朴の発言に現れていた。

> 「朴議長は、請求権といわないで何か別の名義がないものかとの趣旨を付言したが、後日、韓国側は、この朴議長の発言をもって、「請求権」という名目を避けつつ本問題を解決してはどうかとの意思表示であったと説明した。」13)

　資金規模については、1962年3月の小坂善太郎・崔徳新外相会談の背後で金額の提示が試みられた。外相会談では原則を主張しあって、何ら進展はみられなかったものの、実務者レベルでは韓国側が無償資金7億ドル、日本側が無償7,000万ドル、借款2億ドルという金額を示した14)。その後、62年6月の韓国通貨改革とその失敗、7月の池田内閣改造による外相の小坂から大平正芳への交代を経て、8月から9月にかけて、実務者レベルの交渉が繰り返されたが、経済協力一本で押し切りたい日本側と、請求権の表現を残したい韓国側との溝、無償1億5,000万ドルへと増額した日本側と、6億ドルまで削った韓国側との食い違いが埋まらず、舞台は政治折衝へと移されることになった15)。結局、10～11月の2回にわたる大平・金鍾泌会談で、無償資金3億ドル、有償借款2億ドル、民間借款1億ドル以上、計6億ドルの規模で大筋での政治的解決が図られた16)。

　このように、名目では韓国、金額では日本が譲歩する形で請求権資金問題は決着した。その底流には、妥結を促した米国の圧力（冷戦の論理）、経済計画の

ための資金導入を急ぐ韓国の事情（開発の論理）、アジアへの経済協力を通じた政治経済的進出を目指す日本の意図（対外進出の論理）の重なりが存在したと考えられる[17]。

　その後、1965年6月の日韓基本条約締結に伴う請求権＝経済協力協定の成立に向けて、さらなる折衝が行われていく。韓国側としては、請求権問題解決についての表現の工夫、また資金面での有利な条件の獲得を追求した。その結果、請求権という言葉は、協定のタイトル「財産及び請求権に関する問題の解決並びに経済協力に関する協定」、および前文に残されたが、第2条において韓国側の請求権は「完全かつ最終的に解決」と記され、しかも付属の合意議事録のなかで、50年代以来の対日8項目請求要綱がすべて含まれることが明記された（この部分は非公表とされた）[18]。一方、「金・大平メモ」で合意された民間借款1億ドル以上の金額に関しては、65年に至って、漁業協力9,000万ドル、船舶輸出信用3,000万ドルを含めて3億ドル以上へと増額された[19]。その背景には、後述する63年から64年にかけての民間借款（延払輸出）をめぐる交渉が存在した。

(2) 日韓経済関係の進展

　1960年の張勉政権成立以降、日韓双方の間で、両国経済関係の拡大を模索する動きが進行していく。その一つは、日韓会談の展開と並行した民間ベースの経済視察団の相互訪問である。1960年12月に日本財界と在日韓国人実業家が連携して日韓経済協会を設立したことが、民間経済交流の基盤となった[20]。主な視察団を以下に列挙しよう[21]。

61年 1月　　韓国経済協議会、日本民間経済視察団受入を計画、中止[22]
61年 9月　　韓国工業経営生産性視察団訪日（団長・韓在烈）
61年12月　　在日韓国人実業家60名訪韓
62年 2月　　韓国鉱工業保税加工調査団訪韓（団長・湯川康平コレアン工業振興社長）[23]
62年 9月　　植村経済使節団訪韓（団長・植村甲午郎日韓経済協会会長・経団連副会長）
62年11月　　アジア貿易協会市場調査団訪韓

表1-1　1960年代前半の在韓日本商社

企業名	事務所開設年月	従業員 日本人	従業員 韓国人	取引実績（千ドル）	月平均経常費（ドル）
三井物産	1962年4月	7	10	20,493	13,841
住友商事	1962年5月	1	5	12,378	―
東洋棉花	1960年4月	4	6	9,917	5,309
丸紅飯田	1962年1月	2	15	6,356	8,208
日立製作所	1962年2月	帰国	―	5,789	3,000
三菱商事	1962年4月	4	5	3,446	―
日綿実業	1963年4月	3	8	1,883	6,199
日本トレーディング	1963年9月	1	―	1,785	1,501
伊藤忠商事	1963年1月	3	15	1,635	2,181
安宅産業	1962年3月	2	5	1,618	7,777
木下産商	1962年3月	3	3	1,046	672
兼松商事	1961年9月	1	1	622	5,000
江商	1963年7月	1	2	369	5,681
日本工営	1963年1月	2	2	―	―
東洋レーヨン	1963年3月	2	1	―	―
合計		36	78	67,334	―

出所：日韓経済協会『日韓経済協会30年史』1991年、32～33頁。
注：1964年4月財務部報告、取引実績は1962～63年。

62年12月　第1次日韓経済協会経済視察団訪韓（団長・安藤豊禄小野田セメント社長）
63年5月　韓国中小企業視察団訪日（団長・張煕台）
64年4月　大韓商工会議所大阪国際見本市産業調査団訪日（団長・林中吉）
64年8月　韓国国会商工分科委員会議員団訪日（団長・李活元韓国貿易協会会長）
64年10月　第2次日韓経済協会経済視察団訪韓（団長・安西正夫昭和電工社長）
65年4月　第3次日韓経済協会経済視察団訪韓（団長・土光敏夫石川島播磨会長）

こうした日韓双方の経済界関係者の往来が日韓会談を促進し、また国交正常化に先行して経済関係の実体形成を進めたことは間違いない。そこで次に、日本の韓国への資本輸出の先行形態として、貿易商社の進出、民間借款交渉の動

表 1-2　日本輸出入銀行の対韓延払輸出融資承諾実績

(単位：件、百万円)

年度別推移			品目別 1970 年度末累計		
	件数	金額		件数	金額
1951-54	15	2,945	船舶	27	10,018
1960	1	73	車両	9	3,592
1963	3	1,280	電気機械	10	16,823
1964	1	78	通信機械	2	153
1965	43	5,317	繊維機械	104	23,560
1966	121	18,180	鉄鋼製品	3	1,982
1967	18	19,854	その他産業機械	102	40,618
1968	23	20,790	耐久消費財等	2	59
1969	16	9,535			
1970	18	18,753			
合計	259	96,806	合計	259	96,806

出所：日本輸出入銀行編『二十年の歩み』1971 年、370～371、374～375 頁。

向をたどってみよう。

　1950 年代の韓国政府は日本人にビジネス目的の入国を認めていなかった。1960 年以降、規制が緩和され、商社の連絡事務所が開設されるようになり、63 年までには主要な商社がすべて韓国に進出した（表1-1）。在韓日本商社の1962～63 年の取引総額は 6,733 万ドル、そのうち調達庁執行の政府保有ドルおよび AID 資金による国際入札 1,488 万ドル、一般貿易取引 5,245 万ドルという構成であった。これらの商社は貿易取引のみならず、技術提携、借款供与等、広範な分野に関与していった[24]。

　それでは、日韓国交正常化以前に、日本から韓国への借款供与はどの程度実現したのであろうか。日本政府は 1960 年 7 月ころから、請求権問題の解決のために政府ベースの長期借款供与を検討していたもようである[25]。さらに 61 年 5 月時点では、国交正常化以前であっても 5,000 万ドル程度の借款を実施する案を検討している[26]。その後の日韓会談のなかで韓国側は、政府ベースの公共借款については国交正常化以前の実施は困難としつつも、民間ベースの商業借款（延払輸出）には積極的姿勢を示した。一方日本側は、民間ベースといえども、日本輸出入銀行の融資には慎重な態度をとっていた。表 1-2 に示されるように、輸銀の対韓延払輸出融資の承諾実績は、1963～64 年の 2 年間で 4 件、

表 1-3　韓国の外資導入実績

(単位：百万ドル、技術導入は件)

	年	1945-61	1962	1963	1964	1965	1966	1967	1968	1969	1970
無償資金	総額	3,117	232	217	158	132	133	127	140	138	107
	米国	2,537	232	217	158	132	103	97	106	107	82
	日本						30	30	34	31	25
政府借款	総額	5	3	43	12	5	73	106	70	139	115
	米国	5	3	28	6	2	54	71	42	105	86
	日本						14	26	17	21	13
商業借款	総額			24	12	35	110	124	268	410	367
	米国			11	7	10	13	19	94	162	154
	日本						61	46	88	88	83
直接投資	総額					13	14	11	19	13	66
	米国					3	13	10	11	6	47
	日本					4	1	1	2	5	13
外資導入合計	総額	3,122	235	284	182	185	330	368	537	730	680
	米国	2,542	235	256	171	147	183	197	253	380	369
	日本					4	106	103	141	145	134
技術導入	総件数		7	3	1	4	18	36	51	59	92
	米国		5	1		4	3	9	14	12	20
	日本						11	25	33	42	67

出所：財務部・韓国産業銀行『韓国外資導入30年史』1993年、64〜71、108〜124頁。
注：1) いずれも到着基準。
　　2) 直接投資の1965年は1962〜65年の合計。
　　3) 1968〜70年の外資導入総額の合計には銀行借款を含み、米国・日本の合計には含まない。

13億6,000万円程度にとどまっていた[27]。

　この間、1962年から蔚山第三肥料と神戸製鋼との間で肥料工場プラントの借款交渉が進展し、63年4月には両者間で4,400万ドル規模の借款契約が成立した。しかし、日本政府は請求権問題が妥結をみる以前の借款供与を承認せず、また同じ時期、韓国電力と丸紅との間で、昭陽江発電所建設の借款交渉（1,500万ドル）が進行したが、これも実行には至っていない[28]。63年12月に韓国政府が承認したPVC（ポリ塩化ビニール）工場300万ドル、セメント工場581万ドル、ポリアクリル繊維工場380万ドルの3借款についても、日本政府の対応は慎重であった[29]。

　ところが1964年6月、韓国国内の日韓会談反対闘争が高揚し、朴政権が非常戒厳令を発動する事態に至ると、日本政府は方針を転換し、韓国経済の安定の

表 1-4　韓国の輸出入・貿易収支の推移

(単位：百万ドル)

年	輸出			輸入			貿易収支		
	総額	米国	日本	総額	米国	日本	総額	米国	日本
1960	32	4	20	329	62	49	-297	-58	-29
1961	39	7	19	300	79	50	-261	-72	-31
1962	55	12	26	381	189	85	-326	-177	-59
1963	87	25	26	560	274	154	-473	-249	-128
1964	119	36	39	404	198	106	-285	-162	-67
1965	175	62	45	450	178	160	-275	-116	-115
1966	250	96	67	737	268	284	-487	-172	-217
1967	320	137	86	996	303	440	-676	-166	-354
1968	455	235	101	1,468	451	622	-1,013	-216	-521
1969	623	312	135	1,823	528	752	-1,200	-216	-617
1970	835	391	236	1,983	577	811	-1,148	-186	-575

出所：高中公男『外国貿易と経済発展』勁草書房、2000年、275～280頁。

ために緊急援助を供与する提案を行った。これは2,000万ドルの枠を設定し、生活必需品、機械部品、原材料等の商品借款を供与するという内容である[30]。また韓国側から提案されていた延払案件のうち、PVC工場、セメント工場の2件について承認を与えた[31]。このように、請求権問題の交渉に影響されながら民間借款の扱いは1964年に推進に転じ、実際には65年になって実行されていくのである。1965年7月までに、セメントプラント470万ドル、PVCプラント360万ドル、冷間圧延設備420万ドル、アクリルファイバー製造設備380万ドル、肥料プラント4,390万ドルなどが輸出承認ずみとなった[32]。表1-2に見られるように、1965年から延払輸出が増加していくが、交渉自体は63～64年に進展していたわけであり、日韓会談と日韓経済関係の実体形成は、相互促進的な関連性を有していたとみることができる。

　なお、韓国の日本からの資本導入は、1960年代を通じて借款が中心的形態であり、直接投資はきわめて限られていた。特に制度的環境が整っていなかった60年代前半は皆無とみられる。表1-3に1962～65年合計の実績が400万ドルと記録されているが、これは在日韓国人による投資であろう。日韓経済協会の副会長となった徐甲虎が社長であった阪本紡績は、1963年に韓国最大級の紡績会社である泰昌紡績を買収し、115億円を投資して邦林紡績を設立した。さら

表1-5 韓国の主要輸入品目

(単位:百万ドル)

年	1960	1962	1964	1966	1968	1970
総額	329	381	404	737	1,468	1,983
食料品	30	49	68	92	168	319
穀物・同調整品	24	40	61	81	129	245
非食用原材料	22	87	97	154	270	405
コルク・木材	4	20	19	44	84	120
織糸類	13	47	50	64	95	124
鉱物性燃料	2	31	28	42	76	136
化学製品	71	83	84	135	130	164
原料別製品	44	69	46	125	242	306
繊維・同製品	17	26	19	44	103	128
鉄鋼	12	21	15	40	70	90
機械・輸送機械	38	49	70	172	533	590
産業用機械	7	10	13	40	124	118
一般機械	1	2	15	44	103	121
電気機器	6	8	10	14	51	91

出所:高中公男、前掲『外国貿易と経済発展』460〜461頁。

に64年には171億円を投じて潤成紡績を設立した[33]。投資の実態については精査を要するが、この当時の在日韓国人の対韓投資の代表例であったことは間違いあるまい。

　ここで日韓経済関係の実体究明のまとめとして、貿易動向にふれておこう。表1-4は1960年代を通じた韓国の輸出入総額と貿易収支の推移について、米国と日本の割合を比較したものである。60年代前半の韓国の貿易規模は、輸出がようやく1億ドルに達した程度、輸入はこれよりはるかに多く3〜5億ドル、それゆえ貿易赤字が2〜4億ドルといった状況であった。輸出先は日本が米国よりやや多く、輸入先は米国が日本を上回っていた。主要輸入品目の動向をみると、60年代前半は非食用原材料、化学製品、機械・輸送機械などが重要であったことがわかる(表1-5)。

　米国からの輸入が多いのは、米国がAID(Agency for International Development, 国際開発局)援助資金を提供していたからである。AID資金輸入を除いた韓国の輸入額は1963年には2億2,104万ドルであり、そのなかで構成比の高いの

表1-6 韓国の輸入品の対日依存度(1963年)

(単位:千ドル、%)

品目	総輸入額	対日輸入額	対日輸入比率	その他輸入国(比率)	
輸入総額	560,273	159,345	28.4	米国	(50.7)
硫安	24,766	24,280	98.0	オランダ	(1.5)
合成繊維長繊維糸	13,615	4,043	29.7	米国	(65.1)
鉄鋼(ユニバーサルプレート)	12,215	10,937	89.5	米国	(9.1)
繊維機械	8,570	5,597	65.3	西独	(11.4)
再生繊維長繊維糸	8,423	1,395	16.7	米国	(67.1)
ボイラー	7,271	1,026	14.1	西独	(45.8)
電気機関車	6,928	57	0.8	米国	(98.8)
電力機械	6,341	3,927	61.9	米国	(30.3)
鋼管	6,219	3,669	59.0	米国	(40.5)
セメント	5,246	4,280	81.6	台湾	(17.5)
人造繊維糸	5,176	4,630	89.5	西独	(4.9)

出所:日本貿易振興会『海外市場白書』1966年版付属統計集、162頁。
注:総輸入額500万ドル以上の品目を掲出。

は機械類4,599万ドル、原料別製品4,465万ドル、化学製品4,247万ドルであったが、その日本からの輸入の割合はそれぞれ65.4%、79.8%、78.5%という高さを記録していた(輸入総額では51.6%)[34]。個別品目をみると、日本からの輸入の割合がきわめて高いものが見出される。表1-6によれば、硫安98.0%、鉄鋼89.5%、セメント81.6%、人造繊維糸89.5%などが独占的シェアを占めていたことがわかる。

国交正常化以前、借款導入関係が形成途上の時期であっても、韓国の重要な輸入品目における対日依存度はすでにきわめて高い状態にあり、これを前提に60年代韓国の工業化、高度成長は進行していくのである。

3. 日韓条約以後の日韓経済関係

(1) 第2次経済開発5ヵ年計画と日韓交渉

韓国の第1次5ヵ年計画(1962~66年)は1964年2月に補完計画に組み替えられ、目標値は下方修正されたものの、結果的には当初の目標を上回る実績を

あげた。GNP 成長率は年平均 7.1％ を想定していたが、実績は 8.3％ であった。鉱工業部門の成長率は年平均 14.8％、輸出の増加率は 43.0％、工業品輸出増加率は 82.5％ に達した[35]。1964 年に実施された為替レート改訂（1 ドル ＝ 130.00 ウォンの固定相場制から 255.51 ウォンを底値とする変動相場制への移行）が輸出拡大の重要な要因になったと考えられる。

　第 2 次 5 ヵ年計画（1967～71 年）は、第 1 次計画を発展させ、自立経済の確立に向けて食糧自給、重化学工業建設、輸出増大などを基本目標に掲げたが、全体として輸出指向型工業化戦略を基調とした。1967 年には GATT に加入して、貿易自由化の方向性を打ち出し、各種の輸出支援制度を整備していく。1964 年の補完計画確定、為替政策の転換以降、「輸出第一主義」ともいうべき経済戦略が明確になったといえる[36]。しかし、半面で輸入代替型の重化学工業育成が追求されていた点を見落としてはなるまい。なかでも総合製鉄所の建設は、60 年代を通じて執拗に追求され、70 年代に浦項総合製鉄の設立に結実するのである[37]。こうした重化学工業の育成のために、外国の資本と技術の導入は不可欠であった。

　そこで、第 2 次 5 ヵ年計画の投資財源をうかがってみると、計画期間中の総投資額を、国内貯蓄 61.5％、海外貯蓄 38.5％（14 億 2,000 万ドル）という比率で充当する計画であった。ところが第 2 次計画は基本目標値を 2 年繰上げで達成することになり、期間中の GNP 成長率は当初計画の年平均 7.0％ を上回る 10.5％、鉱工業と社会間接資本の投資規模は大幅に拡大し、結果的に総投資額は当初計画の 2 倍以上に膨らんだ。それに対応して財源構成は、国内貯蓄 50.5％、海外貯蓄 49.5％（37 億ドル）へと変動した[38]。

　1960 年代を通じて、米国の無償援助は減少を続けたため、韓国の日本に対する期待は大きかった。すでに請求権＝経済協力協定の交渉段階から、その使途について韓国側は意図を表明してきた。たとえば、1963 年 2 ～ 4 月に開かれた経済協力関係専門家会合において、韓国側は 17 項目の細目事項を提示し、その中で資金使途について「無償提供としては肥料、鉄材等原資財と産業用機械を導入する方針であり、借款としては、主に施設材を導入する方針」を示していた[39]。また、65 年に発行された国内向けの説明書『日韓会談のきのうときょう』では、漢江等 3 大河川の流域開発、漁業関係施設の整備、鉄道・港湾等の社会

間接資本、基幹産業の拡充などを主要事業にあげていた[40]。

　協定による無償資金3億ドル、有償資金2億ドル、合計5億ドルは10年間にわたって均等に供与（毎年無償3,000万ドル、有償2,000万ドル）することで合意されたが、繰上げ実施も可能とされ、また商業借款3億ドル以上との規定も拡大が見込まれ、日韓政府間会合の場で資金量拡大に向けて協議がなされていく。

　第1年度実施計画（1965年12月18日～66年12月17日）は、1966年4月の日韓合同委員会で協議され、無償4,780万ドル、有償4,580万ドルが提起され、実際の執行は年間限度額を超えないように留意することとされた。第2年度計画では、繰越し分を含めて無償5,000万ドル、有償3,640万ドルが計上され[41]、以後も年度ごとに実施計画が検討、執行されていった。

　閣僚レベルでの政府間協議は、1966年9月の日韓経済閣僚懇談会（ソウル）から開始され、韓国側はその場で第2次経済開発5ヵ年計画への支援を要請した。これを継承して、67年8月に第1回日韓定期閣僚会議（東京）が開かれ、韓国側は、民間商業借款3億ドルを早期に使い切るため、2億ドルの追加を要請した[42]。第2回閣僚会議（68年8月、ソウル）では、68～69年の商業借款供与枠を、一般プラントと漁業協力・船舶輸出を合わせて9,000万ドルとすることで合意をみた[43]。第3回閣僚会議（69年8月、東京）では、韓国側は総合製鉄所建設を「最優先課題」として日本側に協力を要請した[44]。第4回閣僚会議（70年7月、ソウル）では、製鉄所計画への協力（無償3,080万ドル、有償4,290万ドル、商業借款5,050万ドル）が合意されたほか、さらに韓国側から、重工業育成計画（鋳物銑、特殊鋼、重機械、造船4大プロジェクト）への別枠5,900万ドル政府借款、製鉄所計画への重点配分によって不足する資金を穴埋めする農業、輸出産業、中小企業向け新規1億ドル政府借款などが要請され、それぞれ扱いを検討することになった[45]。

　以上のような政府間交渉を先取り、あるいは補完する民間レベルの協議体として、1966年2月、日韓合同経済懇談会が東京で開催された。日本側からは石坂泰三経団連会長、足立正日本商工会議所会頭、稲垣平太郎日本貿易会会長など財界トップをはじめとして、製造業35社、銀行8行、商社11社等大手企業の社長クラスや経済団体代表など80人が顔を揃え、対韓経済関係強化に対する関心の高さをうかがわせた[46]。同懇談会は67年3月に第2回（ソウル）、68

年2月に第3回(東京)が開催された後、69年1月の第1回日韓民間合同経済委員会(ソウル)に継承された。そこでは日本の対韓直接投資の促進が検討課題の一つとなった[47]。

また1969年2月には、日韓の政治家、財界人などを集めた日韓協力委員会の第1回総会が東京で開かれた。同委員会は、64年には設立準備会が開かれ、岸信介が日本側会長に選ばれていたが、韓国の国内政治状況が不安定なため、設立が延期されていたという[48]。70年2月、第2回日韓協力委員会(ソウル)において、日本側常任委員の矢次一夫国策研究会常任理事が、「日韓長期経済協力試案」(矢次試案)を打ち出した。これは韓国南部と西日本を結ぶ「協力経済圏」を形成し、合弁事業を振興して「アジア版EEC」に発展させるという試案であり、日韓経済関係一体化を目指す踏み込んだ構想として注目された[49]。この提案は日本側からなされたが、実態は「韓国案」であって、韓国側が日本の資本・技術の導入を強く求めながらも、国内世論の反日感情、警戒心が強いため、日本側から提起させたものだという指摘がある[50]。その真偽のほどは定かでないが、韓国側が日本資本を利用して経済成長を図ろうとしていたことは間違いあるまい。

(2) 対日資本導入と垂直的分業関係の形成

以上のような政府、財界、政治家などの取り組みに対応して、国交正常化以後の対日資本導入は、無償資金、政府借款、民間商業借款の3形態で進展した。その規模がどの程度であり、またいかなる分野に投入されたのかをみていこう。

表1-3によれば、韓国の外資導入総額は、1962～65年累計では8億8,600万ドル(年平均2億2,150万ドル)であったのが、1966～70年累計では26億4,500万ドル(年平均5億2,900万ドル)へと増大している。これを形態別にみると、62～65年は、無償資金7億3,900万ドル(83.4%)、政府借款6,300万ドル(7.1%)、商業借款7,100万ドル(8.0%)、直接投資1,300万ドル(1.5%)という構成であり、無償資金(米国、国連の援助)が大半を占めていた。一方、66～70年では、無償資金6億4,500万ドル(24.4%)、政府借款5億300万ドル(19.0%)、商業借款12億7,900万ドル(48.4%)、直接投資1億2,300万ドル(4.7%)、銀行借款9,500万ドル(3.6%)であり、無償資金減少の一方、商業借款(および政府借款)

表 1-7　韓国の外資導入の形態別・部門別構成（1969年末）

(単位：百万ドル、％)

	公共借款		商業借款		直接投資		合計	
農林水産	48	6.3	78	5.1	1	0.7	127	5.2
製造業	264	34.9	734	47.7	120	86.3	1,118	45.9
電力	95	12.6	415	26.9	5	3.6	515	21.2
運輸	116	15.3	234	15.2	4	2.9	354	14.5
建設	43	5.7	48	3.1	3	2.2	94	3.9
合計	756	100.0	1,540	100.0	139	100.0	2,434	100.0

出所：蔦川正義『韓国の貿易と産業・市場構造』アジア経済研究所、1972年、123頁。
注：形態別合計には、鉱業、通信等、その他の部門を含む。

が大幅に増大した。

　さらに、表1-7によって1969年末時点における形態別・部門別の外資導入状況を概観しよう。公共借款は製造業とともに電力・運輸等のインフラ部門へ投じられ、商業借款は同様の傾向ながら製造業の比率が上がり、さらに直接投資は製造業に集中するという特徴がみられた。なお、各形態の製造業内の業種の上位をみると、公共借款では中小企業育成（製造業の45.3％）、肥料（同20.4％）、化学繊維（同6.9％）、商業借款ではセメント（19.9％）、化学繊維（18.8％）、鉄・非鉄金属（12.1％）、直接投資では電気機器（19.5％）、肥料（17.7％）、化学（14.3％）、全体では化学繊維（14.9％）、セメント（14.3％）、肥料（11.2％）の順となっていた[51]。借款による輸入代替工業の育成をうかがうことができる。

　次に、日米の資金規模を比較してみると、全般的に米国が日本を上回っていることがわかる。例外は商業借款の1966、67年であって、請求権協定で設定された輸出信用枠を使い切ろうとして申請が殺到し、通産省は承認を一時ストップさせるほどであった[52]。確かに米国の援助資金は60年代前半に比べて縮小し、日本の無償資金がそれを一部肩代わりした形になったが、政府借款は米国が日本よりはるかに多く、そこには韓国のベトナム戦争参加の影響がうかがわれた。商業借款にしても、68年以降は米国が日本を抜き返しており、韓国の高度成長を目当てにした日米企業間競争の激化が認められる。

　日本からの無償資金・政府借款（有償資金）の使途は表1-8のように推計される[53]。無償資金で最大の部門は鉱工業であり、70年までの5年間で7,228万ド

表1-8　韓国の請求権資金使用実績（1966～70年）

（単位：千ドル、%）

	無償資金	有償資金	合計	
農林水産	44,229	2,309	46,538	17.7
鉱工業	73,113	25,045	98,158	37.4
社会間接資本	4,692	82,489	87,181	33.2
科学技術開発	7,654	—	7,654	2.9
清算勘定等	22,926	—	22,926	8.7
合計	152,615	109,844	262,459	100.0

出所：経済企画院『請求権資金白書』1976年、382～384、448～450頁より作成。

ルが原資材導入に費やされた。内訳は建築資材35.0％、繊維類32.8％、機械類18.6％、肥料11.1％、化工薬品2.5％であり、工業化に必要な物資の調達にあてられたといえる[54]。それに続く部門は農林水産業であり、農業用水開発（地下水開発等）、農業増産事業（食糧増産、耕地整理等）、漁業施設、漁船建造などに使われた[55]。総じて無償資金は、鉱工業や農林水産、さらには科学技術開発（実験実習施設、気象予報施設、科学技術研究施設等）、社会間接資本（錦江開発、電力施設等）の広範な分野に散布されたとみられる。

政府借款（有償資金）については、社会間接資本が75％を占め、ダム（昭陽江多目的ダム）、道路（京釜高速道路等）、鉄道、海運、通信、水道等の比較的規模の大きい事業にあてられた。残りは鉱工業で、中小企業育成などに使用された。こうした請求権資金に基づく物資が日本から供給されたことはいうまでもない。

民間ベースの商業借款について、日本輸出入銀行の延払輸出信用の実績をみると前掲表1-2のごとくである。件数、金額ともに1965年度から急増した。特に件数は66年度に100件を上回るほどのブームとなった[56]。これを品目別にみると、件数では繊維機械、その他産業機械が多く、金額ではそれに電気機械が続いていた。主な商業借款をまとめたものが表1-9であり[57]、化学肥料、セメント、合繊など、韓国の成長産業に各商社が競争して借款を供与している状況がみてとれる。商社が介在する借款プロジェクトに向けて実際にプラントを供給するサプライヤーとしては、東レ、帝人、東芝、日立製作所、石川島播磨、三菱重工などの大手企業が名前を連ねている[58]。

ところで、先に表1-3に示したように、60年代後半の韓国の外資導入は商業

表1-9　日本の主要商業借款事業

借款企業	借款供与企業	事業	借款額 (千ドル)	シェア (1969年、%)
韓国肥料	三井物産	尿素肥料	44,702	49.3
豊農肥料	丸紅飯田	熔成燐肥	1,485	68.5
忠北セメント	伊藤忠	セメント	5,156	8.2
東洋セメント	三菱商事	セメント	1,350	14.6
双竜セメント	三菱商事	セメント	38,150	49.1
大韓洋灰工業	兼松江商	セメント	1,145	10.0
韓国電力	日綿	衣岩水力	4,979	…
	日立製作所	清平水力	2,507	…
大韓プラスチック	日立造船	PVC	3,600	14.9
韓国化成	三菱商事	PVC	8,200	33.9
韓一合繊	伊藤忠	アクリル	24,000	84.4
東洋合繊	安宅産業	アクリル	3,800	15.6
東洋ナイロン	伊藤忠	ナイロン	6,410	36.6
鮮京化繊	伊藤忠	アセテート	6,445	100.0
高麗合繊	東棉	ポリプロピレン	1,785	55.3
大韓造船	三菱商事	造船	5,267	65.0
連合鉄鋼	豊田通商	冷間圧延	4,199	57.1
韓国アルミ	東棉	アルミ	13,487	100.0
韓国ベアリング	安宅産業	ベアリング	1,200	100.0

出所：日韓関係研究会編『日韓関係の基礎知識』田畑書店、1975年、15〜16頁。

借款を主要形態とし、供与国は米国、日本の他、西ドイツ、フランス、イタリアなどにも及んだ。しかし、あまりに急激な借款導入の結果、経営が行き詰まる企業が続出する事態（「不実企業」問題）が生じた[59]。その原因として、借款審査に対する政治的圧力（外資導入の利権化）、過当競争、粗雑な経営管理、国内資金（運転資金）調達難、債務返済難などが指摘されるが、韓国政府は1969年に「青瓦台不実企業整理班」を設置して取り組みを開始し、第一段階として鉄鋼、化学、自動車、造船、合板、皮革、紡織、水産の8業種206企業を調査したうえで、30企業を「不実企業」と認定し、それぞれ整理策を講じた。

しかし、その後も問題に解決せず、1972年時点で銀行管理下にある不実借款企業は30社に及んでいた。30社の借款供与国別構成をみると、日本13社、米国9社、西ドイツ3社、フランス、イタリア、ルクセンブルク、オーストラリア、英国（香港）各1社であり、日本関係が最多であった。その中には、表1-9に掲げた企業のうち、韓国肥料、大韓プラスチック、韓国化成、大韓造船、韓国

アルミが含まれていた。商業借款の供与額では日本は米国より少なかったにもかかわらず、米国を上回る不実企業を生み出したのはなぜであろうか。理由としては、表1-2、1-3にみるように、日本の商業借款が1966年前後に集中し、事業計画が杜撰なまま審査を通過し、その欠陥が数年して表面化したという事情が考えられる。

　1960年代末、このような借款企業の経営不振に加えて、外債元利金返済額の増加によって国際収支不安が生じ、返済不要の直接投資導入の気運が高まっていった。商業借款は政府借款に比べて返済期間が短く、かつ金利が高いため、60年代末から元利金返済負担増が続くことは明らかであった。政府借款も含めた借款元利金返済額は、67年7億ドル、68年8億9,000万ドル、69年11億ドル、70年13億1,000万ドルと増加傾向をたどり、その間の輸出拡大にもかかわらず経常外貨受取に対する比率は、5.6％、6.7％、9.3％、13.0％と急上昇した[60]。

　直接投資の導入について、韓国政府は1966年の外資導入法制定以降、徐々に受け入れ態勢を整えていったが、借款に比べて投資額は少なく、特に日本からは低調であった。植民地時代の記憶が残り、経済支配に対する警戒心が強かったためであろう。しかし、1969年あたりから風向きが変わり、70年に投資額は急増した。前掲表1-3は到着基準であるが、経済企画院の許可基準ではより先行しており、1970年10月時点では累計230件、1億8,000万ドルに達した。そのうち日本からは118件（うち在日34件）、4,891万ドル（同2,000万ドル）を記録し、件数ではすでに米国を抜いていた[61]。また技術導入では66年以降、米国より多いことにも注意を要する[62]。

　直接投資が増加したのは、韓国の外資導入政策が本格化したためであり、1969年の馬山輸出自由地域の設置決定、1970年の外資系企業の労働運動規制法公布がその指標といえる。70年代には、労働集約的業種の中小企業を中心に、日本企業の対韓進出ブームが生じることになった[63]。

　それでは、こうした1960年代後半、国交正常化以後の対日資本導入は、日韓経済関係にいかなる影響を与えたのであろうか。まずこの時期の韓国貿易の特徴について3点指摘しておきたい[64]。

　第一に、韓国の貿易相手国としての日本の重要度が一段と上昇した。前掲表1-4に示されるように、韓国の輸入先は1960年代前半には米国、日本の順であ

表 1-10 韓国の対米・対日輸入の財源別構成（1968 年）

(単位：千ドル、%)

	日本		米国	
輸入総額	624,117	100.0	452,449	100.0
一般輸入	480,610	77.0	193,476	42.8
うち請求権資金	42,599	6.8	—	—
公共援助輸入	438	0.1	145,094	32.1
借款輸入	129,278	20.7	73,655	16.3
救護その他	13,791	2.2	40,224	8.9

出所：蔦川正義、前掲『韓国の貿易と産業・市場構造』85 頁。

ったところ、1966 年以降は日本が米国を上回ることになった。シェアを計算すると、1965 年は米国 39.6％、日本 35.6％であったが、1970 年には日本 40.9％、米国 29.1％と 10 ポイント以上の差をつけた。逆に輸出先としては、60 年代前半は日本、米国の順であったところ、65 年以降は米国が日本をはるかに上回ることになった。比率をとると、1964 年は日本 32.8％、米国 30.3％であったが、1970 年には米国 46.8％、日本 28.3％と 18 ポイントの差となった。しかし、韓国の貿易は輸入額が輸出額を大幅に超過しているため、輸出入全体では日本が最重要相手国になったとみるべきであろう。これに伴い、対日貿易収支の赤字が深刻化し、以後の両国間の懸案事項となっていく。

　第二に、輸出入品目の構成において、工業化の影響を反映した消長がみられる。輸入品目の推移をまとめた前掲表 1-5 に示される機械・輸送機械のウェイト増大（1962 年 12.9％ ⇒ 1970 年 29.8％）、化学製品の地位低下（1962 年 21.8％ ⇒ 1970 年 8.3％）は、この間の工業化、輸入代替産業（化学肥料工業）の成長を端的に物語っている。輸出品目では、第一次産品の地位が低下し、軽工業品（繊維製品、合板、履物等）が伸びており、これが対米輸出拡大の要因となっていた。

　第三に、韓国の輸入財源の構成について、米国と日本とでは明らかな差異が生じていた。すでにみたように 60 年代後半の資本導入では全般的に米国が日本を上回っていたにもかかわらず、商品輸入では日本が米国を凌駕していた。表 1-10 によれば、米国の場合、一般輸入と並んで公共援助輸入の割合が多く、それに比べると借款輸入の割合が少なかった。日本の場合、一般輸入の割合が米国に比べて多く、さらに借款輸入でも米国を上回っていた。このような違い

表1-11　韓国の輸入品の対日依存度（1969年）

(単位：千ドル、％)

品目	総輸入額	対日輸入額	対日輸入比率	その他輸入国（比率）
輸入総額	1,823,611	753,818	41.0	米国　（29.1）
紡績機	40,478	18,743	46.3	西独　（18.0）
鉄道用車両	31,446	12,942	41.2	インド（19.0）
バス・トラック	26,606	18,443	69.3	英国　（13.9）
プラスチック	25,160	9,944	39.5	米国　（53.9）
乗用自動車	21,537	11,666	54.2	英国　（25.0）
建設・鉱山機械	20,655	8,771	42.5	米国　（42.9）
加熱・冷却機器	18,924	8,745	46.2	西独　（26.0）
電気通信機器	18,407	10,919	59.3	西独　（19.1）
フィラメント	15,953	15,613	97.9	米国　（1.4）
液体ポンプ	15,000	9,015	60.1	米国　（13.6）
金属加工機械	13,312	7,680	57.7	米国　（24.5）
鉄鋼薄板	11,984	11,949	99.7	―
捺染用機械	10,915	5,067	46.4	西独　（37.3）

出所：日本貿易振興会『海外市場白書』1971年版統計篇、171～174頁。
注：総輸入額1,000万ドル以上の品目を掲出。

が韓国の対日・対米輸入額の差をもたらしたと考えられる。

　以上のような韓国貿易の展開において特筆すべきは、韓国の機械類輸入における対日依存度の上昇である。輸入品もなかでウェイトを高めた機械・輸送機械の輸入先は日本が第1位の地位を占めた。表1-11は、輸入額の多い機械類等の対日輸入比率を示しており、多くの品目で日本のシェアは40～50％台を確保し、それに続く米国、西独等に差をつけていた。

　結局、日本からの資本導入は、無償・有償資金を通じて韓国の経済基盤を整備し、商業借款を通じて輸入代替産業（肥料、セメント等）と輸出産業（繊維産業等）の成長を促し、日本から韓国へ機械類を輸出して、韓国から米国へ軽工業品を輸出する貿易構造を形成していったといえよう。日本が重化学工業、韓国が軽工業に比較優位をもつ垂直的分業関係の形成である。70年代以降、韓国の重化学工業化の本格的展開、直接投資導入の拡大によって、国際分業構造はさらなる構造変化を遂げていくことになる。

4．おわりに

　本章では、1965年を画期として1960年代を二つの時期に区分し、各時期における政策（5ヵ年計画、日韓間の経済外交交渉）と実体経済（資本移動、貿易）との関連性の究明を行ってきた。60年代前半、第1次5ヵ年計画の遂行のために韓国政府は日韓会談の妥結を急ぎ、名目で日本に譲歩しつつ、無償・有償資金を獲得する道を選択した。この動きに呼応して、日本の貿易商社は韓国進出を果たし、政府間協定成立以前の資本導入（商業借款）を目指した。そうした動向が日韓会談に影響し、商業借款の早期実現、また協定における商業借款の増枠をもたらした。貿易面では、韓国の重化学工業品輸入における対日依存度の上昇がみられた。

　1960年代後半、第2次5ヵ年計画の早期達成を目指して、韓国政府は日韓閣僚会議において資本輸入の繰上げ実施、および増枠を要請し、並行して日韓の経済界の連携も深まった。日本の対韓商業借款はブーム状態となり、日本からのプラント輸入によって韓国の工業化は急速に進展した。同時に、韓国の対日貿易赤字の拡大、日本が重化学工業、韓国が軽工業を担当する垂直的分業関係の形成が進行した。60年代末、急ぎすぎた借款導入のため、経営不振に陥る借款企業（不実企業）が続出し、また借款元利金返済の負担が増大したため、韓国は直接投資の導入促進へと外資政策を転換、また総合製鉄所の建設をはじめとする本格的重化学工業化戦略を打ち出した。こうした政策転換は、日韓閣僚会議に提起され、日韓経済関係は1970年代に一層緊密化していくことになる。

　1970～80年代、韓国は発展途上国から中進国に移行し、さらに1990年代から2000年代にかけて国際的地位を上昇させ、先進国の一員へと脱皮していった。それに応じて日韓経済関係は先進国間の水平的分業関係へと移行し、韓国の資本輸入、商品輸入における対日依存度も相対的に低下していった。にもかかわらず、韓国の対日貿易赤字は依然として継続しており、この点において1960年代に形成された日韓経済関係の特質は解消されていない。その一方、韓国経済の対中国依存度は大きく上昇し、また日本経済の対中国依存度も上がっているため、中国を頂点とする中日韓の東アジア内国際分業が基調となる時代を迎え

ているといえよう。

注
1）朴根好『韓国の経済発展とベトナム戦争』御茶の水書房、1993 年。続編に朴根好『韓国経済発展論』御茶の水書房、2015 年がある。
2）太田修『日韓交渉――請求権問題の研究』クレイン、2003 年、吉澤文寿『戦後日韓関係――国交正常化交渉をめぐって』クレイン、2005 年、金斗昇『池田勇人政権の対外政策と日韓交渉――内政外交における「政治経済一体化路線」』明石書店、2008 年、李鍾元・木宮正史・浅野豊美編『歴史としての日韓国交正常化Ⅰ、Ⅱ』法政大学出版局、2011 年。
3）安倍誠・金都亨編『日韓関係史 1965-2015 Ⅱ 経済』東京大学出版会、2015 年。本章に関係する論稿に、安倍誠「第 2 章 日本の対韓経済協力」、曺晟源「第 3 章 対日請求権資金と韓国経済開発」があるが、政策・資本導入・貿易の 3 者の関連づけでは、なお検討の余地を残していると思われる。
4）日韓経済関係の長期的動向、そのなかでの段階的変容については、金子文夫「日韓条約以降の日韓経済関係――段階区分と構造変化」(『三田学会雑誌』第 109 巻第 2 号、2016 年 7 月) で概括した。
5)「韓国第 1 次経済開発 5 カ年計画概要」(『外務省調査月報』第Ⅲ巻第 3 号、1962 年 3 月) 47 頁。
6）この間の経緯については、木宮正史「韓国における内包的工業化戦略の挫折」(『法学志林』第 91 巻第 3 号、1994 年 1 月) 33～38 頁参照。
7）前掲「韓国第 1 次経済開発 5 カ年計画概要」50～54 頁。
8）通産省『経済協力の現状と問題点』1964 年版、135～136 頁、木宮正史、前掲「韓国における内包的工業化戦略の挫折」54～57、61～65 頁。なお、木宮氏は、補完計画への移行によって当初の「内包的工業化戦略」が放棄され、「輸出志向型工業化政策」の選択を余儀なくされたとしているが、二つの戦略を二者択一的にみる必要はなく、ウェイトの変化とみればよいのではないか。「内包的工業化戦略」に沿った重化学工業化政策は、その後も一貫して追求されている。
9）太田修、前掲『日韓交渉』57 頁、吉澤文寿『戦後日韓関係』31 頁。
10）鹿島平和研究所編『日本外交史 28』鹿島研究所出版会、1973 年、84 頁。
11）吉澤文寿、前掲『戦後日韓関係』115～116 頁。
12）請求権問題の推移を一貫した視点で捉えた研究として、張博珍「日韓会談における被害補償交渉の過程分析」(李鍾元・木宮正史・浅野豊美編、前掲『歴史としての日韓国交正常化Ⅰ』) がある。
13）外務省アジア局北東アジア課「日韓会談問題別経緯(4)(一般請求権問題)」1962 年 7 月 (浅野豊美・吉澤文寿・李東俊編『日韓国交正常化問題資料 基礎資料編』第 1 巻、現代史料出版、2010 年、177 頁)。なお、吉澤文寿氏は、この時点では経済協力方式への譲歩は生じていないとしているが (前掲『戦後日韓関係』130 頁)、その兆候はあったといえるのではないか。李東元『韓日条約締結秘話』PHP 研究所、1997 年、33 頁参照。

14) 吉澤文寿、前掲『戦後日韓関係』162頁。なお、日本側の回顧によると、「1億ドルという数字が局長の頭にあったけれども、会談の雰囲気からみて、少しさばを読もうというので、7,000と書いて出したら、向こうはちょうど10倍の7億と書いてきた」とある（前掲『日韓国交正常化問題資料 基礎資料編』第6巻、2010年、294頁）。
15) 吉澤文寿、前掲『戦後日韓関係』168〜171頁。
16) 太田修、前掲『日韓交渉』207〜216頁、吉澤文寿、前掲『戦後日韓関係』172〜177頁、金斗昇、前掲『池田勇人政権の対外政策と日韓交渉』151〜168頁、前掲『日韓国交正常化問題資料 基礎資料編』第6巻、313〜324頁。
17) 米国の関与については、木宮正史「1960年代韓国における冷戦と経済開発」（『法学志林』第92巻第4号、1995年3月）、李鍾元「韓日国交正常化の成立とアメリカ」（『年報近代日本研究』第16号、1994年）、同「日韓会談の政治決着と米国」（李鍾元・木宮正史・浅野豊美編『歴史としての日韓国交正常化Ⅰ』法政大学出版局、2011年）など参照。
18) 吉澤文寿、前掲『戦後日韓関係』239〜240頁、同『日韓会談1965』高文研、2015年、第Ⅲ章。
19) 木宮正史「韓国の対日導入資金の最大化と最適化」（李鍾元・木宮正史・浅野豊美編、前掲『歴史としての日韓国交正常化Ⅰ』）、前掲『日韓国交正常化問題資料 基礎資料編』第6巻、450、456〜458頁。
20) 日韓経済協会『日韓経済協会30年史』1991年、26〜30頁。設立時の役員27名中、14名は在日韓国人であった。
21) 前掲『日韓経済協会30年史』34〜42、236〜238頁、木村昌人「日本の対韓民間経済外交」（『国際政治』第92号、1989年10月）121〜127頁、吉澤文寿、前掲『戦後日韓関係』130〜131、187頁。
22) 太田修、前掲『日韓交渉』146〜149頁。
23) 『エコノミスト』1962年3月6日号、38〜39頁、3月20日号、6〜17頁、参照。
24) 前掲『日韓経済協会30年史』32〜33頁、鹿島平和研究所編、前掲『日本外交史28』115〜117頁、樋口雄一「日本独占資本の対韓経済進出」（『アジア・アフリカ講座Ⅲ 日本と朝鮮』勁草書房、1965年）137〜151頁。
25) 太田修、前掲『日韓交渉』150〜152頁。
26) 吉澤文寿、前掲『戦後日韓関係』124〜126頁。
27) 通産省『経済協力の現状と問題点』1964年版によれば、鉄道車両、繊維、産業機械、鉄鋼製品などの輸出に供与された（同書136頁）。
28) 吉澤文寿、前掲『戦後日韓関係』191〜193頁。
29) 太田修、前掲『日韓交渉』221〜222頁。
30) 64年12月に合意に至るまでの経緯については、前掲『日韓国交正常化問題資料 基礎資料編』第6巻、379〜382頁、前掲『日韓国交正常化問題資料 基礎資料編』第9巻、2011年、133〜137頁、参照。
31) 吉澤文寿、前掲『戦後日韓関係』195〜205頁。
32) 前掲『経済協力の現状と問題点』1964年版、137頁。

33）朴一「在日コリアンの日韓での経済活動とその役割」（安倍誠・金都亨編、前掲『日韓関係史 1965-2015 Ⅱ 経済』417～420 頁（なお、隅谷三喜男『韓国の経済』岩波書店、1976 年、124 頁ではそれぞれの資本金を 150 億ウォン、120 億ウォンとしている）。
34）前掲『日韓国交正常化問題資料 基礎資料編』第 9 巻、118～119 頁。
35）金日坤『韓国経済入門』東洋経済新報社、1979 年、58～60 頁。
36）木宮正史、前掲「韓国における内包的工業化戦略の挫折」61～65 頁、大西裕『韓国経済の政治分析』有斐閣、2005 年、104～107 頁。
37）1960 年代の製鉄所計画の推移については、永野慎一郎『相互依存時代の日韓経済関係』勁草書房、2008 年、293～307 頁、参照。
38）日韓関係研究会編『日韓関係の基礎知識』田畑書店、1975 年、304～313 頁。
39）前掲『日韓国交正常化問題資料 基礎資料編』第 1 巻、354 頁。
40）前掲『日韓国交正常化問題資料 基礎資料編』第 9 巻、164～165 頁。なお、韓国側が定めた請求権資金の使用基準、運用管理体制については、永野慎一郎、前掲『相互依存時代の日韓経済関係』253～257 頁、参照。
41）外務省『わが外交の近況』1967 年版、277 頁。
42）同前、1968 年版、資料編 17 頁。
43）同前、1969 年版、資料編 36 頁。
44）同前、1970 年版、85、397 頁。
45）同前、1971 年版、99～100 頁、通産省『経済協力の現状と問題点』1971 年版、248～251 頁、安倍誠、前掲「日本の対韓経済協力」44 頁。
46）前掲『日韓経済協会 30 年史』54～56 頁。
47）同前、57～61 頁。
48）山本剛士「日韓関係と矢次一夫」（『国際政治』第 75 号、1983 年 10 月）119 頁。
49）日韓関係研究会編、前掲『日韓関係の基礎知識』272～274 頁。
50）山本剛士、前掲「日韓関係と矢次一夫」120～121 頁。
51）蔦川正義『韓国の貿易と産業・市場構造』アジア経済研究所、1972 年、123 頁。
52）宮坂義一「再び動き出す日韓経済協力」（『エコノミスト』1967 年 5 月 23 日号）51 頁。
53）多くの先行研究は請求権資金の使途について 10 年間をまとめて考察しているが、そうすると 70 年代前半の浦項製鉄への集中が際立ってしまう。ここでは浦項が登場する前の 60 年代後半の実態を検討する。
54）経済企画院『請求権資金白書』1976 年、220～221 頁。
55）同前、109～198 頁。
56）市川衛門「韓国経済の特質と合弁投資」（『エコノミスト』1969 年 7 月 15 日号）66 頁。
57）表 1-9 は 1971 年末の現況をまとめた在韓日本大使館報告のうち、1969 年のシェア（データは外務省経済協力局『日韓経済協力――韓国経済産業視察団報告書』）が判明するものを中心に作成した。
58）日韓関係研究会編、前掲『日韓関係の基礎知識』83～86 頁。
59）以下の記述は、外務省アジア局北東アジア課『韓国における不実企業の実態』1973 年

による。
60) 金子文夫「日韓経済「協力」の歴史と評価」(『経済評論』1976年10月号) 10頁。
61) 『対韓投資調査団報告書』1971年 (団長・栗野鳳外務省アジア局公使) 16～17頁。
62) 経済企画院の資料によれば、1965～69年の日本からの技術導入は102件 (全体の69.9%)、業種では電子電気機器57件、機械工業36件、化学工業22件、通信業10件、化学繊維9件である (蔦川正義、前掲『韓国の貿易と産業・市場構造』125～126頁)。
63) 隅谷三喜男、前掲『韓国の経済』126～130頁。
64) 1960年代韓国の貿易については、蔦川正義、前掲『韓国の貿易と産業・市場構造』参照。

第2章　為替改革——単一変動為替制への帰結

柳尚潤

1. はじめに

　韓国の安定した為替制度は1965年に初めて確立した。1960年代初頭までに数回行われた為替制度改革の試みは間もなく不安定になってしまったが、1964年に導入され、翌年確立された単一変動為替制度は1980年まで維持された[1]。
　「為替レート現実化」といわれた1964年の為替改革は、韓国における高度成長の重要な要素としても評価されてきた。1960年代半ば以降、韓国経済は輸出主導工業化戦略の下で急成長を達成したが、市場の役割を強調する研究は、1964～65年に政府が為替レートと金利を市場レベルに近づけたことに注目した。それ以前の歪曲された価格体系が修正され、市場が本来の機能を発揮するようになるきっかけになったという評価である。その中でも為替改革とそれに伴う貿易のある程度の自由化は、経済の高度成長を牽引したと評価される輸出の急成長と直接的に関係するため、研究者により早くから注目を集めてきた[2]。
　しかし、新しい為替制度の立案から導入までの政策過程は、あまり明らかになっていない。その最大の要因として資料入手の困難があげられる。海外からの物資輸入に必要な資金を米国政府に依存していた韓国政府は、為替政策を米国との協議を経て決定しなければならず、その協議が密かに進められた。1960年代前半における政策転換を韓米間の政治過程という観点で分析した木宮正史[3]は、為替制度改革についても分析したが、米国政府の一部の公文書を活用したものの、韓米間の協議過程までは分析していない[4]。
　本章では、1960年代前半における為替レート交渉に関する米国政府の公文書を幅広く活用し、韓米間の立場の隔たりが狭まり、持続可能な外国為替制度に到達する過程を考察する。そのためには研究者が比較的関心を寄せた1964年

だけでなく、李承晩政権崩壊後、初の為替改革であった 1961 年の改革についても考察する必要がある。二つの為替改革は、韓米当局が改革の必要性を共有したという共通点はあるものの、改革の様相と結果は異なった。また 1961 年の経験が 1964 年改革の下支えとなったともいえる。

2. 1961 年 2 月の「現実的単一為替レート」実施
―― 為替一本化の試み

　1961 年 2 月 1 日、韓国政府は従来の複雑な為替体系を 1 ドル当たり 1,300 ファン[5]の単一レートとした新たな為替制度を発表し、翌日の 2 日から適用した。改革以前においては、1 ドルの韓貨レートは取引の種類によって大きな差があった[6]。政府間の取引および外国観光客の韓貨両替は公定為替レート（1955 年 8 月～1960 年 1 月：500 ファン、1960 年 2～12 月：650 ファン、1961 年 1 月：1,000 ファン）で行われた。一方、輸出で獲得したドルは自由に売ることができ、市場で公定レートよりはるかに有利な転売レート（transfer rate）で取引された（図 2-1）[7]。援助物資購入資金の配分は品目別に競売が行われ、公定レートと市場（転売）レートの間でレートが決められた[8]。

　1961 年の為替改革はこのような複雑な体系を一本化したものであった。新しい為替レートは市場為替水準を考慮して 1 年前（650 ファン／ 1 ドル）の 2 倍の 1,300 ファン／ 1 ドルとし、韓貨を半分に切り下げた。しかしこの改革は、結果的には韓国経済に根付かなかった。そして 3 年後の 1964 年 5 月に再び新しい為替制度に切り換えられた。

　韓米間の為替交渉は、1960 年 4 月に李承晩政権が崩壊した後の過渡政府期（4～8 月）から始まった。韓米は 1950 年代における平行線のような対立[9]から脱し、現実的な為替レートの設定が必要であるという共通認識のもとで交渉を進めた。実際に、李承晩政権期に代表的な野党だった民主党は 1960 年 3 月の選挙で為替の現実化を公約に掲げている[10]。その背景には、いわゆる「隠蔽補助」に対する社会的非難があった。援助物資購入資金を配分する際に一部の品目（たとえば原綿）は、指定された実需要者に公定レートで配分されたり、または競売をしても十分な設備を持っている業者に入札資格が制限されたりして、

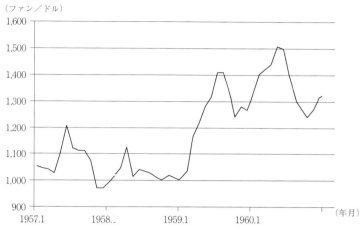

図 2-1 輸出ドルの転売レート

出所：韓国貿易協会『貿易年鑑』。

関連企業は有利なレートで原料を輸入できた。ここで「隠蔽補助」は、特典が事実上補助金と大差ないという意味から名付けられたものである[11]。過渡政府は、政権をとることが確実視されていた民主党の公約を無視することができなかった。ただ過渡政府は、その重要性を考慮して新政府発足後に改革が実施されなければならず、自らは改革案を作成するのみという立場だった。

一方、当時米国政府は、莫大な対外援助の非効率的な使用、そしてその過程で発生する特典[12]と腐敗に対する議会の批判に直面していた。特に大きな問題になったのは現実的でない（ファン高の）為替レートだった。米国政府は、過大に評価された公定為替レートの維持に固執していた李承晩政権の崩壊を、為替現実化の機会として活用しようとした。過渡政府が樹立されて間もない5月3日に米国務省は、在韓米大使館に電報を送り、6月初めから為替改革交渉を開始するように指示した[13]。

交渉はIMFの諮問を受ける形で迂回的な方式で行われた。為替レートの改訂がIMFの承認を得なければならないという形式的な理由もあったが、米国政府が韓国政府を過度に圧迫している印象を韓国国民に与えないように、在韓米大使館の助言があったからである[14]。しかし、実際にはIMF諮問団が到着する直前に米国務省国際金融局長（John Parke Young）が訪韓し、韓国政府当

表 2-1 過渡政府の複数外国為替提案内容

種類	適用対象	決定方式
公定為替レート	政府間取引	証書レートが公定為替レートより15％以上ファン高かファン安になると改訂するが1年1回で制限
援助資金競売レート	ICA非プロジェクト援助	個別品目別ではなく品目群別に一定の間隔を置いて競売
証書レート	その他全ての民間取引（民間輸出入、旅行客支出、外国企業・外国人送金など）	自由市場売買

出所：Department of State, Washington to American Embassy, Seoul, Deptel No. 181, sent on Aug. 30, 1960; 501.51 Exchange, Rates of Exchanges, Apr-Dec 1960; Korea, Seoul Embassy, Classified General Records, 1952-1963; Records of the Foreign Service Posts of the Department of State, Record Group 84.
注：ICAプロジェクト援助あるいはPL480などその他援助資金を配分する際にはどの方式を適用するか確かではないが、公定為替レートを想定していたと推測できる。

局者に為替改革の必要性と米国が意図する改革方向を知らせた[15]。

　IMF諮問団（1960年7月14〜29日）の訪韓後、過渡政府は為替改革案をまとめ、同年8月の選挙で政権を獲得した民主党政府に伝えた。過渡政府は、諮問を行ったIMFにも非公式に改革案を伝えたが、これを入手した米国務省は強く反発した[16]。国務省高官を派遣してまで韓国政府を説得したにもかかわらず、改革案が期待したこととは異なっていたためである。

　表2-1は、過渡政府がまとめた為替改革案を要約したものである[17]。清算勘定（open account）を通じて取引が行われていた対日貿易を除いたすべての外国為替取引は、三つの為替レート、つまり公定為替レート、競売レート、証書レートの中の一つで行われた。証書レートは従来の転売レートと同様のもので、外国為替の処分権限が市場で売買される中で外国為替市場の需給を反映した為替レートが形成されるようにしたものである。ただし従来とは異なり、旅行客両替も入れて輸出ドル、軍納ドルなどの区分をなくして一本化した。公定為替レートは、市場の為替レートと乖離しないように、証書レートの変動に合わせて一定の期間を置いて調整した。競売レートは、「隠蔽補助」をなくすための解決策として提示したものであり、援助物資購入資金を競売を通じて配分する際に、個別品目ではなくいくつかの品目を集めた品目群を対象に競売をすることで、原綿などの特定の品目に対する特典にならないように設定した。

　過渡政府は、このような複数為替の提案が過渡的なものであり、証書レート

の安定によって競売レートと公定レートを順次証書レートに統合する方式で、長期的には一本化が可能だと言及した。このように韓国側の最初の改革案は、複数為替レートを維持しながら公式化する中で、ある程度現実的な為替レートを設定して既存の制度の問題点を改善しようとしたものだった。この際に韓国における外国為替政策史上初めて提示された外国為替証書制度は、東アジアにおけるもう一つの米国援助国であった台湾でいち早く施行されていた制度であり、過度政府の提案は1958年の台湾為替改革で導入された制度と相似していた[18]。過度政府がこの制度をどのような経路で知り、どのような形で議論し採択したかは明らかではない。しかしUSOM (United Sates Operations Mission to Korea, 駐韓米国経済協調処)[19]が李承晩政権崩壊後に独自に為替改革案を研究した際に、台湾での制度を参考に外国為替証書を活用した複数為替制度を一つの代案として想定したことは確かである[20]。USOMと韓国経済官僚との密接な関係を考えると、外国為替証書というアイディアはUSOMの影響を受けた可能性が少なくない。

複数為替制度は当時、先進国を除けば多くの国々が採択していたもので、特異なものではなかった。また台湾の1958年為替改革と同じく、為替レートの一本化に進む過渡的措置として設定されており、韓国政府が上述の改革案と大きく変わらない草案を訪韓したIMF諮問団に提示した際、諮問団の意見はあまり問題にならないというものだった[21]。

しかし、米国務省の反応は異なっており、為替の現実化とともに「一本化」を強く要求した。米国務省は、韓国政府がIMFに非公式に伝えた改革案の内容を知った後、単一為替を採用する新たな改革案を作成するように在韓米大使館を通じて韓国政府に要請した。在韓米大使は、米国務省の指示を受け復興部長官に覚書を渡したが、そこには次のような内容が盛り込まれていた[22]。

1．米国は長期にわたって現実的なレベルの単一為替システムが国内経済の健全な発展と安定の主な要件の一つだと思ってきた。
2．韓国側の提案は現在よりも進展したものだが、韓国政府が効果的な単一為替システムの採択を真剣に考慮することを希望する（例：証書レートを全ての取引に適用）。
3．米国と国連軍司令部における他のメンバーは、証書レートよりファン高

の公定レートでドルの販売を含めた外国為替取引を行うことに反対する。

4．新制度を IMF へ公式に提案する前に米国側と協議することを希望する。

　米国務省はなぜ単一為替レートにこだわったのだろうか。国防総省と議会の圧力があったためであった。政府間取引には過渡政府の改革案も公定為替レートが適用されるようになっていたが、そのうち最も大きい比重を占めるのが国連軍（＝米軍）の韓国駐屯に必要な韓貨を得るためにドルを販売することであった[23]。仮に市場レートが 1,000 ファンであり、公定レートが 500 ファンであるなら、米軍は事実上 2 倍のドルを支出しなければならなかった。したがって米国防総省は、1950 年代末に市場レートと公定レートの格差が広がって以降、継続的に制度改善を求めていた。しかし李承晩政権はこれを受け入れなかった。韓国政府は、公定レートを通じて得られたドルで外国為替保有高を増やすか、民間に販売し輸入需要に充当することにした。したがって米国防総省が希望する制度改革は、直ちにドル収入減少を意味した。

　過渡政府の改革案に盛り込まれた公定為替レートの現実化は、確かに米国防総省に有利なものであったが、複数為替レートの制度だけでも、予算執行の効率性を重視する議会の反発に直面するだろうという米国務省の懸念は大きかった。また、米国務省は、援助資金の配分過程での特恵と腐敗に対する議会の非難を考慮し、競売制度を維持すること自体にも拒否反応を持っていた。

　このように米国務省は議会との関係を重視し、韓国側の事情を軽視する立場であった。これに対して、駐韓米国大使館、USOM だけでなく[24]、現地の事情により敏感にならざるを得ない ICA（International Cooperation Administration, 国際協力局）本部は、米国務省の過度な楽観と性急さを懸念する見方をとっていた。米国務省が、過渡政府の為替改革方策について反対の立場を示す公電を在韓米大使館に送った際、草稿を検討した ICA 本部極東局の関係者は副局長に、国務省が過度に楽観的な見方を持っている点を指摘した（表 2-2）[25]。ICA 副局長は再び国務省極東担当次官補に、ある程度の期間にわたる段階的解決が必要だという意見を伝えたものの、その後も国務省の態度は変わらなかった[26]。

　外国為替に関する韓米間の交渉は、韓銀総裁が 1960 年 9 月末に、復興部次官が 10 月初めにワシントンを訪問することで開始された。米国側は為替交渉に主

表 2-2　韓国外国為替改革に対する米国務省と ICA の考え方

米国務省 (J. P. Young)	1. 現実的なレベルでの単一為替レートという米国と IMF の目標は、現時点で韓国における支配的な願望である。行動する時期がきており、「鉄は熱いうちに打て」である。 2. 数週間以内に単一の為替レートを適用することができる。 3. 同時に ICA と韓国政府の（援助に関する）手続きにも主要な変更が行われるべきである。 4. 単一為替レートが発効すれば、韓国経済に対する米国と韓国政府の統制は大幅に制限されることになる。 5. その後、幅広い品目のなかで韓国人が（援助資金で）何を購入するかに関して ICA が影響を与える主要手段は、高利益品目の過剰輸入を防ぐために各々セットされた物品税となる。それは、容易かつ迅速に考案、制定、徴収することができる。 6. 後に物品税や為替制度の他の面で必要とされる変更は、必要性が明らかになったときに採用されればよい。 7. 幅広い経済的意思決定に関して、市場の力が米国と韓国政府の取り組みを置き換える。
ICA	1. 韓国において市場の力を米国や韓国の国家目標に利用できるかどうかは、韓国側の事情（米国の意味での自由企業の伝統の欠如、規則を設定し取り締まりをする効果的な政府の欠如、多くの私的および政府の職務のための適格な人材の欠如など）によって、きわめて制限される。 2. ICA 資金で韓国に提供される物資に関して、米議会が自由市場のようなものを許可する可能性はおそらくない。 3. 援助物資の適切な使用と韓国の経済発展に関わる米国の関心は、自由な経済制度と単一の為替レートに対する関心に優先する。米国が外国為替資源の大部分を提供しているという事実は、この点をさらに強化する。 4. 韓国政府は、単一為替レートを完全に有効に機能させるために必要な物品税の考案、制定、執行を行うことはできないと思われる。税率の変更は時々必要になると思われているが、韓国の内閣がレートの変更について幅広い裁量を示していない限り、必要に応じて変更できないだろう。一方、内閣が幅広い裁量権を与えられれば、腐敗の機会は避けられない可能性が高い。 5. 米国は、今後の米韓協議で米国の韓国における基本目標や技術的、行政的、経済的限界だけでなく、韓国の新政権が実際に弱体であり、議会の多数派をかろうじて確保できる程度にすぎないことに留意しなければならない。米国は、友好的な新政権に政策を強要することにより、政権の崩壊、非友好的な政権への交代を引き起こす危険性を考慮しておくべきである。

出所：Memorandum from Sheppard to FitzGerald, Aug. 23, 1960; Korea - Finance - Currency - Exchange, 1960; Korea Subject Files 1953-1961; Office of Far Eastern Operations; Records of U.S. Foreign Assistance Agencies, Record Group 469.
注：米国務省の見解も、ICA の立場から整理されたものである。

な関心を持っていたが、韓国側は為替改革をはじめとする様々な改革をテコに米国側から援助資金をさらに確保することに関心を持っていた。張勉首相の名前で作成され、米国務長官に渡された覚書にも、為替については現実化するという簡略な表現だけが盛り込まれていた[27]。米国側が内容の提示を求めた為替

改革について、韓国側は過渡政府の提案に言及し複数為替制を主張した。ただし、米国の援助の規模によっては単一為替制も可能だという立場だった。このような事態を避けるため事前に駐韓米国大使館を通じて単一為替制を要請していた米国務省は、再び失望した。結局米国は、復興部次官より高位官僚であり、張勉政権内で実権を握っていた財務長官、金映宣が交渉に参加することを要請した[28]。

会談の過程で興味深い比喩も登場した。韓国側は、患者がひどい病気にかかった時は治療薬を惜しんで調合してはならないと主張した。米国側は、為替の改革を控えた韓国は山頂から滑り降りるために自信がつくことを待つスキーヤーと同じだと反論した。夜になる前に動かなければ凍って死ぬことになる。米国側（国務省）は、自分たちが、米議会で米軍に対する為替レート差別に関する質問を受けるたびに、ほぼ凍りついてしまうという話も付け加えた。そしてこのような差別待遇が継続されれば、米議会は、連邦政府に必要な資源を与えないようにすると述べた[29]。

一方、韓国では新政府が予算案通過のために苦労していた[30]。李承晩政権崩壊後に作られた新憲法には、民議院（下院）が新年度予算案を法定期日内に議決しなければ、国務院（内閣）に対する不信任決議とみなすことができるという条項があったため、予算審議の過程で与野党対立はさらに鋭くなった。ワシントンでの韓米交渉に財務長官が最初から派遣されなかった理由は、予算案通過に専念するためだった。援助物資の売却が歳入の大きな部分を占めていた当時の歳入状況では、予算案は為替レートを前提にしなければならなかった。張勉政権は公定為替レートよりファン安の1,000ファン／1ドルを予算案作成に使用したが、米国との交渉についても、米国側の大幅な切り下げ要求に対抗して1,000ファン／1ドルを主張しているという偽情報を国内マスコミに流していた[31]。国会内の反対派が、為替がさらに切り下げられれば、全般的に物価が上がるだけでなく、特に援助肥料の値段が上昇し、農民らに被害が及ぶという点、そして予算案の執行のためには米国の援助資金が不足してはならないという点を指摘していたため、新政府としては適当な水準への評価切り下げと少なからぬ援助資金という結果が必要だった。

このような状況で10月中旬渡米した金財務長官は、為替改革の具体的な内容より、前年以上の援助資金を配分することや、予算案に適用された1,000ファ

ンを認め、予算案が可決された後再び為替交渉を進めることを要求した。米国側は韓国側の要求を条件付きで受け入れた。為替の改革を含めた様々な改革を韓国側が3月1日までに誠実に遂行したとき、追加援助2,000万ドルを提供するというものだった。その具体的な内容は、米国務次官（C. Douglas Dillon）が張勉首相に送る書信（ディロン書信)32)に示された33)。

1960年末にようやく予算案が可決され、予算案通過のために必要とした1,000ファン／1ドルへの公定為替レートの切下げが1961年1月1日付けで実施された。財務長官が約束した韓米間の為替交渉は、1月下旬にソウルで、金容甲財務次官と米国務省極東経済担当副次官補（Avery F. Peterson）を代表として秘密裏に再開された。交渉に先立って韓国側は、ディロン書信の趣旨により単一為替体系を導入する為替改革案を作成し、在韓米大使館に伝達した（表2-3)34)。これはディロン書信を忠実に反映した提案であり35)、米国当局は概ね満足する反応を見せた36)。

1月下旬の会談においても主な論議は単一為替レートであった。単一為替レート導入に合わせて、必要な制度に関する項目が加えられた。米国側は1,300ファンではなく1,350ファンを提案して若干の応酬があったが、韓国側の提案どおり1,300ファン（基本レート1,250ファン、証書レート50ファン）とすることが決定された37)。そして2月1日、「現実的単一為替レート」というタイトルで為替改革案が発表され、翌日から施行された。

ところが、為替改革の実施は即座に世論の非難を受けた。第一に、輸出ドルの転売禁止に輸出業者は強く反対した。単一為替の安定に向けて外国為替証書の転売を禁止した反面、輸出補助金の画期的な引き上げを行わなかったことが問題だった38)。1960年の転売レートは、日本向け輸出ドルは1,241～1,507ファン、その他は1,135～1,399ファンであった。1,300ファンの単一レートは特に日本向け輸出に大きな損失をもたらした。第二に、物価、特に生活必需品価格の引き上げで庶民が被害を受けたことである。為替の切下げと同時に、ディロン書信が財政赤字の縮小に向けて要求した官営料金の引上げが実施されたことで問題がさらに大きくなった39)。

単一為替レートの実施に合わせて推進された新制度も、導入が暗礁に乗りあげた。不要不急の物品輸入を抑制して国際収支のバランスを図るとした臨時特

表 2-3 ディロン書信と韓国政府修正案の比較

ディロン書信付属書 2（1960 年 10 月）	韓国政府修正案（1961 年 1 月）
①援助資金配分、国連軍司令部や個人の取引を含めた全ての取引に単一為替が適用されなければならない。 ②適切な固定レートを現在選択するのは難しいため、変動為替制でなければならない。1,300 ファン／ドル辺りが適当なものとみられる。 ③単一為替は基本レートと証書価値（certificate value）で構成される。例えば、1,200 ファン／ドルの基本レートと 100 ファン／ドルの証書価値。 ④証書の価格は中央銀行が経済環境に照らして時々変更する。変更の際には外国為替需給を考慮。 ⑤輸入を統制するために特別物品税や輸入税を賦課する。 ⑥⑤の法令が完備されるまで、輸入を統制する過渡的な方式を導入することができる。 ⑦現在の外国為替税と援助資金の競売体系は廃止する。 ⑧必要な場合に一時的に特定物品つまり石油、肥料に補助金を支給することができる。	1. 為替レート 　単一為替レートは基本レートと証書レートで構成する。 　a. 基本レートは政府が決定し、予算編成のみに使用する。 　b. 証書レートは金融通貨委員会で決定し、基本レートと証書レートを合わせて「銀行レート」と呼び、すべての外国為替取引に適用する。 2. 外国為替統制 　a. 韓銀外国為替の口座は、非居住者のみ保有することができる。 　b. 政府と居住者が保有するすべての外国為替は韓国銀行に銀行レートで販売しなければならない。居住者が外国為替を販売すると、韓銀は 3 か月間有効の証書を発行する。証書の転売はできない。 　c. 証書を保有した居住者は証書発行時の銀行レートで、証書を保有していない居住者は当該時点の銀行レートで、外国為替を買うことができる。 3. 特別物品税と輸出補助金 　a. 特別物品税：国内外価格比により特定の輸入品に税金を賦課する。品目や税率は毎月財務部が公表する。 　b. 輸出補助金：国内外価格比により輸出品に補助金を支給する。項目と金額は四半期または半期ごとに韓国政府が公表する。 4. 援助資金配分：銀行レートを適用する。四半期、半期、あるいは年 1 回、品目群を指定する。

出所：Department of State, Washington to American Embassy, Seoul, Deptel No. 382, sent on Oct. 25, 1960; 500 Economic, ROK Aid Program, Oct-Dec 1960; Korea, Seoul Embassy, Classified General Records, 1952-1963; Records of the Foreign Service Posts of the Department of State, Record Group 84. American Embassy, Seoul to Department of State, Washington, Embtel No. 809, sent on Jan. 7, 1961; 501.51 Exchange - Rates of Exchanges, 1961; Korea, Seoul Embassy, Classified General Records, 1952-1963.
注：引用した番号は原文通りだが文章は要約したものである。

　別関税法案は、国務院令で賦課の対象と税率を定めるようにしたことが違憲と指摘された[40]。この法律は、クーデター後の 1961 年 7 月に国会ではなく国家再建最高会議で議決された。

　結局、1961 年 2 月の新外国為替制度は持続できなかった。新制度は韓国銀行に証書レート変動の権限を与えたが、そのルールが明らかではなかったため事

実上の固定為替レート制であった。外国為替証書制度がクーデター直後に廃止されたのは些細なことにすぎなかった。根本的な問題は外国為替市場に深刻な不均衡が発生したことであった。経済開発を推進するための原材料の輸入が推奨される中で、外国為替保有高の減少という問題が発生した。1963年1月には輸出振興と輸入抑制を同時に促進するために輸出入リンク制が導入され、また同年12月には配分された援助資金1ドルごとに50ウォンの「臨時特別利得税」が賦課された。これにより1,300ファン（＝130ウォン）の単一為替レートは改革以前のように事実上抜け殻になった。為替市場の不均衡、また取引の種類による為替レートの大きな差は、為替制度を不安定化させ、新しい為替改革が必要になったのである。

3．1964年5月の「為替レート現実化」——変動為替制の導入

クーデターに成功した軍事政権は、経済開発5ヵ年計画を樹立するなど意欲的に開発政策を進めたが、1963年に入って難関に直面した。輸出と経済開発推進に向けた原材料輸入のために、政府保有外国為替を提供しても輸出がそれに応じて増加せず、外国為替保有高が1962、63年と減少した（図2-2）。1964年

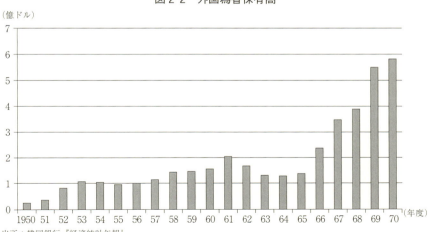

図2-2　外国為替保有高

出所：韓国銀行『経済統計年報』。

表 2-4　1963 年における外国為替の種類別取引額

	為替 (ウォン/ドル)	取引額 (百万ドル)
輸出入リンク制による輸入権	155（1〜5月） 170（6〜8月） 190（9〜12月）	25 20 30
政府保有ドル放出	130	155
PL 480 援助	130	100
AID 援助	130 180（臨時特別利得税適用）	95 10
借款	130	35
対日清算取引	170	25
貿易外（無形）	130	40

出所：Letter from Kravis to Poats, Jan. 23, 1964; A Korean Exchange Rate Study; Central Files of Office of East Asian Affairs, 1947-64; General Records of the Department of the State, Record Group 59.

末には1億ドル以下に下がると憂慮された。市場では輸出入リンク制と関連した輸入権プレミアム相場が、1963年末には1ドル当たり50ウォン（実際のレートは＋130ウォンの180ウォンになる）を超える高い水準になった。為替は事実上複数為替制に回帰した。当時の為替と取引額に関する米国側の調査資料を引用すると表2-4のようである[41]。

　国内物価も、事実上の為替の切下げ、拡張的財政政策による通貨量の増加、凶作などで暴騰した。物価上昇率は、1960年代初頭において10％前後だったが、1963年下半期には30％まで跳ね上がった（前年同月比、図2-3）。米国政府は、援助資金をバネとして韓国政府に財政安定計画の実行を要求した。財政安定計画は、1957年に初めて導入され、クーデター後に軍事政権の財政拡大の方針に伴い廃止されたが、物価上昇が社会的な問題になり、再度導入された[42]。同時に米国政府は、新たな為替改革が必要であることを自覚した。しかし、いわゆる民政移譲[43]を控えて、社会的波紋をよびやすい為替問題を焦点化することで、1961年為替改革後の民心悪化を繰り返したくはなかった。

　米国政府は1963年10月の大統領選挙後、先に商務省の傘下に設置されたNAC（National Advisory Council on International Monetary and Financial Problems, 国際通貨金融問題に関する国家諮問会議)[44]のもとに各政府機関の専門家が参加する

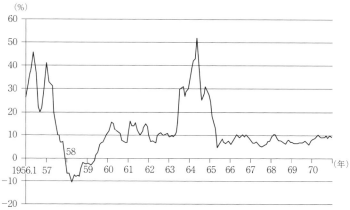

図 2-3　物価上昇率（前年同月比）

出所：韓国銀行『物価総覧』。

作業部会を作って調査研究を委ねることにした[45]。NAC は、64 年 2 月 14 日に単一変動為替制度の導入を目標とする為替交渉の開始を、国務省と AID（Agency for International Development、国際開発局）[46]に勧告した[47]。

1964 年になると韓国側の状況も熟し、1 月 11 日の対政府質問において野党の民主党議員[48]は為替レートの改正を要求した。この時の野党の論拠は 1960 年のそれと似ていた。ウォンを実際より高く評価するレートが外国為替配分を歪曲し特恵をもたらすというのであった[49]。在韓米大使館と USOM は 2 月に米国務省に送った公電において、為替レートの改正ムードが熟したという判断を伝えている。当初彼らは、財政安定計画が効果を発揮することになり、食品価格が高い 3 〜 5 月を避けた 6 月を評価切り下げの時期にしたが、評価切り下げ期待が高まることで、投機的な現象が現われているという点を指摘した。また、政府内技術官僚も評価切り下げの必要性を言及するようになった。一方政府の高官らは、野党の現実化の主張に対して、当分は為替の維持が必要だという立場だった[50]。

2 月の公電に対して米国務省は、NAC の交渉承認の情報を米大使館に伝え、NAC の下記のような指針を伝達した。つまり IMF を招請せず韓米両国間の交渉で早いうちに結論を下し、為替改革の方法は外国為替証書を利用した変動為

替制度でなければならないということであった[51]。外国為替証書は 1961 年為替改革でも導入されたが、その市場売買が禁止され、韓国銀行金融通貨委員会が外国為替需給を考慮して証書レートを調節できることに扱いを限定した。米国政府の今回の提案は、外国為替証書売買を許可して市場価格が形成されるようにすることであった。韓銀の役割は、市場価格の変動に対応しながら、毎日売買基準レートを告示することに変わった。

　NAC が固定為替レートではなく変動為替レートを提案した理由は、ディロン書信と同様に、国内経済事情のため持続可能な固定為替レートを選択することが容易ではないことだった。物価動向を考慮すると、現水準よりウォン安にならなければ相当期間持続する可能性がない。しかし、どの程度安く設定するかを判断することは難しいために変動為替がもっとも適切であるということであった。もちろん、このとき投機的行動を防ぐための安全網は必要であった[52]。

　米国側と韓国政府との交渉は 64 年 3 月に入って開始された。韓国政府は、為替レートの切り下げ、つまり為替現実化の必要性は認めながらも、時期は穀物価格が低下する秋以降に見合わせるべきだという立場であり、変動為替については抵抗感を見せた。これに対して米国側は、追加援助を含めた韓国政府が興味を持つであろう案[53]を提示した[54]。結局 4 月末に交渉が妥結し、5 月 3 日から米国側の提案どおりに 255 ウォン／ドルを基本為替レートとする変動為替制が「為替レート現実化」というタイトルで導入された。基本為替レートは外国為替証書レートの下限であるだけで、すべての外国為替の取引は証書レートやそれを反映した韓国銀行の売買基準レートによって行われた。表 2-4 のような複数のレートはなくなり、新制度は単一変動為替制とも呼ばれた。

　韓国側がどのような内部の議論を経て、米国側の希望する時期と内容を受け入れたかは不明である。時期と関連して考えられるのは、民間レベルで輸出ドルの転売が可能だった過去の制度への回帰要求が激しかったために早急な対策が求められたことである。韓国政府は 1964 年に輸入抑制のために輸出入リンクの割合を下げたが、損害を被った輸出業者がその機会に、1961 年 2 月為替改革以前のように輸出ドルを韓銀に預けて転売を可能とする要求をし始めた。それは当時の経済界において重要な焦点になった[55]。政府としては、韓米間の交渉を経て実施した為替改革を元に戻すことは難しかったので、別の方法を探る必

図 2-4 1965 年以降の為替レート（韓国銀行売買基準レート）

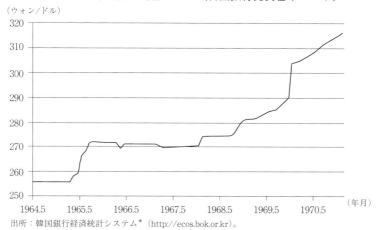

出所：韓国銀行経済統計システム＊（http://ecos.bok.or.kr）。

要があったが、大幅な切り下げは輸出業者の不満をなだめることができるものだった。

　変動為替制に否定的だった韓国政府がこの制度を受け入れた背景はさらに分かりづらい。一つ考えられるのは、当時『東亜日報』が報道した為替の改正に関する裏話である。新しい為替レートが 255 ウォン／ドルで決定されたのは、既存の為替レートである 130 ウォンの 2 倍の 260 ウォンより低い値を韓国側が望んだためということだ[56]。この記事は言及しなかったが、米国側は韓国側に二つの案を提示していた。つまり 275 ウォンをベースにした変動為替を優先的に考慮するものの、もし固定為替に拘るのであれば 300 ウォン／1 ドルを受け入れさせるということであった。だが、これは交渉用の案であり、変動為替なら 260 ウォン／1 ドルも受け入れることができるという前提だった[57]。韓国政府としては、ある程度韓銀や証書市場を統制できるならば、自ら批判した過去の民主党政府の為替改革と類似した半分の切り下げよりは、変動為替を受け入れることが良い選択肢であっただろう。

　改革後約 1 年間は暫定的に基本為替レートが直ちに韓国銀行の売買基準レートになったが、韓国政府と IMF がスタンドバイ借款協定を交わした後の 1965 年 3 月、外国為替証書を活用した変動為替制が本格的に実施された。1967 年ま

では、輸出増大と借款導入などで外国為替の需給が改善され物価が安定したこと、また韓国銀行の外国為替証書市場への介入により、為替は約270ウォン／ドルという安定的な水準を維持した。その後はGATT加入（1967年4月）に伴う貿易自由化の中で為替レートが大幅に上昇する局面もあったが、制度そのものは持続することができた（図2-4参照）。

4．おわりに

　外国為替制度に必要な要素は、一方ではレートの安定性（必ずしも固定性ではない）であり、他方では為替需給の均衡作用である。台湾や韓国の複数為替制度は、公定または基本レートを維持しながら、他のレートにより需給均衡を図ろうとしたと言える。しかし、1950年代末と1963年頃の韓国においては、複数のレートに大きな差が出てしまい、特恵や不公平という問題が提起された。結局、複数レートを維持しながら差を縮小するか、簡単に一本化するかという選択肢があったが、どちらも為替レートの大幅な切り下げが必要であった。

　1961年と1964年における為替改革は、その切り下げ、つまり現実的な為替レートの設定という韓米当局の共通の目標の下で行われた。しかし1961年の改革は、安定的な為替制度を導入することに失敗した。輸出補助金や輸出金融など直接的・間接的輸出促進制度が十分備わっていない状況で導入された単一レートは、以前の転売レートよりファン高であったため、輸出業者の反発をひき起こした。輸出振興という政策目標に反し、物価のみを上昇させたという批判に直面した。

　単一為替制を後押しするための制度は、軍事政権が発足した後に順次整備されたが、外国為替需給の不均衡が続くなかで固定レートは維持されなかった。そのため為替レートの引き上げなしの解決策（輸出入リンク制など）が追加され、韓国為替制度は2年ぶりに複数為替制に回帰した。この点において1961年の為替改革は、韓国政府が意欲的に単一為替を推進した1955年の為替改革と類似していた。

　1950～60年代の韓国経済は、不安定な物価と貿易収支の著しい不均衡に直面していた。その状況で単一固定為替制を長期間維持することは難しいはずだっ

た。それにもかかわらずそのような試みが行われたのは、韓米当局の性急さや判断ミスが作動したためであった。1955年においては韓国政府が、1961年においては米国政府、正確に言えばワシントンの米国務省がそうであった。米国務省は、韓国現地の駐韓米国大使館やUSOM、そしてワシントンのICA本部がいずれも慎重に韓国為替問題に接近するよう要請したにもかかわらず、事実上の単一固定為替を推し進めた。外国為替証書制度を導入しながらも、その価値が市場で決定されるようにせず、金融通貨委員会に裁量権を与えたのは、韓国側の要求によるものだったが、米国務省も現実的なレベルへの為替レートの一本化だけを重視し、制度の持続性は副次的なものとしたといえる。

1960〜61年において米国務省が見せた性急さは、米議会を意識したためであった。強力な予算権を有している米議会は、1957年頃から浪費、腐敗などを理由にして援助予算を削減しようとしていた。韓国への援助は浪費と腐敗の代表的事例の一つであった[58]。議会の批判に対抗して必要な予算を確保するために米国務省は、韓国経済が変化していることを見せる必要に迫られていたため性急さが生じたと考えられる。

1964年の為替改革に向けて米国政府が準備した改革案は、1961年と類似していたが、米国政府の接近方法は大きく変化した。改革の目標は、対米議会関係といった米国内の事情ではなく、韓国経済の安定と発展に置かれた。IMFとのスタンドバイ協定が締結されるまで変動為替制を留保したのは、それを示す代表的な例である。また韓国政府も為替レートの維持が非常に困難であることを自覚していた。1964年の単一変動為替制の導入は1961年改革の失敗を踏まえた成果であったと言える。

注
1) 1980年2月通貨バスケット制に移行した。
2) Brown, Gilbert T., *Korean Pricing Policies and Economic Development in the 1960s*, Johns Hopkins University Press, 1973、金光錫・Larry E. Westphal『韓国の為替・貿易政策』＊韓国開発研究院、1976年、Krueger, Anne O., *The Developmental Role of the Foreign Sector and Aid*, Harvard University, 1979.
3) 木宮正史『朴正熙政府の選択――1960年代輸出志向型工業化と冷戦体制』＊フマニタス、2008年。
4) MacDonald, D. S., *U.S.-Korean Relations from Liberation to Self-Reliance*, Westview

Press, 1992においても協議過程を窺うことができるが、その内容は詳細ではない。
5) 1962年6月に施行された通貨改革により韓国の貨幣単位はファンからウォンに転換した（1ウォン＝10ファン）。本章においては時期にしたがってファンとウォンをそれぞれ使用する。
6) 1950年代における外国為替制度に関しては、崔相伍「1950年代為替制度と為替政策に関する研究」*成均館大学校博士学位論文、2000年、金洛年「1950年代為替配分と経済的地代」*（『経済史学』第33号、2002年）参照。
7) 輸出のほか軍納または宣教団体によるドルも売買できたが、輸入できる物品の範囲が異なったため、輸出ドルよりは少し価値が低かった。
8) 競売は「外国為替税」レート（ドル当たり外国為替税）の入札という形で行われ、実際の為替レートは公定レート＋落札企業別の外国為替税レートになった。外国為替税の正式名称は「臨時為替特別税」であり、韓国政府の支出裁量権を高めるために1958年8月に導入された。
9) 韓国の李政権はファン高の公定レートを維持するという為替政策をとり、現実的なレートの設定を主張した米国側と対立した。柳尚潤「李承晩政府の為替政策再論――安定化プログラムと『永久』為替」*（『経済史学』第53号、2012年）参照。
10) これに対応した与党自由党の公約は公定為替の維持であった。「自由・民主両大党『選挙公約』の差異点」*（『東亜日報』1960年2月11日、夕刊1面）参照。
11) とりわけ問題になったのは援助原綿の配分に関するものであった。
12) 当時、韓国為替問題を扱った米国公文書に「windfall profit」という単語が頻繁に登場した。
13) Department of State, Washington to American Embassy, Seoul, Deptel No. 926, sent on May 3, 1960; 501.51 Exchange, Rates of Exchanges, Apr-Dec 1960; Korea, Seoul Embassy, Classified General Records, 1952–1963; Records of the Foreign Service Posts of the Department of State, Record Group 84.
14) American Embassy, Seoul to Department of State, Washington, Embtel No. 1152, sent on May 16, 1960; 501.51 Exchange, Rates of Exchanges, Apr-Dec 1960. 駐韓米大使はIMF諮問団代表が米国人ではないほうが良いという提案も行った（American Embassy, Seoul to Department of State, Washington, Embtel 27, sent on July 7, 1960; Korea - Finance - Currency - Exchange, 1960; Korea Subject Files 1953–1961; Office of Far Eastern Operations; Records of U.S. Foreign Assistance Agencies, Record Group 469）。7月14日に訪韓した諮問団代表はIMFアジア局副局長Tun Thin（ビルマ人）であった。
15) American Embassy, Seoul to Department of State, Washington, Embtel No. 38, sent on July 11, 1960; 501.51 Exchange, Rates of Exchanges, Apr-Dec 1960.
16) Department of State, Washington to American Embassy, Seoul, Deptel No. 162, sent on Aug. 24, 1960; 501.51 Exchange, Rates of Exchanges, Apr-Dec 1960.
17) Department of State, Washington to American Embassy, Seoul, Deptel No. 181, sent on Aug. 30, 1960; 501.51 Exchange, Rates of Exchanges, Apr-Dec 1960.

第2章　為替改革　　59

18）台湾の外国為替証書（「結匯証」）制度と1958年為替改革については、Shea, Jia-Dong, "The Liu-Tsing Proposals for Economic Reform in Taiwan: A Retrospective", Erik Thorbecke and Henry Wan, Jr. eds., *Taiwan's Development Experience: Lessons on Roles of Government and Market*, Kluwer Academic Publishers, 1999, pp. 170-171、涂照彦「台湾の『外資依存型』二業化方向」（『アジア研究』第22巻第4号、1976年）11～13頁、許嘉棟「台湾的匯率政策」（于宗先院士公共政策研討会、2014年5月2日）など参照。
19）米国援助機関の韓国派遣団。厳密にはUSOM/Kと書かなければならないが、本書ではUSOMと略称する。
20）Memorandum from Heuser to Task Force, May 15, 1960; Finance - Currency FY 60; Classified Subject Files, 1957-1960; Executive Office, Mission to Korea; Records of U.S. Foreign Assistance Agencies, Record Group 469.
21）Memorandum from Southard, July 29, 1960; 501.51 Exchange, Rates of Exchanges, Apr-Dec 1960.
22）Aide-Memoire Presented to Minister of Reconstruction CHU Yo-han, delivered on Sep. 10, 1960; 501.51 Exchange, Rates of Exchanges, Apr-Dec 1960.
23）1959年の国連軍のドル販売は2,457万ドルであったが、その年の韓国輸出額が1,916万ドルであったことと比較すると、これは非常に大きい金額であった。
24）Youngが韓国を離れることを知らせる公電において、駐韓米国大使は単一為替レート導入の可能性について過度な楽観はできないことを指摘した（American Embassy, Seoul to Department of State, Washington, Embtel No. 54, sent on July 13, 1960; 501.51 Exchange, Rates of Exchanges, Apr-Dec 1960）.
25）Memorandum from Sheppard to FitzGerald, Aug. 23, 1960; Korea - Finance - Currency - Exchange, 1960; Korea Subject Files 1953-1961.
26）Memorandum from FitzGerald to Parsons, Aug. 24, 1960; Korea - Finance - Currency - Exchange, 1960; Korea Subject Files 1953-1961.
27）Aide Memoire on Economic Reform Measures in Korea, Decimal File 895B.00/10-660; General Records of the Department of the State, Record Group 59.
28）Department of State, Washington to American Embassy, Seoul, Deptel No. 329, sent on Oct. 13, 1960; Korea - Finance - Currency - Exchange, 1960; Korea Subject Files 1953-1961.
29）Letter from Peterson to Green, Oct. 17, 1960; 501.51 Exchange, Rates of Exchanges, Apr-Dec 1960. 10月12日から13日にかけての韓米交渉に関する会議録が添付されている。
30）1960年8月の選挙で政権を握った民主党は旧派と新派に分かれていたが、張勉政権は新派に属していた。それに対して旧派は独自の交渉団体を構成して野党のように行動した。
31）「金財務、急遽渡米」（『東亜日報』1960年10月18日、1面）。
32）Department of State, Washington to American Embassy, Seoul, Deptel No. 382, sent on Oct. 25, 1960; 500 Economic, ROK Aid Program, Oct-Dec 1960; Korea, Seoul Embassy, Classified General Records, 1952-1963; Records of the Foreign Service Posts of the

Department of State, Record Group 84. 当時、米国文書にはよく Dillon letter あるいは Dillon-Chang letter と引用され、韓国言論においては「ディロン覚書」と言われた。

33) Memorandum of Conversation, Oct. 25, 1960; 500 Economic, ROK Aid Program, Oct-Dec 1960.

34) American Embassy, Seoul to Department of State, Washington, Embtel No. 809, sent on Jan. 7, 1961; 501.51 Exchange - Rates of Exchanges, 1961; Korea, Seoul Embassy, Classified General Records, 1952-1963; Records of the Foreign Service Posts of the Department of State, Record Group 84.

35) 政府の修正案の1項、つまり為替構造はディロン書信附属書2の①〜④項を、3項のうち特別物品税はディロン書信の⑤項、4項の援助資金配分はディロン書信の⑦項を反映したものである。2項の為替統制は実務的なレベルで含まれたものとみられ、3項の輸出補助金はディロン書信にない内容である。

36) 駐韓米国大使館と USOM の反応は、American Embassy, Seoul to Department of State, Washington, Embtel No. 810, sent on Jan. 7, 1961; 501.51 Exchange - Rates of Exchanges, 1961、を参照、ワシントン当局の反応は Department of State, Washington to American Embassy, Seoul, Deptel No. 700, sent on Jan. 9, 1961; 501.51 Exchange - Rates of Exchanges, 1961、を参照。

37) Memorandum of Conversation, Oct. 20, 21 & 25, 1961; 501.51 Exchange - Rates of Exchanges, 1961.

38) 「為替改正、流通秩序を麻痺」*(『京郷新聞』1961年2月3日、2面)。

39) 「(社説) 政府首脳は税政に明るく現実に敏感であるべき」*(『京郷新聞』1961年2月10日、1面)。

40) 「違憲論で問題、臨時特別関税法」*(『東亜日報』1961年3月28日、夕刊1面)。

41) Letter from Kravis to Poats, Jan. 23, 1964; A Korean Exchange Rate Study; Central Files of Office of East Asian Affairs, 1947-64; General Records of the Department of the State, Record Group 59.

42) 財政安定計画の再導入過程に関しては、木宮正史、前掲『朴正熙政府の選択』第6章を参照。

43) 軍事政権のトップであった朴正熙が1963年10月に実施された大統領選挙で当選し、同年12月に就任した。

44) この会議の議長は1961年為替改革当時に国務次官であったディロンであった。

45) Memorandum from Hilsman to Under Secretary, Dec. 27, 1963; FN 10 Foreign Exchange, KOR S, 1/1/1964; Subject-Numeric Files, 1963-1973; General Records of the Department of the State, Record Group 59.

46) ケネディ政権が始まった直後に米国の対外援助機関は ICA から AID へと改編された。

47) Memorandum from Bacon to Barnett, Feb. 17, 1964; FN - Finance 10, Korea 1964; Central Files of Office of East Asian Affairs, 1947-64; General Records of the Department of the State, Record Group 59.

48) 後に大統領になった金大中。
49)「為替レート現実化主張」*(『東亜日報』1964年1月11日、1面)。
50) American Embassy, Seoul to Department of State, Washington, Embtel No. 1055, sent on Feb. 20, 1964; AID (U.S.) 15-8 Commodity Sales for Foreign Currency (Title 1) KOR S, 1/1/64; Subject-Numeric Files, 1963-1973; General Records of the Department of the State, Record Group 59.
51) Department of State, Washington to American Embassy, Seoul, Deptel No. 760, sent on Feb. 28, 1961; AID (U.S.) 15-8 Commodity Sales for Foreign Currency (Title 1) KOR S, 1/1/64; Subject-Numeric Files, 1963-1973; General Records of the Department of the State, Record Group 59.
52) Letter from Kravis to Poats, Jan. 23, 1964; A Korean Exchange Rate Study; Central Files of Office of East Asian Affairs, 1947-64; General Records of the Department of the State, Record Group 59.
53) 韓国政府が興味を持つであろう案の中には、韓国側が独自に開発した蔚山工業団地の精油製品を米軍が購入することを検討中であるという内容も含まれていた。
54) American Embassy, Seoul to Department of State, Washington, Embtel No. 1268, sent on April 7, 1964; AID (U.S.) 15-8 Commodity Sales for Foreign Currency (Title 1) KOR S, 1/1/64. USOM Korea to Agency for International Development, Washington, sent on April 8, 1964, TOAID No. 1258; FN 17 Money, Currency, KOR S, 1/1/64; Subject-Numeric Files, 1963-1973 General Records of the Department of the State, Record Group 59.
55)「為替予置集中制へ」*(『東亜日報』1964年2月29日、2面)。
56)「為替改訂秘話の決算」*(『東亜日報』1964年5月5日、1面)。
57) USOM Korea to Agency for International Development, Washington, sent on April 8, 1964, TOAID No. 1258.
58) MacDonald, D. S., *U.S.-Korean Relations from Liberation to Self-Reliance*, Boulder: Westview Press, 1992, pp. 279-281.

第3章 輸出支援——輸出計画と合同経済委員会輸出振興分科委員会

李相哲

1. はじめに

　韓国経済は1960年代からそれ以前と比較して劇的な変化を遂げたが、とりわけ貿易構造の変化が大きかった。1950年代まで韓国では、GDPに占める輸出の比重は非常に小さく、同時代の世界平均に遠く及ばなかった。それが1960年代に転換が生じ、その後も維持された[1]。この時期に貿易構造に変化が起きたのは軽工業製品の輸出が増加したためである。また、それには1960年代初めの貿易・産業政策の転換が影響した。

　これについては、「1961年から63年にかけて経済を掌握した軍事政権は復興と安定から輸出指向的工業化を通じた成長極大化に経済政策を転換し始め」[2]、「現在まで続けられている輸出誘引体系はおよそ1965年ころにはほぼ完成したといえる」[3]と指摘されている。朴正熙政権の初期にとられた輸出指向工業化戦略とそれ以前の政策との断絶を強調するこうした見解は、現在も広く受け入れられている。

　歴史学においてもこの主張は一般に受容されているが、ただし、政策転換の背景については見解が分かれている。李炳天は転換過程でのアメリカの外圧を強調し、李完範は朴正熙のリーダーシップを強調する。朴泰均はアメリカの外圧を指摘しつつ、韓国政府の独自な役割をも強調する折衷論的な立場である[4]。

　一方、木宮正史は朴正熙政権の初期には「内包的な工業化戦略」を試みたものの失敗し、輸出指向工業化戦略を「残された選択」として採用したという[5]。しかし、輸出指向工業化戦略がそれ以前の政策とどの程度断絶したのか、さらに朴正熙政権以前の政権の経済政策との差、そして朴政権内部での政策転換過程については解明されるべき点が多く残されている。

こうした先行研究を踏まえて、本章では韓国における輸出支援政策が形成されていく過程を検討する。まず、1960〜70年代の貿易構造を概観して、工業製品とりわけ軽工業製品の輸出の変化を確認する。続いて、1960年代初めに行われた貿易・産業政策の転換過程と輸出指向工業化戦略の内容を解明する。そして、それが李承晩政権期、および朴正煕政権の初期に実施された輸出関連政策とどのように関係しているかを考察する。具体的には1959年に合同経済委員会（CEB: Combined Economic Board）に設けられた輸出振興分科委員会（CEBEP: Export Promotion Committee of the Combined Economic Board）の運営過程を、朴正煕政権の政策転換との関連を意識しつつ、検討する。

2．輸出計画と輸出支援政策の展開

(1)「第1次経済開発5ヵ年計画（原案）」における輸出計画と輸出支援政策

軍事政権の輸出目標と政策の具体的な内容は、1962年1月13日に発表された「第1次経済開発5ヵ年計画（原案）」（以下、原計画）に現れている（表3-1）。ここでは、計画期間中に必要な輸入需要をできる限り自力でまかなうように輸出目標を設定している。目標年度の1966年にその規模は基準年度より4.2倍も増加した1億3,750万ドルに達した。その構成は、食料品、非食用原材料、鉱物性燃料、動植物性油脂など1次産品が67％と最大の比重を占めており、次いで工業製品（化学製品、原料別製品）10％、雑製品9％の順であった。注目すべきは、保税加工が15％にも達していたことである[6]。

「原計画」では以下のような七つの輸出振興策も提示された[7]。①輸出補償金制度を拡大・強化する、②輸出金融制度については、現行の輸出物資集荷金融を拡大して輸出業界の資金難を緩和させる、③輸出所得に対する所得税と法人税に適当な減免など租税上の優遇措置を考慮する、④生産および企業経営の合理化を通じて生産コストを引き下げるように大資本の組織化、中小企業の協同組織化などを進め、そのための金融その他の積極的な支援を実施する、⑤厳格な輸出品検査を通じて品質の均一化を図る、⑥海外市場の開拓と拡大のために商務官と民間企業家を海外に派遣して輸出先の商品需要構造を調査し、とりわ

表 3-1 第 1 次経済開発計画(原計画)の品目別輸出計画

(単位:%、百万ドル)

品目	1962 年	1963 年	1964 年	1965 年	1966 年
食料品	30.5	29.1	28.6	26.0	26.0
非食用原材料	39.2	36.9	33.6	38.6	37.0
鉱物性燃料	2.7	2.3	2.8	3.0	2.6
動植物性油脂	1.4	1.4	1.3	1.1	1.2
化学製品	2.9	3.1	3.0	2.6	2.7
原料別製品	8.8	8.0	8.6	7.6	7.3
雑製品	7.0	9.2	9.5	8.1	8.7
保税加工	7.6	10.0	12.5	13.2	14.5
合計(百万ドル)	65.9	79.7	96.0	121.6	137.5

出所:大韓民国政府『第 1 次経済開発 5 ヵ年計画』* 1962 年。
注:1) 食料品:牛、豚、魚介類、穀物、果実、野菜。
　　2) 非食用原材料:織物用繊維、粗鉱物、塩、金属鉱・金属屑、動植物性原材料。
　　3) 動植物性油脂:魚肝油、ハッカ脱脂油。
　　4) 化学製品:サッカリン、人参製品、ハッカ脳。
　　5) 原料別製品:合板、織物用糸・製品、卑金属。
　　6) 雑製品:藁工品、布靴・ゴム靴、工芸品。

け工芸品をはじめとする韓国特産物の海外への広報活動をするための特別措置を実施する、⑦国連軍に対する韓国製品の納入拡大のため、米国政府および軍当局との交渉を実施する。

その他、保税加工貿易の拡大のために技術導入、製品検査機関の設置、施設・運営資金の支援、適当な租税減免措置、保税加工貿易機関の設置、海外市場の調査と開拓などの措置を講じることとなった。

以上のように、「原計画」で政府は第 1 次産品の輸出に重点を置きつつ、さらに保税加工製品の輸出拡大のための市場拡大や品質向上など、多様な輸出支援策を講じていたことがわかる。では、このうち、この時期に新たに出されたものは何だったのであろうか。

(2) 「経済開発 3 ヵ年計画」における輸出計画と輸出支援政策

1950 年代末から米国からの援助が減少したため、その対策として李承晩政権は輸出増大という政策目標を設定したが、その対象は主に第 1 次産品であった。それは、それまでの輸出実績に基づいたものであった。これは復興部産業開発

表 3-2　経済開発 3 ヵ年計画における品目別輸出計画

(単位：％、千ドル)

品目	1958 年（基準）	1960 年	1961 年	1962 年
農産物	7.6	49.7	57.2	56.2
繊維品	12.1	8.2	8.3	9.4
水産物	21.7	15.2	12.1	11.7
鉱産物	56.6	25.2	20.0	19.7
その他工業製品	0.1	0.5	1.2	1.6
工芸品	1.2	0.7	0.7	0.9
その他雑製品	0.8	0.4	0.6	0.5
合計（千ドル）	16,666	37,690	53,920	63,590

出所：復興部産業開発委員会『檀紀 4293 年度経済開発 3 ヵ年計画』* 1960 年。

委員会の経済開発計画にも現れており[8]、そこから 1959 年初頭時点の政府の輸出への認識をうかがうことができる[9]。「経済開発 3 ヵ年計画」に提示された品目別輸出計画をみると（表 3-2）、目標年度の 1962 年に輸出額は 6,359 万ドルに増加するが、その構成は繊維にその他工業製品と工芸品を合わせた製造業製品の比重が基準年度の 13.4％より低い 11.9％にとどまっていた。

また、「3 ヵ年計画」の「輸出政策」で提示されている政策手段は、通商外交の強化、貿易行政の合理化、輸出産業の協調体制と近代化、海外広報と輸出市場の確保などであった[10]。ただし、以下のような輸出金融の効果的な運用制度の創出と税制の改善も考慮していた。

「あまりにも厳格に運用されている外貨の前貸しと輸出代金の先決済を自由化し、輸出産業と輸入商社に対する集荷資金を支援して外国に比べて高率の利子負担を軽減すべきである。そのためには輸出金融を専門とする外為銀行の設立も考慮し、またその海外支店の機能も拡大する必要がある。一方で、税制面においても間接補償のための払戻税、新規輸出産業に対する減免税などの優遇策を実施すべきである」[11]等々。

以上のように、「原計画」は少なくとも「経済開発 3 ヵ年計画」よりは製造業の輸出を相対的に重視していたことがわかる。また、「3 ヵ年計画」では保税加工に関する言及がみられず、少なくとも 1959 年初頭の時点ではこの形態の輸出がそれほど考慮されていなかったこともわかる。その反面、「原計画」で提示されている政策メニューの多くがすでに「3 ヵ年計画」で現れていることも

確認できる。すなわち、輸出補償金制の拡大は輸出実績と ICA 資金配分とのリンクの延長線上にあり、生産・経営合理化、輸出検査、海外市場開拓・拡大も類似した政策がすでにみられたからである。結局、政策手段の面で「3ヵ年計画」に比べて「原計画」の新しさは、輸出金融の拡大、輸出所得に対する所得税・法人税の減免措置、国連軍への納入拡大だといえよう。

(3)「94年度の商工施策全貌」における輸出計画と輸出支援政策

1961年8月18日、商工部が第1次経済開発5ヵ年計画を達成するために実施中の施策が「94年度の商工施策全貌」[12]というタイトルで紹介された[13]。施策は全11項目で構成されたが、第6項目が「輸出貿易振興策」であった。

6．輸出貿易振興策

　自立経済体制は端的に輸出増大によってその基礎が可能となる。政府は5ヵ年計画の目標年度に3.5億ドルの輸出目標を立てた。起点の1961年には1億ドル、1次年度の1962年1.5億ドル、2次年度1963年2億ドル、3次年度1964年2.8億ドル、4次年度1965年3億ドル、5次年度1966年3.5億ドルである。当面の施策としては1961年下半期の貿易計画を樹立して、輸入の場合、喫緊の需要に限って許可し、不要不急の51品目の輸入禁止と60品目の輸入抑制を通じて質素な国民生活を促し、外貨の節約を期した。輸出の場合、国内資源保護の趣旨の範囲内において海外市場を対象に積極的に販売して外貨獲得に寄与することを試みた。

　一方、保税加工工場を利用する加工輸出貿易を積極的に奨励し、外貨獲得だけでなく輸出産業の体質改善と雇用増大の基礎を作るため、加工貿易に必要な原料の免税と補助金の交付を決定した。1961年5月31日から6月11日まで10日間、西ドイツのミュンヘンで開かれた銅博覧会に215点を出品し、工芸将棋盤が最優秀賞を受賞した。

　輸出入手続きの簡素化を通じて5月26日からは申請書類の受付後2時間以内に処理することにしている。常設の輸出振興機関の設置、輸出振興基金の設立、輸出補償制度、海外市場開拓、その他特典などを盛り込む輸出振興法案を作成中である[14]。

以上の内容からは、まず、輸出目標が非現実的に大きいことがわかるが、それ以外にも保税加工輸出を強調していることが示されている。また、輸出振興機関・基金の設立、輸出補償制度などの方法が含まれる法案の立法が推進中であったこともわかる。もっとも、保税加工輸出はすでに1959年から財務部が検討し[15]、1960年12月15日商工部によって設置令が公布されていた[16]。

（4）「第1次経済開発5ヵ年計画（原案）」の修正と輸出計画

　「原計画」で意図した第1次産品、鉱産物、そして保税加工製品の輸出は進捗しなかったので、輸出支援制度、輸出品目を変更せざるを得なくなった。

　1962年11月26日、経済企画院で「原計画」の補完作業のための経済再建最高会議、内閣、実務関係者から構成される連席会議が開かれた。補完作業は、まず「原計画」の問題点を取り出し、それを調整・補強することによって「補完計画」を確定するという、二つの段階で行われた。このために、総合・財政・金融・国際収支・1次産業・2次産業のそれぞれの部門班が組織された。こうした作業の結果は1962年12月に報告書にまとめられ、民政移譲選挙後の1964年2月に「補完計画」として発表された。

　「補完計画」の国際収支項目で輸出入実績は「原計画」のものより多くなり、内訳にも大きな差が生じた。非食用原材料の輸出が少なく、工業製品のそれが計画値のほぼ2倍となり、当初期待していた保税加工による輸出は非常に少なくなった。

　すなわち、「原計画」で期待していた農産物と鉱産物の輸出が少なくされた一方で、工業製品の輸出が好調であることが期待されたのである。これに伴い、輸出計画も大幅に変更された。表3-3に示したように品目別輸出目標がほとんど下方修正されたが、工業製品だけが「原計画」の目標より多くなった。

　つまり、「補完計画」で輸出の重点が第1次産品から工業製品に転換したのである。また、「補完計画」では労働集約的軽工業部門を輸出産業に育成し、金融・税制面での支援によって生産コストを下げて輸出製品の競争力を高め、輸入代替産業に偏っていた投資を輸出産業に転換することを輸出産業育成策として提示していた。

表 3-3 第1次経済開発5ヵ年計画（補完計画）の品目別輸出計画

(単位：％、百万ドル)

品目	1962年	1963年	1964年	1965年	1966年
食料品	40.0	28.0	26.3	24.7	24.6
非食用原材料	35.4	27.3	35.9	32.6	33.3
鉱物性燃料	5.1	2.1	3.4	2.3	2.6
動植物性油脂	0.0	1.2	1.1	0.4	0.4
化学製品	1.8	2.9	3.2	0.9	0.8
原料別製品	11.3	19.2	20.4	32.3	31.7
雑製品	3.6	10.6	9.8	6.7	6.6
保税加工	…	…	…	…	…
合計（百万ドル）	54.8	81.7	94.0	112.8	135.6

出所：木宮正史、前掲「韓国の内包的工業化戦略の挫折」をもとに筆者作成。
注：1962年は実績。

ところで、「原計画」で工業製品の輸出目標を相対的に少なく策定した理由は何だったのであろうか。先述したように、「経済開発3ヵ年計画」では工業製品の輸出拡大に関心を有していなかったが、そうした観点が「原計画」にも貫かれたのであろうか。

(5)「建設部案」における輸出計画との比較

クーデター直後に軍事政権は建設部を通じて第1次経済開発5ヵ年計画（以下、「建設部案」）を発表した。この案は民主党政権の経済計画と同一であった[17]。表3-4に見られるように、「建設部案」、すなわち民主党政権で作成した経済開発5ヵ年計画では、目標年度の1966年に工業製品の輸出比重が27.2％と高く設定された。輸出総額など多くの面で「建設部案」と「補完計画」の間には差異がみられるものの、工業製品の輸出比重の面では「原計画」より「補完計画」のほうが「建設部案」とより連続的であることがわかる。では、工業製品の輸出を強調した民主党政権の経済開発5ヵ年計画が作成された背景には何があったのであろうか。これに正面からの解答を出すのは難しいが、次節で合同経済委員会輸出振興分科委員会の運営過程を検討することによって、これに対する解答の糸口を考えてみたい。

表 3-4 『建設部案』における品目別輸出計画

(単位:%、千ドル)

品目	基準年度 1959 年	1 次年度 1962 年	2 次年度 1963 年	3 次年度 1964 年	4 次年度 1965 年	目標年度 1966 年
農畜産物	12.4	15.1	15.5	15.7	15.6	17.0
魚介類	19.5	19.7	18.5	17.6	16.9	16.6
鉱物	43.5	38.0	36.4	32.0	30.6	28.2
製造業製品	15.3	18.6	20.0	22.1	25.0	27.2
手工業品	1.2	1.4	1.5	1.5	1.5	1.5
薬剤・薬用植物	3.2	4.7	5.8	9.1	8.6	7.8
動植物原材料	4.9	2.5	2.3	2.0	1.8	1.7
合計（千ドル）	19,769	42,859	49,215	56,693	65,539	75,740

出所：RG 286, Agency for International Development, USAID Mission to Korea/Executive Office, *Republic of Korea: Draft - First Five - Year Economic Development Program May, 1961*, Entry P582: Central Subject Files: 1961-62, Container #21 から筆者作成。

3．合同経済委員会輸出振興分科委員会と輸出支援政策

(1) 合同経済委員会輸出振興分科委員会の設置

合同経済委員会は1952年5月24日に締結した「韓国と統合司令部間の経済調整に関する協定」に基づいて設置された。同委員会は解散する1961年まで韓米間の援助および経済政策の調整機関として機能した。

同委員会の運営手続きによると、韓国と国連からのそれぞれ一人の代表により委員会を構成し、その下部に分科委員会と特別委員会を設けることができた。そして、委員会と分科委員会の相互連絡と調整のために事務局を設けた[18]。

分科委員会としては、1952年7月29日に企画分科委員会（CEBORC：Overall Requirements Committee）がはじめて設けられ、8月18日に救護分科委員会（CEBRAG：Relief and Aid Goods Committee）が、12月9日には財政分科委員会（CEBFIN：Finance Committee）がそれに続いた。また、1957年5月には技術分科委員会（CEBEC：Engineering Committee）が、11月には地域社会開発分科委員会（CEBCD：Community Development Committee）が設けられ、12月には救護分科委員会が廃止された[19]。そして、1959年初め頃には、4つの分科委員会

第3章 輸出支援

が活動していた。

　では、1959年に輸出振興分科委員会が新たに設けられるようになったのはいかなる理由によるものであったか。まず、1957年から米国の援助が減少し、外貨を獲得するための輸出の必要性が高まっており、そのための韓国政府の輸出振興政策が求められていたことは周知の事実である。ところで、より直接的な契機はアイゼンハワー米大統領の諮問機構である相互安全保障計画調査委員会の W. Draper 委員長の訪韓であった。

　Draper は 1959年2月6日、韓国に到着した日に、「米国の相互安全保障計画によるさまざまな軍事援助をあくまでも客観的・公正に分析・検討」し、それに「かかわる諸問題に関する状況と世論を調査すること」[20]が訪韓の目的であるという声明を発表した。そして、韓国政府から提出された軍事および経済に関する2件の公式覚書を検討し、各地を視察し、世論を聴取したあと、「韓国経済は戦災からほぼ復興し、今後の課題は製造工業の発展と企業管理合理化を図る一方、輸出振興に努力することであり、綿織物・水産物・米そして鉱産物の輸出のための市場の開拓が緊要である」[21]と述べた。

　輸出振興についてのこうした Draper の指摘は、韓国政府が作成した「援助の進捗と要求」という覚書で提起した国際収支改善の問題に対する特別な関心から出されたという[22]。この覚書では、休戦後1956年までに国内の全般的な施設が1949年の水準に復興し、1957～58年は復興を越え、発展期に転換する時期であるが、韓国経済はいまだ解決すべき諸問題を抱えており、そのひとつが国際収支ということが指摘されていた。さらに、この覚書は、韓国経済の自給目標に必要な輸入需要を満たすという観点からみる場合、韓国の輸出能力は資本財どころか原料の輸入もまかなうことができない状況であると主張した。これに対して、Draper は、今後の経済計画は現在の国際収支の赤字を減らし、また外国との貿易能力を増大させる諸要因を奨励する第3段階に突入することには異議がないだろうと答えた[23]。

　これを契機として、1959年2月11日に開かれた第143回合同経済委員会本会議では、輸出振興に関する常設委員会の必要性とその機能および責任などを調査して委員会に報告する臨時委員会の設置案が可決された。また、同日韓米両国の調整官が国連側と韓国側からそれぞれ3人を臨時委員会委員として選出

した。

　臨時委員会は1ヵ月後の3月12日に第1回会議を開き、商工部から出された案をもとに討議し、1週間後の3月19日の第2回会議で次のような結論に至った。
　1）合同経済委員会直属の輸出振興に関する商務委員をおく。
　2）委員は両国側の調整官が任命するが、韓国側代表には商工部、外務部、復興部、財務部、農林部、韓国銀行の代表が含まれる。
　3）委員会は、合同経済委員会の財政分科委員会と企画分科委員会との緊密な協調の下で運営する。
　4）委員会の韓国側の議長は韓国側の調整官が任命するが、商工部代表にするのが望ましい。
　5）委員会の機能と責任は商工部が提案した草案第4項による。

　以上の臨時委員会の結論は企画分科委員会と財政分科委員会の検討を経たうえで、合同経済委員会本会議での決議で決められることになった。

　以上のように、委員会の構成が、商工部だけでなく関連部署を網羅しているだけに、政策の作成過程で利害関係を調整することができたと見られる。さらに注目すべきは、委員会の韓国側議長を商工部代表が担当するという規定である。その後、輸出振興分科委員会の事務局長を担当する高錫尹商工部輸出課長が指摘しているように、「合同経済委員会とか分科委の議決は韓国側と米国側それぞれの議長だけが票決権を持っているだけに、従属的な地位にあった商工部がイニシアティブを握って輸出振興問題を取り扱うことができる」[24]ことになったからである。

(2) 合同経済委員会輸出振興分科委員会の運営

　この分科委員会の具体的な運営については、米国国立公文書記録管理庁（NARA）に所蔵されている文書群469（Record Group 469、以下RG469）の資料[25]を通じて確認することができる。

　第1回分科委員会は1959年8月18日に商工部会議室で開かれた。米国側は議長のHenry ShavellとDaniel J. James博士、そして米国大使館のJoseph A. Camelio商務官が、韓国側は商工部金松煥商易局長が議長として、そして復興部

第3章 輸出支援

表 3-5　合同経済委員会輸出振興分科委員会の開催内訳

	開催日	会議関係者と参加者数（人）					
		韓国	米国	事務局	不参加	オブザーバー	合計
第1回	1959年8月18日（火）	4	3	3	―	8	18
第2回	1959年9月1日（火）	2	3	3	4	8	20
第3回	1959年9月8日（火）	3	3	3	3	8	20
第4回	1959年9月29日（火）	1	3	3	4	8	19
第5回	1959年10月6日（火）	1	3	2	6	10	22
第6回	1959年11月10日（火）	2	3	2	5	15	27
第7回	1959年12月9日（火）	1	3	3	5	12	24
第8回	1959年12月17日（火）	2	3	2	4	14	25

出所：RG 469, Mission to Korea, Program Coordination Office, Combined Economic Board Secretariat, Export Promotion Meeting Minutes 1959, CEBEP-Min-59-1-8, , Min-59-1-8, Entry 1277LA, Box 1 から筆者作成。

の宋正範企画局長、財務部の金正濂理財局長、外務部の文徳周通商局長、韓・米事務局では John Friedman 博士と高錫尹商工部商易局輸出課長、そして Stan Read がそれぞれ出席した。オブザーバーとしては、米国側では Kenneth Sparks, Norman DeHaan, W. M. Nixon が、韓国側では韓国銀行の金弘準、商工部の閔丙徽輸入課長と金鍾洙物動課長、そして商工部の黄秉泰と石在徳が参加した[26]。8回にわたる会議の開催月日と参加者の構成状況は表3-5のとおりである。

第1回会議では、まず見返り資金によって運営される輸出振興基金の設立について、韓国銀行・商工部の提案と USOM 側の提案を検討した。とくに輸出品製造を担当する企業に金融支援が行われるような仕組みが必要であることが強調された。その他、米の輸出、在沖縄米軍に対する納入、東南アジアへの輸出販路拡大などが議論された。海外での貿易博覧会に参加することについても討議された。

輸出振興基金の運用にかかわる細部規定は、3つの提案を統合・折衷した商工部によってまとめられ、9月1日の第2回会議に提出された。ここで37億5,000万ファンを財源とし、3分の1は貿易業者融資、3分の2は輸出物資・軍納入物資の生産および加工業者の運営資金融資とする案が提示された。融資は市中銀行が担当するが、2,000万ファン以上の場合には韓国銀行の承認を受けることとし、10％の利子に融資期間10ヵ月という案であった[27]。

9月8日の第3回の会議でこの案は決定されたものの、9月16日の合同経済委員会本会議では基金規模を37億5,000万ファンとした韓国側に対して米国側は20億ファンを提示したため、とりあえず20億ファンで運営し、追って再論することになった[28]。

　一方、第3回会議では4つの小委員会（Sub-Committee）の設立に合意したが、それぞれの名称と役割は次の通りであった。

1）輸出手続き（Export Procesures）小委員会：輸出に関わるそれまでの慣行、手続き、規制について調査し、改善するための勧告案を作成する。
2）海外貿易促進（Overseas Trade Promotion）小委員会：貿易博覧会・国際展示会・広報などに参加する政府・民間業界の活動について助言する。
3）金融（Finance）小委員会：輸出品の製造業者・加工業者の輸出と資金支援に関する手続きと慣行を継続的に検討し、輸出促進基金（Export Promotion Fund）の執行について助言する。
4）米輸出振興（Rice Export Promotion）小委員会：極東をはじめ全世界の米市場に対して継続的に調査し、輸出促進のために提案する。

　これら小委員会の活動は11月10日の第6回会議で報告された。それによると、輸出手続き小委員会は11月10日までに2度開催され、第1次会議では輸出入現況に対する多様な議論が交わされ、第2次会議では製造業の輸出のための輸入に伴うボトルネックを解決する方法について、また、輸出品を生産する製造業に使われる輸入品に課される物品税についても議論された。

　海外貿易促進小委員会では、海外の博覧会などに参加する方法、とくに民間輸出業者と輸出品製造業者を参加させる方法について議論した。

　金融小委員会では、輸出促進のために輸出所得に対する所得税および法人税を減免する方法について議論した。他方、米輸出振興小委員会ではあまり議論が行われなかったという。

　ところで、USOMは59年10月28日に、輸出振興のために輸出所得に対して所得税と法人税をそれぞれ75％ずつ減税する案を合同経済委員会財政分科委員会に正式に提案した。これは、法人税法や所得税法を改定せずに法人税法第2条と所得税法第7条にもとづき、大統領令や財務部令の発令によって実施することができたからである[29]。

第3章　輸出支援

とくに第6回会議では、Joseph A. Camelio が「アイルランドの輸出振興政策」という報告を行ったが、ここでは輸出振興政策に成功したアイルランド輸出促進委員会（Irish Export Promotion Board）の Coras Trachatala（CT）について詳しく紹介した。1959年8月に制定された輸出促進法（Export Promotion Act）によって CT がより効果的に輸出計画を立案し、市場調査を実施することができた点が指摘された[30]。かつて単なる有限会社にすぎなかった CT が、この法律にもとづいて100万ポンドまで政府の補助金を受けることができた。1958年現在、CT はニューヨーク、モントリオール、ロンドンに支店を設けていた。

Camelio の報告によると、CT の活動によってアイルランド産ウィスキーの対米輸出額は5年間に2倍にも増加した。特に、米国で企画された独特の広報が効果的であった。また、紡毛織物とチョコレートの輸出も CT の活動によって増加していることが指摘された。

また、CT の提案によって1958年に導入された輸出利益金に対する100％免税措置が、輸出業者を刺激しただけでなく、欧米の企業がアイルランドに工場を設立する誘引にもなっていることが指摘された。アイルランドの対米輸出額は1957年の1,400万ドルから1958年には2,200万ドルに増加し、品目別には冷凍肉が最大の比重を占めていたが、靴・衣類・カーペット・ウィスキー・ビール・食料品など製造業製品も1958年に1,300万ドルに達した。

(3) 合同経済委員会輸出振興分科委員会における韓国側参加者[31]

韓国側の議長であった金松煥は京都帝国大学農学部農林経済学科を卒業した後、朝鮮殖産銀行に勤めた経歴をもつ。解放後には農林部長官秘書官、農政課長、商工部電気局電政課長、工業局工政課長を経て1959年当時は商易局長に就いていた。その後1963年2月11日に商工部次官となり、1969年9月には韓国輸出振興会社社長になった。

宋正範は大分高等商業学校を卒業した後、朝鮮銀行に勤めた。解放後には韓国銀行の調査部課長・次長を歴任した。その後1957年に復興部企画局長となり、1961年9月から1962年6月まで初代経済企画院副院長として活動した。

高錫尹はソウル大学政治学科を卒業した後、1952年第2回高等考試行政科と第3回高等考試私法科に合格した。商工部商政課事務官として始まり、1961

年8月商易局商政課長、62年7月第2工業局長、63年11月第1工業局長になった。ところが、64年3月韓国織連贈収賄事件で趙鳳植次官補、李盛培繊維課長とともに辞職した。その後商事仲裁協会理事などで活動した。

文徳周は京畿中学と京城高商を卒業し、解放後朝鮮郵船株式会社に勤めた。1948年交通部海運局業務課長となり、1950年の日韓海運会談に参加した。第1次日韓会談に参加し、52年には外務部政務局第2課長、その後外務部通商局長となった。1960年には西ドイツ大使館参事官、62年7月には香港総領事となった。1964年10月19日に外務部次官となり、64年11月第7次日韓会談代表団に合流した。1966年2月にはベルギー大使となった。

閔丙徽は1948年に延喜大学専門部商科を出て、米国に留学して1952年にコロンビア大学院経済学部を卒業した。韓国銀行ニューヨーク事務所の開設を担当し、57年から商工部商政課に勤めた。58年輸出課長、59年には輸入課長、61年11月には駐米韓国大使館2等書記官となった。

金鍾洙は延喜専門商科を卒業して朝鮮運送に勤めた。解放後1947年には米軍第2建工部隊の通訳を担当し、48年商工部貿易局で官職に就いた。57年輸出課長、59年物動課長、60年8月商工部工政課長、61年2月商政課長となった。

黄秉泰は外務部、商工部を経て61年6月に入隊のため休職した後、経済企画院に復職した。

石在徳は1944年普成専門商科を出て、米軍政庁商務部に勤めた。1955年高等銓衡に合格し、58年米国のミネソタ大学院行政科を修了した。61年3月商工部商易局物資課長、62年2月交易課長となった。その後、官職を退き、金星産業株式会社業務部長、68年には総合商社の韓南貿易振興株式会社常務取締役、69年には同社の社長となった。71年7月3日に輸出振興会社社長に就任した。

第2回会議から韓国側の参加者名簿には当時復興部経済企画官であった車均禧博士が登場し、8回まで続いた。彼は東京農業大学農学科を卒業して満洲拓殖に勤めた経歴があった。解放後1948年に農林部事務官となり、53年に大統領の特命で米国へ留学した。ウィスコンシン大学で経済学博士号をとって帰国し、延世大学教授となった。そして、合同経済委員会事務局長、復興部経済企画官などとして活躍した。5.16軍事クーデター当時は復興部事務次官であった。62年6月29日経済企画院副院長となるが、同日金正濂も財務部次官となった。

63年6月に副院長の職を退き、64年7月に仁川重工業副社長となったが、1カ月後には農林部長官となった。その後農漁村開発公社社長などで活躍した。

4．おわりに

　韓国における貿易政策は1965年頃からそれまでとは異なる仕組みとなる。単一変動為替レート制の実施、輸出金融、租税減免などの間接的な手段を通じて工業製品の輸出を支援するという政策的な転換が行われたのである。そうした仕組みは1970年代まで続けられた。

　本章が明らかにしたように、この時期のこうした輸出支援政策の主な内容は突然現れたものではなかった。1950年代後半から援助削減による外貨確保対策のために輸出支援の必要性は高まっていた。米国も輸出増大のための政策的な努力を積極的に支援した。合同経済委員会輸出振興分科委員会の設置と運営はこれを端的に示している。民主党政権期にまとめられた第1次経済開発5ヵ年計画の草案においても、外貨確保のために工業製品の輸出増加が必要であるという認識を確認することができる。

　米国の支援のもとに1950年代末から調査され準備された輸出支援に関する政策手段は、この政策にかかわっていた経済官僚によってその後洗練され、具体化していった。輸出補助金、輸出金融、各種租税減免措置、貿易振興機構の設立、海外展示機能の強化、輸出検査制度、国連軍への納入、保税加工など1960年代に実現する政策メニューは、すでに1959年から提案され、検討され、一部は実施されていたものであった。李承晩政権と民主党政権で復興部と商工部に属していた経済官僚たちは、朴政権のもとでも経済企画院、商工部などに勤めながら輸出支援政策を担当した。

　5.16クーデター直後の「原案」に現れた特徴、すなわち、「内包的工業化」に対する強調と製造業輸出に対する相対的な軽視は、貿易政策の基本的な枠組みの形成と転換という観点から見る場合、1950年代末から用意されていた輸出指向的工業化政策の形成という大きな流れからずれている。そうだとすると、1960年代半ばに確立される新たな輸出支援政策は「残された選択肢」というより、「一時見逃されていた予定地」ではなかったのであろうか。

注
1 ）金光錫、Westphal『韓国の為替・貿易政策──産業開発戦略的接近』＊韓国開発研究院、1976年、205頁。
2 ）金光錫『韓国工業化パターンとその要因』＊韓国開発研究院、1984年、28頁。
3 ）金光錫、同前、52頁。
4 ）李炳天「朴正熙政権と発展国家モデルの形成──1960年代初中葉の政策転換を中心に」＊（『経済発展研究』第5巻第2号、1999年）、李完範『朴正熙と漢江の奇跡──第1次5ヵ年計画と貿易立国』＊ソンイン、2006年、朴泰均『原型と変容──韓国経済開発計画の起源』＊ソウル大学校出版部、2007年。
5 ）木宮正史「韓国の内包的工業化戦略の挫折──5.16軍事政府の国家自律性の構造的限界」＊高麗大学校博士論文、1991年、同『朴正熙政府の選択──1960年代輸出指向型工業化と冷戦体制』＊フマニタス、2008年。
6 ）大韓民国政府『第1次経済開発5ヵ年計画（1962-1966）』＊1962年、32頁。
7 ）同前、33頁。
8 ）復興部産業開発委員会『檀紀4293年度経済開発3ヵ年計画』＊1960年。檀紀（檀君紀元）は朝鮮創建神話で最初の王である檀君王儉が即位した紀元前2333年を紀元とする紀年法である。したがって檀紀4293年度は1960年度である。
9 ）復興部産業開発委員会は1958年7月に李ミョンソク委員と安霖委員に長期開発計画を作成することを指示し、2委員は8月に「7ヵ年経済開発計画」を委員会に提出した。その後、委員会ではそれをもとに議論を重ね、1959年初めに試案をまとめ、その後さらなる審議を経て1959年12月に「経済開発3ヵ年計画」を完成して発表した。
10）通商外交の強化のために、通商協定拡大による輸出市場確保、商務官の派遣による海外市場の適時把握、共同利益を図るための国際商品協定への積極的な参加などの方法が提示された。また、貿易行政の合理化のために、許可制の大幅な簡素化、輸出保険・商品検査、輸出実績とICA資金配分とのリンクなどがあげられていた。輸出産業の協調体制・近代化のためには、協会などによる共同受注・輸出、製品標準化と共同検査、輸出・関連産業の近代化と技術振興、収集と運送ルートの改善、保管能力の強化などがあげられた。
11）復興部産業開発委員会、前掲『檀紀4293年度経済開発3ヵ年計画』437～438頁。
12）94年度は檀紀4294年度、すなわち1961年度である。
13）『ソウル経済新聞』＊1961年8月19日、2面、同20日、2面。
14）『ソウル経済新聞』＊1961年8月20日、2面。
15）1959年9月29日に財務部長官は大統領の指示によって保税加工輸出に対する支援方案を作成中と発表した（『東亜日報』1959年9月30日、2面）。
16）『東亜日報』1960年12月16日、2面。
17）朴泰均、前掲『原型と変容』315頁。
18）李眩珍「1950年代韓米合同経済委員会の運営と役割」＊（『韓国民族運動史研究』第48集、2006年9月）5頁。

19) 同前、16～17 頁。
20) 宋正範「輸出振興のための長期経済計画の構想――Draper 氏の来韓を契機として」*（韓国貿易協会『貿易経済』第 16 号、1959 年）8 頁。
21) 同前、9 頁、傍点は引用者。
22) 高錫尹「「合経委輸出分科委員会」の設置と展望」*（『貿易経済』第 17 号、1959 年）12 頁。
23) 同前。
24) 同前、13 頁。
25) RG 469, Mission to Korea, Program Coordination Office, Combined Economic Board Secretariat, Export Promotion Meeting Minutes 1959, CEBEP-Min-59-1-8, Entry 1277LA, Box1
26) 輸出振興分科委員会の運営に関わる最終案が合同経済委員会本会議でどのように決定されたかについては定かではないが、第 1 回会議録を見る限り、もともとの委員の構成案から農林部代表が含まれないように変更されたと思われる。
27) 『東亜日報』1959 年 8 月 25 日、2 面。ところが、市中銀行の融資をめぐっては議論が続けられた。輸出振興貸出の増加が他の貸出の縮小をもたらす恐れがあるという意見が出された。「銀行法」第 15 条にある担保による市中銀行貸出の限度の規定のためであった。
28) 『東亜日報』1959 年 9 月 17 日、2 面。
29) 『東亜日報』1959 年 10 月 29 日、2 面。
30) CT は 1951 年に設立され、初期には米国などドル使用国家への輸出に重点を置いたが、初期の成功後、1955 年からは非ドル圏、1957 年からはイギリスへの輸出も強調するようになった。
31) この項目の内容は国会公論社『4293 年版大韓民国行政幹部全貌――4293 年 1 月現在』（1960 年）と『毎日経済新聞』、『東亜日報』、『京郷新聞』の人事動静記事を整理したものである。

第4章　輸出組合──設立経緯とその運営

朴燮

1．はじめに

　1961年の5.16軍事クーデターにより政治権力を獲得した朴正煕は、経済成長率を高め、それによって政変の正当性を獲得しようとした。朴正煕政権は経済開発計画を立案し、国民総生産が10年で2倍になることを目標とした。それほどの高度成長のためには投資が急増しなければならなかった。ところで、生産の効率性が低ければ、投資による供給能力の増加が投資による需要増加より少なくなり、インフレーションが生じることになる。朴正煕政権はインフレーションを懸念しなかったが、米国政府はその反対であった。朴正煕政権は米国政府の援助を利用せざるを得なかったため、インフレーション抑制を求める米国政府の勧告を無視することはできなかった。

　生産の効率性を高め、インフレーションを抑制するためには、多くの生産財を外国から調達する必要があり、そのためには米国政府の援助を得なければならなかった。しかし、米国政府の援助は1957年を頂点として漸次減少していった。米国政府の現金援助を見ると、1957年には3.4億ドルであったが、1961年には1.6億ドルへと減少し、以後も減少し続けることが予想されていた。そこで韓国は外貨を自ら稼がなければならず、商工部は輸出目標を立て始めた。1962年の輸出目標は6,590万ドルであり、毎年約20％ずつ増加して1966年には1億3,750万ドルを輸出するよう計画された。1962年の輸出目標額は、その年の国内総生産の3％に過ぎないほど少なかったが、輸出目標が定められ、毎年20％の増加が計画されたことは輸出増加が喫緊の課題になったことを意味する[1]。

　韓国政府は輸出目標を達成するために多数の政策を立案した。1960年代の韓国政府の輸出促進政策については李相哲が本書の第3章で仔細に説明するため、

ほとんどはそこに譲り、ここでは第3章で扱われていない輸出組合の役割を検討したい。

　輸出組合についての学術的な研究はこれまでのところ見当たらない。しかし、輸出組合がとるにたらない存在であったからではない。輸出組合と総合貿易商社についての新聞報道を比較すると、1979年まで総合貿易商社についての報道件数が輸出組合を凌駕することは1年もなかった[2]。輸出組合の役割と比べれば、学術的な関心が低かったと言えよう。輸出組合は1980年代前半に経済政策が政府の介入主義から自由主義へと変わるにつれて、役割が低下した。1987年に「輸出組合法」が廃止されると、解散・統廃合の速度が速くなり、今では1960年代のような状況を見ることはできない。輸出組合の現在の状況が貧弱なことは学術的な関心が小さくなる大きな理由であろう。

　1960年代に韓国の輸出業者と輸出品製造企業（以下、二つをあわせて輸出企業と略記）には中小企業が多かった。韓国政府は輸出企業の輸出力量を高め、また過当競争を抑制しなければならなかったが、政府が輸出企業と直接交渉することは金と時間が多くかかる厄介な仕事であった。政府は、有力な総合商社があれば、それらを利用して輸出政策を推進できたであろうが、当時の状況はそうではなかった。輸出業者の中には天宇社、永豊商事、三星物産、半島商事、金星産業など、多少大きい商社もあった[3]が、そこで、韓国政府は輸出企業を輸出組合に組織する方法をとり、輸出組合は、政府が輸出政策を執行する際の効果的な代理人となった。この仕組みは、総合商社が輸出組合を代替できる程度に成長するまで続いた。総合商社が成長して以後、輸出組合は漸次微々たる存在に変わったが、1960年代の輸出政策を、輸出組合を抜きにして説明することはできないのである。

　本章では三つの小主題が検討される。第1。日本と米国において輸出組合についての根拠法はそれぞれ「輸出入取引法」と「Webb–Pomerene Export Trade Act」であった。前者は1952年に、後者は1916年に制定された。当時の韓国と米国・日本の関係から推理すれば、韓国政府は日本と米国にそのような法律が存在することをすでに知っていたと推測できる。また韓国政府は、輸出組合を利用して外国輸入業者に対する交渉力を高めるならば、輸出量を維持したまま、輸出価格を引き上げられることを知っていた[4]。たとえば、1957年に制定

された「貿易法」には、「同一品目の物品を取り扱う業者はその輸出取引上の秩序確立を図る目的で輸出組合を設立できる」と規定された。そして、新聞報道によれば、海苔、鮮魚、米穀、工芸品の部門で輸出組合が結成された。ところが、輸出組合は輸出取引上の秩序を確立するところまではいかなかった。一つの品目に二つ以上の輸出組合ができてもそれらの機能は調整されず、輸出組合はそれ以前と同じく過当競争をしたのである。たとえば、1961年春には韓国海苔輸出組合と93年度産韓国海苔輸出組合という二つの組合が同時に存在し[5]、それぞれ独自に日本向けの輸出を推進した結果、最後にはどの組合も契約を結べない事態が発生することもあった。輸出組合のための根拠法の必要性はあったものの、1961年の5.16軍事クーデター以前には輸出組合法は制定されなかった。李承晩政権がその法律を制定しなかった理由は何であり、朴正煕政権はなぜ制定できたか、が一つ目の小主題である。これは李承晩政権と朴正煕政権の性格の差を理解するきっかけにもなると思う。

　第2。商工部長官は「輸出組合法」が公布された直後に立法の目的を、輸出取引の秩序を確立して不必要な対外競争を避けることと、合理的な運営と集約した活用で輸出業者の共同利益と輸出振興に寄与することであると説明した[6]。要約すると、秩序確立と輸出振興であった。そこで、輸出組合は輸出取引の秩序を確立するためにどのような方法を用い、また、アウトサイダーはどのように規制されたかが、本章の二つ目の小主題である。

　第3の小主題は輸出組合を利用した輸出振興である。当時、韓国の輸出品製造企業は、資本も技術も熟練労働者も足りず、生産費が高かった。そして、原価以下の価格で輸出することが頻繁にあり、輸出を増やすためには輸出による損失を補償できる方法が必要であった。1965年から政府が輸出補助金を減額すると、輸出組合は損失補償の方策を自ら用意しなければならなかった。その方策を検討することが三つ目の小主題である。

　本章は新聞記事に大きく依存しながら作成した。新聞記者は送稿のデッドラインを守らなければならず、そのために記事に誤謬が生じることがある。にもかかわらず、利用できる資料の不足のために新聞記事に依拠せざるをえなかった。理解していただきたい。

2．「輸出組合法」の制定

　韓国は1910年8月から1945年8月まで日本に支配された。当時、日本政府は経済団体を育成して政策遂行に利用していた。朝鮮総督府は経済団体に対する日本政府の法律を導入し、「漁業令」、「重要物産同業組合令」、「農会令」、「産業組合令」、「工業組合令」などを制定し、それらの経済団体を利用して政策を執行した[7]。ただ、日本には1925年から「輸出組合法」が施行されたが、それは韓国には施行されなかった。韓国に「輸出組合法」を実施すべきとの主張はあったが[8]、韓国が解放されるまで「輸出組合令」は制定されなかった。

　1947年に輸出組合の必要性があらためて議論された[9]。韓国貿易協会は、貿易業者を広範囲に包摂する強力な輸出入組合を結成し、政府がそれを監督すべきと主張した。それは、輸出品価格が外国商人に有利に決定されていたためであった。韓国貿易協会は、米軍政庁が貿易業者を放任するため、貿易業者が不正の利益を図って外国商人の買弁的な役割をしていると指摘したうえで、貿易当局の監督の下に貿易業者を一つに結束させた輸出入組合のような強力な組織体を作り、それに法的権限を付与し、現在当局が担当している輸出入事務を代行させるならば、貿易業者の中間ブローカー化を阻止できると主張した。新聞の文章は複雑ではあるが、低価格輸出を減らすためには貿易業者の団体が必要であり、貿易業者の団体が効力を発揮するためには政府によって法的権限が与えられなければならず、そのような団体が作られると政府の輸出入事務を委任できるということであった。

　1961年の「輸出組合法」が以上の内容を持っていたため、合理的な主張であったとも言えようが、韓国貿易協会の提案は当初は受け入れられず、輸出取引の乱脈状態は1950年代を通じて継続した。

　海苔は、当時の韓国政府と輸出業者たちの無能のために、輸出が不振であった商品の中で代表的なものである。輸出用の海苔は解放以前にはほとんど日本に販売されていた。解放直後には海苔の日本向け輸出は日本政府の輸入抑制政策のために中止されたが、1947年から再開された。韓国が日本の植民地であった当時、海苔輸出業者は日本人であったため、彼らが日本へ帰国すると韓国に

は輸出業者がいなくなった。そこで、全羅南道漁業組合連合会が韓国の輸出用の海苔を買収し、日本に直輸出する方法をとった[10]。ところが、1949年冬に全羅南道漁業組合連合会が日本の輸入業者に仕組まれて安値で輸出する事件が生じると、政府は輸出組合が必要であると判断するようになった[11]。そして、1949年冬から1950年4月の間に海苔輸出組合が設立された[12]。しかし、商工部が海苔輸出組合に輸出独占権を与えなかったため、輸出組合と非組合員の競争は続けられ、輸出価格が上昇するところまでは行かなかった[13]。

言論や学界は、日本市場における海苔価格の暴落を防ぐためには非組合員の無計画な海苔輸出が抑制されるべきと主張した[14]。そして、商工部と海務庁（1955〜61年に水産業を監督した政府部署）は1956年に、新しく設立された韓国海苔販売組合に輸出一元化の権利を与えたこともあったが、非組合員による輸出も、全羅南道漁業組合連合会の輸出も続けられた[15]。輸出組合の輸出規制の必要性は認識されたが、政府の政策が一貫性を持たなかったため、輸出規制は実現しなかったのである。

米国政府は1957年11月、韓国政府に援助を減らすと通告した[16]。それ以降、韓国政府は輸出増加をより深刻に考慮せざるをえなくなった。政府は、複数の部署の輸出支援政策を輸出企業が理解しやすいように統合し、それらの輸出支援政策が相互に衝突しないように調整し、政策に法的根拠を与える必要が大きくなった。そして、1957年12月に「貿易法」が制定された。本章との関連でいえば、「貿易法」第12条に「同一品目の物品を取り扱う業者はその輸出取引上の秩序確立を図る目的で輸出組合を設立できる」と規定された。それを受けて、1958年の冬から商工部と韓国貿易協会がそれぞれ「輸出組合法」の制定に着手したが[17]、輸出組合の設立の根拠になる法律はそれから3年以上も実現しなかった。

1952年に制定された日本の「輸出入取引法」の第4章が輸出組合に関するものであったため、韓国政府はそれを参考にすることができたであろう。したがって、「輸出組合法」の遅延の理由を知識の不足に求めることはできないと考えられる。その遅延を理解する一つの端緒は、商工部長官が1961年9月に国家再建最高会議常任委員会で「輸出組合法」の制定理由を説明した際、議長の経済顧問であった成昌煥が述べた発言である[18]。商工部長官が、輸出業者の相互

競合による弊害をなくし、正常な貿易軌道と秩序を維持することが制定理由であると説明すると、成昌煥は、組合の必要性は認めるが、実効性のある統制がどこまでできるかが疑問であると発言した。この発言を解釈すると、「輸出組合法」が制定されなかった理由が推理できる。統制の実効性は輸出組合の交渉力と政府の法律的または行政的な統制力によって決まるはずである。そうであるとすれば、1950年代末に「輸出組合法」が制定されなかった理由は、法律によって保護される団体が作られた際、発生しうる不公正取引が法律的または行政的に規制されにくかったことであると推測できる。この点をより仔細に検討しよう。

輸出組合が不正輸出を規制するためには、輸出に関する協定が必要であった。「輸出組合法」が制定されると、輸出企業は協定の上で共同行為をし、海外市場での交渉力を高めることができるようになる。ところで、輸出業者たちが海外市場での交渉力を高めるためには、内需市場での価格と供給量を規制する必要も生じる。たとえば、輸出品と同様の商品の国内価格が輸出業者の買収価格より大きく低ければ、輸出組合の予想外のところから新しい輸出業者が出現することもありうる。その場合、輸出組合は輸出品製造企業の国内価格を輸出業者の買収価格以上に維持する必要がある。また、輸出品の物量を確保するためには、輸出品製造企業の国内市場向け供給量を制限する必要もでてくる。また、輸出業者は、輸出組合が設立されると会議の機会が増えるため談合しやすくなる。すなわち、輸出組合ができると、輸出組合の会員企業と取引する企業または一般の消費者が被害を蒙る恐れが生じるのであった。

独占禁止法は輸出組合の以上のような副作用を抑制できたが、1950年代の韓国には独占禁止法がなかった。すなわち、輸出組合に起因する不公正行為が規制される法律がなかったのである。輸出組合の立法を準備していた際、不公正行為が憂慮されたという直接的な資料は発見されなかったが、中小企業協同組合法に対する商工部長官の発言を参照すれば、政府はその点を考慮していたと言えよう。商工部長官は、中小企業の育成のための組合法案および金庫設置法案は、すべての条件が具備されるまで検討を続けなければならず、また過剰施設を抱えている一部の業者の利益を独占するための一種のカルテル形成に利用されることには反対すると発言した[19]。独占禁止法がない状況で輸出組合がカルテルの道具として利用されることを警戒していたと理解できる。

独占禁止法がない状態でそれを規制するためには、政府の行政力が十分でなければならなかった。実効性のある統制がどこまでできるかが疑問という成昌煥の質問は、政府の行政力が足りないのではないかという疑問であったと理解できる。その質問に対して商工部長官は、「輸出組合法」を利用して、現在乱立している組合を整備し、商工部が徹底的に監督する計画を持っていると発言した。しかしながら、輸出組合は常に不公正行為に誘われることを念頭に置くと、法律なしに行政力だけで監督できるとは言えないであろう。

　ところで、5.16軍事クーデター以後、政府と企業の力関係が急変したため、商工部が効果的に監督できる余地が生じた[20]。1948年8月の韓国政府樹立の直後、政府は多くの企業を所有していた。そのほとんどは韓国が日本の植民地であった時に朝鮮総督府または日本人が所有していた企業であった。それらは帰属企業と呼ばれた。米軍政庁は帰属企業を韓国政府に引き渡しながら、それらを民間に売却することを勧告したが、韓国政府は1950年代前半までは金融機関と鉱業企業、それ以外にも大企業は売却しなかった。そして、民間の大企業は少数に過ぎず、民間の経済力は貧弱であった。朝鮮戦争の休戦後に韓国はそれ以前と比べれば自由主義が盛んになり、帰属企業の売却に関する政策も変化した。そして、1950年代後半には社会間接資本に関わる企業以外は大規模な帰属企業も民間に売却された。民間が金融機関を所有するようになると、企業は漸次政府から自立した。1950年代末には政府が経済団体のカルテル行為を警戒しなければならなくなった。

　朴正熙は、軍部が政府を掌握すれば政府は効率的に働き、政府が十分に機能するためには政府企業が増加すべきと信じていた。朴正熙は政変の直後に李承晩政権と癒着して蓄財した人たちを身柄拘束し、彼らのすべての財産を政府が没収する計画を立てた。それは政府企業を増やすためであった。ところが、彼らを弾圧しすぎると政府の政策に対する民間企業家の協調を得ることができなくなった。そのため朴正熙は不正蓄財者の財産のすべてを没収する計画を放棄し、不正蓄財の金額に値する罰金だけを賦課した。罰金の一部は彼らの所有する銀行株で納付するようにし、残りは政府が指定した企業の株式で納付するように措置した。政府は銀行の大株主になっただけでなく、銀行の民間株主の議決権を株式総数の10%以内に制限したため、銀行は政府によって完全に掌握

された。そうなると、企業は政府に協調せざるを得なくなった。ここに至って政府は、民間企業が団体を結成する際、独占禁止法なしでもその団体を統制できる力を持つようになったのである。

3．輸出推薦

　韓国の「輸出組合法」は1961年9月に制定された。商工部長官は「輸出組合法」が公布された直後にその立法趣旨について、輸出取引の秩序を確立して不必要な対外競争を避け、また、合理的な運営と集約した活用で輸出業者の共同利益と輸出振興に寄与することであると要約した。この二つの趣旨のうち、輸出取引の秩序を確立して不必要な対外競争を避ける問題を先に検討し、輸出振興は次節で検討する。この二つはそれぞれ本章の第2と第3の小主題に対応する。

　「輸出組合法」が公布された直後、『東亜日報』はその立法に賛成しながら次のように指摘した[21]。「海苔輸出においても、無煙炭輸出においても、梳毛糸輸出においても、輸入側の商人たちは団結しているのに対して、輸出側の業者たちは対立・競争して、当たり前の値段を受け取れないだけでなく、原価より廉価でも販売できない市況を作ったこともあった。」輸出業者の過当競争を抑制し、輸出取引の秩序を確立することは、韓国の輸出の利益を高めるための切実な課題であったのである。

　過当競争によるダンピング輸出は輸出業者の損失で終わらなかった。輸出業者は利潤を得るために粗悪品を輸出することもあり、低価格の商品を適期に入手できず、納期を守らないこともあった。新聞報道によれば、商事仲裁委員会が処理した1969年のクレームのなかで、見本と実物が異なったために生じた事件が全体の50％を占めた。そして、生糸、メリヤス、カバンなどについて報告されているように、韓国製品に対する評価が低くなることも度々あった[22]。また、国内の取引相手に低価格輸出による損失が転嫁されることもあった。輸出業者が商人である場合は生産者に、輸出業者が輸出品製造企業である場合は勤労者または生産財の供給者に低価格輸出の被害が転嫁された。

　韓国政府は過当競争によるダンピングと粗悪品輸出を放置はしなかった。商工部は輸出認証品目を指定し、その品目は政府の認証を受けてはじめて輸出で

きるようにした[23]。ところで、数多くの輸出品に対して価格と品質がその基準を満たしているか否かを直接調査するには政府の行政力が不足し、自動認証する場合が多かった。政府は、認証制度の効果を高めるために輸出組合の輸出推薦を認証の条件とした[24]。

　認証事務で政府がもっとも重視したことは輸出品の価格であり、その次が輸出品の品質であった。そして、輸出組合は輸出基準価格を設定し、その基準が満たされた場合に輸出を許可する、チェック・プライス制度と輸出品検査制度を導入した。二つの中でチェック・プライス制度がより重要であった。低価格輸出を規制すると、粗悪品輸出は付随的に減少したからであった。

　輸出組合は、チェック・プライス制度の運営のために、理事会の下に輸出基準価格審議委員会を設置した[25]。輸出基準価格は輸出品製造のための生産財の価格、輸出市場における輸出品の競争価格、輸出品取引における価格以外の取引条件などを考慮して決定された。輸出基準価格は商品の種類、同一種類の中の各種の規格、使用原材料、輸出地域などによって異なり、決定されると商工部は『官報』に公告した。輸出業者が輸出基準価格を下回る価格で輸出契約を結ぶためには、適当な資料を提示して特別に許可を得なければならなかった。

　ところで、チェック・プライス制度にはそれを回避できる方法があった。外国の輸入業者と契約する際、輸出基準価格以上で販売する契約とリベートを支払う裏面合意を同時に結ぶ方法であった。新聞にはしぼり輸出組合のリベート事件が報道されている[26]。その事件は1969年であって、その前の事態は不明であるが、契約と裏面合意を並行することは特別な技術が必要な行為ではないため、1969年以前にも行われていたと推測できる。

　輸出組合が輸出を一元化すると、チェック・プライス制度を使わなくても過当競争が抑制できた。政府は輸出一元化を選好したようである[27]。その制度にはリベート受渡が行われない利点があり、輸出組合が輸出活動を代理すれば輸出品製造企業が輸出部署を設置しなくてもよいという長所もあり、零細な輸出品製造企業よりは輸出組合の方が輸出活動をより上手にできるメリットもあったであろう。しぼり輸出組合の輸出一元化には、まずは組合が譲渡可能な輸出信用状を受領し、その後に信用状を組合員に譲渡し、生産された輸出品は組合の責任の下で輸出する方法がとられた[28]。

しぼり輸出組合の輸出一元化には以上のような利点があったが、輸出組合と自国人輸出業者との間でも、輸出組合と外国人輸入業者との間でも摩擦が起こった。まず、自国人輸出業者の反発から見てみよう。しぼり輸出組合は組合員のすべての製品を完全に理解することはできなかった。そのため、特殊加工品目や新しく開発されたしぼり加工製品のような、組合が正確には理解できない製品は、製造業者が直接輸出契約を結び、組合は輸出推薦だけを行った。他の企業はそれについて差別であると不満をもらした[29]。

　続いて外国の輸入業者の反発を見てみよう。しぼり輸出組合のリベート事件の後、しぼり製品の輸出はしぼり輸出組合に一元化されることになった。日本のしぼり製品輸入業者は、しぼり輸出組合が輸出を一元化すると、信用状の開設が大幅に減少するであろうと述べた[30]。理由は示されていないが、日本の陶磁器輸出の例を参照すれば[31]、輸入業者が自分の信頼できる企業の製造品を輸入したかったためであろう。そこで、信用状の受領者の名前はしぼり輸出組合に統一するが、加工業体は具体的に記載する対案が提案された[32]。

　また、組合が契約を独占すると、個別企業の輸出市場開拓の意欲が低くなる恐れがあった[33]。総合すると、輸出組合による輸出一元化は過当競争をなくし、不正取引が発生しない効果的な方法であったが、輸出組合にはその制度がもたらす副作用を上手に処理できる力量はなかった。それゆえ、輸出推薦制度が一般的にまた長らく使われた。

　輸出推薦制度にリベート受渡の弱点があったことは前に説明した。もう一つの問題はアウトサイダーの存在であった。「輸出組合法」によれば、組合員は任意で加入また脱退することができた。強制加入ではなかったために、加入資格が備わった企業は費用と利益を比較して加入するか否かを決定することができた。しかし、費用である加入費と年会費は絶対額が決まっていたが、利益はそうではなかった。自社の輸出が多い年には利益も大きく、少ない年には利益も少なかった。不況になると、その問題がより深刻になった。年会費が減免されない限り、企業の総収入の中の年会費の比重は高くなったが、利益は不況の時ほど減ったためであった。

　そのためアウトサイダーの存在は避けられず、それによって輸出組合の成果は制約されるはずであった。第2節で紹介したように、アウトサイダーは自社

の輸出を増やすためには輸出組合との過当競争も避けなかった。その結果は輸出価格の下落、国際市場での韓国産輸出品の評価下落などであった。アウトサイダーが輸出組合の成果を削約する事態は外国でも生じていた。米国は19世紀末から独占禁止法が他の諸国家より厳格であったが、米国政府は1916年に自国輸出業者が外国、特にドイツの輸入業者カルテルと交渉する際の難しさを理解し、「Webb-Pomerene Export Trade Act」を制定して輸出業者については独占禁止法を適用しないようにした。そして、輸出業者が組合を作り、連邦取引委員会に登録すると、共同行為をすることができるようになった。ただし、その共同行為によって競争者の国内外の取引が制限されてはならなかった。すなわち、組合を設立して利益を図ることは許されたが、それが非組合員の利益を減らしてはならないのであった。そのためにアウトサイダーは規制されず、その結果、輸出組合の成果も低くなった[34]。

　アウトサイダーを規制するためには多様な方法が使われうる。ある商品を輸出するためにはその商品のデザインが登録されるべきとすれば、また指定された検査所で検査を受けるべきとすれば、輸出組合はどの企業がどの物品を輸出しようとするか知ることができる。これは、アウトサイダーを規制できる一つの条件になる。ところで、アウトサイダーは輸出組合に届け出る必要がないため、輸出組合がアウトサイダーを十分に規制するには、デザイン登録や輸出品検査などを直接調査しなければならない。この場合は輸出組合の力量が低いほど調査は不十分にしか行われず、アウトサイダー規制は難しくなる。日本政府は1955年に「輸出入取引法」を改定し、アウトサイダー規制ができるようにした[35]。韓国ではアウトサイダー規制が行政的に行われた。輸出業者が輸出するためには商工部の認証を受けるべきであったが、商工部は輸出組合が推薦する輸出契約だけを認証し、輸出組合は組合員だけを推薦したため、輸出するためには輸出組合に加入すべきであり、このようにしてアウトサイダーの問題は発生しなかった。

4．輸出自家補償

　朴正熙政権は輸出増加を以前の政権よりも重視した。商工部は輸出目標を立

表 4-1　綿製品の輸出目標と実績

(単位：千ドル)

年	1962	1963	1964	1965	1966	1967	1968	1969	1970
目標	1,750	4,000	11,400	15,200	17,350	18,500	24,600	29,520	30,000
実績	1,945	4,780	12,779	13,074	15,693	20,266	21,092	33,382	47,979

出所：1962～66 年は大韓紡織協会『紡協 20 年史』1967 年、684～685 頁、1967～71 年は大韓紡織協会『紡協 30 年史』1977 年、137 頁。

て、その達成のために輸出企業に多様なインセンティブを提供した。輸出金額に比例する補助金支払い、輸出で得た外貨を輸入に使用できる輸出入貿易のリンク、各種の税金の減免、輸出金額に比例する低金利の融資、などであった。ところで、輸出増加が重要になればなるほど、インセンティブの提供だけでは足りなかった。政府は輸出企業に輸出を増やすように催促しなければならなかった。「輸出組合法」は 1961 年 9 月に成立し、その年に九つの組合が設立されたが、商工部にとって輸出組合は、政府の輸出督励を輸出企業に効果的に伝達できる機構であった。そして、商工部は輸出組合に、自らの輸出目標を政府に提出するように要求した。九つの輸出組合の 1962 年輸出目標は合わせて 2,500 万ドルであり[36]、商工部の同年輸出目標総額 6,590 万ドルの約 40％であった。商工部は 1962 年 11 月、少なくともすでに受領した輸入信用状に当たる輸出だけは年内に行って 1962 年の輸出目標を達成するように輸出組合に要求した[37]。

　綿製品を事例として輸出目標と輸出組合の関係をより詳しく調べよう。商工部は綿製品輸出組合の設立までは大韓紡織協会に輸出増加を要求した。ところが、商工部が 1965 年 7 月に綿織物を輸出許可品目から輸出認証品目へと変更すると、それ以降は輸出組合の輸出推薦が必ず必要になった。そして 1965 年 12 月に綿製品輸出組合が設立された。綿製品輸出組合の定款によれば、組合員は大韓紡織協会の会員と綿製品を輸出する登録貿易業者であった。それ以降は組合と協会の両団体が政府の輸出政策に対応した[38]。輸出組合の設立以前から見てみよう。表 4-1 によれば、大韓紡織協会が政府に提示した輸出目標は、1962 年 175 万ドル、1963 年 400 万ドル、1964 年 1,140 万ドルであった。1963 年から 64 年にかけて 740 万ドルも増加したが、毎年実績は目標を超過した。

　韓国は経済開発に着手してから機械と設備を輸入して工場を建設した。また、原材料や部品を輸入・加工して工業製品を作り、それを輸出した。原材料と部

品を輸入に依存したため、企業が1ドルの工業製品を輸出して実際に儲かるドル貨は1ドルにはるかに足りなかった。輸出総額についての平均比率は、工業製品の輸出が増加するほど下落し、1962年から65年にかけてそれぞれ82.2％、65.1％、64.7％、63.2％と低くなった[39]。外貨稼得率は低くなり、機械と設備の輸入が増加したため、商品収支の赤字は1961年から63年にかけて2.8億ドルから4.7億ドルへと増加した。1964年には2.8億ドルとやや鎮静化したが、政府は安心できなかった。工業製品の輸出に力を入れなければ商品収支の赤字が減るはずであったが、政府は工業生産力を増強しなければならず、工業製品の輸出をおろそかにすることはできなかった。

　商工部は1965年に1966年の輸出目標を1.7億ドルと定めた。これは1964年実績より5,000万ドル近く多い目標であった。商工部は輸出目標の達成のために輸出振興政策を強化した。本章の主題に限定すると、その年から団体別輸出額責任制が実施され、輸出補助金制度は廃止された[40]。それ以前には事業者団体が自らの輸出目標を提示し、目標が達成されなくても政府はそれに対して責任を問うことはしなかったが、1965年からは政府が一定の金額の輸出を要求し、達成されなければ、その団体に責任を問うようになったのである。輸出補助金制度の廃止も輸出企業を苦しめた。綿布の場合は1964年下半期には輸出額1ドルについて25ウォンの補助金が与えられていた[41]。1964年にウォンの価値が1ドル当たり130ウォンから256ウォンへと大幅に切り下げられ、ウォンで換算された輸出額がほぼ2倍に増加したが、それと同時に輸入品の価格もほぼ2倍に増加したために利潤の増加は大きくなかった。綿製品製造企業は評価切り下げにもかかわらず輸出額1ドル当たり30ウォンの損失が生じると主張していた[42]。そのような状況の中で輸出補助金制度が廃止されると、企業は輸出責任制に大きく反発した。しかしながら、政府は退かなかった。商工部長官は、実績50万ドル以下の輸出組合または組合員10人以下の輸出組合は解散させると圧迫しながら[43]、輸出組合の協力を求めた。

　商工部は1965年に大韓紡織協会に1,520万ドルの輸出を要求した[44]。それは1964年の実績より242万ドルも多かった。1963年から64年にかけて綿製品の輸出額が799万ドルも増加したので、242万ドルの増加はあまり多くは見えないが、1964年にはウォンの評価が大きく切り下げられ、その効果があったこと

を考慮すると、1965年の輸出目標は大韓紡織協会には負いにくいものであった。結局、1965年の実績は1,301万ドルに過ぎなかった。

にもかかわらず、政府は1966年には1,735万ドルの輸出を要求した。これは1965年の実績より434万ドルの増額であった。大韓紡織協会は政府の要求を無視し続けることはできなかった。それには次のような理由があった。一つは韓国政府が、すでに説明したようにすべての市中銀行を支配したことであった。もう一つは綿製品製造企業に固有の原因であった。韓国は解放以前には機械紡績用の綿花を自給していた。1945年8月に解放され、それから3年間米軍によって統治されたが、米軍政庁は綿作を開発するより米国産綿花を援助した。韓国は1948年8月に独立したが、韓国政府も米軍政庁と類似した政策を採った。また、綿製品製造企業は安い援助綿花を好み、韓国の機械紡績用の綿花の生産量は急減した。米国の援助が止まった後にも、韓国政府は米国公法480号を利用すると米国産綿花を低廉に輸入することができたため、綿花増産政策はとらなかった。1960年代後半には米国公法480号に基づいた綿花購入は減り、米国政府所有の商品信用公社の借款と韓国政府のKFX（Korean Foreign Exchange）資金による綿花購入がそれを補った。いずれにせよ、綿製品製造企業は政府の政策的支援なしには原料綿花を十分に入手することができなかった[45]。これは大韓紡織協会が政府に協力するようになるもう一つの理由であった。

大韓紡織協会が輸出目標を達成するためには、輸出目標額の会員企業に対する割当、および輸出による損失に対する補助金調達の方法が考案されなければならなかった[46]。

会員企業に対する輸出目標額の割当から検討しよう。当時、綿紡織企業の紡錘は輸出用と内需用に分かれて政府に登録されていた。また、新技術の紡錘は輸出用として、旧技術の紡錘は内需用として扱われ、新技術と旧技術を区分する基準は紡錘の製造年度であった。すなわち、1962年以後に製造された紡錘は新技術のもの、1961年以前に製造された紡錘は旧技術のものと分けられたのであった。1966年に輸出用は11万9,948錘、内需用は55万6,680錘であった。大韓紡織協会はそこから議論し始めた。

1966年、綿製品製造企業は全部で16社であったが、10月基準で京城紡織、東一紡績、全南紡織、大田紡織、阪本紡績、日新紡績、太平紡績は輸出用の紡

錘を持っており、ほかの九つの企業は輸出用の紡錘を持っていなかった。そして、輸出用の紡錘を持っていた企業に限って、また保有紡錘の数に比例して輸出目標を割り当てると問題は解決されそうであるが、新技術の紡錘で綿製品を生産しても生産費が国際市場での市価を上回ったために、そのように割り当てると新技術の紡錘を多く持っていた企業ほど、すなわち積極的に設備投資を行った企業ほど損失が多くなるジレンマがあった。そこで、内需用の紡錘についても、輸出目標額が割り当てられなければならなかった。しかし、内需用紡錘で輸出品を生産すると、生産費が国際市場での市価をはるかに上回るはずであったため、輸出用紡錘と内需用紡錘を同等に扱うわけにはいかなかった。大韓紡織協会は輸出用紡錘の70％と内需用紡錘の30％を輸出用施設と見なし、それに沿って輸出目標額を割り当てることに決定した。

綿製品製造企業の間には技術の差だけでなく、生産設備の規模の差もあった。1966年10月に会員企業が所有していた紡錘の総数は67万6,628錘であったが、設備規模が最も大きかった阪本紡績は8万9,992錘を所有しており、豊韓紡績、興韓紡績、国安紡績、韓永紡績はそれぞれ3万2,048錘、1万1,200錘、1万錘、6,288錘しか所有していなかった。それらの企業は、規模が小さかっただけでなく、新技術の紡錘も持っていなかった。規模の経済は効かず、紡錘の生産性も低かったために、所有紡錘の30％に相当する輸出目標額が割り当てられると、損失があまりにも大きくなり、破産する恐れもあった。そのため、豊韓紡績は所有紡錘の20％、興韓紡績と国安紡績は所有紡錘の7.5％に相当する輸出目標額だけが割り当てられた。規模が最も小さかった韓永紡績は輸出が免除された。

ところで、新技術の紡錘であれ、旧技術の紡錘であれ、生産費が輸出価格を上回ったため、輸出を増やすにはその損失が補償される制度が必ず必要であった。輸出企業には輸出額に比例して補助金が支払われるべきであり、そのための基金が設置されるべきであった。大韓紡織協会は1966年に内需用綿製品の製造に使われる輸入綿花について輸入額1ドル当たり15ウォンを徴収し、それによって損失補償基金を作ることに決定した。その当時、韓国政府は弾力的関税制度を積極的に活用していた。すでに十分な国際競争力がある商品、または輸入代替できる可能性がない商品については低率の輸入関税を、現在の国際競争力は低いが、近未来に比較優位ができそうな商品については高率の輸入関税

を賦課する政策をとっていた。そして、多数の輸出品製造企業が国内市場では利潤を多く得ることができた。内需用の綿花1ドル当たり15ウォンの賦課金が徴収できたのは、以上のような状況のためであった。

綿製品輸出組合はその基金で会員企業の純綿製品輸出額1ドルに対して25ウォンを補助した。純綿製品に対する補助金がもっとも多く、混紡製品についての補助金はそれよりは少なかった。当時、綿製品製造企業は輸出額1ドル当たり、損失が30ウォンであると主張していた。それらの企業が少し誇張して主張したとすれば、純綿製品に対する25ウォンの補助金で損失を回避することができたと考えられよう。一方、輸出の実績が目標を超えた企業には超過額1ドル当たり30ウォンの補助金が支払われた。

輸出組合が損失補償基金を積み立て、輸出額に比例して補助金を支払う方法は輸出自家補償制度と呼ばれた。政府は高率の輸入関税で保護されている他の産業にも以上の制度を普及しうると判断した。また、政府は1969年の法人税法の改定の際に損失補償基金に拠出される資金については限度なしで損失と認定することとし、企業の税金負担を減らした。そして、韓国洋灰輸出組合は1970年2月から民需用セメント販売量およびそれと同一レベルの高価格で販売された官需用セメント販売量について1台当たり11.8ウォンを補償基金として積み立て、輸出セメント1トンに対して1,400〜2,300ウォンを補助した。延払輸出は1トン当たり300ウォンを付け加えて支払った[47]。政府は1971年には韓国化繊協会に輸出自家補償制度を勧告した[48]。

5．おわりに

まず、はじめにで提示した三つの小主題についての議論を要約しよう。

第1。韓国の政府も企業も、法律的な根拠を持つ輸出組合の必要性を認識していた。ところが、韓国には独占禁止法がなく、韓国政府は輸出組合が利益団体に発展することを憂慮した。政府は、1961年の5.16軍事クーデターによって政府の権威が高くなると、独占禁止法がないことを懸念する必要がなくなった。これは、同年9月に輸出組合法を制定する一つの原因であった。企業が政府に協力する態勢が作られてから輸出組合法が制定されえたと言えよう。

第4章　輸出組合

　第2。当時、輸出企業の過当競争は深刻な問題であった。政府は輸出を認証して輸出秩序を打ち立てようとした。ところが、政府の限られた行政力では輸出契約を一々調査することができず、政府は輸出組合にその調査を委任した。輸出組合は輸出基準価格を設定し、それを超える輸出契約だけを政府に推薦し、政府は推薦された輸出契約だけ認証した。また、輸出組合は会員企業だけ推薦したのでアウトサイダーの問題は生じなかった。

　第3。政府は輸出組合に輸出目標を提示し、またその目標を達成するように要求した。輸出企業は出血輸出も甘受しながら輸出を増やした。その中で目に付くのは、多数の輸出品製造企業が国内市場では高い利潤を得ていることを利用した、輸出損失の自家補償制度であった。国内市場での利潤によって損失補償のための基金を作り、その基金で輸出企業の損失を補填したのであった。

　次に、輸出組合は1960年代の韓国経済の特徴を示しているのか、示しているとすれば、その特徴はどのようなものであるか、を考えてみたい。筆者は『適応と協力の時代――20世紀の韓国経済』[49]で、韓国の高度成長の背景には国際経済に対する韓国経済の適応があり、適応の背景には政府に対する企業の協力があったと書いたことがある。そして、筆者には、1960年代というのは協力に基づいた適応により高度成長が出発した時期であり、輸出組合はその時代の性格をよく示しているように見える。輸出組合は政府に対する企業の協力が作られた場所であり、韓国経済を国際経済に適応できるようにする機構であったのである。

　しかし、輸出組合は長らく効果を発揮した制度ではなかった。そこで、本章の末尾に輸出組合の限界について触れておきたい。「輸出組合法」が制定される過程には、輸出企業の要求も、政府の意図も働いたが、「輸出組合法」が出来上がってから、輸出組合の運営の主導権は政府が掌握した。そのため、輸出組合は会員企業の必要を探ってそれを満たすよりは、政府の政策を補う団体になってしまった。輸出組合の自律性がなかったわけではないが、輸出組合の主な事業は輸出推薦と輸出目標の達成になった[50]。輸出組合は、輸出基準価格を制定し、また輸出クォータの割当方法を考案して輸出推薦を行い、輸出自家補償制度を案出して政府の輸出目標の達成のために努力した。

　政府との協調が輸出組合の損になったことはなかったが、その協調は他方で

は輸出組合の創意の発達を妨げた。1970年代には輸出組合は政府の政策変化に対応しにくくなり、衰退する原因になった。韓国政府は1966年6月に「関税及び貿易に関する一般協定」（GATT）への加入を申し込み、1966年12月にはGATT加入がほぼ確定した。韓国がその時点で最恵国待遇の貿易協定を結んでいた国家は15ヵ国に過ぎなかったが、GATT加入になるとその国家が57ヵ国へと増加することになった[51]。そこで、商工部は輸出組合に海外市場開拓に積極的に乗り出すことを要求した[52]。商工部は1967年には輸出組合に海外市場に調査員または駐在員を派遣し、また年2回以上海外公館に輸出商品を展示することを[53]、1968年には予算の30％以上を輸出振興費として使うことを指示した[54]。

しかしながら、輸出組合はその要求に応じなかった。輸出組合は政府の規制のために予算を自由に執行できず、そのために定期預金は払い込んでも海外市場開拓に資金を使うことはできないと不満を表明していた[55]。とはいえ、政府が海外市場開拓を重視したことや政府の規制は組合資金の不正執行を防ぐためであったことを考慮すれば、輸出組合は政府の規制を口実にして海外市場開拓に消極的に対応したと推理できる。先に言及したように、政府の委任事務に慣れた結果、積極性に欠けてしまったのである。韓国政府は漸次総合貿易商社を育成するようになり、1975年4月には「総合貿易商社指定などに関する要領」という商工部告示を出して総合貿易商社を重視する政策を本格化した。そして、遅くとも1980年代の初めには韓国政府の輸出政策の民間側の協力者は、輸出組合から総合貿易商社へと変わったのである。

注
1) 輸出目標は、Hong, Won Tak, *Trade, Distortions and Employment Growth in Korea*, Korea Development Institute, 1979, p. 63、1962年の国内総生産は韓国銀行のホームページ（http://ecos.bok.or.kr）による。ウォンで計算されているが、年平均為替レートでドルに換算した。
2) NAVER news library（http://newslibrary.naver.com）で『毎日経済新聞』の記事を数えた。
3) 『京郷新聞』1968年7月31日、2面。
4) 柳暢「輸出組合法制定の方向」*（韓国貿易協会『貿易経済』第16号、1959年）42頁。
5) 『京郷新聞』1961年4月16日、2面。なお、93年度は檀君紀元4293年を指す。西暦紀元1960年に当たる。

第 4 章　輸出組合

6）『京郷新聞』1961 年 9 月 10 日、1 面。
7）朴燮「朝鮮総督府の小生産者政策と経済団体」*（『経済史学』第 40 巻第 2 号、2016 年）。
8）『毎日申報』1925 年 2 月 4 日、4 面、『毎日申報』1937 年 4 月 29 日、4 面。
9）『東亜日報』1947 年 5 月 29 日、2 面、『京郷新聞』1947 年 10 月 10 日、2 面。
10）『京郷新聞』1947 年 3 月 27 日、3 面、『京郷新聞』1949 年 12 月 10 日、2 面。
11）『東亜日報』1954 年 8 月 5 日、1 面。
12）『京郷新聞』1950 年 4 月 15 日、1 面。
13）『東亜日報』1954 年 8 月 5 日、1 面。
14）『東亜日報』1951 年 6 月 25 日、2 面。
15）「輸出入手続に関する事務取扱細則」*（『大韓民国官報』1411 号、1955 年 9 月 29 日）1 頁。『京郷新聞』1955 年 10 月 3 日、2 面。『京郷新聞』1956 年 5 月 5 日、1 面。『東亜日報』1956 年 6 月 4 日、1 面。『京郷新聞』1956 年 6 月 13 日、1 面。『京郷新聞』1957 年 7 月 24 日、1 面。
16）McDonald、Donald Stone、*U.S.-Korean relations from liberation to self-reliance*、韓米歴史研究会 1950 年代班訳『韓米関係 20 年史（1945〜1965 年）』ハンウルアカデミー、2001 年、425 頁。
17）『東亜日報』1958 年 11 月 6 日、1 面、『京郷新聞』1959 年 3 月 8 日、1 面、柳暢「輸出組合法制定の方向」*（『貿易経済』第 16 号、1959 年）42 頁。
18）大韓民国国会『国家再建最高会議常任委員会会議録』第 39 号、1961 年、1 頁。
19）『京郷新聞』1958 年 9 月 14 日、1 面。
20）朴燮「体制変化」（原朗・宣在源編著『韓国経済発展への経路』日本経済評論社、2013 年）15〜27 頁。
21）『東亜日報』1961 年 9 月 15 日、1 面。
22）『毎日経済新聞』1966 年 5 月 11 日、3 面、『東亜日報』1969 年 10 月 25 日、3 面。
23）「工産品の輸出許可又は輸出認証に随伴する生産確認書添付要領」*（『大韓民国官報』3890 号、1964 年 11 月 16 日）6 頁。
24）『毎日経済新聞』1966 年 7 月 6 日、3 面、「1966 年度上半期綿織物及び綿製品の輸出認証要領」*（『大韓民国官報』4247 号、1966 年 1 月 15 日）19 頁。
25）「輸出基準価格に関する審議要領」*（大韓民国商工部『輸出組合（輸出協会）諸規定集』発行年不明、1970 年以後と推定）186〜188 頁、韓国織物原糸輸出組合『織物原糸輸出 15 年史』1978 年、206〜207 頁。
26）『毎日経済新聞』1969 年 7 月 1 日、4 面。
27）『東亜日報』1961 年 12 月 30 日、2 面、『京郷新聞』1961 年 2 月 18 日、2 面、『毎日経済新聞』1966 年 8 月 2 日、1 面。
28）金熙湧「韓国輸出組合の実態とその制度上の問題点」*成均館大学校貿易大学院学位論文（碩士）、1972 年、42 頁。
29）同前、43 頁。
30）『毎日経済新聞』1970 年 4 月 17 日、4 面。
31）寺村泰「戦後北米向け陶磁器輸出における輸出カルテルの実態――1954 年のバンブー

32) 金熙湧、前掲「韓国輸出組合の実態とその制度上の問題点」44 頁。
33) 『東亜日報』1961 年 11 月 22 日、1 面。
34) Beuter, John H. cn *Webb-Pomerene export trade associations and the wood products industries: or, Can the Webb-Pomerene act help the U.S. sell more processed wood to Japan?* (Publisher) Portland, Or.: U.S. Pacific Northwest Forest and Range Experiment Station, 1969.
35) 寺村泰「戦後日本の輸出カルテルと輸出組合」(『静岡大学経済研究』第 12 巻第 4 号、2008 年) 150 頁。
36) 『東亜日報』1962 年 1 月 10 日、2 面。
37) 『京郷新聞』1962 年 11 月 22 日、4 面。
38) 大韓紡織協会『紡協 20 年史』1967 年、510～511 頁。
39) 国務総理企画調停室『経済開発 5 ヵ年計画、第 1 次、1962～66 年評価報告書』* 1967 年、750 頁。
40) 大韓民国商工部「1965 年度輸出振興総合施策」。
41) 大韓紡織協会『紡協 20 年史』1967 年、509～510 頁。
42) 『毎日経済新聞』1966 年 11 月 29 日、3 面。
43) 『京郷新聞』1965 年 9 月 21 日、2 面。
44) 大韓紡織協会『第 19 期事業報告書』1965 年、75 頁。
45) 大韓紡織協会『紡協 30 年史』1977 年、317～339 頁。
46) 以下の説明は、朴燮「韓国経済における政府と生産者団体──大韓紡織協会を素材として」(中村哲編著『東アジア近代経済の形成と発展』日本評論社、2005 年) 240～244 頁による。
47) 「洋灰輸出自家補償制実施要綱」(前掲『輸出組合（輸出協会）諸規定集』) 596～597 頁。
48) 『毎日経済新聞』1971 年 12 月 6 日、4 面。
49) 朴燮『適応と協力の時代── 20 世紀の韓国経済』* ヘナム、2013 年、1～14 頁。
50) 「輸出組合の姿勢と役割〈座談〉」*(『纎維界』第 1 巻第 2 号、纎維社、1973 年) 34 頁。
51) 『毎日経済新聞』1966 年 12 月 13 日、2 面。
52) 『毎日経済新聞』1966 年 6 月 17 日、3 面。
53) 『東亜日報』1967 年 1 月 18 日、2 面。
54) 『毎日経済新聞』1968 年 3 月 6 日、3 面。
55) 前掲「輸出組合の姿勢と役割〈座談〉」37～38 頁。

第Ⅱ部

要　素

第5章　企業金融——高金利政策と私金融市場

李明輝

1. はじめに

　韓国の1965〜71年は高金利政策が推進された例外的な時期であった。それ以前は、銀行の金利が市場金利以下に維持されていたため、貸出は特恵であり、補助金とされた。特定少数の企業だけが貸出を受けることができたため、零細商工業者と家計の資金需要は、銀行以外の非公式・非制度圏金融市場を利用しながら、高い金利を甘受しなければならなかった。政策金利（公金利、銀行金利）と市場金利（私金利）の格差が大きくなり、銀行への貯蓄資金流入が減少し、高利貸資本への流出、不動産など実物資産への投機的投資の傾向が現れていた。1965年の金利現実化措置は、銀行の金利を市場金利と一致させるべく引き上げ、高利貸し市場を解体して、民間貯蓄を投資資金に誘引する目的で推進された。以後7年間で年平均10％以上の経済成長率、8％以下の物価安定、36％以上の投資増加率が達成されることで、この措置は成功した政策として評価されている。

　R. I. McKinnonとE. S. Shawは、韓国の事例を用いて、発展途上国における金融規制と自由化の理論を確立した[1]。McKinnonは、資産選択の幅が狭く、資本市場が未成熟な発展途上国における企業は、必要な資金を自ら調達して（self finance）、貨幣と実物資本中心の企業貯蓄をするため、金利を引き上げた場合、企業の自己金融が増加して貯蓄と投資を同時に増やすことができると主張した。Shawは、高金利政策が通貨の信頼性を上昇させ（money deepening）、制度圏金融市場の金融仲介機能を改善させることを、韓国の事例を通じて立証しようとした。朴英哲とDavid C. Coleは、金利の引き上げによって海外からの資金調達が有利になり、外国借款支払保証制度と韓日協定締結の条件が成熟すること

で、政策金融の供給ルートが多様化する効果に注目した[2]。

一方、V. S. Wijnbergen は、金利の引き上げを通じて高利貸し市場の資金が銀行預金に置き換えられることにより、ほとんどの企業が資金調達に困難を経験したことに注目した[3]。高利貸し市場は様々な資金需要に迅速に対応し、中小資本の信用配分において補完的な役割を果たしていたが、高利貸し市場への資金流入が遮断され、中小企業の資金需要に対応できなくなったためである。同様に、崔眞培も、銀行が資金仲介機能を十分に発揮する能力を欠いていたため、金融市場の二重構造は改善されなかったと主張した[4]。

しかし、実際に高金利政策が実施される過程で、抜け穴が明らかになり、徐々に金利は引き下げられ、結局高金利政策は1972年に廃止された。高金利政策が中断された理由は何だろうか。歴史的に、個人が自己の資産を法人企業の資産として社会化させる契機は、資産所有の合理化を目的として法的に有効な契約を成立させ、自己資産を保護する動機にあったと見られる[5]。経営収益率よりも金利が高い場合、投資意欲が減少し、資本はより高い期待収益率を確保する他の資産に移動するものである。1960年代の韓国企業には、生産活動への投資誘引があったのだろうか。1965～72年の7年間、韓国企業はどのように資金を調達し、事業運営をしたのだろうか。本章では、このような設問から出発して、60年代の韓国企業の歴史的実体を、財務構造の観点から明らかにし、さらに不良企業化の原因を追跡することを意図している。

すでに見たように、従来の研究は、金利引き上げの効果について、投資と貯蓄、金融市場と高度成長に与える影響に焦点を合わせて評価してきた。そこで、本研究では、むしろ7年間の高金利政策が徐々に行詰り、ついに1972年私債凍結措置によって低金利政策に復帰するプロセスに注目したい。以下では、60年代の韓国の金利構造と低金利政策への回帰過程をたどり、企業金融の実態に関して企業経営と資金循環の側面から分析していく。

2．金利引き上げと制度圏金融市場の拡大

1965年まで韓国で低金利政策が維持されていた理由は、物価の安定を最優先にするマクロ金融政策の目標があったことである。物価安定のために借入者で

ある企業の金融コストを削減し、生産コストの上昇を事前に遮断しようとした。当時は低金利が貯蓄を減少させるという懸念はなく、投資増加とコスト上昇によるインフレーションを阻止する効果を重視したのである[6]。すでに利子制限法により、高利貸しでは20％以上の金利が規制されていた[7]。物価高の下でプラスの実質金利を保証するには、利子制限法改正の社会的負担が大きかったため、相当の期間、マイナスの実質金利が維持された。

しかし、1963～64年、物価上昇率が30％に達し、海外からの資金流入も難しいなかで、経済開発計画の推進に必要な資金調達は困難に直面した。インフレ防御心理から現物貯蓄が増え、不動産などへの実物投資と高利貸し市場への資金流入が増加した。この状況に対して、金利を引き上げて高利貸し市場への資金流入を遮断し、銀行に資金を誘引する方法が模索された。世界銀行とIMFの諮問委員会は、預貯金金利引き上げ、金利規制緩和による金融市場の育成を勧告した[8]。米国側が提示した金融改革に関する報告書には[9]、金利引き上げを通じた金融貯蓄の増加と投資資金の安定的調達が提示されていた。金利上限制を廃止して、高利貸し市場の金利と競合できるように金利を引き上げることが重要な課題とされた。米国側は年間援助計画の条件として金融改革の早急な実施を要請し、結局は1965年7月の勧告に沿って、9月に金利現実化措置が断行された[10]。

これにより、1年以上満期の定期預金金利は15％から30％になり、貸出金利も年16％から26％へと大幅に引き上げられた。協定によって調整された金利を表5-1から見ると、18ヵ月の定期預金金利は月2.5％、年30％とされ、私債市場金利との大きな差はなくなった。定期預金の実質金利は1964年のマイナス20％から1965年の20％へと急上昇し、以後実質金利は20％前後で維持された。普通預金の金利は、年利1.8％と実質マイナス金利を維持し、定期預金は3ヵ月18％、6ヵ月24％、1年26.4％、18カ月以上30％とされ、格差を大きくすることにより長期預金を推奨した。しかし、表5-1で金融機関の定期預金金利（1年以上）をみると、1965年に大幅に引き上げられた金利は1968年25.2％、1969年22.8％、1971年16.8％、1972年12％というように徐々に下落している。

金利現実化措置以後、預金は定期預金に集中した。定期預金は、実施3ヵ月の間に40％以上増加し、1965年末から1968年末にかけて貯蓄性預金の総額は、

表 5-1　金融機関

種類		実施年月日	1961.1.1	1961.7.10	1962.2.1	1963.2.1	1964.3.16
貯蓄性預金	定期預金	3ヵ月以上	6.00	9.00	9.00	9.00	9.00
		6ヵ月以上	8.00	12.00	12.00	12.00	12.00
		1年以上	10.00	15.00	15.00	15.00	15.00
		1年6ヵ月以上					
		2年以上					
	通知預金		3.65	3.65	3.65	3.65	3.65
	定期積金	6ヵ月	4.00	4.00	4.00	4.00	
		12ヵ月	5.00	5.00	10.00	10.00	10.00
		18ヵ月	5.00	5.00	10.00	10.00	10.00
		24ヵ月	6.00	6.00	6.00	6.00	6.00
		30ヵ月	6.00	6.00	6.00	6.00	
		36ヵ月	6.00	6.00	6.00	6.00	
	相互賦金	1年				10.00	10.00
		2年				10.00	10.00
		3年					
要求払預金	普通預金		1.80	1.80	1.80	1.80	1.80
	別段預金		1.00	1.00	1.00	1.00	1.00

出所：韓国銀行『経済統計年報』1968、1974 年。

表 5-2　銀行の預金

（単位：億ウォン）

	一般銀行			特殊銀行			総計		
	計	要求払	貯蓄性	計	要求払	貯蓄性	計	要求払	貯蓄性
1961	193	151	42	54	42	12	247	193	54
1962	289	197	92	101	72	29	391	269	121
1963	263	176	87	127	85	42	390	261	129
1964	282	189	93	149	97	52	431	286	145
1965	553	340	214	232	139	92	785	479	306
1966	825	327	498	384	182	204	1,209	509	702
1967	1,370	493	876	689	276	413	2,059	769	1,289
1968	2,495	771	1,724	1,236	405	831	3,731	1,176	2,555
1969	4,101	1,023	3,080	2,090	655	1,436	6,191	1,678	4,516
1970	5,054	1,236	3,819	2,842	898	1,944	7,896	2,134	5,763
1971	6,357	1,691	4,665	3,419	997	2,422	9,776	2,688	7,087
1972	8,924	2,757	6,167	4,315	1,366	2,948	13,239	4,123	9,115

出所：韓国銀行『経済統計年報』1969、1974 年。

第5章　企業金融

の預金金利

(単位：%)

1965.9.30	1968.4.1	1968.10.1	1969.6.1	1971.6.28	1972.1.17	1972.8.3
18.00	15.60	14.40	12.00	10.20	8.40	6.00
24.00	20.40	19.20	16.80	14.40	11.40	8.40
26.40	26.40	25.20	22.80	20.40	16.80	12.00
30.00	30.00			21.30	17.40	12.60
5.00	5.00	5.00	5.00	5.00	5.00	3.65
	20.00	18.00	16.00	14.00	11.00	7.80
23.00	23.00	21.00	19.00	17.00	15.00	10.00
25.00	25.00	23.00	21.00	19.00	15.50	10.50
30.00	28.00	25.00	23.00	20.00	16.00	11.00
				20.50	16.50	11.50
			23.00	21.00	17.00	12.00
23.00	23.00	20.00	18.00	17.00	15.00	10.00
30.00	26.00	23.00	21.00	20.00	16.00	11.00
				21.00	17.00	12.00
1.80	1.80	1.80	1.80	1.80	1.80	1.80
1.00	1.00	1.00	1.00	1.00	1.00	1.00

GNPの3.8%から16.2%に、M2は12.1%から32.7%に増加した。1964年の銀行預金の総額431億ウォンが、1971年9,776億ウォンへと23倍に増加するなかで、貯蓄性預金は145億ウォンから7,087億ウォンへと約49倍に増加して、預金全体の増加をリードした（表5-2）。

　金利引き上げによってプラスの実質金利が達成されると、自発的預金が銀行に流入した。マイナス金利下での預金は、真性の預金というよりは非自発的デポジットに近かったが、預金が一つの金融商品に転換し始めたのである。

　貸出の形と規模も変化した。貯蓄性預金の支払準備率が10%と低くなったため、預金の相当額が貸付金に供給された。表5-3を見ると、総貸出額は1964年847億ウォンから1971年1兆770億ウォンへと13倍に増加しており、産業銀行を通じた貸出額の割合が37.4%から14.6%へと減少する一方、一般銀行は27.3%から52.8%へと増加し、一般銀行の資金動員と配分における役割が大きくなっ

表 5-3　銀行の貸出と支払保証

(単位：億ウォン)

	一般銀行		特殊銀行		産業銀行		総計	
	貸出	支払保証	貸出	支払保証	貸出	支払保証	貸出	支払保証
1961	128	14	192		203	2	523	16
1962	209	28	223		243	22	675	50
1963	228	37	262		276	181	766	218
1964	231	99	299		317	383	847	482
1965	375	118	346	14	368	621	1,089	753
1966	579	402	448	14	466	1,031	1,493	1,447
1967	1,056	503	724	981	524	1,432	2,304	2,916
1968	2,100	1,261	1,212	2,233	664	1,753	3,976	5,247
1969	3,593	2,251	2,037	3,401	961	2,998	6,591	8,650
1970	4,418	3,193	2,807	4,550	1,290	4,242	8,515	11,985
1971	5,684	4,355	3,511	5,641	1,575	6,003	10,770	15,999
1972	7,425	4,220	4,555	6,622	2,391	6,113	14,371	16,955

出所：韓国銀行『経済統計年報』1969、1974 年。

た。

　この間、海外資本も活発に流入した。図 5-1 でみると、1966 年から 1971 年まで海外貯蓄が急上昇して、投資を牽引していた。

　海外の金融市場に比べて高い金利が保証されているだけでなく、政府の支払保証が拡大されたためであった。支払保証額を表 5-3 で見ると、1964 年 482 億ウォンから 1971 年 1 兆 6,000 億ウォンへと約 33 倍に増加し、1967 年以降は貸出額を上回った。支払保証の窓口の役割は、1960 年代前半には産業銀行が主に担当していたが、特殊銀行と一般銀行を通じた支払保証額の割合が大きくなった。銀行は支払保証の窓口を担当したが、債務履行の責任を負う役割を果たしたわけではなかった。

　支払保証をした銀行は、政府が指示した事業の保証書を発行する役割だけにとどまり、最終的な責任は政府に帰着した。銀行は、事業計画の審査や信用力の評価、債務返済計画の履行審査等を実施していなかった。1965～69 年に 8 倍に増加した預金を管理し、貸出を執行する管理者の役割にとどまっていた。

　借款導入を計画した企業は、事業計画を経済企画院に提出し、承認を受けると、国会の承認を経て、韓国銀行が外国の借款供給先に対して支払保証をした後、韓国の銀行に支払保証書を発行する形式であった。最終的な借入企業が返

第 5 章　企業金融

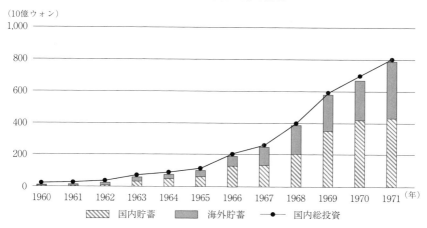

図 5-1　国内貯蓄と海外貯蓄

出所：韓国銀行『経済統計年報』1972 年。

済の責任と為替リスクを負担したが、銀行と韓国銀行の保証を受けたため、債務不履行の状況に置かれても、責任を押し付けることができた。主な債権者だった米国と日本の投資家は、投資保証も受けることができたし、韓国の銀行から支払保証も受けたため、債務不履行のリスクを回避することができた。韓国への投資は、高い金利と政府の支払保証が確保されている高収益の安全な金融商品であった。借款を導入する韓国の企業は、国内の金融機関からだけでなく、中央銀行と経済企画院からの保証を受けた貸出を手頃な価格の金利で受け入れることができたので、低コストの安全な借入形態として借款が好まれた。

　貸出と支払保証額の増加で企業の外部資金調達率は 70％まで増加し、外部資金が法人企業の固定資本形成の 75％を供給する源泉となった。銀行の貸出と銀行が保証する外資により投資は年平均 36％増加し、12％の高い経済成長率を牽引した。図 5-2 を見ると、1965 年以降、実質預金金利はプラスの値を維持しており、消費者物価上昇率は 10〜15％水準で安定している。

　表 5-4 によると、総金融資産は 1964 年の 5,858 億ウォンから、1971 年には 6 兆 4,214 億ウォンへと約 11 倍、国内金融資産は 5,280 億ウォンから 5 兆 1,449 億ウォンへと約 10 倍、海外資産は 579 億ウォンから 1 兆 2,766 億ウォンへと約 22 倍に増加した。金融資産依存度（金融資産／GNP）も 7 年間に 2.5 倍に上昇した。

図 5-2 利子率、経済成長率、物価上昇率

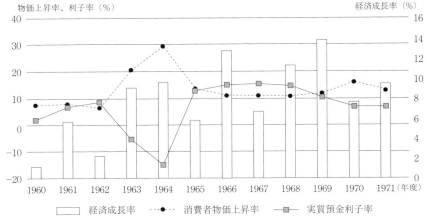

出所：韓国銀行『経済統計年報』各年版。

表 5-4 韓国の金融構造

(単位：億ウォン)

	総金融資産	国内金融資産	金融機関の資産	非金融部門の資産	総通貨	間接証券	株式および債券	海外資産
1962	3,749.0	3,628.8	1,509.0	2,119.8	516.3	733.5	562.9	120.2
1963	4,528.4	4,268.4	1,636.0	2,632.4	553.8	781.7	846.9	260.0
1964	5,858.4	5,279.7	2,047.2	3,232.5	636.3	933.4	1,068.8	578.7
1965	7,203.7	6,541.3	2,511.5	4,029.8	971.1	1,373.6	1,160.0	662.5
1966	9,966.5	8,763.8	3,441.8	5,322.0	1,569.5	3,088.3	1,270.0	1,202.7
1967	15,696.1	13,766.3	5,386.4	8,379.9	2,531.5	3,281.7	1,563.8	2,019.8
1968	23,714.3	20,271.4	8,018.6	12,252.8	4,366.3	5,390.6	2,478.0	3,443.0
1969	36,295.3	30,388.0	12,122.8	18,265.2	7,045.8	8,349.1	3,920.0	5,907.3
1970	48,147.6	39,839.8	16,241.7	23,598.1	8,977.9	10,542.5	5,372.2	8,307.8
1971	64,214.1	51,448.6	21,040.0	30,408.6	10,849.1	12,933.1	6,376.2	12,765.5
1972	84,935.3	69,062.6	28,414.0	40,648.6	14,517.8	17,554.8	9,921.5	15,872.8

出所：韓国銀行『韓国の資金循環』* 1978 年。

限られた信用供給の配分にとどまっていた銀行の役割も変化した。企業の信用力を評価し、貸出金利を決定し、返済能力を検証する銀行本来の独立した機能には及ばなかったが、金融機関を管理する役割は充実してきたと見ることができる。1967 年から民間資本による銀行設立が許可され、韓国外換銀行、韓国信託銀行、韓国住宅銀行などが設立され、外国銀行の韓国内支店が開設されるこ

とにより、韓国経済における金融機関の存在意義が高まった。貨幣への信頼性が向上し、制度圏金融市場の規模と影響力が拡大したと見ることができる。

3．貸出金利と政策金融

1960年代の韓国では、企業の長期的な資本調達のための証券市場が未発達であったため、制度圏金融市場では、銀行が固定投資の資金調達を主に担当した。政府は、経済開発計画で優先順位の定められた重要産業部門に対して、銀行を通じて政策金融を提供した。各々の金融機関は、国内外で動員された資金を輸出業者、製造業者を中心に供給し、政府による開発金融と資本形成の政策を代行する機関に過ぎなかった。選択された企業は、短期資金の返済期間を継続的に延長しながら長期ローンのメリットを享受していた。

企業への貸出金利は、条件に応じて格差が非常に大きかった。一般銀行の貸出金利は24％であったが、輸出金利は6％、産業銀行設備投資金利は10％で、格差は15％ほどに達した。表5-5で一般銀行の貸出金利を見てみると、短期金利であった商業手形割引率は、1964年の14％を1965年に24％に引き上げた後、1970年まで24％を維持し、1971年22％に下落しているが、それでも20％以上の高い状態を保っていた。一方、輸出および輸入手形、外貨表示供給手形の場合には、6％台の低い金利が維持されており、機械工業の育成資金は12％であり、用途に応じて金利差が大きく開いていたことがわかる。また、1968年以降、すべての金利が小幅に低下していった結果、1972年には1964年以前の水準に回帰したことが見てとれる[11]。

特殊銀行と産業銀行は、様々な政策金融の担当機関であり、1965年以降の貸出金利は一般銀行に比べて半分にも満たず、低利資金の供給機関であった。表5-6で、中小企業銀行の施設資金は15～20％、借款資金は8％、産業銀行が提供する産業資金の金利は10～12％台に維持されていた。物価上昇率が平均13％であったため、特殊銀行の実質貸出金利は0％レベルであり、預金銀行が提供する支援金融（輸出、借款）の場合、実質金利がマイナスであったと見ることができる。

利上げ後も輸出支援金融、機械工業の育成資金、輸出産業設備資金などの政

表 5-5　一般銀行

	1961	1962	1963	1964	1965	1966
商業手形割引	13.87	13.87	13.87	14.00	24.00	24.00
輸出及び輸入手形	13.90	9.13		8.00	6.50	
援助物資引受手形	13.87	13.87	14.00	26.00	26.00	26.00
外貨表示供給手形		9.13	8.03	8.00	6.50	6.50
農水産物輸出準備手形						
その他手形（1年内）	17.52	15.70	15.70	16.00	26.00	26.00
当座貸越	18.25	18.25	18.25	18.50	26.00	………
積金貸出	17.50	15.70	15.70	15.70	26.00	
機械工業育成資金						
コールローン	13.90	13.90	13.90	12.00	22.00	22.00
延滞手形	20.00	20.00	20.00	20.00	36.50	36.50
積金担保貸出	12.00	12.00	12.00	12.00	20.00	20.00

出所：韓国銀行『経済統計年報』1967、1974 年。
注：（　）内は地方銀行金利。

策金融の供給は、実質金利がマイナスまたはゼロに近い有利な水準が維持された。銀行から貸出を受けることができる企業は、選ばれた少数に過ぎなかった。政策金融と一般的な貸出金利の間のギャップが大きかったので、企業は外資導入や低利の政策金融を通じて資金を調達しようとしたが、貸出総額は貸出需要によって決定されるものではなく、外部環境の変化に非常に敏感に反応する不安定なものであった。企業の平均利子負担は年 13.4％であったが、それは外資、輸入信用、輸出金融、政策金融などの低利金融の比重が高いためであり、一般的な貸出金利は 20％以上の高金利であった。政策金利や外資金利は過度に低く、マイナスもありえた一方、一般金利はきわめて高かった。1965 年に 30％近かった製造業企業の資本収益率が 1969 年に 13.6％まで下落すると、総費用に対する利子負担の割合も大幅に上昇した。

　補助金の性格をもつ政策金融は、韓国銀行によってさらに低い金利で再割引され、一般銀行と特殊銀行はむしろマージンを得ることもできた。一般的な貸出金利は、要求払預金と定期預金の平均金利より高い年利 24～28％程度であったが、1 年以上満期の定期預金最高金利より低い逆マージンをもたらした。貸出金利引き上げとともに、貸出限度制廃止によって貸付金自体が増加したため、金利引き上げにもかかわらず銀行の貸出総額は減少しなかった。高金利が企業

の貸出金利

(単位：％)

1967	1968	1969	1970	1971	1972.1.17	1972.8.3
24.00 (28.00)	26.00 (30.00)	24.60 (27.60)	24.00 (27.00)	22.00 (25.00)	19.00 (22.00)	15.50 (18.00)
6.00	6.00	6.00	6.00	6.00	6.00	6.00
26.00	25.20	24.00	24.00			
6.00	6.00	6.00	6.00	6.00	6.00	6.00
		24.00	24.00	22.00	6.00	6.00
26.00	25.20	24.00	24.00	22.00	19.00	15.00
28.00	28.00	26.00	26.00	24.00	22.00	17.50 (20.00)
(32.00)	(32.00)	(29.00)	(29.00)	(27.00)	(25.00)	
26.00	25.20	24.00	24.00	22.00	19.00	15.50
	12.00	12.00	12.00	12.00	12.00	10.00
22.00	22.00	21.00	21.00	19.00	19.00	15.00
36.50	36.50	36.50	36.50	36.50	31.20	25.00
20.00	20.00	18.80	18.80	16.80	14.50	12.00

の金融コストの上昇に波及しないように管理されていたのである。政策金融が補助金の形でサポートされていたからである。

4．法人企業の資金調達構造

　高度成長を牽引した法人企業は、総投資の財源をどのように調達し、その運用はどのようにしたのだろうか。資金循環勘定を通じて見ると、1965年以降、韓国法人企業の資金運用規模は1971年までに7倍以上に拡大しており、実物投資の割合は1965年の84％から1969年に59％まで下落し、金融投資は1969年に40％まで上昇した。

　法人企業の投資資金調達構造を調達と運用の次元で示した表5-7によると、外部資金調達率は1964年の45％から継続的に上昇して1971年には75％に達した。それに対して、内部留保と減価償却積立金で充当される内部資金の割合は同じ期間に55％から25％に低下している。外部資金の調達経路を見ると、銀行借入の割合は1968年の31％を最高値にして約25％前後であり、海外からの借入は1966年に33％に急騰した後に20～30％前後を維持していた。銀行借入と海外資金を通じた調達が約50％以上であったといえる。その他の外部資金に

表 5-6　特殊銀行及び産業銀行の

			1961	1962	1963	1964	1965	1966
中小企業銀行		中小企業資金	17.52	15.00	14.00	14.00	23.00	23.00
		中小企業施設資金		12.00	12.00	12.00	15.00	15.00
		協同組合事業資金		13.00	11.00	11.00	14.00	14.00
		AID 借款資金						
		MRO 借款資金					8.00	8.00
		PAC 請求権資金					8.00	8.00
韓国住宅銀行		土地造成資金						
		機資材生産資金						
国民銀行		相互給付金		18.50	18.50	18.50	25.20	25.20
		相互賦金 担保貸出		15.00	15.00	15.00	20.00	20.00
		零細家内工業資金			10.00	16.00	16.00	16.00
韓国産業銀行	産業資金	住宅	5.00	4.00	4.00	4.00	4.00	4.00
		特殊	5.00	6.00	6.00	7.50	7.50	7.50
		施設	8.00	8.00	8.00	8.00	10.00	10.00
		運営	10.00	10.00	10.00	10.00	10.00	10.00
	一般資金	重要産業施設	8.00	8.00	8.00	8.00	10.00	10.00
		重要産業運用	8.00	8.00	8.00	8.00	10.00	10.00
		その他産業	18.00	18.00	18.00	18.00	18.00	18.00
	対充資金	施設	5.00	5.00	5.00	5.00	10.00	10.00
		運用	8.00	8.00	8.00	8.00	18.00	18.00
	借款資金		8.00	8.00	8.00	8.00	8.00	8.00

出所：韓国銀行『経済統計年報』1967、1974 年。
注：対充資金とは、米国から提供された対外援助資金を運用する際に、受入国政府が援助の贈与分に相当すであり、米国の同意の下に通貨と経済の安定のために使用された。

は、高利貸し市場を通じた調達額が含まれており、銀行借入金が減少した時期に非銀行借入金（その他）が増加するなど、高利貸市場が銀行と相互に代替・補完の機能をもちながら、約12%前後の割合を占めていた。

　韓国銀行『韓国の企業経営分析』[*12)]における製造業860社の企業データを用いると、内部資金調達率は1968年までは大企業が中小企業に比べて高かったが、1969年以降は中小企業が大企業を大幅に上回っていた。第2次経済開発5ヵ年計画が推進され、借款による外資導入、拡大した政策金融が大企業に集中的に流入した影響と考えられる。

　外部金融の比重が増えたもう一つの要因は、自己資金では固定投資資金を調達しにくかったことである。資本の懐妊期間が比較的長いため、固定投資は長

貸出金利

(単位:%)

1967	1968	1969	1970	1971	1972.8.3
23.00	23.00	23.00	23.00	23.00	15.50
15.00	15.00	20.00	20.00	20.00	16.50
14.00	14.00	20.00	20.00	20.00	15.50
		8.00	8.00	8.00	8.00
8.00	8.00	8.00	8.00	8.00	8.00
8.00	8.00	8.00	8.00	8.00	8.00
18.00	18.00	18.00	18.00	18.00	15.50
18.00	15.00	15.00	15.00	15.00	15.50
24.80	24.80	24.00	24.00	22.00	15.50
20.00	20.00	18.80	16.80	16.80	12.00
16.80	18.00	18.00	18.00	18.00	16.50
4.00	4.00	4.00			
7.50	7.50	7.50	7.50	7.50	7.50
10.00	10.00	10.00	12.00	12.00	12.00
10.00	10.00	12.00	13.00	18.00	15.50
10.00	10.00	12.00	20.00	20.00	15.50
10.00	10.00	18.00	18.00	18.00	15.50
18.00	18.00	18.00	20.00	20.00	15.50
10.00	10.00	10.00			
18.00	18.00	18.00			
8.00	8.00	8.00	8.00	8.00	8.00

るドル額を同額の自国通貨での特別なアカウントに入金した資金

期の貸出を受けなければならなかった。固定投資の内部金融の割合を示した自己金融充足率をみると、1965年61％から1970年37％まで下落し、固定投資に必要な資金の60％以上が外部資金の形で調達されることになった。外部から調達した資金は、概して巨額の固定投資に使用され、内部資金は運転資金をカバーするのが一般的であった。しかも当時は、運転資金さえも内部資金で調達されにくいほど法人企業の資金力が不足していた。自己金融充足率の低下は、資本消費引当金の内部留保率の低下にも見出すことができる。内部留保率の低下は、法人企業の事業所得が減少し、法人税、配当の負担が激増したためであった。法人税負担率は1965年の23％から1970年には43％に達し、配当負担率も17％から29％に増加していたことが、内部留保率を減少させる要因の一つであった

表 5-7 法人企業の資金調達と運用

(単位：十億ウォン)

	1963	1964	1965	1966	1967	1968	1969	1970	1971
調達額	593	497	834	1,482	2,410	3,721	5,009	5,602	6,541
内部資金 (A)	242	271	397	489	638	897	1,079	1,261	1,619
(比率、%)	(41)	(55)	(48)	(33)	(27)	(24)	(22)	(23)	(25)
外部資金	351	226	437	993	1,772	2,824	3,930	4,341	4,922
銀行借入	92	56	214	164	636	1,156	1,306	1,423	1,828
(比率、%)	(16)	(11)	(26)	(11)	(26)	(31)	(26)	(25)	(28)
非銀行借入	75	71	79	208	317	333	678	691	697
(比率、%)	(13)	(14)	(9)	(14)	(13)	(9)	(14)	(12)	(11)
有価証券	81	54	92	125	92	235	595	703	856
(比率、%)	(14)	(11)	(11)	(8)	(4)	(6)	(12)	(13)	(13)
海外借入	83	27	47	488	646	1,087	1,241	1,463	1,371
(比率、%)	(14)	(5)	(6)	(33)	(27)	(29)	(25)	(26)	(21)
その他	20	18	5	7	82	14	110	61	169
(比率、%)	(3)	(4)	(1)	(0.5)	(3)	(0.4)	(2)	(1)	(3)
投資額	539	464	978	1,535	2,637	3,671	5,177	4,703	5,654
実物投資	496	469	822	1,311	1,852	2,575	3,089	3,738	4,761
固定投資 (B)	341	443	653	1,252	1,608	2,268	2,910	3,391	3,931
在庫投資	155	26	169	59	244	307	179	347	830
金融投資	43	-5	156	224	785	1,096	2,088	965	893
自己金融充足率 (A/B、%)	71	61	61	39	40	40	37	37	41

出所：韓国銀行『韓国の資金循環』* 1982 年（朴英哲・David C. Cole『韓国の金融発展』* 韓国開発研究院、1984 年、46～47 頁）。

表 5-8 法人企業の負担率と内部留保率

(単位：%)

	法人税負担率	配当負担率	内部留保比率
1965	23.1	17.1	49.4
1966	31.5	20.6	40.9
1967	27.4	17.5	44.0
1968	33.5	24.5	34.3
1969	38.4	22.2	31.8
1970	43.2	29.2	23.4

出所：韓国銀行『調査統計月報』1971 年 12 月、26 頁。

（表5-8）。企業は事業収入の余剰分を再投資のための準備金として保有するが、蓄積する資金が不足したと見ることができる。制度的には、法人税と企業評価に根本的な欠陥があった。すなわち、減価償却費と資産評価制度の不備（減価償却の方法の非専門性、非合理性、耐用年数の非現実性）により、内部資金を確保すると課税リスクが発生したからである。相対的にみて外部資金が会計上の利便性が高かったため、債務が多

第5章 企業金融

表5-9 企業規模別（製造業法人企業）内部資金の構成比

(単位：％)

	大企業			中小企業		
	内部資金	社内留保	減価償却費	内部資金	社内留保	減価償却費
1962	8.9	6.4	2.5	12.2	10.6	1.6
1963	12.3	8.7	3.6	10.5	9.0	1.5
1964	14.2	9.5	4.7	9.3	7.2	2.4
1965	24.8	20.9	3.9	20.2	18.5	1.7
1966	22.5	19.0	3.6	20.4	18.9	1.5
1967	20.4	17.7	2.7	17.5	15.5	2.0
1968	16.2	12.8	3.4	10.6	8.5	2.1
1969	19.0	8.3	10.7	23.1	12.2	10.9
1970	13.4	0.9	12.5	13.8	−0.4	14.2
1971	8.1	−5.5	13.6	34.9	11.1	23.8

出所：韓国銀行『韓国の企業経営分析』*1967、1971年。

い方が企業にとって有利であった。また、借入金の支払い利息と自己資本の配当金を比較すると、他人資本による設備投資の方が有利であった。利子を控除して、法人所得をもとに法人税が課されたため、増資による資金調達よりも借入の方が資本コストは低かった。結局、借入依存度が高いほど資本コストが低かったのである。

　法人企業の中で、製造業に限定して企業規模別の内部資金の内訳をまとめたものが表5-9である。それによると、大企業、中小企業の両方とも減価償却費の割合が法人企業全体に比べてきわめて低いことがわかる。減価償却費に内部資金を提供した資本金の割合は、1968年まで大企業、中小企業ともに5％未満であり、1969年に資本市場育成に関する法律が制定され、公開企業の減価償却特例が適用されると、減価償却率は10％以上に上昇した。当該年度に消費された資本の償却を回避したのは、将来の安定的な投資を準備する余力を持たなかったためと見ることができる。

　製造業が社内留保を通じて調達した資金の割合は、中小企業の場合、第1次経済開発5ヵ年計画期間中は平均12.8％、第2次経済開発5ヵ年計画期間中は平均9.4％であった。社内留保率は1965～66年に18％以上の最高値を記録して以降、徐々に低くなり、1970年には−0.4％まで下落した。大企業もまた、1970～71年には減価償却費もカバーできなかった。

表 5-10　製造業大企業 501 社の外部資金調達内訳

(単位：％)

	1962	1963	1964	1965	1966	1967	1968	1969	1970	1971
外部資金	91.9	87.7	85.8	75.2	77.5	79.6	83.8	81.0	86.6	91.9
長期借入金	14.1	9.0	16.8	12.7	12.0	11.3	18.3	22.5	13.5	37.5
銀行								6.7	16.3	14.0
外国借款								13.2	−4.0	21.7
その他								2.5	1.2	1.9
短期借入金	17.5	14.6	14.3	12.5	15.3	16.5	16.4	26.0	19.6	22.8
銀行								19.7	11.1	20.2
その他								6.3	8.5	2.7
買掛金	5.7	3.6	4.6	4.8	6.6	9.3	7.9	10.4	8.7	12.8
株式	21.8	31.0	29.8	28.3	24.8	21.5	19.3	13.2	10.9	8.9
その他	32.1	29.4	20.4	16.9	18.9	21.0	21.8	8.9	33.8	9.8

出所：韓国銀行『韓国の企業経営分析』1967、1971 年。
注：常時従業員 200 人以上。

表 5-11　製造業中小企業 359 社の外部資金調達内訳

(単位：％)

	1962	1963	1964	1965	1966	1967	1968	1969	1970	1971
外部資金	87.8	89.5	90.4	79.8	79.6	82.5	89.4	76.9	86.2	65.1
長期借入金	7.8	9.2	5.2	12.3	8.9	10.3	13.2	11.4	18.9	5.2
銀行								5.3	25.3	−1.7
外国借款								5.5	1.3	1.7
その他								0.6	−7.7	5.2
短期借入金	17.6	11.5	14.1	12.8	20.3	19.2	14.5	20.9	14.8	20.0
銀行								9.5	12.5	21.7
その他								11.4	2.3	−1.7
買掛金	6.7	5.3	8.9	8.5	8.2	15.2	21.6	9.1	13.2	12.6
株式	32.8	42.5	39.2	35.1	30.0	20.3	23.4	23.5	26.1	22.9
その他	29.3	21.1	23.0	11.1	12.2	17.4	16.7	12.1	13.1	4.3

出所：韓国銀行『韓国の企業経営分析』1967、1971 年。
注：常時従業員 5 人以上 200 人未満。

　外部資金調達の状況を表 5-10 と表 5-11 で見てみると、長期借入の割合は、大企業は平均 20％、中小企業は平均 13％程度であり、格差が大きく、不規則に変動していた。格差と不規則な変動は、外国資金の導入の成否に対応して、調

達条件に起伏が大きかったことを示している。一方、短期借入においては、大企業、中小企業の格差は大きくなかった。運転資金に必要となる資金の約20%前後を、銀行その他から借り入れて調達していた。法人企業の株式、私債などを通じた調達は、1968年以降、政府の積極的な資本市場の育成によって比重が徐々に大きくなったといわれているが、実際には発行市場が不備であったため、調達したというよりは、関係会社株式の保有にとどまった。

　長期、短期を合わせて、銀行貸出は1969年から内訳項目を見ることができるが、注目すべき割合を占めているのがその他の項目である。短期借入でのその他と全体の項目でのその他を合わせると、その比重は大企業の場合、1970年に42%に達し、中小企業の場合も10〜30%とかなりの割合を占めていたことがわかる。

5．企業経営の悪化

　1966年に終了した第1次5ヵ年計画の重点投資事業部門は、石油、化学、化学繊維、鉄鋼など巨額の設備投資を必要とする産業であった。それらの製造業企業の活発な設備投資により生産は拡大し、経済成長率も上昇したが、財務構造の健全性、収益構造にはリスクが潜んでいた。1967年の製造業企業の経営指標を見ると、売上高は前年比44%、純利益26%、純資本45%、固定資産41%、借入金47%の増加を記録したが、半面で流動比率、自己資本比率、固定比率、総資本利益率、売上高純利益率などはそれぞれ減少していた。

　第2次5ヵ年計画期にこのような現象はさらに深刻化した。企業の経営状態を判断できる様々な指標を見てみることにする。

　第一に、財務の健全性を判断することができる代表的な指標の一つである流動比率（流動資産／流動負債）は、短期借入金の支払い能力を測定している。1年以内に支払期限が到来する流動負債に対して、流動資産（現金、預金、売掛金、受取手形など）がどのように保持されているかが計測される。流動負債が小さく、流動資産が大きいほど流動比率が大きくなり、流動比率が200%以上であれば健全と評価される。しかし、韓国企業の流動比率は1965年の180%をピークに、1971年には108%まで下落し、破綻リスクが高まった（表5-12）。法人企業が

表 5-12　製造業法人の財務構造指標

(単位：％)

	流動比率	当座比率	固定比率	固定長期適合率	負債比率	自己資本比率
1960	110.3	24.2	179.8	89.1	238.5	29.5
1961	132.3	31.3	105.3	69.5	135.9	42.4
1962	128.0	28.4	112.8	77.6	153.5	39.5
1963	149.3	36.0	94.9	73.9	92.2	52.0
1964	164.2	37.8	98.3	69.8	100.5	49.9
1965	179.8	47.2	89.9	65.3	93.7	51.6
1966	139.2	31.4	101.7	74.6	117.7	45.9
1967	130.3	40.1	114.0	77.0	151.2	39.8
1968	129.7	45.9	146.6	78.0	201.2	33.2
1969	120.5	53.2	171.7	79.8	270.0	27.0
1970	117.1	50.2	195.2	81.0	328.4	23.3
1971	108.1	45.7	243.3	87.4	394.2	20.2

出所：韓国銀行『韓国の企業経営分析』1967、1971 年。

表 5-13　法人企業の資金運用

(単位：％)

	1965	1966	1967	1968	1969	1970
実物投資	81.2	84.3	67.9	65.4	59.4	69.0
現金預金	2.1	1.2	2.0	0.8	2.9	4.9
貯蓄性預金	3.6	4.2	5.4	10.6	9.8	8.9
有価証券	5.1	0.6	2.4	2.4	3.3	3.1
企業与信超過	5.2	−0.6	1.6	4.8	2.6	2.2
その他資産	2.8	10.3	20.7	15.9	22.0	11.9
合計	100.0	100.0	100.0	100.0	100.0	100.0

出所：韓国銀行『調査統計月報』1971 年 12 月、29 頁。

保有している流動資産自体も脆弱であった。即時決済が可能な現金・預金はほとんどなく、貯蓄性預金が 1968 年から増加したが、借入先の銀行の要求する条件に合わせるためのものがほとんどであった。

表 5-13 を見ると、資金の運用面での実物投資の割合が 1969 年には 60％以下にまで下落する中、貯蓄性預金が増加している。流動性保持のため戦略的に貯蓄性預金で運用したというよりは、投資収益率が低くなったため利子所得目当てで資金を預けている事例がほとんどであり、流動性が大きい金融投資対象を見つけられなかった企業の異常な資金運用と評価された。企業の有価証券投資は、1969 年に資本市場育成策の影響で増加したが、ほとんどが関係会社出資株式であり、実際には流動性を持たなかった。

　第二に、経営の安全性は、景気変動や市場の変化など外的な経済環境の変化

第5章　企業金融

表5-14　製造業法人の収益率指標

(単位：％)

	総資本利益率	自己資本利益率	企業利益率	売上高純利益率	総資本回転率
1962	9.1	23.1	13.3	7.3	1.3
1963	9.8	18.8		9.1	1.1
1964	7.5	15.0	11.8	8.6	0.9
1965	7.9	15.3		7.9	1.0
1966	7.8	16.9	13.5	7.7	1.0
1967	6.8	17.0	12.0	6.7	1.0
1968	5.6	16.1	10.6	6.0	1.0
1969	3.7	13.6	10.3	4.3	0.9
1970	2.5	10.7	9.5	3.3	0.9
1971	0.9	4.5	9.3	1.2	0.9

出所：韓国銀行『韓国の企業経営分析』1967、1971年。

に対応できる能力で評価される。負債比率、流動負債比率、固定比率、固定長期適合率などが経営の安全性の指標として活用される。負債比率（他人資本／自己資本）、流動負債比率（流動負債／自己資本）は100％以下を安定比率と評価しており、流動負債比率が100％を超えると、資本構成の安全性が破壊された非常に危険な経営状態を示す。製造業企業の負債比率をみると、1963年92.2％、1965年93.7％を除いては、100％を上回っているだけでなく、1968年に200％、1970年には300％を超えている。流動負債比率も1969年に155％を記録して、指標上財務の健全性が著しく毀損された不良経営状態だったと診断することができる。

　固定比率（固定資産／自己資本）は、資本の効率的運用を測定する指標である。自己資本が固定資産にどの程度投下・運用されているかを測定するもので、一般に100％以下を良好な状態と評価している。少なくとも固定資産は自己資本で充当し、在庫投資に必要な運転資金も可能な限り自己資本で調達すれば、それだけ経営の安定度が高いと判断される。表5-12によると、製造業企業の固定比率は1963～65年を除いては100％を上回り、1971年には243.3％と非常に非効率的な資本運用をしていることが示されている。固定資産だけでなく、運転資金も自己資本で調達して運用する能力がなかったことを示しているのである。

　固定長期適合率（固定資産／（自己資本＋固定負債））は、外部から調達した資金も含めて調達された資本の運用の効率性を測定する指標である。不足している資金の一部を他人資本によってカバーしても、設備投資のための他人資本だけは比較的安全性が高い長期債務である方が安全だからである。一般的に標準的な比率は100％程度であり、それ以下の場合、安定したものと評価され、少なくとも韓国の製造業法人企業は、90％以内の固定長期適合率が維持されていた。

結局、1968年以降、自己資本に占める利益剰余金の割合が大幅に減少し、支払い能力も大幅に弱体化していった。市場性を考慮せずに設備投資をした結果、固定比率の推移からもわかるように、資本配分の面でも歪みが明らかになった。

　第三に、企業活動の成果を示す総資本利益率（純利益／総資本）は、1962年に9.1％であったが、1971年には0.9％まで下落し、総資本回転率も同期間に1.3回転から0.9回転に減速、企業利益率も13.3％から9.3％に低下した（表5-14）。

　また、総費用のうち金融費用が占める割合は、1962年の3.57％が1972年には7.08％へと2倍近くに増加し、付加価値に占める金融費用の割合は同じ期間に12.8％から22％へと増加して、利子負担率が利益率を上回る現象が1967年以降には慢性化していた。

6．私金融市場の繁栄と私債

　先に見たように、韓国の製造業企業の経営状態は非常に不安定であり、危険な財務構造を持っていた。政策金融の支援を受けた大企業も、在庫管理コストや短期運転資金の調達さえ難しかった。政策金融と海外借款の恩恵を受けた企業はごく少数であり、短期、中期の様々な資金需要を賄うには、銀行以外の調達ルートを見つける必要があった。一時的な資金の余裕が生じても、短期余裕資金を運用する機関がなかったため、資金の無駄と非生産部門への運用が明らかになった。流動性を貨幣や貯蓄性預金で保有している企業は、金利差により自ずと私債市場に資金を供給するようになった。一部の企業は自己資本を隠匿し、高利貸し市場で利子収入を得ようとした。莫大な海外資本の導入と国内の与信の萎縮が高利貸し市場を拡大させていた。

　法人企業の資金不足が国内でどのようにカバーされ、資金が循環しているかを表5-15から見ると、海外部門の資金余剰率は1966年31.8％から1968年以降60％以上に急増しているのに対し、個人部門の資金余剰率は65年55％が1970年には11％と低くなっている。個人部門の資金余剰が企業部門の資金不足をカバーできず、海外部門の資金余剰でカバーされている不安定な構造が続いていた。

　政策金融の支援を受ける企業は、金利のメリットとそれによる過剰（超過）利

第5章　企業金融

表 5-15　法人企業の資金不足

(単位：億ウォン)

	1963	1964	1965	1966	1967	1968	1969	1970	1971
法人企業　資本不足（A）	26.2	22.9	42.5	88.5	136.7	188.3	258.3	294.4	317.6
個人部門　資金余剰（B）	2.0	5.6	23.4	35.9	41.9	24.3	84.2	33.1	48.6
海外部門　資金余剰（C）	18.4	5.2	−1.3	28.1	51.9	121.8	158.8	193.4	294.7
B/A（％）	7.6	24.5	55.1	40.6	30.7	12.9	32.6	11.2	15.3
C/A（％）	70.2	22.7	−3.1	31.8	38.0	64.7	61.5	65.7	92.8

出所：韓国銀行『韓国の資金循環』1971年。

益を獲得することができたが、投資収益率が保証されていないか、または経営不良の危険性を内包していた。高い投資率と高い資金需要に支えられた経済成長が借入資本によって維持されている危うさが、1960年代末から「不実企業問題」として公然化し始めた。法人企業の資産と企業家の個人資産の区分が不明確なため、所有経営者的な企業家は、企業の資本構成や財務内容ではなく、自己資本の収益率を重視した。企業の負債が増えて財務の健全性を悪化させても、個人資産の増殖に用いる事例も頻発した。借入経営は、借入が可能な一部の大企業にしか該当しないものであり、会計帳簿を偽造して債務を偽装し、あるいは高利貸し市場で借り入れたかのように偽装することもあった。

　1964年から四半期ごとに私金融実態調査が実施されたが、それによると、高利貸し市場の資金供給側に商業資本、高所得者、高利貸業者、共同経営者、親戚、契などであり、主な需要者は企業であった。貸出期間は1～3ヵ月の短期であり、金利は年利40～70％であった。製造業中小企業の私債保有率は1965年後半45％、1967年58％であり、むしろ大企業の私債使用率が70％に迫っていた。中小企業銀行『中小企業私債動向調査報告』（1967、1968年）によると、製造業中小企業の場合、全体の負債の25％程度を高利貸し市場で調達し、借入原因は売買代金の回収が円滑でなく、短期的な流動性を調達するためのものと、銀行借入の困難、銀行貸出の不足であった。

　結局、金利現実化措置にもかかわらず、金融市場の二重構造は改善されず、高利貸し市場が盛んなままであったが、その主な要因は、銀行をはじめとする各金融機関の信用配分が長期貸出と大企業に偏っており、短期的な資金融通を迅速に仲介する機能を持っていなかったことである。銀行の貸出が増大すれば

するほど、短期運転資金の需要も増加し、これを満たしたのが高利貸し市場だったのだ。

　銀行の貸出と高利貸し市場の私債は、最終的な借入者のポートフォリオの面では、代替関係と補完関係を同時に持っていることが把握されている。債務自体の特性のためではなく、金融機関の構造的特性が異なるからである。実際に金利とリスクに応じて、複数種類の銀行貸出と高利貸し市場の貸出が存在し、高利貸し市場は、様々な用途やリスク、条件に合わせて迅速に資金を供給することができた。

　一方、高利貸し市場の資金提供者は、銀行に資金を預けるのに比べ、債務不履行、不法な利子所得に伴う法的、社会的リスクなどの高いコストと情報収集の費用を負担しなければならなかった。これらのリスクプレミアムが反映し、高利貸し市場の高金利が成立していた。不安定な財務構造と経営状態に置かれていた企業は、破産に伴うリスクと高利貸し市場の資金提供者としてのリスクを比較して、調達した資金を運用する余地が十分にあった。

　銀行借入金を不動産投機、原材料の投機的な在庫投資に向けることも選択肢の一つであった。工業団地が造成されて道路、港湾、ダムなどが建設され、工場用地とインフラ用地の需要が多くなり、産業化の進展に伴い、人口の都市移動によって住宅用地の需要も急激に増加した。浦項総合製鉄建設などの工業団地の建設、京釜高速道路など各種の道路建設、昭陽江多目的ダム建設、釜山・仁川の港湾開発、ソウル江南地域など大都市周辺の土地区画整理事業が推進された。大規模開発事業を施行するために、膨大な量の土地需要が発生して、工業用地数量は1960年の39km²から1970年には85km²へと大きく増加し、1960～70年の間にソウル江南地域で実施された土地区画整理事業は94地区で69km²に達した。これらの土地需要の急激な増加と開発事業地域を中心とした大規模な開発利益の発生は地価上昇につながり（表5-16）、地価が上昇するにつれて相場差益を狙った投機が顕著になった。

　資金需給が逼迫し、企業の資金難は1970年代初めに深刻化した。銀行は、私債を貸出に転換するブローカーの役割を公然と行っていた。企業は、保有資金を私債に偽装して税金を回避し、高利貸し市場で運用する場合も少なくなかった。ソウルの都心部市場を中心とした地域には、何百もの大規模な私債屋とブ

ローカーがおり、洋服店、ブティック、職業紹介所、電話取引所、質屋などに偽装した高利貸しが大企業を相手に営業をしていた。私債市場では、企業の経営状態に応じて、貸出条件と金利が決定され、「優遇金利」という言葉が公然の用語として通用するほどであった。ブローカーの主軸は、大企業の財務管理を担当している従業員、銀行の当座貸越専門の従業員と支店長などであった。借入金が調達できなければ、ブローカーが資金を私債で調達して提供できるように手配するなど、事実上の銀行業務と密着していたのだ。私債が銀行に預金されると、資金が預金者の同意した企業に貸し出され、私債は債務不履行のリスクを負わなくとも、銀行利子のほか、毎月貸出先からプレミアムを受けた。

表5-16 1960年代の都市地価と物価の上昇率

(単位:％)

	1964	1965	1966	1967	1968	1969
地価上昇率	51.0	34.4	42.9	42.1	48.5	89.5
物価上昇率	35.0	9.9	9.0	5.5	8.7	6.4

出所:経済企画院『韓国統計年鑑』1963〜69年、韓国鑑定院『全国主要都市地値指数表』1975年。

1970年から成長率が低下して、元利金の返済負担率が高まった中で、慢性的な財務構造の悪化は私債の需要を高め、私債金利は引き続き上昇して、月平均3％から5％まで上がった。年平均60％以上の金利が蔓延し、民間投資と雇用の悪化が同時に進行して、米国景気の悪化などで借款調達も難しくなると、企業の金融コストの高騰が物価上昇の主原因となった。綿紡織業と建築業での不渡りが広がり、1971年には東洋セメントが私債1,000億ウォンを借りた状態で法定管理を申請する事件が発生した。東大門市場の商人が抗議行動を行い、全経連は大統領面談を求め、私債の銀行買取り、租税減免、金利引き下げを要求し、ついには経済開発計画の持続性に対する疑問も生じた。外債元利金返済額が1億6,000万ドル、外債総額が25億ドルに達し、物価管理や借款規制などが不可避となったが、政治的要因（大統領選挙など）によって通貨増発が継続され、財政も膨張した。そのなかでいくつかの企業は、脱税の手段として偽装私債を保有し、政府から支援を受けた政策金融資金を高利貸しに回している事態も明らかになった。借款企業、中小企業も休廃業状態が蔓延し、労使紛争も1970年のチョン・テイル事件[13]を起点に加速した。元利金の返済負担率は1967年の5.2％から1971年の20.4％へと急増した。企業金融が連鎖的な償還不能状態へと悪化する可能性が高くなると、強力な金融支援策が模索され、72年8月に

「8・3緊急措置」(全私債凍結など) が発動された。

7. おわりに

　1965年の金利現実化措置は、急激な金利引き上げを通じて貯蓄性資金を動員するための企画であり、資金の需要に合わせて特殊銀行を設立し、金融制度を整備するフォローアップが行われた。同措置の後、貯蓄性預金の増加により国内の金融市場が拡大し、国民経済に占める金融セクターの比重が高まり、貨幣の信頼性が改善されるなど、全体的な金融市場の発展が促進された。それだけでなく、海外からの資金調達が容易になる条件を整備し、企業の資金不足を解消する効果をもたらした。

　しかし、実際には第2次経済開発5ヵ年計画を推進する中で、各種の金利は徐々に低下した。貸出金利は、各種政策金融の優遇金利の適用と配分方式を通じて1965年以前の低金利に回帰した。経済開発計画の推進とともに、重点育成事業に指定された産業部門の莫大な投資資金を借入金の形で調達した企業の財務構造はかなり脆弱になった。韓国の企業は、法人企業として調達した資本を運用して負債を管理する能力を備えていない状態で、莫大な借入金の負担と運転資金の調達のために高利貸し市場で借り入れをする一方、不自然な方法で高利貸し市場の資金提供者に転落する場合もあった。

　したがって、1965～71年の約7年間の高金利政策は徐々に解体せざるをえなかった。高利貸し市場を一掃し、金融市場の二重構造を廃止しようとした当初の政策目標は、達成されるべくもなかった。7年間の無理な政策を処理する過程が、1972年私債凍結措置と高利貸し市場に対する規制、不実企業整理であったと見ることができる。

注
1) Mckinnon, R. I., *Money and Capital in Economic Development*, The Brookings Institution, 1973, Shaw, E. S., *Financial Deepening in Economic Development*, Oxford University Press, 1973.
2) 朴英哲、David C. Cole『韓国の金融発展——1945-80』* 韓国開発研究院、1984年。
3) Wijnbergen, V. S., "Macroeconomic Effects of Changes in Bank Interest Rate: Simulation

Results for South Korea", *Journal of development Economics*, Vol. 10, Issue 2, April 1982, pp. 133-169.
4) 崔眞培「輸出志向的工業化過程における銀行の役割──1965年金利現実化措置の評価と関連して」*ソウル大博士学位論文、1989年。
5) Baskin, J. B. and P. M. Miraniti, *A History of Corporate Finance*, Cambridge University Press, 1997.
6) 朴英哲・Cole、前掲『韓国の金融発展』140～141頁。
7) 利子制限法（1962年1月15日法律第971号）。
8) 要求払預金（普通預金、通知預金）の金利は変動せず、1％台を維持した。
9) Gurley, J. G., H. T. Patrick and E. S. Shaw, *The Financial Structure of Korea*, USOM (United States Operations Mission to Korea), July 1965.
10)「金利現実化」とは、市場金利への金利の近接化を意味する。
11) 1972年8・3措置（経済の安定と成長に関する緊急命令）を介して、企業の金融コスト削減のための特段の金利引き下げ、私債凍結措置が行われた。
12) 鉱業45社、製造業860社、建設業184社、卸・小売業124社、運輸・倉庫123社、不動産業12社、サービス業52社など、1,402社（1971年基準）の標本企業を対象に、1963年からの財務諸表を分析した韓国銀行の報告書。
13) 1970年11月、労働環境の改善が進まないことに抗議して、労働運動家の全泰壱がソウル市平和市場の前で焼身自殺した事件。

第6章　株式公開
――全経連の「企業公開」推進と政府・各企業の対応戦略

李 定 垠

1．はじめに

　株価指数の騰落がマスコミで毎日のように取り上げられ、資本市場に流入した資金規模は他の市場を上回っている。多くの企業の資金調達の必要は、多様な手段の発達を促してきた。韓国経済も徐々に直接金融の比重を増やし、資本市場を拡大させてきた。資本市場における株式を通じた資本調達には企業公開が前提となる。企業公開とは文字通り企業の全般的経営実態を一般に公開するということであり、企業株式の分散を進展させて大量の企業資金を一般投資家大衆から直接調達することを意味する。

　ところで周知のとおり韓国経済は、成長を開始した当初から、ひときわ閉鎖的な財閥体制、圧倒的な間接金融への依存の中で発展してきた。このため、次のような疑問、すなわち資本市場の育成とともに、韓国社会では企業公開がいつから議論となり、どのように進捗したのかという疑問が提起されることになった。

　1950年代に国債市場として静かに機能していた証券市場は、1961年5.16クーデター直後、一時的盛況をはさんで、1962年の「証券波動」（パニック）を経て世間の関心から遠ざかっていった。1960年代後半まで国公営企業以外の民間企業は株式を追加上場できなかったし、証券市場で資金を調達する民間企業は全くといってよいほど存在しなかった。取引は、小規模な証券業者間の一部無配当株の株価変動差益を得るための投機が主流を成していた[1]。

　沈滞期にあった証券市場に変化が起こり始めたのは、1960年代後半から1970年代初めだった。主要な契機としては、1968年11月の「資本市場育成に関する

法律」制定、1972年12月の「企業公開促進法」を筆頭にした政府の企業公開促進措置などがあげられる。その後、間接金融・政策金融の強固な優位の中ではあれ、資本市場はその比重と役割を次第に増大させ始めた。

　この時期を対象にした先行研究は、当時の資本市場をめぐる政策の施行と制度変化、それによる成長推移を十分に明らかにしている[2]。しかし、先行研究には一つ特徴が見られる。証券市場で売買される株式の発行主体、主要投資家、民間企業の動向が実際には示されていないという点だ。大部分を内資で調達し、企業財務構造を改善させることを目標に、「政府が積極的に施行した結果」としての証券市場活性化が叙述される中で、企業は政府の政策指針によって「無理やり」企業公開に乗り出したり、忌避したりする受動的対象にとどまっている。しかし、政府が急激な成長を主導していた時期であっても、民間資本の動向を視野に入れず、政府の意志と政策を追うだけでは韓国資本主義経済の変化と資本市場成長の実態を把握することはできない。

　もちろん、当時、大資本の企業公開回避傾向は事実だった。株式上場と企業公開は一定規模以上の「優良」大企業を対象としていたが[3]、韓国大資本の特性は、家族中心の独占的・閉鎖的所有・経営構造であった。さらに、当時は第1世代の創業主が多数存命していた。

　ここで興味深い事実は、当時の主要大企業の団体である全国経済人連合会(以下、全経連)が、1967年末から1968年にわたって資本市場育成と企業公開のための制度的支援の必要を先頭に立って強調し、その方案検討に積極的に声をあげたということである。経済団体は団体会員の利害を代弁するという点で、企業公開を回避したがっていたという当時の大資本に対する一般的評価とは一見背馳しているようにも見える。

　しかし明らかな点は、1968年以後企業公開と株式上場をする会社数が次第に増加したということだ。上場会社数は1967年までは大多数が国公営企業である24社だったが、その後民間企業を主軸に1973年104社、1977年には323社に増えた。これを政府の「強力措置」の受動的帰結と把握するならば、証券市場をめぐる資本の意図と活動を多角的に把握することはむずかしくなるだろう。ここで以下の三つの質問を投げかけてみたい。

第6章　株式公開

1）全経連は一般的な大資本の潮流と異なり、なぜ資本市場育成に乗り出したのか？
2）全経連の主張は政府の政策とどのように関係し、どれほど政策に反映されたのか？
3）企業公開をした大資本はどのような利害のもとに何を得ようとしたのか？

　1960年代に全経連が証券市場育成を主張したことを扱った先行研究は、「主張」をしたという事実を強調することに止まり、厳密な分析はなされなかった[4]。どのような時代的条件と利害関係のもとにそのような主張が出てきたのか、ひいては全経連の意図と主張は政府の政策にどれほど反映され、実現したのか、この点の究明が必要である。
　さらに、全経連の主張と政府の政策を比較してその関連を示すことは、当該政策の階級的・社会的「性格」を示す方法の一つである。国家の法律と政策は政府官僚だけの創意の産物ではない。官僚と結びついている様々な主体、特に資本主義体制の場合、資本家階級の利害関係とは切り離せないレベルで結合し、また変化している[5]。これに加えて個別企業の実際の対応状況に即して、資本市場育成と企業公開という経済政策の実施過程が個別企業の利害とどのようにかみ合っていったのか検討しなければならない。
　本章の主な対象時期は、資本市場育成と企業公開が話題に上りはじめ、実質的に証券市場「育成」の足がかりを固めた1967年末から1973年頃に限定した。その後の時期は、1973年頃までに設けられた制度的・物質的土台を基盤にした証券市場、特に株式発行市場の本格的"成長期"と見ることができるためだ。
　当時の資本市場育成方案は、そのまま証券市場育成に通じたため、用語使用にあたっては、これを大きく区別しないで使用した。証券市場内で取引される証券の中では、企業公開と直結し、1968年以来証券市場の主軸に浮上している会社株式を中心とした。会社債発行も1970年代以降本格化することとなるが、これは取り上げなかった。同時に、当時の企業公開は、通常は1967年11月29日に法人税法が改正されて以来、法人税法第22条3項で規定された「公開法人」基準[6]で把握できるため、本章もこの基準に従った。

2．全経連の資本市場育成推進の条件と意図

　1962年の「証券波動」の影響により、政府はしばらく資本市場育成政策に優先順位を与えなかった。基本的に証券市場で取引される株式量が増加しなければならなかったが、1965年まではそれに向けて株式分散を強いることは大企業の反発を招き、経営麻痺や投資意欲の阻害を引き起こしかねないとして、困難な課題とみなしていた[7]。

　政策変化のきっかけは、第2次経済開発5ヵ年計画の1次年度である1967年1月、朴正熙大統領が一般教書演説で内資動員に向けた様々な課題の一つとして銀行長期延滞金の株式転換問題を取り上げ、株主の利益の保障制度を検討するという発言をしたことであった[8]。その後財務部は、株式公開を誘導するため、公開法人と非公開法人に対する法人税の差等税率を検討すると発表し、韓国銀行も証券市場育成のための方案検討に乗り出す[9]。

　しかし、1967年の年末に財務部が出した改訂法人税法は、公開法人については既存税率で、非公開法人に対してのみ最高10％をさらに付加する水準にとどまった。新たに用意された公開法人基準も厳しすぎて、実効性がないと批判を受けた[10]。その他の明確な証券市場育成方案は1967年末まで具体化されなかった[11]。マスコミは、株式大衆化問題が「再び68年度に先送りされた宿題」[12]となったと論評した。

　一方、全経連は1967年、二度の選挙（5月3日の大統領選挙と6月8日の総選挙）が終わって財務部の公開法人法人税優遇措置構想案が報道された直後から取り組みを開始した。そしてこれは次第に「株式大衆化」というスローガンを掲げた証券市場育成推進の主張として積極化していった。全経連が企業公開と資本市場育成要求に乗り出すにあたって掲げた公式目的は、国民各層の企業参与、企業資金の合理的な調達、これを通じた企業経営の合理化と対外競争力強化などだった[13]。韓国の状況では株式分散は時期尚早であり、経営管理の責任が伴わないだろうという全経連の過去の論調[14]とは確かに対照的な主張だった。1967年6月中旬以降、これと関連した全経連の活動の対外的に確認できる骨太の方針を整理すると、次の表6-1のようになる。

第6章　株式公開

表 6-1　資本市場育成に関する全経連の活動（1967～68 年）

年月日	活動内容
1967 年 6 月 13 日	新政府と国会へ「新経済政策に対する意見」提出：株式分散のための公開法人特典と金融支援足す
6 月 23 日	「法人貯蓄増大と資本市場育成方案」懇談会開催：公開法人への優遇措置、株式分散のための諸構想議論
6 月 29 日	「証券市場の育成方案」懇談会開催：証券市場現況分析及び証券市場育成と株式分散のための税制支援策検討
7 月 13 日	税制改善に関する懇談会「法人税法改正方法」開催：公開法人促進のための諸方案議論
8 月 21 日	税制改革案懇談会開催：公開法人育成方案議論
9 月 2 日	「税制改革に関する建議」政府へ提出：公開法人及び資本市場育成策など
10 月 19 日	「税制改革に対する決議文及び建議」政府へ提出：公開法人優遇問題含む
10 月 26 日	当面の物価及び財政金融政策に関する懇談会：株式大衆化促進方案議論
11 月 2 日	全経連財政金融委員会で株式大衆化促進方案議論：「株式大衆化に関する臨時措置法（仮称）」制定問題
11 月 7 日	全経連経営技術委員会・産業政策委員会・財政金融委員会分科委員会で株式大衆化のための方案模索
12 月 13 日	金鍾泌共和党議長と共和党幹部を招請し懇談会開催：株式公開促進のためのインセンティブ拡大と公開法人要件最大の緩和を促す
12 月 21 日	「1968 年経済施策の方向に対する意見白書」理事会の議決を経て政府へ提出：株式大衆化環境造成及び「株式大衆化に関する臨時措置法（仮称）」制定の促進
1968 年 1 月 18 日	株式公開に関する懇談会開催：証券業界と共同で株式公開のための事業の積極的推進を決定
2 月 6 日	「株式大衆化に関する臨時措置法起草小委員会」結成
2 月 16 日	内資動員と金融機構改善のための懇談会
3 月 4 日	「株式大衆化に関する総合政策要綱」作成、審議
3 月 25 日	「株式大衆化のための総合政策要綱」関係当局に提出
4 月 10 日	共和党専門委員と株式大衆化総合政策に関する懇談会
4 月 11 日	財務部実務者と株式大衆化総合政策に関する懇談会
4 月 30 日	第 7 回定期総会で 68 年度事業計画実行事項の一つとして内資動員のための株式大衆化と法人公開化促進決定
5 月 8 日	マスコミで共和党と全経連の協議結果である「株式大衆化のための臨時措置法（試案）」成案報道
5 月 9 日	共和党政策委員を招いた懇談会：株式大衆化のための総合政策方案について
6 月 8 日	「株式大衆化のための臨時措置法（試案）」政府へ公式提出
6 月 11 日	新任の黄鍾律財務部長官を招請し懇談会開催：株式大衆化、金利の下方修正など当面の財政金融政策に関する問題議論
6 月 27 日	全経連、財務部の「資本市場育成法案」今国会会期で可決要望談話文発表
10 月	全経連、調査結果と建議を盛り込んだ『株式公開と資本市場育成方案』パンフレットの発刊
10 月 28 日	株式大衆化のための政策審議会設置など 7 項目の「株式公開と資本市場育成方案」関係当局へ提案
11 月 8 日	「資本市場育成に関する法律」国会通過
11 月 22 日	株式公開懇談会開催：「資本市場育成に関する法律」検討と運営上の諸問題及び株式公開時の隘路事項検討（財務部、理財局長出席）
11 月 26 日	共和党重鎮を招待した会員月例懇談会：株式公開問題
12 月 16 日	朴正熙大統領臨席の資本市場育成懇談会：「資本市場育成のための政府及び企業界協力問題」議論

出所：経協『事業報告書』各年度、関連新聞記事を参考にして作成。

推移を大まかにみると、序盤には株式分散を名分にした公開法人税制優遇措置作りに集中していたが、1967年11月に入って「株式大衆化に関する臨時措置法（仮称）」制定を議題に取り上げた。これは理事会と定期総会を通じて、証券市場育成と企業公開促進を全経連の公式事業目標にすることへと発展した。以降1968年2月から、内部に「株式大衆化に関する臨時措置法起草小委員会」を構成し、「株式大衆化に関する総合政策要綱」と「株式大衆化のための臨時措置法試案（以下試案）」を順次作成して政府に提出した。共和党および関連する政府関係者とは継続的に協議して調整した。その成果として「資本市場育成に関する法律」が国会に上程され、関連活動を盛り込んだパンフレット『株式公開と資本市場育成方案』も発行した。

　全経連の主張や要求は次節で検討することにして、この節では全経連が約2年間このように積極的な動きを見せた理由について考察していこう。当時は物価上昇の勢いと相対的に高い利子率のために株式投資に魅力がなく、企業資本分化や証券市場整備さえ成熟していないという意見が経済界の内外で強かった。それにもかかわらず、会員大資本の利害に忠実な全経連がこうした動きをとった理由については、メンバー各社の当面の利益と長期的利益との二つを同時に考慮して検討しなければならないだろう。

　まず、1967年に政府が企業公開問題を取り上げ、直接・間接的に対応を要請したことに対する応答として取り組みを開始した可能性がある。しかし、単純な反応を越えて、「株式大衆化」をモットーにしてそれに向けた法律試案まで作成するなど、異例の積極的活動を開始した理由としては、当時のより多くの条件を合わせて見なければならない。

　基本的には政府の推進の意志を有利な方向に向かわせるという意図が作用した。公開法人の対象は当然大企業である以上、全経連は、この際公開法人の資格を緩和させ、より大きな特典を得るように政策を作ろうとした。それゆえ、追加的な各種税制優遇措置を要求したうえで、企業公開するかどうかは資本の自律性に任せなければならないと強く主張した。

　さらに、当時は資本市場を主軸にした米国式資本主義が一つの発展モデルとして定着しつつ、「株式公開なくして近代化は不可能」という認識が広まっていった時期だった。特に1966年から対外開放が急進展し、全経連の機関誌『経

第6章　株式公開

協』などはこれを主要テーマとして扱い始めていた[15]）。もちろん、企業公開の実現には問題があるという但し書きが付けられていたが、その方向性だけは否定できない雰囲気が形成されていった。当初、全経連の一部会員は「株式大衆化」事業に強く反発したが[16]）、それにもかかわらず全経連理事会がこれを1968年度全経連公式事業に決定したのはこうした潮流を背景にしていた。

　一方、全経連内部で「株式大衆化」事案を実践行動に移し、関連政策案と法律試案作成の先頭に立ったのは、英国スクール・オブ・エコノミクス留学経験を持った全経連常任理事・金立三とその下の調査部長・尹能善、職員・孫炳斗などだった。3人はそれぞれ回顧録やインタビューを通じて自分たちが時代的必要性を認識して作業に乗り出したことを強調している。企業公開促進のための法律試案を準備した際は、米国や日本で類似の事例を見出すことができず、国内の関連分野の専門家を招き、毎週の会議を通じて作成したと回顧している[17]）。

　しかし、何より全経連が作業の主な大義名分に掲げた「企業資金調達源（パイプライン）の多角化」は、名目だけでなく実際的な重要課題として浮上していた。韓日国交正常化以来、外資導入が急増したが、それに相応して内資需要も増していった。法人企業の資金調達総額に対する外部資金依存度は1966年77.1％から1967年82.4％へと増加し[18]）、1967年末の大企業対象の資金事情調査では、設備投資増加の傾向に照らして、継続的に借入金が増加するだろうという見通しが支配的だった[19]）。一方、政府が掌握していた銀行中心の間接金融は大企業の資金需要を十分に満足させるものではなかった。

　外資導入企業の借款元利金返済増加による債務危機への憂慮も1967年から出はじめた。産業銀行の支払額は1967年9月現在8億9,000万ウォンに達し、将来の償還圧力によって外資調達自体が制約を受ける状況まで懸念された[20]）。全経連はもちろんのこと各個別企業にも、利子負担や返済圧力から自由な株式公開を通じた資本調達を、考慮に値する一つの代案と考える雰囲気が次第に醸成されていった[21]）。

　もちろん全経連は企業公開と株式上場問題は徹底的に企業の「自律性」に任せることを主張した。これは「公開」を強制しないが、会員会社大資本が多様な資本調達の必要に直面する場合に、考慮できる新しい「出口」を準備しておくという意味だった。韓国大資本の長期的利益を保障する多角的資本調達構造

作りの試みだった。

　より短期的な必要性も提唱された。すなわち韓国大資本のイメージ改善と株式取引を通じた親資本的「利害関係網」の拡大だった。当時、韓国大資本家は、各種の恩恵と不正、独占・寡占暴利によって大きな社会的非難に包まれていた。閉鎖的な親族経営も非難の俎上に載せられた。賃金引き上げ問題を筆頭にした労使紛争も徐々にその強度が増していた[22]。「このまま行けば、違和感を増幅させて社会の凝集力を瓦解させることが懸念」されたという金立三の回顧[23]のように、挽回の手段が必要であった。

　全経連は自らが推進する企業公開促進と証券市場育成方案を「株式大衆化」と名づけて前面に掲げた。企業株式の国民分散を通じて「所得の格差現象がさらに深刻化するのを防止」し、「国民の企業参与と利潤分散を可能にしようとする」ことが自分たちの目的だと宣伝した。これを通じて「より多くの中産層を形成」して「社会の安定に貢献」し、これこそ「企業人の誇りと社会的責任」を尽くす行為と意味づけた[24]。

　この渦中の北朝鮮暗殺団の浸透事件、いわゆる「1.21事態」は、全経連の推進主体に「株式大衆化」事業の社会的重要性を再認識させた。株式の大衆化がなされていない状況で工作員が主要工場設備を破壊しても、国民は自分の財産ではないため惜しいと思わない、反面株式を国民が持っていれば、「ああ、私の財産がなくなってしまった」と思い、自然に反共になるという「自覚」だった[25]。さらには、国民が会社株式を保有することになれば、「企業の発展の障害になるデモ、ストライキ、クーデターなどのような一切の反企業的行為をしないようになる」として、「証券を通じた「反共経済体制」の樹立」が可能になるとアピールした[26]。

　このほか、仁川重工業を筆頭に1966年末から再開された国公営企業体民営化も影響を与えた。全経連は、「民営化」は政府所有株式の果敢な「大衆化」作業であり、証券市場育成の土台はこのような迅速な民営化を通じて始められなければならないと主張した。

　このような状況のなかで全経連の行動は結局、政府の「資本市場育成に関する法律」制定（1968年11月22日）となって実を結んだ。その後証券市場は、次の表6-2に示されるように、1968年を基点にして以前の低迷状態とは異なる成

第6章　株式公開

表6-2　株式流通市場の主要指標

(単位：百万ウォン)

年度	上場会社数	上場株式(100万株)	取引代金(100万ウォン)	公募 件数	公募 金額	有償増資 件数	有償増資 金額
1966	24	43	11,160	—	—	3	369
1967	24	59	24,917	—	—	3	1,301
1968	34	115	19,984	2	160	10	20,317
1969	42	141	42,040	12	2,211	6	5,983
1970	48	159	42,874	9	2,068	13	6,225
1971	50	170	34,876	4	850	7	2,090
1972	66	210	71,050	7	1,080	31	15,175
1973	104	305	160,642	47	21,475	53	33,617
1974	128	488	179,428	19	14,337	62	37,052
1975	189	825	333,906	62	39,875	68	82,929
1976	274	1,583	628,677	87	74,005	81	101,941
1977	323	2,117	1,375,268	49	44,113	97	141,859

出所：「証券指標」『株式』第68号、1974年4月）8～9、66～70頁、李栄薫・朴基炷・李明輝・崔相伍『韓国の有価証券百年史』海南、2005年、529、543頁の表を参照して作成。

長趨勢を見せはじめた。

　もちろん、1969〜72年の推移は確かに期待したほどの急激な増加ではなかった。全経連の意見通り、企業の「自律性」に任せて公開を推進する時期だったからだ。全経連は組織内部に「株式公開促進委員会」と「株式公開相談室」を設置して運営したが、企業の「自律」意志を最優先にし、1967〜68年ほどの事業情熱を会員企業の公開に傾けなかった[27]。全経連事業推進の第一次的な目的は、やはり会員企業大資本が「自ら必要を感じる時」、喜んで選択できる証券市場の土台整備だった。

3．全経連の要求事項と政府政策との関係

　「資本市場育成に関する法律」と政府の各種企業公開政策の作成に当たって、全経連の主張はどれほど受け入れられ、政策に反映したのだろうか。ここでは全経連が政策に反映させるために注力した事案を中心に見ていくことにする。1967年末「株式大衆化」を公式事業に掲げて以来、全経連は大きく三つの項目に尽力した。公開法人に対する顕著な優遇措置（動機づけ）、証券市場環境整備

(投資誘導)、そして公開以降の経営権保護 (安全装置) である。

　まず全経連は企業自らの「自律的・漸進的公開」原則とともに、公開法人にそれなりの優遇措置を保障しなければならないと強調した。企業を公開すれば株主が多くなり、欠損が発生しても配当しなければならない困難に直面するのであるから、なかなか企業が公開には乗り出さないだろうという前提の下で、これを誘導するための「より多くの税制・金融優遇措置」を用意しなければならないと主張した[28]。

　第二に、物価安定、金利引下げなどの構造的問題を基に、証券市場への投資誘因を高める環境整備を要求した。証券管理機構の強化、取引制度改善など公的信用力の強化もここに含まれた。これは全経連の三番目の要求である経営権保護措置と関連したことでもあった。1960年代証券市場は、中小証券業者の配当なき株式（いわゆる非資産株）をめぐる投機と、「総会屋」と呼ばれ、株主総会で大騒ぎをする職業的な群小株主が横行していた状況だった。

　これと関連したエピソードもある。全経連理事会が「株式大衆化」を公式事業に決定した直後の1968年初め、韓国ガラス株式会社（代表・崔泰渉）をはじめとする20あまりの会員企業が率先垂範して株式上場を準備中というニュースが広がった。そこに国公営企業の株主総会が「総会屋」の横暴に悩まされているというニュースが伝わった。すると20余りの会員企業は、一斉に上場準備取消しを通知してきた。「総会屋」の経営権侵害の防止と取引方案改善など、証券市場の秩序整備保障がない限り上場しないという方針である。全経連はこの状況を活用し、政府の積極的な対応を促し[29]、政府もこれに応えた。以前とは異なり、大々的な取締りを行い、巨額のコミッションを受けて証券取引所と株主総会などで騒ぎを起こしてきた「経済暴力団」検挙のニュースが伝えられた[30]。

　政府の「資本市場育成に関する法律」（以下、「育成法」）制定自体が全経連活動の産物の側面もある。全経連は法律「試案」を作成して政府に提出し、政府に関連法制定を促した。もちろん、共和党・李南俊議員が作成した「株式投資振興法」も存在したが、これは1966年1月に国会に提出した後、反響を得られず漂流中だった。1968年に入り、全経連と共和党側は全経連の試案と李南俊の提案について協議し、内容調整を図った。その後、同年11月22日「育成法」が制定された。

表6-3は全経連の「試案」と「育成法」の主要項目を比較したものである。もちろん、共和党および財務部の関係者と事前協議が行われたため、保障が確実視される事案については全経連試案であえて繰り返していない可能性がある[31]。

　表6-3を見ると、投資誘因の上昇に向けた環境づくりに区分できる項目がある。焦点は政府株式分散と株式投資者に対する各種優遇に合わされた。ここで想定された投資者の対象は基本的に余裕資金がある不特定大衆であったが、実際に重要な主体は資本家であり、彼らが進出する各種投資機関になるはずだった。

　大衆の株式所有奨励と株式活用増大のため、「民間株主配当保障（8条）」、「保証金の株式代納（9条）」など、全経連の提案は「育成法」にほぼそのまま反映され、各種配当所得税免税（12条）と従業員新株引受権保障（2条4項）条項は細部に違いを見せたが、その趣旨と柱の大半は「育成法」につながった。

　政府所有株の分散を目標にした項目だけは違った。全経連の「試案」は、政府が毎年「株式大衆化総合計画」を作成し、政府所有株式売却日程などを公告することを明示した（3・4条）。関係者の年金・退職金などを国有株式で支給することができるとも規定した（5条）。国公営企業民営化を促進させようとする全経連の意図と要求が多分に反映している措置だった。しかし、政府はこれを受け入れなかった。政府自身の主要政策手段になる民営化について、自らの売却計画を公表してまで身動きの幅を狭めることはなかった。政府が全経連の提案を受け入れる下限範囲を判断できる部分である。

　従業員新株引受権の項目とその下の公開法人段階化の区分で、全経連は「従業員持株企業」を設定した。従業員持株制は、労働者に自分が属する企業の株式を持たせる制度として経営民主化・労使協調のための方案と認識されていた[32]。全経連は1967年末からこれを「株式大衆化」促進方策として、国策として推進することを主張した[33]。危険度が高い企業外部への株式分散の代わりに、統制可能な社員たちを株主にして公開法人の株式分散条件を満たせるような手軽な手段とするためである。実際、多くの企業がこれを足がかりに公開法人に転換し、政府も問題視しなかった。1974年からは政府が先頭に立って従業員持株制を奨励し、「自社株組合」を国策として推進するに至っている。

　表6-3の各種企業公開誘導策についての項目は、全経連が最も神経を使った

表 6-3　全経連「試案」と政府

区分	事案	全経連試案
投資誘因条件造成	株式大衆化総合計画	政府が毎年株式大衆化計画作成（3条）
	政府所有株式売却	総合計画の趣旨に従い売却（4条）
	年金などの有価証券支給	政府管理企業の賞与金・年金・退職金などは支給を受ける者の要請により国有の株式で支給（5条）
	民間株主配当保障	政府投資企業は、大統領令により民間株主へ5/100を優先配当（8条）
	保証金の株式代納	政府や政府管理企業に納付すべき保証金を公開法人・準公開法人・従業員持株企業の株式で納付可能（9条）
	所得税免税	年金・退職金・賠償金・ボーナスなどを公開法人・準公開法人・従業員持株企業の株式で支給された際に該当所得税免除（12条）
	相続税免税	相続株式の基礎控除額を500万ウォンに引き上げ（従来150万ウォン）
	従業員新株引受権	従業員持株企業要件を備えた法人は従業員新株引受権を定款で認定（第2条4項3）
企業公開誘導策	公開法人段階化	①公開法人
		②準公開法人
		③従業員持株企業
	法人税軽減	準公開法人・従業員持株企業の所得と収益については非公開法人税額と公開法人税額差の60/100に該当する金額の法人税減免（15条）
	金融など各種優遇	公開法人・準公開法人・従業員持株企業に対して
		①政府と契約する際に優遇
		②財政資金優先的貸付
		③その他金融便宜提供(13条)

「育成法」の主要項目比較

資本市場育成に関する法律	備考・関連措置
規定なし	
①公益のためには売却数量制限なしに安価売却 ②売却方法、限度価格などは大統領令に従う（5条）	
規定なし	
上場法人の利益配当率が大統領令の定める基準未満の場合はそれに達するまで民間株主優先配当（3条）	
政府・地方自治体・政府管理企業体に納付する保証金・供託金は、上場有価証券で納付可能（4条）	
①上場法人から受けた建設利息（二事利息）と利益配当金の所得税免除 ②公開法人ではない上場法人から受ける配当所得の所得税免除（7条）	試案に明示されなかったが全経連は1967年から持続的に株式配当金の所得税の免除を主張 関連条項：所得税法第7条（非課税所得）（1968年11月22日改正） 1973年「企業公開促進法」第13条（総合所得税の特例）で寡占株主1人に減免規定追加
規定なし	
公開法人・上場法人は従業員の要請がある際に発行株式の10/100を超えない範囲で新規株式引受権付与（6条）	1972年12月に「請約がある際に『優先配分』」に改正
段階化なし	公開企業要件の緩和達成
	1970年代初めまでに「先上場後分散」が可能になり実質的には段階的な推進が黙認
公開法人に対する税率は法人税規定により非公開法人より低率で適用（9条）	公開法人に対する法人税の格差付け税率の拡大を主張した全経連の主張どおりに法人税改正（1968年11月22日）
規定なし	株式上場会社に税務査察中止、株式投資資金出所調査中止、輸出入などすべての許可事務優先的取り扱い保障（1968年11月）
	公開法人・上場法人は届出に基づき所得税・営業税・法人税などを納付する青色申告対象者の確定（1969年7月）
	1973年「企業公開促進法」第14条（租税犯処罰に関する特例）制定

区分	事案	全経連試案
	資産再評価税及び登録税	公開法人・準公開法人・従業員持株企業に対して（16条） ①資産再評価税免除 ②公募増資に伴う登記登録税免除
	減価償却特例	規定なし
経営権保障	譲渡制限	株式譲渡には理事会の承認を要することを定款に定められる（17条）（少数株主横暴の排除）
	株主総会秩序維持	規定なし
対韓投資開発公社	目的及び構成	規定なし
審議機関		①名称：株式大衆化政策審議会 ②所属：国務総理所属 ③構成：15人（与党1人、野党1人、経済団体3人含む）

出所：全国経済人連合会調査部『株式公開と資本市場育成方案』* 1968年10月、「資本市場育成に関する法律」* ター：http://www.law.go.kr)、関連新聞記事などを参照し作成。
注：従業員持株企業の要件：「事業年度開始日から1年以上継続して次の要件を備えた国内法人企業をいう。(1) である株主の総所有株式数が発行総株式数の100分の20以上であること、(3)定款により従業員に新株引受権

分野だった。すでに全経連は1967年から、政府の法人税法改正の準備段階において、法人税法内の公開法人要件[34]の緩和、非公開法人と格段の差をつけた税率や金融支援策などの保障を要求していた[35]。これに呼応した1967年11月29日付改正法人税法は、公開法人の要件緩和を盛り込んだ。すなわち、三つの「分散」要件[36]、証券取引所上場（上場要件は証券取引所別途の規定）、国内公募増資（あるいは募集設立）のうちの一つだけを備えれば認められるようになった。しかし、この時点の公開法人優遇税率は全経連の期待には及ばなかった。法人税率自体が以前より5～10％ずつ上昇した上、非公開法人と公開法人の税率差は最大10％に止まったままであった。「試案」には明示されなかったが、全経連はより大きな税率差を継続的に要求した。その結果「育成法」制定とともに法

第 6 章　株式公開

資本市場育成に関する法律	備考・関連措置
規定なし	1973 年「企業公開促進法」で資産再評価特例（12 条）獲得
公開法人・上場法人の固定資産に対する減価償却費計算は法人税法により特例を置く（9 条）	
政府所有株式を取得した場合に大統領令により一定期間経過後に譲渡可能（8 条）	
公開法人・上場法人の代表取締役や株主総会議長は議事進行妨害者の発言取り下げ・退場命令可能（11 条）	試案に明示されなかったが、全経連は当初から経営権保護措置要求 1972 年 12 月に改正した「育成法」で秩序維持条項の大幅強化
①有価証券の発行・分散促進と価格安定を目的 ②資本金 30 億、1/2 以上政府出資（第 4 章）	
①投資審議委員会 ②新設する対韓投資開発公社内に設置 ③9 人（投資開発公社総裁、証券取引所理事長、財務部職員、韓国銀行役員、産業銀行役員、証券業協会長推薦、商工会議所会長推薦、経済人団体推薦、証券有識者）	全経連、投資審議委員会で全経連参加建議（1968 年 11 月 15 日）以後「育成法施行令」で経済人団体は全経連に指定

（法律第 2046 号、1968 年 11 月 22 日制定・施行）および「法人税法」など関連法と改正法案（国家法令情報セン
従業員（役員は除く）30 人以上が株主であること、(2)発行総株式数の 100 分の 3 未満の株式を所有した従業員
が認められていること」（全国経済人連合会調査部、前掲『株式公開と資本市場育成方案』272 頁）。

人税法も改正され、公開法人については最大 20% の差等税率を受けることになった[37]）。

　その他の企業公開誘導方案として全経連が「試案」で提案した金融優遇（13 条）および資産再評価税などの免除（16 条）は、「育成法」を通じて直ちに保障されたわけではなかった。しかし、表 6-3 の「備考」欄で確認されるように、これに次ぐ税制や優遇策が「育成法」制定直後から 1973 年まで相次いで追加され、優遇を強化させた。

　一方、経営権保護措置については、「試案」における株式譲渡に対する制限（17 条）は、全経連の要求とは裏腹に国公営企業の払下げ株式に限って講じられた。しかし、資本家が企業公開の障害物だと口癖のように掲げていたいわゆる

「総会屋」の横暴を防ぐ方案は、「株主総会秩序維持」条項として「育成法」に保障された。さらに、1972年12月改正「育成法」で、これはさらに強化され、総会での株主発言の時間と回数の制限、一定株式数以下所有株主に対する株主総会招集間接広告（新聞掲載）条項などが追加された。「試案」にはなかったが、1967年から全経連が主張していた議決権のない株式の発行も[38]総発行株の2分の1までは可能と明記された（法律第2421号、1972年12月30日一部改正、第11条）。

　株式大衆化政策の審議機構の新設は全経連が提案した形跡がなく、新設される韓国投資開発公社[39]内の「投資審議委員会」構成に帰結した。しかしその直後、全経連の要求によって「育成法施行令」（1968年12月9日制定）では全経連がこの投資審議委員会9人の構成員の1人になることが決定された。

　このように株式市場活用を奨励する政府の動きが生じ、全経連は雰囲気を先導し、具体的な法試案作りを通じて「育成法」制定を促した。そのようにして制定された「育成法」と、それに続く補完措置は、全経連の要求に反することなく企業公開に乗り出す大資本のための、一部では「過大な特恵」[40]と評価される各種優遇を盛り込むことになった。

　資本市場を迅速に育成するには、その基盤である上場株式の絶対的不足問題を解決しなければならず、大資本の呼応と参加が必要であった。政府はまた、1972年半ばまでは、大資本に株式公開を強要することなく、全経連が望んだ「自律的」参与を保障する姿勢を見せた。

　ところが1972年「8・3私債凍結措置」と「10月維新体制」の樹立を経て、政府の姿勢は強硬になり始めた。1972年12月30日、「企業公開促進法」の制定を皮切りに、1974年「5・29措置」、1975年「8・8措置」を相次いで発表し、企業公開を強く要請した。各措置の焦点とレベルは少しずつ異なるが、企業財務構造改善とこれに向けた主要大企業の公開法人転換を強制する内容であった。

　強硬な企業公開措置について、当時の南悳祐財務部長官の発言を集めてみると、①（金融面で）負債による長期資金供給の限界を突破するための企業長期資本の調達、②（社会的側面で）株式所有という利害関係の一致を通じた労働側と経営側、ひいては国民と企業との協力と結束強化、③組織化された現代的金融

第6章　株式公開

市場の発達という三つの必要性を力説した[41]。

これは全経連が以前から強調していた論旨と大きく変わらないものであった。ただ、全経連の立場でも、不実企業整備はもちろん企業私債凍結と巨額融資まで加わった「8・3措置」以降、企業の社会的地位の回復のためには南悳祐長官が言及した課題に積極的な姿勢を見せなければならないことを認識していた[42]。時あたかも、金利引下げと私債市場の凍結によって行き場を失った余裕資金が株式市場に集中し、証券市場には以前と異なった好条件が形成されていた[43]。

全経連は企業公開キャンペーンを企画し、国内初の株式公開問題に関するシンポジウムを開催した[44]。「企業成長の大局的見地から企業公開及び従業員持ち株制などの決断で国民企業イメージを鮮明にして財務構造改善、コスト削減、生産性向上を通じた企業充実を期すること」を1973年の目標に掲げた[45]。しかし、いざ政府が公開企業を直接指定して圧力の強度を増すと、その水位の引下げに乗り出した。

1972年まで、企業公開実施の決定と準備は徹底して個別企業のものであった。全経連が会員企業を代弁して乗り出した1968年以来の三つの方案が、改めて再整備・強化のうえで提起された。つまり公開法人に対する顕著な優遇措置（動機づけ）、証券市場環境整備（投資誘導）、そして公開以降の経営権保護（安全装置）問題であった。

特に全経連が掲げた「自律的・漸進的公開」原則が政府方針によって脅かされると、「より多くの税制・金融面の優遇」付与がさらに強調された。政府が「公開指定」措置をとると予告された1972年末から全経連は対政府要求事項を整備し、建議に乗り出した。これを簡単に要約すると、①税法上、公開法人要件を細分化して「準公開」の中間段階設定、②創業者利益保護のための所得税減免、③期限前の資産再評価の許容など、特例の設定による公開条件整備支援、④企業体制整備のための追加税制支援、⑤政府所有株式の分散売却などであった[46]。南悳祐財務部長官はこれに対して「合理的に反映」すると反応しながらも、租税のバランスに照らして無理な内容があり、企業人の決断と熱意が不足していると指摘した[47]。

しかし、その後制定された「企業公開促進法」は、全経連が要望した②、③の内容を第13条と第12条にそれぞれ「特例」条項として反映させ[48]、企業公

開に乗り出すのであれば該当企業が以前に行った租税法違反については処罰しないという特例条項まで第14条に付け加えられた。これに対して、当時の全経連の関係者も「かなり研究、苦心したという痕跡」と歓迎した[49]。

「(企業公開を)強要すれば、結局国家的損害になることだが、それなりの配慮があると信じる。」という金容完全経連会長の自信あふれる発言のように[50]、以後も政府の強要が激しくなるほど、それに伴う税制優遇等の特恵措置も増えていった。税法改正時期が到来すると、全経連が「公開法人に対する現行の税法上の優遇を税制改革にそのまま反映してほしい」と意見を提示するほどであった[51]。

一方、証券市場環境整備では、政府方針に積極的に同調しはじめた。政府は1970年代に入ると、中小証券会社の乱立を防ぐため証券会社大型化方針を展開した。改正された証券取引法(1973年2月6日)は、証券会社の法定最低資本金を既存の3,000万〜5,000万ウォンから2億〜3億ウォンへと引き上げた。証券供給と流通の活性化に向けて、証券会社・投資開発公社・銀行・保険会社・短資会社などで構成される証券引受団も組織された[52]。

全経連はこれを歓迎し、「群小証券会社の合併および証券会社大型化」、「金融機関の積極的な機関投資」推進などを積極的に強調し、政府の政策に協力する姿勢をみせた[53]。まさに1972年以降は主要大資本が証券会社や短資会社の設立・引受など、金融市場進出を本格化した時期であった。

最後に、企業公開による経営権保護措置については、先に見た改正「育成法」(1972年12月)で大幅に補完されたことに加えて、全経連は法人税法公開法人規定の中の「株主1人」の概念規定の緩和、経営秘密保障などの措置を追加的に要求した[54]。この結果、1973年以降、可視化された支配構造を維持するための個別資本の機敏な対応も、同時に本格的に展開されはじめた。

事実「企業公開促進法」から始まって1970年代まで全経連と会員企業大資本側の最大の心配事は、政府による強制的な公開執行の可能性であった。全経連は一貫して「漸進的公開」と「時間的余裕」を強調した[55]。企業公開は経営の創意性と攻撃性を減少させる短所があるとして、すべての主要企業を一方的に公開させてはならないと警告した[56]。

以降、結果だけを見れば全経連の意見は反映された。少なくとも1975年まで

強制的な企業公開は執行されず、その後も、政府から「公開指定」を受け、履行できなくとも、その期限は数回延長された。

4．個別企業の企業公開と対応戦略

　全経連の積極的取り組みの中で「育成法」が制定され、証券市場整備が行われた。しかし、政府が「育成」を宣言した時、それが瞬く間に行われることはなかった。投資環境の不利、既存証券業界の跛行性は依然として存在した。1970年から1972年の間、韓国の経済全般が深刻な危機を経験した。資本市場育成はそれほど容易ではなかった。

　このような環境に加えて、全経連の取組みとは別に閉鎖的経営のまま規模を拡大してきた当時の大資本は、企業公開に積極的に乗り出すことはなかった。上場許容規模の資本金5,000万ウォン以上の株式会社を対象にした1969年度のアンケート調査では、60％以上が資本市場を通じた公募増資などを理想的資本調達方法として取り上げながらも、その半分以上が、目前の上場は不可能と答えた。株主に対する一定の配当の保障はもとより、大株主株式持分の制限のような要件の充足が困難であり、また小口株主の横暴や経営権侵害の憂慮が大きいという理由であった[57]。

　しかし、大多数の企業が公開をはばかる雰囲気にもかかわらず、表6-2に示されるように1968年以来公募増資・上場会社数は増加した。1972年「8・3私債凍結措置」の「見返り」として企業公開に対する政府の要求が加わり、その数はさらに増えた。1973年度1年間だけでも46社が企業を公開し、上場会社数は104社に増加した[58]。他方、1973年5月、ある討論会に出席した全経連の金立三は「過去に企業を公開した会社は今までうまくいっており、後悔する人は一人もいない」と断言した[59]。企業公開を断行したこれら個別資本の事情と具体的な利害得失は果たしてどのようなものだったのだろうか。

　1968年11月「育成法」制定を前後した時期、先頭を切って公開法人に転換、あるいは準備中として雰囲気を盛り上げたのは全経連主要会員企業であった。全南紡織（金龍周）、三養社（金相鴻）などをはじめ、約18の企業が公開を積極的に検討中だと全経連は明らかにした[60]。「育成法」制定に対する全経連の好

意の表示であった。もちろん企業公開は本来的に個別企業が決定して推進することであったが、1968年だけで初めて民間企業10社の株式上場が行われた。株式上場のほかに公開法人になる別の道である公募増資を通じた資本調達も同時に増加した。

証券市場が軌道に乗っていないなかで企業公開に乗り出した最も大きな誘因は、法人税減免を始めとした各種優遇であった。1969年8月「上場が与える最も大きな利点」に対する企業アンケート調査では、74.2%が法人税減免・配当利子所得税免除・税務査察緩和など、税制上の恩恵をあげた[61]。1969年基準法人税を見ても、純益1億ウォンの場合、公開法人は約2,500万ウォン、非公開法人は約4,500万ウォンを課税されるという大きな差であった。1973年1月、当時の公開法人50社あまりが受け取る年間税制優遇は100億ウォンと推算された[62]。

しかし、これは税制優遇に向けて形式的要件のみを満たした後、実質的な株式公開・分散はしない「偽装公開」の流行を生んだ。上場と公募増資のうち一つだけ選んでも公開法人と認める法条項を利用して、一旦条件に合わせて上場をした後に実質的な株式分散を回避する方法であった。公開法人要件を備えていないにもかかわらず、可視的成果に向け、まず上場を許可して条件を具備させた政府の「先上場・後分散」許可が、これを煽った。形式上の分散とともに、資格維持のためには毎月総株式の1,000分の1以上が取引されなければならなかったため、事前に縁故者たちに分散させた株式を相互に売買する行為が横行した[63]。このような状況において、上場企業の株式は株式市場では入手できなかったり、高すぎたりした。1970年度国政監査では、上場企業の株式は実質的にはほとんど流通せず、47上場企業のうち少なくとも11企業は「偽装公開」が確実なことが明らかにされた[64]。

公開法人の要件強化や「偽装公開」を防ぐ制度的措置が要求されたが、「公開された企業が偽装かどうかを性急に選別」するならば、これまで成し遂げた「公開ムードまで壊してしまうだろう」[65]という声も経済界の内外で強く表明された。こうして、「偽装公開」の素地を改善せよという政府の命令が強化されるほど、企業の「偽装」手法も同時に上達していった。

一方、株式公開は企業宣伝と市場確保のために活用された。全経連が企業公

開を「株式大衆化」という社会的課題として浮上させて以来、株式公開は直ちに「企業の社会的責任履行」という認識へと拡大されはじめた。株式を公開して分散させる企業は、その成長の過程で社会と国民から受けた恩恵を返すという「健全な」イメージに重ね合わされた。大資本に莫大な支援を注いだ「8・3措置」以降、政府が企業公開を強制するのに掲げた主要な論理の一つも「企業の社会的責任」履行であった。

　企業は株式公開を決定し、このような宣伝とイメージ向上効果を狙った。「育成法」制定が確実視されると、企業公開を断行した三養社は、その理由の説明において、「いわゆる悪名高い砂糖ショックのなかで、これまで特定暴利企業のようにみられていた企業」として「致命的であった対外的汚名を返上するため」であることを否定しなかった[66]。

　現在のLG財閥の前身であるラッキー化学と金星社は、1969年と1970年に連続して公開法人に転換するなかで、「財閥3代は不可」の信念のもと企業公開を指示したという具仁会会長の経営刷新方案を宣伝した。一部ではこれについて、1960年代後半に電子企業を設立した三星との競合関係から「機先を制する経営戦略」との評価もみられた[67]。1970年4月に締め切られた金星社の増資新株公募は大きな人気の中で4,015人の株主を募集して取引を終えたが、金星社は熱い声援に感謝という新聞広告を掲載して「国民とともに成長する大衆の企業」と自称した[68]。

　同じ時期、株式の公募に乗り出した味元と東亜製薬も公募の実績で高い競争率を記録し、以後も20％以上の配当率を保障する人気株としてもてはやされ、企業の宣伝効果を十分享受していった[69]。株式上場以降の高い株価形成は、当該企業についた人気度と認識されはじめ[70]、企業公開を断行した会社代表も自ずと注目された。姜重煕東亜製薬社長は、「東亜製薬は私の人生をすべて捧げた会社ではあるが、すでに私のものではない。初めて株式を公開したとき私は、人生は有限であっても企業は無限な発展により社会に貢献しなければならないという所信を持っていた」と自分の経営観を誇らしげに表明した[71]。これに歩調を合わせて証券取引所は、上場企業製品の宣伝、共同販売場の設置などを内容にした「上場会社、製品の購買促進運動」を展開した[72]。

　株式公開過程で企業運営と関連した「利害関係」をさらに強く創出したり、

あるいは最初から新たな「利害」を作り出す契機にしたりする場合もあった。まず、従業員持株制の実施があげられる。これは公開法人資格で要求される株式分散を容易に達成する方法であったと同時に[73]、労使関係改善、労働意欲を鼓舞する手段として活用された。従業員持株制の「模範的」実施会社として知られた三養食品は、「自分が1ウォンを節約し、その分、会社に利益になると、その利益金は直接自分にも配当となって戻ってくるという考えで相互に浪費を抑制」するようになったと宣伝した[74]。ラッキー化学は「目標管理制度」を実施し、目標を達成する従業員に会社株式を50株ずつ譲渡した[75]。

　製造業者の場合、特約店や主要な卸・小売業者に株式を引受させたこともあった。韓国スレートの事例をみると、企業公開の過程で「取引を固定させるには何か関係を結んでおく方がよい」として、「彼らが株主になるように努力」した。その結果「彼らに他商社、他会社が相当有利な条件で購入交渉を提起して来ても応じない。これは我々の会社から私たちの製品を売らなければならないという強い考え」を持つようになったからだと評価した[76]。

　さらに、着実に増加していた一般株式投資家[77]の効果も考慮しておくべきである。1973年6月、新株の公募に乗り出した真露醸造の成約率は198.5：1という新記録を立てており、その直後の高麗遠洋と第一製糖の募集には数十倍の競争率が続くなど、株式公募の熱気は次第に高まった[78]。その中で特定企業の株式所有は、当該企業に対する関心の増大につながった[79]。これは企業の「利害」と個人の「利害」とを同一視させ、企業中心の社会秩序をさらに強固なものにした。

　それでは証券市場本来の機能である長期資本調達、あるいは「企業資金調達源の多角化」という目的の達成はどうであったのか。企業を公開するよりは金融機関からの借入など間接金融依存選好は相変わらずだったが、資本市場を通じた自己資本調達について「直ちに実行するものではないが、切実な課題」と答えた大企業が94％を超えたように[80]、徐々に一つの代案として浮上していったことは明らかであった。

　証券市場を通じた資本調達をやっとの思いで決断したとすれば、ひとまず資本の立場で「調達」そのものを懸念する必要は全くなかった。たとえ一般投資家の参与の熱気が不足して公募結果が思わしくなかったとしても、残った株式

は投資公社をはじめとする金融団・保険団等の引受機構によって無条件に引受けられ、必要な資金を受け取ることができた。これを指して、「新しい形式の特恵融資」という批判が起こるほどであった[81]。

株式公開のほかにも、1972年から会社債、転換社債発行など証券市場を利用した新しい資金調達方式が脚光を浴びた。額面金額を超過した発行を通じて一時により多くの資金を集める、いわゆる「プレミアム」公募増資をはじめ、発行企業や創業者の利益を極大化するための各種手法も同時に追求された[82]。

先の表6-2を見ると、経済危機と証券金融会社株式「投機戦」後遺症に悩まされた1971年の低迷を除いて、公募と有償増資など株式市場を通じて調達された資金は、1969年82億ウォンから1973年約550億ウォンまで高騰したことがわかる。1973年中5億ウォン以上の大規模資金を証券市場公募で調達した会社だけでも、国際化学（18億）、日新産業（18億）、韓一合繊（16億）、起亜産業（15億）、大宇実業（12.9億）のほか8企業を越えた[83]。以後、1975年に入って、会社債発行の実績まで合わせた証券市場の資金動員力は金融市場全体の資金供給額2兆5,600余億ウォンの12.5％を占める3,192億ウォンに達した[84]。依然として間接金融に比肩するほどの比重ではなかったが、直接金融を通じた資金調達機能が皆無であった1967年までの状況を考慮すると、10年間の成長速度には目覚しいものがあった。

もちろん証券市場が1970年代、特に1972年から本格的な軌道に乗ったのは、政府の政策の影響が大きかった。「8・3私債凍結措置」とともに、1965年以来6回目の金利引き下げによる証券市場への資金の流入増加、1973年から本格化した政府の企業公開圧力がその背景であった。

こうした状況の中で大資本はそれぞれの対応戦略を整えていった。以前は系列会社のうちイメージが重要な消費財の製造企業あるいは相対的に小さな規模の企業を主に公開したとすれば、今や主力企業の公開まで念頭に置くようになった。一方で証券市場も投資に適合するように活性化していった。大資本は社内に株式公開専従部署を設置し、政府当局と非公式の打合せを進め、公開方法と時期などを調整した[85]。

系列企業の公開法人数が増加すると、既存の単純な「偽装公開」を超えて経営権保護のための企業支配構造の再編が本格化した。系列企業間に株式所有を

分散させ、実質的な「持株会社」を作り、表面的には分散された構造だが、単一の支配網が作動できるような措置を講じた。このため、法律上公開法人になれない文化財団・福祉財団などが1970年代、大資本内部に流行のように新設された[86]。その先頭走者の三星の場合、李秉喆が個人財産を出資して作った三星文化財団と三星共済会が三星系列主要持株企業の株式を大量に保有する構造を築き上げた[87]。

　また、他の主要な変化はより可視的であって、大資本の証券会社進出が相次いだ。1960年代まで証券会社は中小規模が大多数であったが、市場の展望が明るくなると、1973年を基点に大資本の大量参入が始まった。韓進の韓一証券、曉星の曉星証券、ラッキーの国際証券などが新設され、大宇は東洋証券を引き受けた。1974年7月現在、29の証券会社の半分の15社が大資本支配のもとに入り、1976年には「計27社のうち、財閥や他の金融機関と繋がらなくても、主体性を守っているところはわずか8社」になった[88]。理由は明らかであった。現金を調達して運用する金融窓口の獲得はもちろん、系列企業株式を保護して、企業公開も自らの管理下に進行させることができた。株価操作を通じた売買差益の獲得も可能であった。

　証券会社だけではなかった。「財閥になるには、金融業にも手を広げなければならない」[89]という「常識」の中で、主要大資本は保険会社と短資会社を設立、引き受けていった。そして、そうした金融会社は資本市場の大規模証券投資を行う機関投資家として活動領域を広げ、証券引受団の主要構成員になった。株式市場をめぐる大資本の活動が本格化する中で、すでに多くの個人は「投資家」という「顧客」として積極的に呼びかけられる段階に入っていった。

5．おわりに

　以上、韓国資本主義史のなかで証券市場の成長基盤が築かれた1967年から1973年の間、大資本とその利害を代弁する全経連の活動と立場を中心に、企業公開と資本市場育成問題を検討してきた。その内容を簡略にまとめると次のようになる。

　全経連は1967年末から1968年まで「株式大衆化」を公式事業に選び、資本

第6章　株式公開

市場育成活動を行った。政府もその推進を準備したが、未だ明確な証券市場育成政策が提示されていない時期であった。政府施策に対する単純な反応を越えて、全経連は各種関連措置を提案するとともに、関連法律試案まで作成・提出するなど、きわめて積極的な姿勢を見せた。

このことは、1960年代半ばに入り、「株式公開なくして近代化は不可能」という認識が広まっていたなかで、政府の政策形成を有利な方向に誘導し、利益を確保できる条件を先取りする側面が大きかった。しかし重要な要因は以下の二点であった。第一に、1967年からの資金需要の急増とともに、企業財務構造の不健全性が深化した。これによって証券市場を通じて資金を調達しなければならないという大資本の実質的必要性が生まれた。第二に、大資本に対する批判の高まりに対して、イメージを改善しようとした。全経連は「企業の社会的責任」履行のための「株式大衆化」推進を宣伝し、企業株式所有と取引の拡散を通じた国民の親企業的情緒の拡大、ひいては体制安定化効果を図ろうとした。

全経連は「自律的・漸進的企業公開」原則を強調すると同時に、政府は公開法人に対する税制・金融の顕著な優遇の付与、経営権保護に向けた各種措置と証券市場制度整備などを準備しなければならないと主張した。このような努力は1968年11月、政府の「資本市場育成に関する法律」制定と各種の後続措置を実現させ、全経連の要求が大きく反映することで実を結んだ。1973年から政府の企業公開への圧力が強まるなか、その強圧が激しくなるほど、全経連や大資本が要求して獲得する税制優遇と特恵措置も増えていった。

こうした状況のなかで1968年以降企業公開をして株式上場をする会社数は次第に増加した。最も大きな誘因は、全経連が主力を注いだ法人税の減免などの各種優遇であった。これは「偽装公開」の流行を生んだりもした。一方、企業の宣伝効果を狙ったり、従業員および取引先に株式の所有権を分散させたりして、利潤創出のための「利害関係」を深める方法を推進することもあった。証券市場を通じた企業資金の調達金額も、1969年82億ウォンから1973年約550億ウォンへと増加した。借入金融中心の財務構造は不変であったが、直接金融を通じた資金調達が皆無であった1967年までの状況を考慮すると、その成長趨勢は目覚しいものがあった。政府の企業公開への圧力強化に対して、個別大資本は経営権保護のための企業支配構造再編を本格化し、証券会社など機関

投資会社に進出し、証券市場での影響力を強めたのである。

注
1) 韓国の既存株式会社の株式発行は、発起人や縁故者だけが株式引受をすることが慣例だった。増資の場合にも株式公募はなく、既存株主に新株引受権を賦与して直接発行に割り当ててきた。
2) 韓国証券市場の展開を扱った代表的研究は安霖「韓国資本市場発展小史（上）（下）」（『証券学会誌』第3輯、第5輯、1983年）、李栄薫・朴基桂・李明輝・崔相伍『韓国の有価証券100年史』* 海南、2005年。証券市場育成策を含む朴正熙政権の金融政策全般を扱った代表的研究は崔真培「韓国金融業の発達過程に対する研究」*（慶星大学校『常経研究』第8集、1992年12月）、裵永穆「朴正熙政府の金融政策と金融発展」*（『経済発展研究』第18巻第2号、2012年）。
3) 証券取引所の「有価証券上場規定」（1971年基準）では、企業株式を上場できる資格は、資本金5,000万ウォン以上、年平均配当率7％以上、少額株主数100人以上、寡占株主の株式比率60％以下と規定されていた。2部市場制が導入された1971年末からは、1部証券市場上場基準がさらに強化され、資本金5億ウォン以上、年平均配当率10％以上、少額株主数200人以上、寡占株主所有比率51％以下に変更になった。
4) 李定垠「全経連の「合理的な」内資調達方案要求と展開——1966～1972年を中心に」*（『歴史問題研究』第32号、2014年）。
5) もちろん大資本の利害を反映する全経連の政策提案も全経連事務局や会員企業だけの作業ではなかった。全経連は前々から同団体と親和的な学界・言論界など多様な領域の専門家を引き入れてこのような作業をしていた。
6) 1973年当時、基準は次のようであった。公募増資法人、募集設立法人、または上場法人として、以下の三つの要件を満たさなければならない。①大株主1人（親族および特殊関係人を含む）の所有株式数が発行株式総数の51％以下、②少額株主の総所有株式数が総発行株式数の30％以上、③少額株主数200人以上。
7) 経済・科学審議会議議員全員「株式分散と内資動員方案（1965年1月25日）」* 国家記録院 BA0177289。
8)「朴大統領の年頭教書要旨」*（『京郷新聞』1967年1月17日）。当時、年頭教書の経済部門の焦点は地方銀行の設立だった。
9)「税制改革を推進」*（『東亜日報』1967年1月10日）、「証市育成の新方向」*（『京郷新聞』1967年5月15日）。
10)「法人税」（『東亜日報』1967年11月25日）。
11)「内資動員のための基本方案（1967年12月）」* 国家記録院 BA0138693、「延滞貸出代払削減に」*（『毎日経済新聞』1967年12月19日）。韓国銀行も政府所有株の売却の優先的な促進を強調するに止まった（韓国銀行調査第2部「企業経営民主化に対する一考察——株式公開問題を中心に」* 調査資料 A-70号、1967年7月8日）。

第 6 章　株式公開

12)「67 年この年を越す課題（12）内資調達」*（『毎日経済新聞』1967 年 12 月 29 日）。
13) 金貞烈「株式大衆化と資本市場」*（『経協』1967 年 11 月号）、全国経済人連合会調査部『株式公開と資本市場育成方案』*1968 年 10 月、255、267 頁。
14)「経協、貨幣相場の安定など主張　株式分散ムード作られてこそ」*（『京郷新聞』1965 年 1 月 29 日）、「座談会、金利調整、株式分散の問題点」*（『経協』1965 年 2 月号）、申徳均「老婆心」（『経協』1965 年 8 月号）。
15) 主な記事として、「会員の月例懇談会。アメリカの株式公開と経営合理化」*（『経協』1966 年 12 月号）、洪在善「特集　新しい経済環境と経営姿勢」*（『経協』1967 年 1 月号）、李道栄「特集　株式上場の環境づくりが急務」*（『経協』1967 年 1 月号）、「座談会　アメリカの経済と産業技術を振り返る」*（『経協』1967 年 8 月号）など。
16) 金立三『草根木皮から先進国への証言』*韓国経済新聞社、2003 年、273〜274 頁。
17) 金立三、同上、270〜272 頁、尹能善『経済団体人生 40 年』暮らしと夢、1996 年、218〜220 頁、孫炳斗口述（2014 年 4 月 14 日）「1960-1970 年代産業化・経済開発における民間経済団体の役割」*2014 年度国史編纂委員会証言資料収集事業（研究責任者・李定垠）。
18)「1960 年代韓国企業金融の特徴」*（韓国銀行『調査月報』第 25 冊第 12 号、1971 年 12 月）。1968 年は 82.7%、1969 年 84.8%、1970 年 85.2% と推移し、この数値はその後も漸増した。
19) 韓国銀行調査第 2 部『第 8 回企業家が見た経済予想調査』*調査資料 A-74 号、1967 年 11 月 29 日。
20) 1967 年から浮かび上がった「不実企業問題」と 1969 年からの不実企業整理については、李相哲「韓国の産業政策と規律——1969 年 1 段階の不実企業整備を中心に」*（『経営史学』第 25 集第 2 号、2010 年 6 月）参照。
21) 金圭晩「株式大衆化の促進方案」*（『経協』1968 年 3 月号）、「巻頭言　株式大衆化の先行課題」*（『経協』1968 年 6 月号）、「外れた直接金融調達」*（『毎日経済新聞』1970 年 4 月 2 日）。
22) 1967 年における 16 産業別労組の公式争議集計件数だけでも 130 件、参加人数 18 万 3,000 人余りだった。参考として 1961 年度公式争議件数は 34 件だった（「労働者保護」『京郷新聞』1968 年 3 月 9 日）。
23) 金立三、前掲書、270〜272 頁。
24) 金貞烈「株式大衆化と資本市場」*（『経協』1967 年 11 月号）、尹能善「国際化に見合う新しい経営への引き上げ」*（『経協』1969 年 7 月号）、「「株式大衆化」要求」*（『東亜日報』1968 年 3 月 29 日）、「株式大衆化支えのない切実な課題」*（『東亜日報』1968 年 4 月 1 日）。
25) 孫炳斗口述（2014 年 4 月 14 日）。孫炳斗は、これと同じ目的のために第 2 次大戦後、ドイツが実行したフォルクスワーゲンの国民株式への転換とそれによる社会安定の事例を作業モデルとして参考にしたと述べている。
26)「反共経済体制提唱する証券業界の管制塔」*（『経協』1968 年 4 月号）。
27) 1972 年末基準で、全経連の一般会員 164 企業中、株式を公開した企業数は 30 余り、全体の 5 分の 1 のレベルだった（「株式公開にも顔色うかがい作戦」*『毎日経済新聞』

1972 年 12 月 4 日)。
28)「黄財務部長官の招請懇談会 民間の自律的成長の基調の確立を約束」*(『経協』1968 年 7 月号)。
29)「株式上場保留 韓国ガラス工業で」*(『毎日経済新聞』1968 年 2 月 14 日)、「証券市場秩序保たれない限り、株式上場できない」*(『毎日経済新聞』1968 年 2 月 24 日)、「公開法人環境造成してこそ」*(『東亜日報』1968 年 2 月 24 日)、「株式大衆化支えのない切実な課題」*(『東亜日報』1968 年 4 月 1 日)。
30)「経済暴力団も取締りの大きな利権介入、巨額コミッション」*(『東亜日報』1968 年 6 月 22 日、「経済ヤクザの親分級検挙」*(『東亜日報』1968 年 7 月 3 日)、「暴力(4) 経済やくざ」*(『京郷新聞』1968 年 7 月 4 日)、「経済暴力団員の生態」*(『東亜日報』1968 年 7 月 6 日)。
31) 所得税上の配当利益免税主張、公開法人と非公開法人の法人税の差等税率拡大などが代表的なものである。
32)「従業員持株 第(1) その意義」*(『毎日経済新聞』1968 年 6 月 12 日)、宋基澈「従業員持株制」(『毎日経済新聞』1971 年 8 月 28 日)。
33)「株式大衆化と資本市場」*(『経協』1967 年 11 月号)、「健全成長と国際競争体制の確立——68 年経済施策の方向に対する意見」*(『経協』1968 年 1 月号)。
34) 1967 年時点の税法規定における公開法人定義は、「証券取引所を通じて、またはその他政令で定める方法により公募または増資する法人」であったが(「法人税法」第 19 条 3 項〔法律第 1720 号、1966 年 1 月 1 日施行〕)、当時これを満たす民間企業は一つも存在しなかった。
35)「新しい経済政策方向に対する意見」*(『経協』1967 年 7 月号)、「税制改革 4 個の代案提示」*(『毎日経済新聞』1967 年 9 月 2 日)、金龍周「財務部長官に対する提言 財政金融構造の矛盾是正を」*(『経協』1967 年 11 月号)。
36) ①発行総株式数の 3% 未満の株式を所有する少額株主の総所有株式数が発行総株式数の 20%以上、②小口株主数 50 人以上、③株主の 1 人と大統領令が定める彼の親族の所有株式の総数が発行総株式数の 60%以下(「法人税法」1968 年 1 月 1 日施行)。以後、政策は引き続き変化した。
37)「法人税法」(法律第 2047 号、施行 1968 年 11 月 22 日、一部改正)。1971 年末からは法人税率自体が引き下げられ、最大 13%に調整された。
38)「議決権のない配当優先株の発行による経営権保障など優待措置必要」(「健全成長と国際競争体制の確立——68 年経済施策の方向に対する意見」*『経協』1968 年 1 月号)。
39) 証券市場の円滑な作動に向けて有価証券引受・売買・市価操作などを担当する機構として「育成法」によって新設された。
40)「全面的に変わる証券市場」*(『京郷新聞』1968 年 11 月 23 日)、「企業と経営」*(『毎日経済新聞』1972 年 9 月 18 日)。
41) 全国経済人連合会・証券団『株式公開を誘導するための政策課題——シンポジウム報告』*1972 年 12 月 5 日、14~19 頁、南悳祐「企業公開と資本市場の役割」*(『経営学研

究』第 3 号、1974 年)。
42)「金容完全経連会長と一問一答　企業公開は段階的にやれば」*(『東亜日報』1972 年 12 月 26 日)。
43) 1970 年までは 20%を超えていた 1 年満期の定期預金金利が「8・3 措置」以後、12%へと大幅に引き下げられた。当時、人気株式の平均配当率は 10〜20%水準であった。
44)「企業公開「キャンペーン」推進」*(『毎日経済新聞』1972 年 9 月 14 日)、「企業公開株式分散積極的に促進」*(『毎日経済新聞』1972 年 10 月 13 日)。シンポジウムの発表と討論内容は全国経済人連合会・証券団、前掲『株式公開を誘導するための政策課題』に盛り込まれて出版された。
45)「全経連建議　先進国経済への跳躍のための座標 (1973 年 1 月 5 日)」*(『経協』1973 年 1 月号)。
46)「全経連、株式公開誘導策建議　公開法人要件を段階化」*(『東亜日報』1972 年 12 月 5 日)、全国経済人連合会・証券団「株式公開誘導対策に関する建議」(前掲『株式公開を誘導するための政策課題』)。
47)「南財務部長官招請の懇談会開催」*(『経協』1972 年 12 月号)、「南財務「合理的に反映」」*(『東亜日報』1972 年 12 月 5 日)。
48) これに加えて 1974 年 6 月には「企業財務構造改善と公開促進法補完方案」で、資産再評価期間の如何にかかわらず、同年中に資産再評価をできるように「特別期間」を設定して再評価税を減免した。
49)「座談会　企業公開促進法を語る」*(『経協』1973 年 1 月号)。
50)「金容完全経連会長と一問一答　企業公開は段階的にやれば」*(『東亜日報』1972 年 12 月 26 日)。
51)「全経連建議　公開法人特恵持続」(『毎日経済新聞』1974 年 8 月 28 日)。
52) 財務部『財務行政五年史』1974 年、171〜173 頁。
53)「公開法人要件段階化　全経連建議」(『毎日経済新聞』1973 年 4 月 6 日)、「経済日誌」(『経協』1973 年 7 月号)、「金融機関全経連機関投資など推進」*(『毎日経済新聞』1974 年 6 月 12 日)。
54)「座談会　5.29 措置の背景と課題」*(『経協』1974 年 7 月号)。
55)「要件段階化の全経連「株式公開」に」*(『朝鮮日報』1972 年 12 月 5 日)、「座談会　企業公開促進法を語る」*(『経協』1973 年 1 月号)、「公開法人要件段階化全経連建議」(『毎日経済新聞』1973 年 4 月 6 日)、「本会、5.29、大統領の特別指示による対策の展開」*(『経協』1974 年 7 月号)など。
56)「魚眼」(『毎日経済新聞』1973 年 1 月 8 日)、申奉植「企業公開誘導の課題と現実」*(大韓証券業協会『証券』第 3 号、1974 年 9 月)。
57)「顔色だけうかがうような「利害得失」」*(『毎日経済新聞』1969 年 8 月 21 日)、「壁は適正配当率保障」*(『毎日経済新聞』1969 年 10 月 24 日)。
58)「73 年度の証券市場」*(『証券』創刊号、1974 年 3 月)。
59) 社団法人大韓証券業協会『80 年代に向けた韓国経済と資本市場——討論会報告書』*

1973年5月。
60)「経営公開化の新旗手、全羅南道紡織」*(『毎日経済新聞』1968年8月19日)、「「証市」26番打者」(『毎日経済新聞』1968年11月2日)、「証券市場に活気」*(『京郷新聞』1968年11月25日)、「韓国火薬などすぐ上場？」*(『毎日経済新聞』1968年12月2日)。
61)「顔色だけうかがうような「利害得失」」*(『毎日経済新聞』1969年8月21日)。
62)「企業公開促進法の運用と問題点」*(『毎日経済新聞』1973年1月29日)。
63)「証券市場の悩み」*(『東亜日報』1969年4月14日)、「株式寡占現象は相変わらず」*(『毎日経済新聞』1969年9月29日)、「実利のない「上場法人拡大」」*『毎日経済新聞』1969年10月2日。
64)「公開の名目に止まった株式上場の虚実」*(『毎日経済新聞』1970年9月5日)、「偽装された「公開」」*(『毎日経済新聞』1970年10月15日)。ところで、偽装公開として名指しされた11上場企業のうち5社は国公営企業であり、民営化された企業が3社、民間企業は3社だけであった。
65)「社説 株式公開環境づくり」*(『東亜日報』1969年10月9日)。
66)「「証市」26番打者」(『毎日経済新聞』1968年11月2日)。
67)「大きく生まれ変わるラッキー財閥」*(『京郷新聞』1969年9月8日)。
68)「7面下段広告 金星」(『東亜日報』1970年4月25日)。
69)「株式投資の見通し明るく」*(『毎日経済新聞』1970年3月2日)、「味元初の上場千三百ウォンの形成」*(『京郷新聞』1970年4月2日)、「株式投資」(『毎日経済新聞』1971年5月6日)。
70)「証市にかける手に余る「意欲」500億企業資金調達 頻繁な規制措置に異見——その是非」*(『毎日経済新聞』1973年2月10日)。
71) 姜重煕「私の経営哲学 誠実と正義で社会的責任を」*(『経協』1972年1・2月号)。
72)「証券取引所上場会社の製品購買促進運動」*(『毎日経済新聞』1969年12月17日)。
73) このため、株式を直接交付せず、名義だけ借用、報告して株式を横領する手口も用いられた。
74)「経営民主化のシンボル」*(『毎日経済新聞』1972年12月19日)。
75)「光化門証券」(『東亜日報』1972年1月27日)。ただし、従業員持株制が本格化するのは1974年以降である。
76) 金仁得「企業を公開——企業人が持つ問題点」*(『経営学研究』第3号、1974年)。
77) 個人の株式投資家は1974年初め、まだ20万人ぐらいであったが、1973年に投資開発公社が一般人相手に実施した「株式投資動向調査」によると、個人の貯蓄投資手段として銀行預金と積金 (36.5%) の次に証券投資 (26.3%) があげられた (「第2次株式投資動向調査の集計分析報告書」*『投資』第55号、1973年7月)。
78) 羅炳昰「73年度の証券市場」*(『証券』創刊号、1974年3月)。
79) 1973年「株式投資動向調査」によると、株式を購入した投資家は、当該企業について「可能なかぎり詳しく知ろうと努力する」(51.9%)、「株主総会に出席する」(12.5%)、「送ってくる資料を読む」(10.8%)と回答した (「第2次株式投資動向調査の集計分析報告書」*

『投資』第 55 号、1973 年 7 月）。
80)「顔色だけうかがうような「利害得失」」*(『毎日経済新聞』1969 年 8 月 21 日)。
81)「初歩的な資本市場」*(『毎日経済新聞』1969 年 11 月 11 日)、「外れた直接金融調達」*(『毎日経済新聞』1970 年 4 月 2 日)。
82)「新型商品の登場」*(『毎日経済新聞』1972 年 8 月 1 日)、「一部企業プレミアム公募増資」*(『東亜日報』1972 年 11 月 15 日)。
83) 羅炳廈、前掲「73 年度の証券市場」。
84)「自立経済基盤構築のための貯蓄増大の道(11) 証券」*(『毎日経済新聞』1976 年 5 月 12 日)。
85)「一部財閥系企業公開作業」(『東亜日報』1972 年 11 月 21 日)、「準備作業積極化」(『毎日経済新聞』1972 年 11 月 23 日)。
86) 1976 年 12 月証券取引法の改正により、上場法人は株式を相互保有できないようになった。その直後の 1977～78 年、10 件に達する大資本の文化財団設立ブームが起きた。上場法人資格がない文化財団を設けて株式分散を図るための措置であった。
87) 谷浦孝雄「韓国の企業成長——三星（サムスン）グループの事例」*(『韓国独占資本と財閥』プルビッ、1984 年) 165 頁、「財閥の韓国的生理と弊害(4) 偽装公開」*(『東亜日報』1974 年 6 月 6 日)。
88)「低迷証市(3) 市場構造」(『毎日経済新聞』1974 年 7 月 23 日)、白昶基・朴勇正『財閥 30 年のドラマ』* 晴嵐、1976 年、195 頁。
89) 金敎植『大宇グループの金宇中』* 栗谷文化社、1985 年、37 頁。

第7章　人材育成——技能工養成政策の展開と成果

丁振聲

1．はじめに

　本章は1960年代における韓国政府の技能工の養成政策について、技術振興5ヵ年計画（1962〜66年）と第2次科学技術振興5ヵ年計画（1967〜71年）を中心に検討することを課題とする。技術振興5ヵ年計画（以下、第1次技術計画）は、既存技術系マンパワーの雇用現況の分析、第1次経済開発5ヵ年計画に基づいたマンパワー需要の予測、マンパワー需給の均衡を保つための対策の提示が含まれているという意味で[1]、韓国における最初の本格的な技術系マンパワー政策といえる[2]。以降、韓国政府は経済開発5ヵ年計画の樹立の際、その一環として技術系マンパワー政策を作成することになるが、第2次科学技術振興5ヵ年計画（以下、第2次技術計画）は第2次経済開発5ヵ年計画に対応するものである。

　本章が技能工に注目する理由は、1960年代に経済開発5ヵ年計画の実行にともない膨大な技能工の需要が出現し、それを充足できる技能工の供給の確保が工業化の成否において非常に重要な問題として浮上したからである[3]。たとえば、第1次技術計画では計画期間中に20万5,000人の技能工の追加需要の発生を予測していたが、それは1961年の技能工数のほぼ7割に達する数値である。政策当局はこのような膨大な需要に見合う技能工の供給対策の樹立を強いられるようになったのである。

　しかし、1960年代の工業化における技能工の確保・養成の問題はこれまであまり注目されてこなかった。そこには、当時の韓国が膨大な潜在的失業者を農村に抱えていたため、かれらを技能工のような低い技能水準の労働者として工業部門に動員することにはそれほどの困難はないはずだという先入観が働いて

いたのかもしれない[4]）。

　実際、1960年代初めの韓国の労働市場においてもっとも注目されるのは、高い失業率と農村に堆積している潜在的失業者の存在であった。1963年から刊行された『経済活動人口年報』によれば、1963年の失業率は8.1％に達していた[5]）。一方、1957年から1960年の間の就業者の従事者地位別の構成をみれば、雇用者は11～12％にすぎず、88～89％が自営業者や家族従事者の形態で就業していた[6]）。それは就業者の中の相当な部分が農業部門に過剰人口として潜在的失業者化していたことを表している。

　しかし、農村の潜在的失業者を単純肉体労働者として工業部門に動員するだけであればともかく、近代的な設備が稼働する工場で効率的に働かせるためには、何らかの教育や訓練を受けさせることが必要であった。しかも、それらの近代的な部門に発生すると予想される技術系マンパワー需要が膨大であるため、技術教育や訓練に対する大々的な投資とともに新しい制度や養成手段を工夫しなければならなくなった。第1次技術計画から始まった技術系マンパワー開発計画は、技能工を含む技術系マンパワーの確保のための韓国政府の対応であったのである。

　本章では第1次・第2次技術計画の検討を通じて、まず政策当局がその養成と確保がもっとも緊要であると判断した技術系マンパワーは何であったのかを確認し、その判断の背景にある、当時の技術系マンパワーの事情に対する政策当局の認識の特徴点が何であったかを明らかにする。

　第二に、技術系マンパワー、特に技能工の養成と確保のための政策手段は何であり、一連の政策手段がどのような過程で出揃うようになったのかを確認する。

　第三に、第1次・第2次技術計画の結果、技術系マンパワー、特に技能工の量的規模とその産業別・職種別の構成とがどのように変化したのかを確認し、工業教育と職業訓練の拡充、強化の内実を明らかにする。

2．技術振興5ヵ年計画

(1) 技術振興5ヵ年計画の作成経緯

　第1次技術計画は第1次経済開発5ヵ年計画の補完計画として、経済企画院によって1962年初めに作成された[7]。第1次技術計画は技術需給計画、外国技術導入、技術水準向上の三部分からなっており、その中で技術需給計画が技術系の人的資源の需給計画であった。

　第1次技術計画の作成の経緯について全相根[8]は、1962年1月5日の閣議において、経済企画院の業務報告の際、当時の国家再建最高会議の議長であった朴正熙が技術問題を指摘したことが第1次技術計画を作成する直接的な契機になったと述べている[9]。しかし、最近の研究によれば全相根の回顧には事実認識において誤謬があり、科学技術計画の樹立と執行における朴正熙の役割を誇張したものと判断される[10]。

　第1次技術計画の作成において注目すべき重要文書は、1961年12月に経済企画院から刊行された「韓国技術系人的資源調査報告書」(以下、「人的資源調査報告書（1961）」)[11]である。それは、経済企画院が高麗大学校付属企業経営研究所に委嘱して1961年8月を基準として鉱業、製造業、建設業、サービス業などの各産業分野および技術系官公署と理工系学校で就業している技術者、技能工、技術分野の教育者数を把握し、その結果を分析・検討したものである。その序文にはこの調査の目的が「経済開発5ヵ年計画の強力な推進に必須の要因である技術問題に十分な配慮を払うことにより計画遂行を支えようとするもの」と記してあるが、第1次技術計画は人的資源調査により把握された1961年の技術系人的資源の数値を基準にして立てられたのである。

　全相根によれば人的資源調査は第2共和国の復興部長官[12]であった太完善の企画した「技術者インベントリ」事業を継承したもので、5・16後の軍事政権下においてはその名称を「技術系人的資源調査事業」に変更し、3,000万ファン[13]の予算を朴基錫建設部長官[14]の特別指示により確保し、調査を実施したとする。第1次技術計画が1962年初めに朴正熙の指示によって始まったのではなく、

すでに1961年段階からその準備作業が進行していたことがわかる。

(2) 内容

第1次技術計画は計画通りに実行できず、1964年度における経済開発5ヵ年計画の補完計画作成にともない修正された。経済開発5ヵ年計画の成長率計画値が下方に修正されたことを反映して、技術計画の目標値も原計画のそれより低くなった15)。しかし、ここではもとの技術計画の内容を検討することによって、原計画の作成時における経済企画院の技術マンパワーの養成に対する認識とその意図を見ることにする。

第一に、第1次技術計画はその序文において、「技術系人的資源の理想的構造形成」を計画の重点目標として提示しているが、技術系人的資源の理想的構造というのは、技術者、技術工、技能工の構成比が1：5：25をなすことを意味している16)。計画はこの構成比が1：1.3：33であった当時の韓国の状況を深刻な「不均衡」状態として認識し、それを技術水準の遅れを現すものとして捉えた。

第二に、第1次技術計画は、第1次経済開発5ヵ年計画の期間中に必要とされる技術系マンパワーが同計画期間中の生産増加率に準じて増加するという仮定の下で、「人的資源調査報告書（1961）」にある1961年の数値を基準値として、各年次別の所要技術系マンパワーを算出した。

第三に、推計結果をみれば、目標年度である1966年に必要と予想される技術者、技術工、技能工数は1万9,411人、9万7,059人、48万5,293人となっている（表7-1）。この数値は、当時、理想的な技術者、技術工、技能工の構成比と信じられていた1：5：25の構成比にしたがっている。

目標数値を達成するために、基準年度（1961年）より追加的に供給すべき所要人数は技術者、技術工、技能工が各々1万795人、8万5,931人、20万5,623人である。それに対して、1961年の時点で供給可能な数は技術者1万1,320人（理工系大学の年間科別卒業生を基準）、技術工3万1,140人（工業高等学校の卒業生を基準）であるので、技術者は供給超過であるが、技術工においては5万4,791人の不足が発生することになった。一方、技能工として利用できる人的資源は豊富であるので、技能工の不足はないと判断している。そのような推計結果に

表7-1 第1次技術振興5ヵ年計画の技術系マンパワーの推計

(単位:人)

		1961 (基準年度)	1962	1963	1964	1965	1966 (目標年度)	計
技術者	需要量	8,616	10,994	12,814	15,302	17,055	19,411	
	所要量		2,378	1,820	2,218	2,023	2,356	10,795
	供給可能量		2,264	2,264	2,264	2,264	2,264	11,320
	過不足							525
技術工	需要量	11,128	55,509	66,219	78,266	87,739	97,059	
	所要量		44,381	10,710	12,047	9,473	9,320	85,931
	供給可能量				10,380	10,380	10,380	31,140
	過不足							−54,791
技能工	需要量	279,670	282,933	339,131	402,334	444,974	485,293	
	所要量		3,263	56,198	63,203	42,640	40,319	205,623
計	需要量	299,414	349,436	418,164	495,632	549,768	601,763	
	所要量		50,022	68,728	77,468	54,136	51,995	302,349

出所:大韓民国政府『技術振興5ヵ年計画(第1次経済開発5ヵ年計画補完)』*1962年。

よって、技術工の不足が深刻な問題として浮上し、その対策の作成が急がれた。

第四に、産業部門別のマンパワー所要量をみれば、金属および機械部門(27.9%)がもっとも多く、次に3次産業(23.2%)と繊維産業(16.1%)がくる。特に、技能工の場合、金属および機械部門が全体所要量の31.6%を占めている。計画通りの技術マンパワーが充足されれば、その産業部門別構成は1961年から1967年の間に繊維、化学、その他産業の順に28.2%→22.4%、14.4%→12.1%、17.8%→14.5%に減り、金属および機械産業と3次産業の比重はそれぞれ12.1%→20.1%、17.9%→20.6%へ増えることになる。比重が減少する産業部門は比較的技能水準の低い労働力の需要が多い部門と思われる。当時の化学産業の主業種は皮革、ゴム業であり、石油化学のような比較的高度の技術・技能を要する部門はほとんど存在していなかった。その他産業の主業種は食料、煙草、木材、家具、印刷、出版業種である。

産業技術という側面[17]からみても、機械部門の所要量がもっとも多く、全体マンパワー所要量の18.8%を占めている。金属部門を加えれば、28.1%に達する。次に土建、繊維、化学の順に所要量が多い。このように、産業部門別にみても、産業技術別にみても、機械や金属部門の所要量が多く、その結果これらの部門

表7-2 第1次技術振興5ヵ年計画における技術工の確保計画（1962～67年）

(単位：人)

	1962	1963	1964	1965	1966	計	計画期間所要量
工高卒業生			10,380	10,380	10,380	31,140	
職業補導部			6,000	6,000	6,000	18,000	
現場実地訓練		8,000		9,000	10,000	27,000	
自然増加	2,000	2,000	2,000	2,000	2,000	10,000	
計	2,000	10,000	18,380	27,380	28,380	86,140	85,931

出所：表7-1に同じ。

の構成比も増加することになっている。ただ、繊維部門はその比重が減少するものの、依然としてもっとも大きいマンパワーを必要としている。

　第五に、所要量の確保策は次のようである。

　技術者は供給超過であるが、分野別には不足しているところもあるため、専攻別定員数を調整することが必要とされている。技術工の不足は工業高等学校の拡充、職業補導部の設置、現場における実地訓練により充当することになっている（表7-2）。工業高等学校の定員の2割増が計画されているが、それは2次年度から施行されるので目標年度にはその効果が現れない[18]。したがって、5万5,000人の技術工の不足は自然増加分の1万人に加え、職業補導部で1万8,000人、職場の実地訓練で2万7,000人を確保することにより解消することになる。

　具体的には、各工業高等学校に夜間職業補導部を設置し、就業技能工を年間6,000人ずつ2年間の課程で教育し、課程を修了すれば所定の考査を経て技術工資格を付与することにより、1万8,000人の技術工を確保する。また、各企業が自主的に訓練を実施し、訓練を終えた人には所定の考査を経て技術工の資格を付与することにより2万7,000人の技術工を確保する。訓練人員数の基準は、従業員100人以上の企業は平均15人、従業員200人以上の企業では平均25人、従業員500人以上の企業では平均50人とし、このような企業で行われる実地訓練を制度的に裏付けるために職業訓練法を制定することになっていた。しかし、職業訓練法は計画期間中に制定されず、1967年に制定された。なお技能工に対しては、その人的資源が豊富という判断により、確保策についてはふれられていない。

(3) 技能工養成対策の欠如

　第1次技術計画においてもっとも注目される点は、技術工の養成が重要視された反面、技能工養成については考慮がまったく払われていないことである。

　技術工の養成が重視されたことは、前記したように技術系マンパワーにおける技術工の比重が理想的な構成比に比べ著しく低いという認識があったからであった。しかし、技術工が第1次技術計画で「現業に多年間従事し、実技になれ、技術的理論を理解するもの」と曖昧に定義されているように、当時の政策立案者が技術工に対する明確な概念を持っていたわけではない。このような技術工の概念の曖昧さは、1963年から技術工の定義が「理工系の実業初級大学あるいは理工系実業大学の2年以上の修了者および高等学校卒業者として3年以上の該当技術専門分野で従事したものと政府機関が公認する同等以上の資格を所持し現在該当技術専門分野で従事しているもの」と変更され、学歴基準を入れることにより払拭された[19]。

　技術工の定義が曖昧であったのは、当時の政策立案者の技能工の捉え方と関連があった。第1次技術計画は、技能工を「技術面に従事している者の中、技術者、技術工を除くもの（ただし、肉体労働者は除外）」と定義しているが、技能の熟練程度については何ら規定がなかった。技能工の熟練程度に対する規定がなかったので、技術工の熟練程度についても「実技になれ」るという、曖昧な内容になっていた。

　一方、第1次技術計画では技能工として利用できる資源が豊富であるという理由で、技能工養成については政策的な考慮がなされていなかった。全相根によれば、当時の立案者は「技能工に対する概念が間違っており、技能工というのは生産工場や作業場で自然に養成されてくるものと思っていた」という[20]。

　技能工を「生産工場や作業場で自然に養成されてくる」ものとする認識は、当時の雇用構造や技能工の熟練水準を反映したものと思われる。「人的資源調査報告書（1961）」によれば、1961年の技術系人的資源の学力水準はその90％が中学校卒業以下であった。技術者を除く技能工だけの数値はわからないが、技能工の大部分が中卒以下とみても差し支えないであろう。また、技能工の大部分を占める業種は紡織・衣類、皮革・ゴム、建設業のように熟練程度が低い

部門であった。おそらく当時の立案者はそのような低位の熟練は、中卒程度の学歴の持ち主であれば現場で容易に身につけられる程度のものと思っていたのではなかろうか[21]。

　全相根は上記の技能工に関する「間違った概念を根本的に是正するため、その後、職業訓練法が制定され、第2次人力開発5ヵ年計画（第2次技術計画―引用者）において完全に改定された」といっているが、実際に第2次技術計画では技能工を「3年以上の技術職での経験と6ヵ月以上の組織的訓練を必要とする職に従事しているものとして多様な業務に特殊道具を活用しながら作業を遂行するもの」とより明確に定義している。すなわち、第2次技術計画では「3年以上の経験と6ヵ月以上の組織的な訓練を必要とする職」に従事している人だけが技能工と見なされることになり、そのような経験や訓練なしに作業の遂行が可能な職に従事している人は技能工から除外されたのである。

　このような技能工概念の修正がいつ行われたかは明らかではないが、経済企画院が1963年10月に発表した『就業技術系人的資源調査報告』では、技術系従事者といっても6ヵ月未満の熟練を要する職種は調査から除外し、技能工を6ヵ月以上の習得を要する技術職種に従事しているものと定義している[22]。

　経済企画院によるこのような技能工概念の修正は、職業訓練法の制定過程において労働庁[23]との技能工概念に関する論議の中で最終的に確立されたようである。当時、経済企画院は職業訓練法を技術訓練法に名称を変えてその制定を試みていたが失敗し、1964年4月に職業訓練業務を労働庁に移管するが、その過程で経済企画院では金鶴烈次官の主宰する人力関係会議において技能工の概念に関する議論があったという[24]。

　徐相善によれば、人力関係会議では、技能工というのは、3ヵ月ほどの教育訓練を受ければ養成できる水準の労働者を意味するという経済企画院の主張と、最短3年以上の教育訓練を受けなければ所定の技能を保有できないという労働庁の主張が対立し、結論が出せなかったので、結局、金次官の指示で別途の小委員会が構成され、技能工の概念について再び協議するようになった。

　小委員会では、先進国における通常の技能工の概念は労働庁の意見の通り、3〜5年の長い技能習得を要するものであるが、当時韓国政府が第1次技術計画によって養成しようとする技能工は、韓国の産業構造と雇用構造を考慮する

第7章　人材育成

と、労働庁の主張するような類型の技能工を意味するとみることはできないという結論に達した。結局、経済企画院の主張が貫徹されたわけであるが、それ以降、技能工の定義は「技術習得に6ヵ月以上が所要される職種に従事するもの」に定着した。

3. 第2次科学技術振興5ヵ年計画

　第2次科学技術振興5ヵ年計画は第2次経済開発5ヵ年計画の一環として1966年に樹立された[25]。その主要内容は人力（マンパワー）開発、研究開発、技術協力と技術導入からなっており、人力開発に関する主要内容は次のようである。

　第一に、推計結果をみれば（表7-3）、科学技術系マンパワー（専門職を含む）[26]は1965年の60万9,130人から1971年の97万9,180人へ増加し、総雇用人口に対する比率は7.1％から9.4％へ上昇することになっている。専門職を除けば、科学技術系マンパワーは同じ期間中に45万9,750人から75万1,780人へ増加することになる。

　技能群別にみれば、1971年には科学技術者（専門職を除く）8万320人、技術工17万7,950人、技能工49万3,510人になり、その構成比は1：2.2：6.1になることを予想している。1965年の構成比が1：2.0：5.3であるので、技能工の比重が高くなっている。1：5：25を理想的な構成比とする考え方は1960年代の半ばにも依然強かったようであるが[27]、第2次技術計画では第1次技術計画とは異なり、構成比を1：5：25に合わせようとする努力は特に見られない。

　計画期間中（1967～71年）に必要とする科学技術系マンパワーの需給予測をみれば、科学技術者（専門職を除く）は2万1,000人の所要量に対し3万6,000人が供給されるので、1万5,000人の供給超過、技術工は5万7,000人の所要量に対し、実業系学校の供給能力は3万3,000人であるので2万4,000人の不足、技能工は16万5,000人の所要量に対し供給可能量は22万3,000人であるので5万8,000人の供給超過になっている。

　第二に、計画期間中の科学技術系マンパワーの産業別所要量は産業大分類別にしかわからないが、製造業部門が全体所要量の60％以上を占めている。特に、技能工では製造業部門が全体所要量の90％以上を占めている。その結果、科学

表 7-3 第2次科学技術振興5ヵ年計画の技術系マンパワーの需給推計

(単位:人)

		1965	1966	1971	1967〜71
科学技術者及び専門職	需要量	204,200	214,740	307,720	
科学技術者	需要量	54,820	59,540	80,320	
	所要量				21,000
	供給可能量				36,000
	過不足				15,000
技術工	需要量	111,770	120,830	177,950	
	所要量				57,000
	供給可能量				33,000
	過不足				−24,000
技能工	需要量	293,160	328,550	493,510	
	所要量				165,000
	供給可能量				223,000 (実業系高校卒業者 69,000) (非実業系高校卒業者 154,000)
	過不足				58,000
計	需要量(専門職を含む)	609,130	664,120	979,180	
	(専門職を除く)	459,750	508,920	751,780	

出所:大韓民国政府『第2次科学技術振興5ヵ年計画 1967〜1971』*1966年。

技術系マンパワーの産業別構成における製造業の比重は1966年の53.4%から1971年の56.8%へと上昇することになっている。

第三に、第2次技術計画では職種別の所要量がわかるので、その内容をもう少し詳しく見ることにする。技術工の場合は、機械技術工(26.6%)と電気通信工(22.0%)が所要量の半分を占めており、次に農林技術工と繊維技術工がそれぞれ10.1%、9.8%を占めている。職種別の需給状況をみれば、機械技術工と電気通信工の不足がもっとも多く、この2部門の不足人数が技術工の不足人数全体の77%に達している。

技能工の職種別の所要量をみれば、紡織、織造、染色および類似職種の所要量がもっとも多く、全体技能工所要量の34.2%を占めており、その次に金属機械製造工(15.7%)、縫裁裁断毛皮製造工(6.8%)、金属材料製造工(6.3%)があ

表 7-4　第 2 次科学技術振興 5 ヵ年計画における技術工および技能工の確保計画
　　　　（1967〜71 年）　　　　　　　　　　　　　　　　　　　　　　　（単位：人）

		1967	1968	1969	1970	1971	計	備考
技術工	所要量	9,500	10,400	11,300	12,400	13,500	57,100	
	正規教育による供給	5,190	5,910	6,310	7,660	7,640	32,710	
	職業訓練による供給	4,310	4,490	4,990	4,740	5,860	24,390	供給超過の科学技術者からの転入分および技能工からの転入分
技能工	所要量	34,600	33,900	33,400	32,100	31,000	165,000	
	正規教育による供給	11,600	12,400	14,900	14,900	14,900	68,700	
	職業訓練による供給	23,000	21,500	18,500	17,200	16,100	96,300	非実業系高校卒業者
職業訓練による供給の合計		27,310	25,990	23,490	21,940	21,960	120,690	

出所：労働庁『わかりやすい労働白書』* 1971 年、16 頁。

る。技術工とは異なり、技能工では繊維産業のような軽工業部門における需要の増加が機械や金属部門のそれより大きいと予測されていた。それは軽工業部門の労働集約的な性格を反映するものと思われる。

　第四に、計画期間中の技術工と技能工の所要量に対する確保策はつぎのようである（表 7-4）。技術工は供給が不足している唯一の技能群であるが、第 2 次技術計画ではそのような技術工の供給不足は、技能工のような莫大な供給源があるにもかかわらず職業訓練が不十分であるので、技能工から技術工への転入が満足できるほどに実現できないためと把握している。したがって、2 万 4,000 人の供給不足は、科学技術者の供給超過分から技術工へ転入する 1 万 5,000 人と、技能工の中から集中的な職業訓練によって技術工に転入する 9,000 人によってまかなうことになっている。

　技能工は計画期間中に供給超過になることを予想しているが、技能工の供給源の中の組織的な職業訓練を受け技能工の資質を備えている人員は、工業高等学校と海洋水産高等学校の卒業生の 6 万 9,000 人にすぎない。その他の供給源（人文系高等学校、中学校、その他の実業系高等学校の卒業者）は 3 年以上の現場経験や 6 ヵ月以上の職業訓練を必要とする人的資源である。したがって、計画では所要量 16 万 5,000 人のなかの 6 万 9,000 人を除く残りの 9 万 6,000 人は、す

べて職業訓練を通じて充当することになっている。

　第五に、職業訓練法が制定されることになり、技術系マンパワーの確保における職業訓練の役割が非常に大きくなった。約12万人の技術系マンパワー（科学技術者の供給超過から転入する1万5,000人、技術工9,000人、技能工9万6,000人）を職業訓練によって確保するということは前に述べたとおりであるが、そのほかに技術水準の向上のために就業している技術工の10％と技能工のなかの4万2,000人に対する再訓練を計画している。そのような膨大な人数の職業訓練を実施するため、4ヵ所の公共職業訓練所と100ヵ所の事業所内認定職業訓練所を設置することが計画されていた。

　労働庁は第2次経済開発5ヵ年計画にそって「労働事業5ヵ年計画」を作成しているが[28]、その内容は第2次技術計画と概ね一致している。計画期間中に中央職業訓練所1ヵ所と公共職業訓練所1ヵ所、事業所内（認定）職業訓練所100ヵ所を設立し、中央職業訓練所では2,058人の教師を養成および再訓練し、公共職業訓練所では6,200人の技能工を、事業所内職業訓練所では8万1,980人（技能工7万4,880人、監督者7,100人）を訓練することになっている。第2次技術計画と異なる点は、4ヵ所の公共職業訓練所ではなく1ヵ所の中央職業訓練所と1ヵ所の公共職業訓練所が設置されることである。また、第2次技術計画では職業訓練の対象者が約12万人（再訓練は含まず）であったのに対し、労働事業5ヵ年計画での技能工訓練対象者（公共職業訓練と事業所内職業訓練のほかに通信訓練、海外派遣者短期訓練などがある）は監督者訓練を除けば、約12万2,000人になるが、この中に再訓練計画が含まれているのか否かは明らかではない。

　第六に、前述したように第2次技術計画では技能工の定義が「3年以上の経験と6ヵ月以上の組織的な訓練を必要とする職に従事している者」に変更された。このような定義の変更は、政策当局が技能工を自然に養成される存在ではなく、一定の組織的な訓練を通じて養成される存在として認識したという点で重要である。技能工の供給源としては、工業高等学校卒業生、所定の職業訓練を受けた人文系およびその他実業系高等学校の卒業生、中学校卒業生が想定された。工業高等学校卒業生を技術工の供給源ではなく技能工の供給源として見なすこととなり、工高卒業生以外の供給源としては彼らを技能工として養成するための職業訓練所の役割が大きくなった。

4．技術系マンパワー政策の成果

(1) 技術系マンパワー養成のための法制度的整備

産業教育振興法の制定

　文教部は第1次技術計画の樹立に呼応して、文教5ヵ年計画を樹立し、実業教育を強化するための法律の制定に着手した。文教部は、1961年に作成したものの立法化に失敗した実業教育振興法（案）について、1962年に内容を大幅に改訂したうえで再度の立法化を試みた。もとの法案の重点は、実業教育を強化するとともに実業系学校の卒業者の就業を助けるための就業補導機構の設立にあったが、改訂された法案ではその趣旨が、第1次技術計画における技術系マンパワー養成政策を支えるところにあることを明示している。

　文教部は1963年6月に改訂実業教育振興法案を産業教育振興法案に改称して内閣に上程し、同年9月にその制定にこぎつけたが、産業教育振興法の内容は改訂実業教育振興法案とほぼ同じである。すなわち、産業教育振興法は第1次技術計画を文教部門から補完する法として制定されたといえる。

　産業教育振興法の主要内容は、産業教育の振興に関する国家および地方自治団体の義務の規定、実験・実習施設の確保と実験・実習費に対する一部の財政的支援、実科教師の再教育と処遇改善、実科系学生の優遇、教育内容および方法の改善などである。産業教育振興法の制定により、文教部は実業教育を強化する一連の施策を施すことができ、同法は技術系マンパワーの開発のための重要な制度的基盤になった。

職業訓練法の制定

　職業訓練法の制定は第1次技術計画に含まれていたが、実際に制定されたのは第1次技術計画の終了後の1967年1月であった。職業訓練法の制定の背景には、技術系マンパワーに対する急激な需要増加と、既存の学校教育では現場の多様な要求に効果的に対応しにくいという認識があった。しかし、産業教育振興法の制定が順調に行われたことに比べ、職業訓練法の場合は、文教部と商

工部との利害の調整に時間がかかり、その制定が遅れた。

1964年4月に経済企画院から職業訓練業務を移管された労働庁は、同年12月に職業訓練法草案を作成して関係部署に送付した。草案に対して文教部は、実業教育のための別途の機関を設置する必要はないという立場であったが、結局経済企画院の調整によって、文教部は技術教育、労働庁は技術訓練を担当することに整理された[29]。一方、商工部は、草案にある、労働庁長の事業体に対する職業訓練施設設置命令に関する規定について、それが企業あるいは団体に施設運営の負担を課するという理由で反対した。同規定は最終的には削除され、代わりに訓練所の設置と訓練費用の一部あるいは全部を国家が負担することになった。

同法の制定により、政府は実業教育のほかに職業訓練所というもうひとつの技術系マンパワー養成の手段を確保することになった。産業教育振興法は学校教育の体系の中で実業教育振興を明文化した法であり、職業訓練法は学校教育体系の外部で職業訓練を制度化する試みであったといえる[30]。

(2) 技術系マンパワーの量的拡充

第1次、第2次技術計画は計画通りのマンパワーの確保に成功したのであろうか。幸いに韓国政府は1961年の人的資源調査以降、定期的に科学技術系マンパワー調査を行ったため、計画と実績の比較が可能である。表7-5はその調査結果を整理したものであるが、それによると計画は意図したとおりの技術系マンパワーの確保に成功しなかったようである。すなわち、第1次技術計画は目標年度（1966年）に60万1,763人の技術系マンパワーの確保を目標としたが、1965年の調査で把握した技術系マンパワーは45万9,750人にすぎなかった。第2次技術計画では、目標年度（1971年）の技術系マンパワーの計画値は75万1,780人（専門職を除く）であったが、実績は54万8,619人にとどまった。

しかし、韓国政府が遂行した科学技術系マンパワー調査は技術系マンパワーに対する定義上の相違や調査範囲の違いのため、その数値を時系列的に比較するのはあまり意味がない。技術者の場合は、科学者と専門職を含める場合とそうではない場合があり、技能工の場合は、前述したように1963年から6ヵ月以上の習得を要する技術職種に従事するものへと定義が変わった。技術工の場合

第 7 章　人材育成

表 7-5　技術系マンパワー調査別の集計値と調査範囲

（単位：人）

調査年度	科学者	技術者	技術工	技能工	計	備考
1961		8,618	11,128	279,670	299,414	鉱業、製造業、サービス業など各産業分野と技術系官公署および理工系学校に従事する技術者、技能工、技術分野の教育者。
1963		16,201	14,171	180,931	211,303	1 次産業、鉱工業、電気水道業を対象。ただし、1 次産業は技術者と技術工のみ。医療、通信、運輸業は除外。
1965	54,820		111,770	293,160	459,750	専門職を除いた数値。農林業、鉱工業、建設業、電気水道および衛生業、その他サービス業を対象。
1967(1)	2,756		11,642	237,408	251,806	技術工に研究助手を含む。理工系教員は除く。鉱業、製造業、建設業、電気・ガス・水道および衛生、官公署、理工系学校を対象。
1967(2)	13,900		56,400	272,500	342,800	鉱工業、建設業、その他サービス業を対象。
1969	29,613		53,570	322,225	405,480	その他技術職は除いた数値。第 1 産業、運輸、金融、保険を含む全産業を対象。
1970	24,800		57,900	394,700	477,400	農林水産業、鉱工業、社会間接資本およびその他サービス業を対象。
1971	42,612		65,187	440,820	548,619	教職者の中で、科学者と評価できる職能に従事する者は科学者として集計。その他技術職は除く。1 次産業、運輸、金融、保険を含む全産業を対象。
1973	19,404		64,767	585,632	669,803	鉱工業のみを対象。
1975	49,534		78,254	908,924	1,036,712	全産業を対象。教員、医療員、農水産経営者は除外。

出所：1961 年は経済企画院『韓国技術系人的資源調査報告書』、1963 年は経済企画院『就業技術系人的資源調査報告』、1965 年は大韓民国政府『第 2 次科学技術振興 5 ヵ年計画　1967〜1971』、1967(1) は人口問題研究所『わが国人口と関連する科学・技術系人力の綜合的調査研究』*、1967(2) は科学技術処『長期人力需給および政策方向　1967〜1986』*、1969 年と 1971 年は人力開発研究所『科学技術系人力資源調査結果報告書』、1970 年は科学技術処『第 3 次人力開発 5 ヵ年計画──1972-1976』*、1973 と 1975 年は人力開発研究所『科学技術系人力資源調査報告書』。

にも、1963 年からその定義に学歴規定が入る変化があった[31]）。調査範囲においては、鉱工業だけを調査した場合、建設業や電気・ガス業などを含めた場合、第 1 次産業を含めた場合など、調査ごとに異なっていた。

　時系列的な資料として利用するために、鉱工業部門のみの技術系マンパワー

表7-6 鉱工業部門の技術系マンパワー

(単位:人)

調査年度	科学者	技術者	技術工	技能工	計	備考
1961		8,616	11,128	279,670	299,414	
1963		4,483	3,064	158,763	166,310	
1965					353,320	
1967 (1)		1,963	8,520	221,401	231,884	技術者に科学者を、技術工に研究助手を含む。理工系教員と官公署は除外
1967 (2)					244,300	
1969	398	6,680	14,776	285,704	307,558	その他技術職は除外
1970					367,600	
1971	1,246	13,881	46,521	415,248	476,896	その他技術職は除外
1973	1,564	17,840	64,767	585,632	669,803	
1975	64	21,316	58,594	844,017	923,991	

出所:表7-5に同じ。

を別途に整理したのが表7-6である。しかし、この場合でも1965年以前の数値には説明が困難な変動があり、同一基準で調査したものとはみなし難い。ただし、1967年以降は同一機関(科学技術処)が行った調査であり、技術系マンパワーの定義にも変化がないので時系列的な資料として利用できる[32]。

表7-6によれば、1967年(1)から1971年にかけて鉱工業部門における科学技術系マンパワーは23万2,000人から47万7,000人へと約2倍に増加し、1971年から1975年にかけてさらに2倍近く増加した。鉱工業部門における科学技術系マンパワーは1960年代後半から急激に増加し始め、その趨勢は1970年代に入ってさらに加速したことがわかる。

1960年代前半に対する判断は資料上の問題のため留保するしかないが、少なくとも1967年以降技術系マンパワーは第2次技術計画の目標こそ達成できなかったものの、技能工を中心に大きく増加し始めたことは確認できる。

(3) 技術系マンパワーの産業別・職種別構成の変化

第1次技術計画と第2次技術計画は、ともに機械・金属部門の技術系マンパワーの拡充を意図していたが、実績においてもこの部門の拡大が確認される。

まず、技術系マンパワーの産業別構成の変化を鉱工業に限ってみることにする(表7-7)。1961年から1967年までの変化は資料上の制約からあまり意味をな

第 7 章　人材育成

表 7-7　産業別技術系マンパワー

(単位：人、％)

	1961	1963	1967(1)	1969	1971	1973	1975
鉱業	28,342	8,202	17,885	23,898	29,115	31,371	26,972
製造業	217,349	161,774	213,999	291,224	454,528	638,432	895,844
食料品	26,832	4,819	14,195	25,217	25,116	50,965	64,845
繊維	84,505	81,289	80,917	103,235	157,407	237,454	330,911
木材および家具	21,184	5,979	11,560	12,157	11,034	22,052	32,601
紙類および印刷出版		11,052	12,657	15,111	22,428	30,459	33,345
皮革		507	914	3,664		6,828	
ゴムおよび化学	43,172	9,944	21,629	16,348	64,909	61,344	82,476
石油および石炭		33	479	8,465	11,384	5,106	3,266
土石およびガラス		7,242	16,235	19,372	22,960	29,313	46,022
金属	36,349	21,829	17,880	28,062	30,258	45,959	71,238
機械		16,294	28,769	48,887	92,098	106,108	192,020
その他製造業	5,307	2,786	8,764	10,706	16,934	42,844	39,120
鉱工業計	245,691	169,976	231,884	315,122	483,643	669,803	922,816
建設業	36,162	6,271	3,635	30,705	17,610		26,121
電気ガス衛生		4,145	4,205	9,396	8,184		7,482
運輸保管通信				16,306	24,181		69,868
鉄道							10,469
通信							9,014
その他運輸							50,412
			水道は電気ガス衛生に含まれる	その他技術職を含む	皮革はその他製造業に含まれる。その他技術職を含む		皮革は繊維に含まれる

〈構成比〉

	1961	1963	1967(1)	1969	1971	1973	1975
鉱業	11.5	4.8	7.7	7.6	6.0	4.7	2.9
製造業	88.5	95.2	92.3	92.4	94.0	95.3	97.1
食料品	10.9	2.8	6.1	8.0	5.2	7.6	7.0
繊維	34.4	47.8	34.9	32.8	32.5	35.5	35.9
木材および家具	8.5	3.5	5.0	3.9	2.3	3.3	3.5
紙類および印刷出版		6.5	5.5	4.8	4.6	4.5	3.6
皮革		0.3	0.4	1.2		1.0	
ゴムおよび化学	17.6	5.9	9.3	5.2	13.4	9.2	8.9
石油および石炭		0.0	0.2	2.7	2.4	0.8	0.4
土石およびガラス		4.3	7.0	6.1	4.7	4.4	5.0
金属	14.8	12.8	7.7	8.9	6.3	6.9	7.7
機械		9.6	12.4	15.5	19.0	15.8	20.8
その他製造業	2.2	1.6	3.8	3.4	3.5	6.4	4.2
鉱工業計	100.0	100.0	100.0	100.0	100.0	100.0	100.0

出所：表 7-5 に同じ。

さないが、繊維部門が圧倒的な比重を維持している中で、機械・金属部門の比重が大きくなっていく傾向はうかがえる。

1967年以降の産業別構成比はある程度信頼できると思うが、機械、金属、ゴム・化学のような重化学工業分野の比重が大きくなっていくのがわかる。特に機械部門の伸張が注目される。同部門の比重は1967年の12.4%から1971年の19.0%へと6.6ポイント増加した。ゴム・化学部門の比重は同じ期間中に9.3%から13.4%に増加したが、その後1967年の水準に落ちた。ゴム・化学部門の比重の増加は石油化学産業の発展を反映するものであるが、その後の落ち込みは石油危機の影響のためと思われる。

一方、金属部門の比重にはあまり変化がないが、それについて1971年の『科学技術系人力資源調査結果報告書』は、「機械産業を支えなければならない金属産業の成長率が低いのは基幹産業の不均衡を如実に見せていることであり、韓国の経済計画が負っている課題が技術系人力構成にも反映しているもの」とみていた[33]。

もっとも、一番大きなシェアを占めていたのは繊維産業（衣服、靴類を含む）であり、1960年代を通じて30%以上のシェアを維持していた。因みに繊維産業部門は重化学工業化が本格的に始まった1970年代にも30%台のシェアを維持していた。

つぎに、技能工に限って職種別の構成の変化をみることにする（表7-8）。職種別にみても機械関連の技能工が増加していることがわかる。1961年には機械工具操作工（2.9%）、機械修繕工（2.2%）、機械完成工・工具製造工・機械工具整備工（0.9%）をあわせて6.0%であったが、1967年には機械工具操作工（4.3%）、機械修繕工（4.1%）、機械完成・工具製造・機械工具整備工（0.9%）、組立および機械設置工（1.8%）をあわせて11.1%、1971年には機械設備工および機械組立工（4.3%）、その他鍛冶工・工具製作工・工作機械操作工（3.0%）、自動車飛行機エンジン技能工および機械修理工（2.7%）、工作機械操作工・金属研削工・金属研磨工（1.3%）、工作機械整備操作工（0.9%）をあわせて12.2%になる。1971年には自動車飛行機エンジン技能工・修理工が新たな職種として現れ2.7%のシェアを持っていたことが目につく。

職種別にみると最も大きなシェアを占めていたのは繊維部門の技能工であり、

しかも、そのシェアは増加している。織造工・紡績工は 1971 年には 20％に達し、その他の繊維産業関連の技能工（縫裁、裁断、刺繍、染色、編物、紡織機準備工など）を含めれば 35％を超えている。一方、1961 年に大きい比重を占めていた左官（3.2％）、煉瓦工・瓦工（3.2％）、醸造工（3.0％）は 1971 年にはいずれも僅かな比重しか占めていない。

（4）工業教育機関の拡充[34]

工業高等学校についてみると、第 1 次技術計画の期間中（1962～66 年）に 5 校増加し、学生数は 3 万 3,812 人から 4 万 333 人へ 6,521 人（19％）増大した。それは工業高校の定員の 2 割増という第 1 次技術計画にほぼ符合する数値である。しかし、1962～64 年の卒業生数は 2 万 3,548 人にすぎず、かれら全員が 2 年の現場経験を積んでから技術工になったとしても、計画値に達していない。しかも、1963～64 年の工業高校卒業生の就業率は 20％程度に過ぎなかったため、工業高校の拡充による技術工の確保計画は計画に止まったといえよう。

第 2 次技術計画期間中（1967～71 年）に工業高校は 46 校から 59 校に、学生数は 4 万 300 人から 7 万 1,800 人に約 1.8 倍増加した。この期間中に輩出した工業高校卒業生は 7 万 8,235 人であるが、それは計画が目標とした 6 万 9,000 人の実業系高校卒業者を上回る実績であった。しかし、工業高校卒業生の中で就業者数は 5 万 530 人に過ぎず、就業者基準から見れば工業高校による技能工の確保目標は達成されなかったことになる。

一方、第 1 次技術計画では存在しなかった実業高等専門学校が、技術工の養成策として 1963 年に設置された（工業高等専門学校 4 校、水産高等専門学校 1 校、ほかに私立の高等専門学校 4 校の 9 校）。実業高等専門学校は中学校卒業生が入学する修業年限 5 年の学校として、一貫した教育課程の下で実験実習を中心に産業に関する専門的な知識と理論を教授することを目的とするものであった。実業高等専門学校は 1964 年から新入生を募集し、1969 年から卒業生を出した。1968 年の工業系の高等専門学校 5 学年の学生数は 2,192 人であり、工業系の初級大学[35] 2 年生の学生数 1,681 人と合わせて 3,873 人であったが、それは 1969 年の技術工供給計画人員 6,350 人の 61％に該当する。しかし、実業高等専門学校は制度としては定着せず、1970 年に 2 年制初級大学に準ずる専門大学に改編

表 7-8　技能工の職種別構成の

1961		1967	
職　種	構成比	職　種	構成比
織造工、紡織機設置修理工および準備工	13.8	織造工、紡織機準備工	11.4
紡績工および巻糸工	3.9	紡績工および巻糸工	7.6
タイヤ製造工、硬化工およびゴム製品製造工	3.8	**機械工具操作工**	4.3
電気工、電気修理工および類似職工	3.5	ゴム製品製造工	4.3
繊維準備工	3.4	洋服裁縫師	4.1
木工および小木工	3.4	**機械修繕工(電気および精密機械修理工を除く)**	4.1
左官	3.2	陶磁器工	3.0
煉瓦工、瓦工およびタイル工	3.2	製材および製材機設置工	2.5
製紙工	3.1	石炭鉱夫	2.2
醸造工、ビール製造工およびその他類似従業者	3.0	電工	2.2
機械工具操作工	2.9	編物工	2.0
その他化学製品製造従事者	2.8	木工	1.9
採炭夫	2.7	固定機関および類似装置運転工(ボイラー火夫を除く)	1.9
固定機関および類似装置運転工、ボイラー火夫	2.3		
機械修繕工(電気および精密機組立工を除く)	2.2	鋳物工	1.8
鉱夫および採石夫	2.0	繊維準備工	1.8
その他織物および類似製品製造工	1.7	**組立および機械設置工(電気および精密機組立を除く)**	1.8
鋳型工および鋳造工	1.6		
織物漂白工、染色工および完成工	1.5	その他金属製品製造工	1.7
その他鉱夫および採石夫、類似職業従事者	1.5	溶接工	1.7
製パン工および製菓工	1.5	織物漂白、染色および完成工	1.7
支柱夫および坑内運搬夫	1.5	金属非金属鉱石鉱夫	1.5
その他金属製品製造工および金属処理工	1.3	印刷工	1.5
陶器工、粘土成型工	1.3	その他衣類および類似製品製造工	1.4
包装工、荷造工および類似職業従事者	1.3	家具工	1.3
裁縫師、洋裁師および衣類製造工	1.2	パルプおよび製紙工	1.3
その他電気および電子関係職工	1.2	その他鉱夫採石夫および類似職業従事者	1.3
編物工および編物機設置修理工	1.1	酒類製造および類似職工	1.2
貯蔵工、冷凍工および缶詰製造工	1.1	その他化学および化学工程職工	1.2
選鉱夫および選炭夫	1.1	紡織機、編物機設置および修理工	1.1
化学製品製造工	0.9	圧延工	1.0
その他金属製品製造工	0.9	ガラス工	1.0
機械完成工、工具製造工および機械工具整備工	0.9	植字工	1.0
その他単純労働者	0.9	**機械完成、工具製造および機械工具整備工**	0.9
煙草製品製造工	0.8	プラスチック製品製造工	0.9
その他食料品加工処理者	0.8	調味料製造工	0.9
		その他織物および類似製品製造工	0.8
		発電、変電および動力線架設工	0.8

出所：1961 年は経済企画院『韓国技術系人的資源調査報告書』、1967 年は人口問題研究所『わが国人口と関連する開発研究所』『科学技術系人力資源調査結果報告書』。
注：構成比が大きい職種順に 35 位まで記載。太字は機械関連の職種。

推移

(単位:%)

1971	
職　種	構成比
織造工および関連職工	11.2
紡績工および巻糸工	8.4
裁縫工および刺繍工	6.9
機械設備工および'機械組立工	4.3
未熟練工	3.2
その他の鍛冶工、工具製作工および工作機械操作工	3.0
自動車飛行機エンジン技能工および機械修理工	2.7
その他紡績工、織造工、編物工、染色工および関連職工	2.5
その他の化学製品製造工および関連職工	2.3
繊維準備工	2.0
溶接工および切断工	1.8
漂白工、染色工および織物完成工	1.8
編物工	1.8
仮髪工	1.5
ゴム製品製造工	1.5
電信電話施設工および電線架設工、ケーブル接続工	1.4
その他運送装備運転工	1.3
金属鋳造工、金属鋳型工および中子製作工	1.3
紡織機、編物機設置工および準備工	1.3
石炭鉱夫	1.3
製パン工、'製菓工および砂糖製造工	1.3
工作機械操作工および金属研削工、金属研磨工	1.3
その他固定エンジンおよび関連装備操作工	1.3
電子設備工	1.2
パルプおよび製紙工	1.2
電工	1.1
木材処理工、製材工、合板製造工および木材加工関連職工	1.1
ガラス成型工、切断工、研磨工および完成工	1.0
金属圧延工	1.0
植字工	1.0
プラスチック製品製造工	1.0
電気設備工	1.0
板金工	0.9
工作機械整備操作工	0.9
鉄道機関士および火夫	0.9
製靴工および靴修繕工	0.8

る科学・技術系人力の綜合的調査研究」*、1971年は人力

された。

　工業高校、専門学校に加え、技術工養成のために設立されることになった職業補導部は、その施設の設置・運営が円滑ではなかったようである。第1次技術計画にしたがい、1962年に32ヵ所の短期職業補導所を設置して5ヵ月課程で2,000余人を養成し、1963年には1年課程（基礎班6ヵ月、研修班6ヵ月）の16ヵ所の実業技術研修院に改編し、やはり2,000人あまりを養成した。しかし、1964年には修了人員を計画より縮減して330人を養成し、1965年には7ヵ所の研修院を廃止して8ヵ所に縮小し600人を養成する計画であった[36]。その後の実業技術研修院の運営状況は明らかではないが、1967年までに4,374人が修了したと報告されている[37]。

(5) 職業訓練

　第1次技術計画の期間中には職業訓練法が制定されなかったので、職業訓練所を通じた技術工ないし技能工の供給は職場における企業の現場訓練に依存するしかなかった。しかし、1967年1月に職業訓練法が制定、施行されたので、第2次技術計画の期間には職業訓練が技能工養成に重要な役割を果たすことになった。

　1971年の『労働白書』によれば、第2次経済開発5ヵ年計画の1次年度の事業所内職業訓練所16ヵ所、公共職業訓練所20ヵ所、計36ヵ所の訓練所で50種の職種にわたって1万738人の技能労働力を養成した（表7-9）。1970年には事業所内職業訓練所53ヵ所、公共訓練所105ヵ所、計158ヵ所の訓練所で110種の職種にわたって3万588人の技能労働力を養成した。1967～70年の間に約8万6,700人を訓練したが、その中から特殊訓練（教師、経営管理者、監督者を対象とする訓練）を除けば、約7万9,000人になる（この中の技術工は6,811人）。「労働事業5ヵ年計画」にある1970年までの計画値8万4,000人（監督者訓練を除外）を少し下回る水準である。『労働統計年鑑』によれば、1967～71年に職業訓練を受けた人員は公共訓練所約5万2,000人、事業所内訓練所約6万9,000人で、合わせて約12万2,000人になる。「労働事業5ヵ年計画」の計画値12万2,000人（監督者訓練を除外）にほぼ一致する数値である。

表 7-9　形態別職業訓練の推移

(単位：人)

	1967	1968	1969	1970	1967～70
事業所内訓練	3,890	8,022	8,527	13,483	33,922
技能工	3,140	5,918	6,503	11,550	27,111
技術工	750	2,104	2,024	1,933	6,811
公共職業訓練	1,502	7,093	9,878	11,840	30,313
軍委託	1,278	853	777	813	3,721
政府機関	224	510	2,514	2,305	5,553
法人体		784	1,459	4,663	6,906
促進訓練		4,946	4,961	3,690	13,597
農村職業訓練				50	50
技能工			167	319	486
特殊訓練	2,346	1,965	2,766	406	7,483
教師	246	160	195	210	811
経営管理者		105	246	110	461
監督者	2,100	1,700	2,325	86	6,211
通信訓練	3,000	3,100	4,041	4,829	14,970
合　　計	10,738	20,180	25,212	30,558	86,688

出所：労働庁『わかりやすい労働白書』* 1971 年。
注：公共職業訓練の技能工は中央職業訓練院での訓練。

5．おわりに

　第1次技術計画において政策当局がもっともその不足を深刻に認識し、その養成に力を注いだのは技術工であり、技能工の養成には関心がなかった。この背景には、技能工は自然に養成されるものと理解した政策当局の「間違った」認識があったわけであるが、政策当局のこのような認識は、当時の雇用構造や技能程度を反映するものであった。

　しかし、第2次技術計画では技能工の養成が重要な課題として登場する。技能工は6ヵ月以上の習得を要する技術系職種に従事するものと定義され、工業高等学校とともに職業訓練所が技能工の主な養成機関として位置づけられた。技能工定義の変更は、産業構造の高度化による産業界が要求する技能水準の上昇を背景とするが、職業訓練法の制定過程における技能工概念をめぐる議論が

技能工に対する政策当局の理解を深めるのに寄与した。

　政策当局は機械部門の技術工と技能工の養成にもっとも大きな関心を払っていたが、それは、経済成長にともなう機械産業の発展と同部門での技術系マンパワー需要の拡大を見込んだ対応であった。ただ、当時技術系マンパワーをもっとも多く需要していた繊維産業における技術系マンパワーの所要量も依然大きいと予測していた。とくに技能工では繊維産業関連の所要量がもっとも大きかった。

　第1次、第2次技術計画を実行する中で、技能工の養成のための重要な法的な整備がなされた。1963年に制定された産業教育振興法が産業教育に関する国家および地方自治団体の義務を規定し、1967年に制定された職業訓練法が職業訓練費用の一部あるいは全部に対する国家負担を規定することによって、産業教育と職業訓練を支援する法制度的な裏づけが得られた。それにより、政府は1960年代後半には学校教育と職業訓練という技能工養成における二つの手段を確保することになった。

　1960年代を通じて、技術系マンパワーは大きく増加した。少なくとも、調査の一貫性が確保され、調査の信頼性が高くなった1960年代後半をみれば、鉱工業部門の技術系マンパワーは1967～71年の間に約2倍に増加した。

　技術系マンパワーの産業別・職種別の構成をみれば、第1次・第2次技術計画ともにもっとも多い需要の増大を予測した機械産業部門の構成比が大きくなった。とはいえ、1971年の時点でも、もっとも大きな比重を占めていたのは依然繊維産業部門であり、重化学工業中心の構成にはなっていなかった。

　技術系マンパワーの増加や機械部門の技術系マンパワーの比重増加がマンパワー政策の成果と断定することはできない。技術系マンパワー政策の実施有無にかかわらず、技術系マンパワーの需要拡大に対する自然な結果と言えなくもない。マンパワー政策の成果と確実にいえる工業高等学校の卒業生数や職業訓練所における訓練成果をみれば、工業高校の拡充や職業補導部の設置を通じて技能工の確保をはかった第1次技術計画はみるべき成果を上げえなかった。しかし、第2次技術計画は、目標値こそ達しえなかったものの、技術工や技能工の養成に注目すべき成果を上げたと評価できる。特に、工業高校と職業訓練所の役割が重要であった。1967年から1971年の間に鉱工業部門における技能工

は24万人増加したが、その7割に当たる17万人の技能工が工業高校と職業訓練所で養成された（工業高校卒業生の中の就業者が5万人、職業訓練所の修了者が12万人）。

以上から、マンパワー政策は試行錯誤を経ながらも、第2次技術計画が施行される1967年以降には技能工養成のための政策手段が法制度的に確立され、少なくとも技能工の量的な確保という面においては相当な成果を上げたと評価できる。しかし、相当な成果があったことが、経済発展にともない急増する技能工需要に十分に対応できたことを意味するものではない。マンパワー開発計画は目標を達成しなかったし、1960年代末ころには技能工の不足が深刻になっていた[38]。

本章では、技術系マンパワー政策について技能工の量的な成長や法制度的な整備を中心に見たが、マンパワー政策を正しく評価するためには、技能工の質的な面における政策の寄与についても検討しなければならない。そのためには工業高校や職業訓練所の運営の実態に立ち入って分析することが必要である。また、技能工に対するインセンティブシステムについても目を配る必要があろう。いくら供給拡大政策をならべても、技能工になるインセンティブがなければ、技能工になろうとする人はいないであろう。今後は、技能工の質的水準や技能工に対するインセンティブ構造に関する研究が要請される。

注
1）人口問題研究所『わが国人口と関連する科学・技術系人力の綜合的調査研究——（Ⅱ）分析推計編』*科学技術処、1967年、5～6頁。
2）第1次技術計画の前にあった技術系マンパワーの養成の試みとして注目されるのは、1956年に文教部が作成した「実業技術教育5ヵ年計画」と、1959年に復興部が作成した「経済開発3ヵ年計画」である。しかし、この計画は予算不足、4・19学生革命のような政治的な変動により実現しなかっただけでなく、既存技術系マンパワーに対する実地調査を欠いており、あるいは国民経済の動向との関連性が欠如しているという点で、本格的なマンパワー政策とみなすことはできない。
3）技術系マンパワーは技能の程度によって技術者、技術工、技能工に分けられるが、ここでは科学技術者の養成政策については立ち入らない。それは紙幅の限定ということもあるが、科学技術者の養成と技能工の養成はその手段や方法において異なるためである。技術工は技術者と技能工の間の中間的な存在であり、本章でも技術工の養成については触れている。

4）宋基澈は大多数の開発途上国の経済開発計画で、総合計画に付随する人的資源に関する開発計画が軽視されている理由の一つとして、開発途上国では労働力が過剰なのでマンパワーは必要なときにいくらでも動員できるものと考えられていたことを指摘している（宋基澈「経済開発と人力開発」*『人力開発』第1巻第1号、1968年、18頁）。
5）韓国の経済活動人口（労働力人口）や失業者に関する信頼性が高い統計は1962年8月から実施された経済活動人口調査から得られる。『経済開発3ヵ年計画』と『第1次経済開発5ヵ年計画』にある1958年と1960年の失業率は15.4％、24.2％であるが、この二つの計画にある失業者にはいわば不完全失業者や偽装就業者も含まれているものと思われる。しかし、その推計方法の詳細はわからない。1960年代初めには週当たり就業時間が19時間未満である就業者が全就業者の10％程度であったため（朴二澤「1950・1960年代労働力統計──偽装就業および部分就業を中心に」*『経済史学』第40巻第2号、2016年）、それを失業者と看做して失業率を求めば、1963年の失業率は17.3％になる。
6）職業訓練研究所『韓国職業訓練発展史』1989年、149頁。原資料は韓国銀行『経済統計年報』。
7）大韓民国政府『技術振興5ヵ年計画（第1次経済開発5ヵ年計画補完）』*1962年。
8）全相根は李承晩政権の復興部技術管理室、朴正熙政権下の建設部物動計画局技術管理課長、経済企画院調整局技術課長を経て経済企画院技術管理局長になった人物として、1960年代の初中期に経済企画院が遂行した科学技術政策の企画および執行に核心的な役割を果たした官僚である。
9）全相根『韓国の科学技術政策───政策立案者の証言』*正宇社、1982年、8～9頁。
10）ホンソンジュ「韓国科学技術政策の形成と科学技術行政体系の登場、1945～1967」*（ソウル大学校大学院協同課程科学史及び科学哲学専攻博士学位論文、2010年）87～88頁。
11）経済企画院『韓国技術系人的資源調査報告書』1961年。
12）復興部は産業経済の復興に関する総合的計画の立案と実施を管掌する機関として1955年2月17日に企画処を改編して発足したが、1961年5月25日に廃止され、建設部に改編された。
13）ファン（圜）は1953年2月15日から1962年6月9日まで使用された韓国の通貨単位である。
14）建設部は1961年5月26日復興部を改編して発足した。1961年7月22日に経済企画院が新設されることに伴い建設部は廃止され、経済企画院の外庁として国土建設庁が設置されたが、1962年6月18日に国土建設庁を廃し建設部が再設置された。
15）1964年に作成された補完計画は1963年に実施された人的資源調査の結果を基にしている。それによれば、1964年から1966年の間に13万3,447人の新規需要が発生することになっているが、それはもとの計画が推計した18万3,599人より5万人少ない数字である（経済企画院『就業技術系人的資源調査報告』1963年）。
16）1：5：25という比率はコロンボ・プラン事務局から送られた資料を根拠にしたという（前掲「韓国科学技術政策の形成と科学技術行政体系の登場、1945～1967」92頁）。
17）産業技術別分類とは職種に近い概念と思われる。すなわち、機械部門のマンパワーは

第7章 人材育成

産業部門に関係なく、機械関連技術を習得しているマンパワーを意味する。
18) 第1次技術計画では技術工を、現業に一定年数就業し、実技面に熟達しており、技術的理論を理解する者と定義しており、技術工になるためには工業高等学校卒業後、少なくとも2年間の実務経験が必要としている。
19) 経済企画院『就業技術系人的資源調査報告』1963年。このような技術工の定義は第2次技術計画にも受け継がれる。
20) 前掲『韓国の科学技術政策』131頁。
21) 徐相善 によれば、「当時需要が多かった紡織工、織造工のような繊維職種分野を例としてみれば、小学校卒（のちには中卒、高卒にあがった）以上の学歴所持者であれば、入社後短期1週間から長期3ヵ月以内の現場訓練だけで（現場に――引用者）充当することが常例であった。特に1960年代初めにはそのような単純工の就職口でも入ろうとする失職者が多かった時だったので、そのような技能工の充足は可能であった」という（徐相善『韓国職業訓練制度の歩み――制度化過程をめぐる裏話を中心に』*大韓商工会議所、2002年、50頁）。
22) 経済企画院『就業技術系人的資源調査報告』1963年。この報告では、技能工には熟練工、半熟練工、見習工があり、その区別は6ヵ月以上の習得を要する技術職種でどのくらいの経験を積んでいたかによってつけられる。熟練工は3年以上の経験、半熟練工は1年以上3年未満の経験、見習工は1年未満の経験を積んだ人である。
23) 労働庁は1963年8月26日、保険社会部の外庁として発足した。
24) 前掲『韓国職業訓練制度の歩み』54～55頁。
25) 大韓民国政府『第2次科学技術振興5ヵ年計画　1967～1971』*1966年。第2次技術計画は1966年7月に発表されたが、翌月に国務委員金允基が「第2次経済開発5ヵ年計画にともなう科学技術要員需給対策報告書」を提出した（金允基「第2次経済開発5ヵ年計画にともなう科学技術要員需給対策報告書」1966年8月2日、国家記録院　国務会議案件綴）。この報告書は1966年5月4日の大統領指示によって作成されたものであるが、人力需給計画の内容は第2次技術計画の人力開発部分と同じ内容である。
26) 専門職には教員、医療技術者（医師、歯科医師、薬剤師、看護士）、海技員が含まれる。
27) 1：5：25を理想的な構成比と見る考え方は1967年に発刊された前掲『わが国人口と関連する科学・技術系人力の綜合的調査研究――（Ⅱ）分析推計編』26頁においても依然維持されていた。
28) 労働庁『労働事業5ヵ年計画　1967～1971』*1966年。
29) 前掲『韓国職業訓練制度の歩み』71頁。
30) 前掲「韓国科学技術政策の形成と科学技術行政体系の登場、1945～1967」128頁。
31) 1965年調査の技術工数が突出して多くなった理由は不明である。
32) 1967（1）の科学技術者と技術工の数が他の調査に比べ極端に少ない理由は不明である。
33) 人力開発研究所『科学技術系人力資源調査結果報告書』科学技術処、1971年、13頁。
34) ここで利用している統計数値は文教部『文教統計年報』による。
35) 初級大学は高等学校卒業者を対象とする2年制大学であり、1960年までに12校が設

立された。1961年以降、経済開発5カ年計画の推進にしたがって、教育目標を産業振興に必要な中間技術者、すなわち技術工の養成に改編しながら発展し、1964年には34校に増加した。しかし、1963年に新設された実業高等専門学校が技術工の養成を担うことになったため、1966年には14校に減少し、その後も減少が続き、結局1979年に既存の初級大学と専門学校を専門大学に統合、改編することにより廃止された。

36) 経済企画院『科学技術年鑑 1965』1965年、17頁。
37) 科学技術処『科学技術年鑑 1968』1968年、80頁。ここでは実業技術員養成所となっているが、名称の変更の時期は確認できなかった。
38) 科学技術処『科学技術年鑑 1969』73頁は、技能工不足の要因として、技能工に対する貧弱な誘引構造、職業訓練の小規模性および実業系学校の不健全な運営などを指摘している。

第8章 技術革新——機械工業の設備投資と生産管理

宣在源

1. はじめに

　技術とは、ある財貨を効率的に生産するために知識を実際に適用する能力である。技術革新は、研究開発投資、設備投資、人材の質的向上、生産管理の過程において発生するが、その際、技術革新を担う人材の養成が重要な課題となる。第二次大戦後から1950年代韓国における人材の養成は、①国立研究所と各大学および工場の連携による技術者の短期養成、②戦前満州、日本、朝鮮内において多様な経路を通じて習得した技能に対する検定試験を通じた資格付与、③高級技術者の海外派遣、④短期間で再整備された学校制度を通じた卒業生の輩出などの方式でなされた[1]。本章の目的は、1960年代の韓国における研究開発投資、設備投資、生産管理について機械工業を中心として考察し、当時の技術革新の実態を明らかにすることである。その際、技術革新とは新規設備導入によるだけではなく、効率的なモノづくり能力と生産過程において発生する問題の解決によって進められる[2]。

　韓国経済発展初期段階における技術革新についての既存の研究は、重化学工業化時代といわれる1970年代以降を主たる対象時期としており、1960年代の変化に関する関心は比較的薄い。その理由は、大規模な設備投資による急激な労働生産性の上昇を実現した1970年代が経済発展にとって決定的に重要な時期であったとみなしているためである。漸進的な労働生産性の向上を実現した1960年代には注意が向かいにくかったからであろう[3]。韓国経済発展の初期段階である1960年代については、政府主導により経済発展が進められたとする評価が一般的である。それに対して経済計画と実績とのギャップについて新資料を発掘して綿密に分析し、これまで政府の役割が過大に評価されていたと批

判する著作が最近刊行されている[4]。必ずしも技術革新を重点的に分析した研究ではないが非常に参考になる。

　本章では、第一に、韓国の1960年代における研究開発投資について、時系列的な推移を考察し国際比較を行う。第二に、第二次産業における設備投資、生産の増加およびその要因、そして機械工業における生産実績と輸出入について分析する。第三に、このような研究開発と設備投資を基盤にして行われた、機械工業における設備利用法の改良による設備効率化と製品品質改善などの生産管理について考察する。最後に、以上の技術革新がどのような経路を通じて労働生産性向上に繋がったのかについて明らかにする。以上のように1960年代韓国における技術革新の全構成要素について分析するが、研究開発投資が十分ではなかった時期であったため設備利用法の改良と人材の質的向上および生産管理に注目しながら分析する。

2．研究開発

(1) 推移

　韓国の研究開発関連統計は、1963年から集計された（図8-1）。韓国における研究開発は研究開発費の対GDP比を基準にみると、1960年代後半と1970年代に小幅に伸びた後、1980年代前半から急激に伸びている。開発研究員数を基準にみると、1963年から1970年代前半まで小幅に伸びた後、1980年代前半から急激に伸びている。一方、韓国における研究開発費を政府と民間に分けてみると、1960年代の研究開発は政府主導で進められたが、その金額の割合は1974年に政府46.5％、民間53.5％になり、民間の研究開発投資が政府の研究開発投資を超えことになった[5]。以後、政府の投資額が民間の投資額を上回るときもあったが、1982年以後は一貫して民間投資額が過半を占め続けた。以上のように韓国における研究開発は、1980年代前半に拡大期を迎えており、本章の分析対象である1960年代においては政府主導により1980年代以降ほどではなかったが徐々に伸びていたことがわかる。

第8章 技術革新

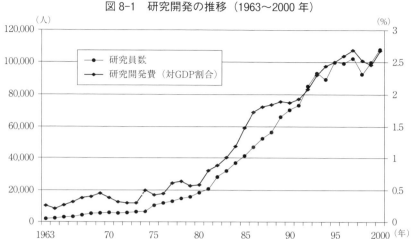

図 8-1 研究開発の推移（1963～2000 年）

出所：シン・テヨン『研究開発投資と知識蓄積量の国際比較』*科学技術政策研究院、2002 年、3～8 頁（原資料は科学技術部『科学技術研究活動調査報告』各年版、産業技術振興協会『産業技術主要統計要覧』各年版、統計庁『韓国主要経済指標』各年版）。

(2) 各国比較

1960 年代において各国国民所得の中の「研究投資」の割合は、米国が 3.28%、イギリスが 2.94%、ソ連が 2.59%、西ドイツが 1.98%、日本が 1.78%、フランスが 1.47% で、韓国は 0.29% であった（表8-1）[6]。すなわち 1960 年代前半における韓国の対国民所得研究開発水準は、日本の 5 分の 1、米国の 11 分の 1 の水準であった。1960 年代の韓国は国民所得水準が低かったため、国民所得に対する研究開発投資の割合は先進国に比べて低かった。そのために当時韓国は研究開発投資を政府支出に依存せざるを得なかったのである。

国内総投資中の研究開発投資の高さを可能にした理由は、政府主導で研究開発投資が行われていたことである。当時韓国の総研究投資における政府支出割合は 88.8% で、表 8-1 に示した国々と比べて圧倒的に高かった。一方、1960 年代韓国における総政府予算の中で研究開発予算の割合は日本と比べて 3 分の 1、米国と比べると 10 分の 1 の水準にとどまっていた。このように、韓国における研究開発が他国と比べてかなり低い水準であったのは、自主技術開発のために投資するほどの余裕が未だなかったからであった。

表 8-1 研究開発の各国比較（1960 年代）

(単位：%)

	韓国	日本	米国	イギリス	西ドイツ	フランス	ソ連
国民所得中研究投資割合	0.29	1.78	3.28	2.94	1.98	1.47	2.59
国内総投資中研究投資割合	1.5	3.4	16.5	…	…	…	…
総研究投資中政府支出割合	88.8	29.0	7.0	52.0	48.0	20.0	…
総政府予算中研究予算割合	0.96	2.80	10.60	5.70	2.15	…	4.09

出所：韓国生産性本部『我が国工業発展における技術寄与の分析』* 1965 年、102～109 頁（原資料は、米国は NFS, *Reviews of Data on Research and Development*, No 16, 1963、*Survey of Current Business*, 1960、イギリスは『科学政策審議会』、ソ連、西ドイツ、日本、フランスは科学技術庁『科学技術白書』、総理府統計局『科学技術調査報告書』、経済企画院『経済要覧』、韓国は経済企画院『研究機関実態調査』1965 年、韓国銀行『経済年報』）。

注：国民所得中研究投資割合の調査年は、韓国 1964 年、日本 1962 年、米国 1961 年、イギリス 1961 年、西ドイツ 1962 年、フランス 1961 年、ソ連 1962 年。国内総投資中研究投資割合は韓国 1962～63 年、日本 1961～62 年、米国 1960～61 年の平均値。総研究投資中政府支出割合および総政府予算中研究予算割合の調査年については資料に具体的な説明がないが 1960 年代前半のものと推定される。

(3) 投資の内容

ここでは 1960 年代韓国における研究開発の中身について、研究機関および研究員の状況、研究開発予算編成の構造を示した表 8-2、付表 8-1（後掲）を参照しつつ検討しよう。

第一に、学問分野別に考察する。研究機関数では工学と農学が大半を占め、研究員数では工学が半数近くを占めている。研究組織の平均規模は 1965 年には工学 33.3 名、医学 25.9 名、農学 20.4 名であり、工学分野の研究組織が相対的に大きい。人件費総額を研究員数で割った年間研究員一人当たり人件費は、工学分野 19 万ウォン、農学分野 18 万ウォンであり、両分野においてそれほど変わらないといえる。したがって学問分野別の研究開発投資は、工学分野に重点がおかれていたとはいえ、農学分野から人材が流出してしまうほどではなかったと判断される。

第二に、研究組織別に見ると、研究機関数も研究員数も国公立研究機関が圧倒的な割合を占めていた。研究組織の平均規模は 1965 年を基準にすると国公立研究機関 31.3 名、大学 35.2 名、民間企業 8.6 名であり、民間企業の研究機関

第8章　技術革新

の小ささがわかる。ただし、前述のように1974年に民間の研究開発投資が政府のそれを上回るようになった基盤はすでに形成されていた（付表8-1）。また各研究機関別の研究員の割合は、国公立研究機関71.8％、大学16.5％、民間企業5.2％であり、研究開発に携わる研究員は国公立研究機関に集中していた。全研究機関の中での国公立研究機関の研究開発予算の割合は、研究費81.1％、人件費76.0％、施設費86.7％、事業費98.7％、行政管理費77.0％であった。したがって、研究機関の平均規模においては大学が国公立研究機関を上回っていたとはいえ、研究全体が国公立研究機関を中心に進められていたことは間違いなかった。

　第三に、産業別に見ると研究機関数は保健・医療、農林、金属機械・化学繊維の順序であるが、研究員数では農林、金属機械・化学繊維、保健・医療の順である。研究機関の平均研究員数は、1965年を基準にすると農林23.4人、金属機械・化学繊維33.9人、保健・医療15.0人であり、多数の研究機関や研究員を抱え込んでいた産業の中で金属機械・化学繊維産業における研究機関が相対的に大きかった。一方研究費および人件費は、農林、電力・通信・運輸・原子力、金属機械・化学繊維に多く配分され、施設費は電力・通信・運輸・原子力に多かった。これに対して事業費は当時の主たるエネルギーであった石炭の開発と関連して鉱業に集中的に配分された。

　以上のように1960年代半ばの研究開発は、農林業や金属機械・化学繊維産業の国公立研究機関における農学や工学分野専門研究員を中心に行われていた。しかし、その絶対額が少なかったため施設費や事業費に多額の投資ができず研究費や人件費と同水準にとどまり、設備投資に大幅に配分される状況ではなかったことがわかる。

3．設備投資と機械工業の実績

（1）設備投資

　1960年代前半の設備投資の総額は、表8-3に示されるように不規則に変動している。設備投資の内訳では約50％が運輸部門に投資された1960年の状況か

表 8-2 学問別・組織別・産業別の研究機

	研究機関数		研究員数		研究費	
	1964	1965	1964	1965	1964	1965
学問別						
工学	29	29	977	965	105	124
医学	13	13	263	337	39	26
農学	31	32	536	654	130	215
その他	4	5	130	179	26	44
計	77	79	1,906	2,135	300	409
組織別						
国公立	48	49	1,469	1,533	237	334
大学	9	10	217	352	28	24
民間企業	13	13	94	112	15	28
その他	7	7	126	138	19	22
計	77	79	1,906	2,135	299	408
産業別						
農林	21	22	410	515	93	162
水産	1	1	106	106	35	50
金属機械・化学繊維	15	15	513	509	37	43
鉱業	3	3	175	157	5	4
土木建築	2	2	76	99	5	7
その他1	3	4	48	93	15	31
電力・通信・運輸・原子力	6	6	205	215	46	47
保健・医療	23	23	265	344	46	40
その他2	3	3	108	107	18	24
計	77	79	1,906	2,145	300	408

出所：韓国生産性本部、前掲『我が国工業発展における技術寄与の分析』77～96頁（原資料は、
注：1）学問別と産業別で合計値の差が生じているのは各項目を各々四捨五入して合算したた
　　2）学問別工学部門1965年の事業費が出所資料443百万ウォンになっているが産業別各
　　3）産業別研究員数1965年の計が学問分野別や組織別の計と異なるが修正する根拠がな
　　4）その他1は第2次産業、その他2は第3次産業、第1次産業のその他研究開発費は無

ら、1961年以後はその金額が急激に減少し、代わりに非居住用建物部門や構築物・工作物部門の設備投資額が2倍近く増加したが、機械設備部門はその水準に達していない。一方、生産指数は、設備投資が伸び悩んでいた1961年と1962年においても増加しており、設備投資が1960年水準に回復した1963年と1964年には大幅に増加した。その増加の要因はどこにあったのだろうか。

　韓国生産性本部は、米国製造業の生産函数（$P = 1.35 * 0.30(K) * 0.63(L)$、1899-1922）とオーストラリア製造業の生産函数（$P = 0.17 * 0.23(K) * 0.84(L)$、1907-

第8章 技術革新

関数・研究員数・研究開発費

(単位:所、人、百万ウォン)

人件費		施設費		事業費		行政管理費	
1964	1965	1964	1965	1964	1965	1964	1965
184	214	192	230	265	243	58	62
31	33	46	33	13	25	32	17
95	124	26	160	38	48	25	35
41	43	15	19	2	4	14	20
351	414	279	442	318	320	129	134
273	314	194	384	314	513	89	104
5	5	20	15	1	2	18	3
17	22	13	24	3	4	2	2
55	72	53	20	1	1	19	26
350	413	280	443	319	520	128	135
77	101	26	64	38	49	13	16
16	18	0	95	0	0	11	16
60	71	62	44	5	8	12	9
25	28	2	2	245	185	6	5
17	21	10	4	4	22	3	5
13	15	31	25	7	22	5	3
71	86	94	157	4	6	33	43
34	34	40	34	13	25	34	19
37	39	13	18	2	3	12	18
350	413	278	443	318	320	129	134

経済企画院『研究機関実態調査』1965年)。
めである。
項目事業費と照らし合わせて243百万ウォンと修正した。
いため出所資料のままとした。
し。

1929、$P=1.14*0.20(K)*0.78(L)$、1901-1927)、そして1960年代インド製造業の生産函数 ($P=5.68*0.63(K)*0.53(L)$) を参照しながら韓国製造業の生産函数 ($P=1.149*0.31995(K)*0.78420(L)$、1953-1963) を算出した[7]。この生産函数に基づいて測定した1960年代前半の韓国における生産増加の寄与度は、生産性増加が6割を超え、労働量増加を大幅に上回っていた(表8-4)。ここで労働量増加は労働投入量の増加、生産性増加は設備投資による労働生産性上昇、複合要因は技術、生産管理、品質管理、制度、熟練などを指している。産業別に

表 8-3　部門別設備投資と産業別生産指数の動向

	1960	1961	1962	1963	1964
設備投資（十億ウォン）					
機械設備	5.69	5.34	6.46	7.90	7.15
運輸設備	18.10	1.95	2.27	4.63	3.17
建物（非居住用）	5.95	5.17	8.03	8.78	10.59
構築物・工作物	6.13	9.00	9.92	13.17	11.30
計	35.87	21.46	26.68	34.48	32.21
生産指数					
鉱業	100.0	113.4	134.6	153.6	169.1
製造業	100.0	104.3	121.8	137.8	147.2
電気業	100.0	104.3	116.5	130.1	159.1
全産業	100.0	105.0	123.5	139.8	151.0

出所：韓国生産性本部、前掲資料（原資料は、韓国銀行『韓国統計年報』1965年版、16～18）。

表 8-4　産業別生産増加要因（1960～64年）

（単位：%）

	生産増加	労働量増加	生産性増加	複合要因
鉱業	100.0	53.3	34.2	12.5
製造業	100.0	22.0	70.6	7.4
電気業	100.0	5.9	90.9	3.2
全産業	100.0	26.5	64.7	8.8

出所：韓国生産性本部、前掲資料、34頁。（原資料は、韓国生産性本部『生産性統計』第6号）。

見ると、鉱業では労働量増加の寄与度が設備投資より大きく、複合要因も他の産業におけるより高い寄与度を示している。製造業では労働量増加より設備投資の寄与度が高く、複合要因の寄与度は鉱業よりは低かったが電気業よりは高かった。電気業の生産増加は設備投資の寄与度が圧倒的に大きく複合要因の寄与度は鉱業と製造業より低かった。

以上のように1960年代前半において韓国の製造業、電気業の生産増加は設備投資による生産性増加要因が一番大きく、労働量増加要因がその次で、複合要因は低かった。

(2) 機械工業の生産実績と輸出入

　それでは生産性増加の実状について、産業発展の基盤であり技術水準の指標にもなる機械工業を取り上げて考察してみよう。1960年代の韓国機械工業は、着実に生産実績を上げていた（表8-5）。ただし、一般機械の生産が1963年と1964年に、電気機械の生産が1964年に伸び悩んでいた。一方、輸送用機械の生産は引き続き伸びており、全部門生産も伸びている。他方、輸入額は、1960年代前半の一般機械、電気機械、輸送用機械すべての部門において拡大した（表8-5）。輸入額が1963年に急増し1964年に減少した理由を当時の代表的な機械工業企業であった韓国機械[8]を事例として説明すると、1961年に機械類の

表 8-5　生産指数と機械類輸出入の推移

(単位：千ドル、％)

		1960	1961	1962	1963	1964
生産指数	一般機械	100.0	145.9	199.7	147.3	134.7
	電気機械	100.0	134.9	248.8	325.0	161.6
	輸送用機械	100.0	146.8	148.2	275.6	286.4
	計	100.0	142.5	198.9	249.3	260.7
輸入	一般機械	28,412	22,389	34,452	61,942	38,213
		70.9	52.8	49.4	53.6	55.0
	電気機械	10,455	18,723	28,709	22,331	19,682
		26.1	44.2	41.1	19.3	28.3
	輸送用機械	1,219	1,281	6,619	31,295	11,624
		3.0	3.0	9.5	27.1	16.7
	計	40,086	42,393	69,780	115,568	69,519
		100.0	100.0	100.0	100.0	100.0
輸出	計	88	884	1,446	4,067	2,204

出所：韓国生産性本部、前掲資料、147～148 頁（原資料は、輸出入は『韓国統計年鑑』、生産指数は、韓国銀行『調査月報』）。

大半を輸入したが、1962 年に一部国内産化を進め、1963 年以降、国内産の比重を伸ばしたためである[9]。一方、輸入額に比べると少額ではあったが、1964 年における輸出額は 1960 年に比べて 20 倍以上拡大したことが注目される。このように生産指数と輸出入額において伸びていた 1960 年代の韓国機械工業は、生産額を基準にした全産業における比重が約 8％ で、工業化が韓国より進んでいた台湾と同水準であった[10]。

1960 年代前半において韓国の機械工業が生産実績を伸ばして少額ながらも輸出額を増加させた原因はどこにあったのだろうか。1963 年における機械類を生産する事業所数は 682ヵ所で 1960 年の 528ヵ所と比べ 30％ 伸びている[11]。従業員数は 1960 年の 9,584 名から 1963 年の 1 万 3,661 名へと約 40％ 伸びている。これは事業所の平均規模が小幅ではあるが拡大したことを意味する。1963 年における生産指数が 1960 年に比べて 250％ 近く伸びている間に（表 8-5）、販売価格指数は 1960 年の 100 から 1963 年の 124 へと 20％ 程度しか伸びていない。しかし付加価値額は 1960 年の 6 億 5,400 万ウォンから 1963 年の 14 億 4,400 万ウォンへと 120％ 伸びている。これは、販売額がそれほど伸びていないが生産性を

上げて付加価値を上昇させたことを意味する。このような生産性向上は、どのような過程を通じて実現されたものであろうか。以下では設備効率化と品質改善に注目しながらそのプロセスを探ってみる。

4. 生産管理——『機械工業技術実態調査』分析

ここでは1960年代の韓国機械工業における設備効率化と品質改善の中身について検討する。ここで用いる資料は、産業政策の司令塔であった経済企画院が機械工業の育成のために関連機関に依頼して1965年8月31日現在を基準に、同年9月15日から11月3日までの50日間に行った実態調査である[12]。この調査の対象となった事業所は、韓国標準産業分類に基づく一般機械製造業、電気機械器具製造業、輸送用機械器具製造業(ただし必要に応じて製材木製品、ゴム製品、第1次金属、金属製品製造業を含む)の中の従業員数200人以上(A級)22ヵ所、100人~199人(B級)28ヵ所、100人未満(C級)95ヵ所、合計145ヵ所である。

(1) 設備効率化

この調査の総合報告書では、1965年時点で行った生産施設と各要素との相関関係について明らかにすることを意図して、業種、地域、規模にかかわらず全調査対象の10%に当たる15ヵ所の事業所をサンプルとして分析している。表8-6によれば、その内容は次の通りである。

第一に、設備と稼働率との相関関係については、新規設備ほど稼働率が高いとはいえない。その理由は、導入された新規設備は専門性が高く、既存設備との食い違いがあったためと予想される。第二に、新規設備は新規の技術者、技術工、技能工[13]を必要としたのかについてみても、必ずしもそうはいえないことがわかる。その理由は、新規設備が導入されても必ずしも若い年齢層の技術者、技術工、技能工がその新規施設部門に配置されていなかったためであったと推測できる。第三に、新規設備は高学歴の技術者、技術工、技能工を必要としたのかについてみると、両者の相関関係は高かった。その理由は、新規設備が導入された部門には年齢とは関係なく高学歴の技術者と技術工が配置された

第8章 技術革新

表8-6 機械工業における生産設備の平均使用年数と各生産要素との相関関係（1965年）

企業	設備平均使用年数(年)	稼働率(%)	技術職平均年齢(歳)	学歴係数	品質係数	技術職人員数(人)
1	4.4	90	33	2.1	3.0	38
2	5.0	20	32	1.3	3.0	10
3	5.0	30	29	1.9	2.1	40
4	5.6	30	33	1.6	3.0	42
5	5.7	100	31	1.3	3.0	19
6	5.7	50	27	1.7	3.0	446
7	6.2	50	37	1.6	3.3	148
8	6.4	70	33	1.6	4.0	150
9	6.5	80	30	1.8	3.0	32
10	6.5	70	31	1.1	2.0	7
11	8.0	50	34	3.1	2.0	8
12	8.9	50	27	1.2	1.0	16
13	10.8	60	29	1.3	2.0	13
14	13.5	70	35	1.9	2.0	8
15	20.0	50	35	1.1	3.0	30

出所：韓国産業技術本部『機械工業技術実態調査総合報告書』1965年、15頁。
注：1）学歴係数は、大学卒5、初級大学卒4、高校卒3、中学卒2、その他1。
　　2）品質係数は、KS（Korea Industrial Standard, 韓国産業標準）または国際水準と同等品4、同上近似品3、普通2、水準以下1。

表8-7 機械工業製品の品質水準（1965年）

(単位：上段・個数、下段・%)

	KS／国際水準（A級）	KS／国際水準近似品（B級）	普通／B級未満（C級）	国内水準未満（D級）	計
第一次金属	0 —	14 82.4	3 17.6	0 —	17 100.0
一般金属製品	14 28.0	19 38.0	15 30.0	2 4.0	50 100.0
一般機械	32 11.4	130 46.4	109 38.9	9 3.2	280 100.0
電気機械器具	21 27.3	40 51.9	12 15.6	4 5.2	77 100.0
輸送用機械器具	33 37.1	31 34.8	20 22.5	5 5.6	89 100.0
計	100 19.5	234 45.6	159 31.0	20 3.9	513 100.0

出所：韓国産業技術本部、前掲『機械工業技術実態調査総合報告書』175頁。
注：KSはKorea Industrial Standard（韓国産業標準）。

表 8-8 機械工業製品の欠

欠陥	比較件数	指摘件数	比較件数当指摘件数	性能	耐久性	精密度
第一次金属	6	10	1.7	1	4	2
一般金属製品	17	44	2.6	10	12	15
一般機械	102	270	2.6	35	78	73
電気機械	18	44	2.4	11	9	6
輸送用機械	37	81	2.2	10	20	19
その他	15	33	2.2	4	10	11
計	195	482	2.3	71	133	126

原因	比較件数	指摘件数	比較件数当指摘件数	原副資材料			工程・管理		
				規格未達	規格不均等	その他	工程	品質管理	工作熱処理
第一次金属	6	19	3.2	3	2		6	2	1
一般金属製品	17	72	4.2	7	4		7	9	10
一般機械	102	437	4.3	67	18	12	31	50	52
電気機械	18	69	3.8	10	6		2	9	6
輸送用機械	37	138	3.7	25	3	4	8	20	14
その他	15	52	3.5	5	3	1	7	10	8
計	195	787	3.8	117	36	17	61	100	91

出所：韓国産業技術本部、前掲『機械工業技術実態調査総合報告書』176～178頁。

ためであろう。第四に、設備と製品品質との相関関係については、既存設備との組み合わせがうまくいかない限り製品品質の改善に絶対的な影響を与えることはできないことを示している。

以上の調査結果から1960年代半ばの韓国機械工業においては新規設備導入が直ちに労働生産性の向上へ結びつく状況ではないことがわかった。当時の政策当局者はこの点に気づき、企業はその提案を受け入れて設備効率化に励むことで労働生産性の向上へつなげることができたのである[14]。

(2) 品質改善

1960年代半ばの韓国における機械工業製品の品質は如何なる水準であったのだろうか。機械工業製品の品質の水準は、KS（Korea Industrial Standard、韓国産業標準）[15] あるいは国際水準と同レベルかそれ以上のもの（A級）、KS あるいは国際水準に近似するレベルのもの（B級）、KS あるいは国際水準に至らないレベルのもの（C級）、以上の品質にはるかに至らないレベルのもの（D級）と

陥と原因

(単位:件)

組立	便宜性	塗装	包装	その他
		2		1
		1		6
19	4	16	2	43
	1	7	1	9
5	2	7	2	16
		5		3
24	7	38	5	78

その他	施設・環境					技術人力		
	機械性能	設備装置	施設管理	環境	その他	構造	水準	訓練
1	1				1	2		
	5				13	10	6	1
23	51	8	6	19	44	40	12	4
3	3	2	2	3	8	7	5	3
2	12	3	9	5	12	16	3	2
2	3	1	3		3	3	3	
31	75	14	20	27	81	76	31	10

4区分されているので、以下この区分を用いて考察する[16]。

　第一次金属製造業[17]は、主にB級品質の商品を生産していたが、一般金属製品製造業はA級、B級、C級の商品をほぼ同等の割合で生産していた（表8-7）。電気機械器具製造業では半分近い製品がB級であり、輸送用機械器具製造業ではほとんどの製品がA級、B級であった。全体品目の半分以上を占めている一般機械製造業は、B級が半分近く、C級が4割近い反面、A級は1割を若干上回る程度であった。以上のように1960年代半ばの韓国の機械工業製品は、韓国産業標準（KS）に合格できるものは20％程度に過ぎず、残る80％のものは品質水準を至急に上げる必要があった。

　こうした課題に直面していた各企業は、品質改善のために製品の欠陥を見つけ、その原因を探りながら生産性向上に励んでいった（表8-8）。

　第一次金属製品は、耐久性、精密度、塗装において欠陥があったが、それは主に工程管理に問題があったためとされている。一般金属製品は、主に性能、耐久性、精密度において欠陥があったが、それは部品には比較的問題が少なか

表 8-9　機械工業における種目別技術訓練

	品質管理	工程管理	機械操作／運転	溶接／鍛金／配管	鋳物／溶解
第一次金属	41	—	—	—	29
	41.8	—	—	—	29.6
一般金属製品	—	—	60	—	—
	—	—	98.4	—	—
一般機械	160	54	253	8	9
	17.3	5.8	27.4	0.9	1.0
電気機械機器	1,378	235	20	44	—
	74.8	12.8	1.1	2.4	—
輸送用機械器具	70	1,634	1,663	73	20
	1.2	28.1	28.6	1.3	0.3
計	1,649	1,923	1,996	125	58
	18.8	22.0	22.8	1.4	0.7

出所：韓国産業技術本部、前掲『機械工業技術実態調査総合報告書』92、181頁。
注：技術職従業員数の下段の数値は、技術職従業員一人当たり技術訓練の回数。

ったものの工程管理、施設および環境、「技術人力の構造」すなわち労働力構成に問題があったためであるという。なお、ここで労働力構成の問題というのは、1965年韓国機械工業における技術者、技術工、技能工の割合が理想的と言われる1：5：25ではなく1：1.22：40.96であったことを指している[18]。電気機械製品も、主に性能、耐久性、精密度において欠陥があったが、それは部品の規格、品質管理、施設および環境、労働力構成に問題があったためという。輸送用機械器具製品は、主に耐久性、精密度において欠陥があったが、それは部品の規格の食い違いと品質管理や工作熱処理の不具合が主たる原因とされている。比較件数が全体の半分以上を占めている一般機械製品は、主に耐久性と精密度において欠陥があったが、それは部品の規格の食い違いが最大の原因であり、品質管理、工作熱処理、機械性能に問題があったとされている。

したがって、1960年代半ばの韓国機械工業における品質改善のあるべき方向は、設備機械の性能向上というよりも、部品の規格の食い違い、工程管理、品質管理、工作熱処理に置かなければならないと分析されていた。

それでは1960年代の韓国機械工業において品質改善のための技術訓練は如何

の人員数

(単位：上段・人、下段・%)

熱処理／冶金	作業管理	技術学科	安全管理	生産管理	計	技術職従業員数
10	14	—	3	1	98	498
10.2	14.3	—	3.1	1.0	100.0	0.2
1	—	—	—	—	61	733
1.6	—	—	—	—	100.0	0.1
136	1	301	—	3	925	5,229
14.7	0.1	32.5	—	0.3	100.0	0.2
—	—	165	—	—	1,842	2,443
—	—	9.0	—	—	100.0	0.8
116	746	1,429	40	33	5,824	4,682
2.0	12.8	24.5	0.7	0.6	100.0	1.2
263	761	1,895	43	37	8,750	13,585
3.0	8.7	21.7	0.5	0.4	100.0	0.6

に実践されていたのだろうか。欠陥を検出し原因を探る過程において明らかになった製品の品質改善のために、各企業は企業内において常時あるいは臨時に、さらには外部に委託して技術訓練を行った。その技術訓練を一覧表の形で整理したものが表8-9である。

　一般金属製品製造業の企業は従業員に技術訓練の機会を与えず、第一次金属製造業の企業も同様な行動を見せていた。機械工業の中で最も多数の技術職従業員を抱えていた一般機械製造業の企業は、機械操作および運転、品質管理、熱処理および冶金部門においても技術訓練を行っていたが、主に技術学科を通じて技術訓練を進めていた。しかし一般機械製造業の企業は平均と比べるとかなり低い水準で技術訓練を行っていた。これに比べて電気機械器具製造業の企業は、工程管理部門における技術訓練と技術学科での技術訓練もなされていたとはいえ、主に品質管理部門において集中的に技術訓練がなされていた。輸送用機械器具製造業の企業は、工程管理部門と機械操作および運転部門において技術訓練を行い、技術学科を通じてもほぼ同程度の技術訓練を進めていた。

　ここで注目すべきことは、表8-7で確認したようにA級の割合が他業種に比

べて高かった電気機械器具製造業と輸送用機械器具製造業において他業種と比べてより技術訓練に努めていたことである。技術職従業員を最も多く抱えながら技術訓練の比重が低かった一般機械製造業では生産管理による技術革新はそれほど進まなかったといえる。しかし、この時期以降において一般機械製造業は、他業種を参考にして技術革新を進めていった。

5．労働生産性

(1) 日韓比較

1960年代後半の韓国における各業種製品の労働生産性は、日本と比べると低い水準であった。しかし、すべての製品ではなかったが、労働生産性は着実に上昇していった（表8-10）。綿糸、棒鋼、セメント、鋳鋼の1969年における労働生産性は、1966年と比べ上昇したが、日本の上昇率を上回ることができなかった。タイヤ・チューブ、可鍛鋳鉄、紡毛糸、白上紙の労働生産性は、日本の労働生産性に比べてだけではなく絶対的な労働生産性も低下した。しかし、旋

表8-10　労働生産性の日韓比較

(単位：時間)

製品	製品単位	韓国		日本		日本／韓国	
		1966	1969	1966	1969	1966	1969
旋盤	トン	2,302.00	874.70	536.57	441.65	0.23	0.50
砕木パルプ	トン	30.23	13.90	7.12	5.46	0.24	0.39
形鋼	トン	60.62	29.99	4.63	3.43	0.08	0.11
苛性ソーダ	トン	34.60	29.64	11.46	9.95	0.33	0.34
綿糸	梱	71.36	57.46	25.49	20.38	0.36	0.35
棒鋼	トン	9.57	7.19	4.38	3.01	0.46	0.42
セメント	トン	2.33	1.94	0.86	0.60	0.37	0.31
鋳鉄	トン	106.74	111.07	52.31	42.03	0.49	0.38
タイヤ・チューブ	トン	404.76	423.35	139.41	97.83	0.34	0.23
可鍛鋳鉄	トン	243.34	299.48	93.58	67.48	0.38	0.23
紡毛糸	kg	0.65	0.79	0.35	0.27	0.54	0.34
鋳鋼	トン	120.34	108.91	104.73	69.42	0.87	0.64
白上紙	トン	30.22	47.66	16.27	14.50	0.54	0.30

出所：韓国生産性本部『我が国産業の労働生産性測定』*1971年、18頁。

第8章　技術革新

表8-11　旋盤1台当たり工程別生産所要労働時間の日韓比較

(単位：時間、％)

工程	所要労働時間							割合			
	韓国					日本		韓国		日本	
	1967	1968	1969	1970	寄与度(％)	1968	1969	1968	1969	1968	1969
機械加工	822.0	813.8	495.5	439.2	36.9	226.1	213.4	47.0	56.6	48.4	48.3
熱処理	83.8	50.9	25.0	24.4	5.7	6.2	6.2	2.9	2.9	1.3	1.4
組立	698.0	608.7	196.7	247.1	43.4	156.7	143.7	35.1	22.5	33.5	32.5
部品・製品検査	101.9	68.9	20.8	20.9	7.8	12.7	13.0	4.0	2.4	2.7	2.9
塗装	99.8	100.1	56.4	54.3	4.4	25.0	21.4	5.8	6.5	5.3	4.8
直接工程計	1805.5	1642.5	794.5	785.9		426.7	402.7				
治工具	59.9	49.7	37.3	29.4	2.9						
修理保全	39.9	41.0	42.9	31.8	0.8						
電力・用水	0.0	0.0	0.0	20.0	-1.9						
間接工程計	99.8	90.7	80.2	81.1		40.6	39.0	5.2	9.2	8.7	8.8
合計	1905.3	1733.1	874.7	867.0	100.0	467.3	441.7	100.0	100.0	100.0	100.0

出所：韓国生産性本部『我が国産業の労働生産性測定』1970年、61頁、同、前掲『機械工業技術実態調査総合報告書』80～81頁。

盤、砕木パルプ、形鋼、苛性ソーダの労働生産性は、絶対的な水準が上がっただけでなく日本の同一製品の上昇率をも上回った。とりわけ旋盤においてその現象が著しかった。

　旋盤は、機械工業において一番広く使われる機械で、機械工業の中軸である工作機械の代表的な製品でもある。旋盤制作の工程は、直接工程である機械加工、熱処理、組立、部品および製品検査、塗装と、間接工程である治工具、修理保全で構成される。日本の旋盤製作所要労働時間は、1968年において韓国の27％に過ぎなかったが、韓国の1970年における旋盤の製作所要労働時間は1967年と比べて半分以下に減少した。減少に対する寄与度は組立工程が一番高く、機械加工工程がこれに次いでいた。日本と韓国における工程別所要労働時間の割合は、1968年においてほぼ同等であり、1969年に日本は同水準を維持していたが、韓国は組立工程の割合が減少した（表8-11）。

　したがって、1960年代後半における韓国の旋盤製作所要労働時間は、日本に比べると2倍であり、その格差は存在していたものの、1968年から1969年にかけて大幅に接近したといえる。

(2) 向上要因

　以下では、1970年度労働生産性測定調査において把握された労働生産性変動要因の総合分析結果を通じて、旋盤の製作所要時間の変化について吟味する（表8-12）。全業種において労働生産性の向上をもたらした要因は、第一には工程配置などの生産管理の改善、第二には操業度の向上であり、さらに新機械導入および施設改善であったが、従業員の熟練度向上、作業環境および労働条件改善、新生産技法導入、賃金制度改善なども無視できない。

　このような傾向は一般機械製造業においても類似していたが、従業員の熟練度向上という要因が全業種の平均水準を上回っていたことが注目に値する。なお全業種および一般機械製造業において「新機械導入および施設改善」と「新生産技法導入」の合計が25％程度にとどまっている。したがって、1960年代後半の韓国における機械工業を含む製造業の労働生産性向上は、設備改善自体というよりも、生産管理、作業環境、労働条件、賃金制度の改善、操業度の向上など、ソフト分野の改善によって実現されたと判断することができる。

6．おわりに

　韓国における自主技術開発は1970年代以降に始まった。したがって本章の分析時期としている1960年代は資本と技術の導入に依存しながら経済発展を進めた時期であり、技術導入の一環として受け入れた新規設備を活かして生産性を上げるためには工夫が必要であった。

　本格的な研究開発投資が行われる以前の時期である1960年代の韓国における研究開発は、政府主導により行われた。国民所得が先進国に比べて相当低い水準であったため、国民所得に対する研究開発投資の割合は低かった。しかし国内総投資に対する研究開発投資の割合が国民所得に対する研究開発投資の割合より高かった点に注目する必要がある。研究開発は、農林業や金属機械・化学繊維産業の国公立研究機関における農学や工学分野の専門研究員を中心に行われ、研究開発投資の絶対額が少なかったため、施設費や事業費に多額投資ができず、研究費や人件費の比重が高かった。

表 8-12　業種別部門別労働生産性向上の要因（1969〜70 年）

(単位：%)

要因	合計	繊維	製紙・木製品	化学	土石・ガラス	第一次金属	一般機械	電気機械	輸送用機械
操業度向上	16.6	14.5	16.7	27.8	20.0	14.1	5.3	23.5	11.1
新機械導入・施設改善	16.3	15.8	16.7	0.0	20.0	11.5	15.8	17.6	33.3
新生産技法導入	11.3	10.5	6.7	0.0	24.0	10.3	10.5	5.9	22.2
工程配置等生産管理の改善	20.5	21.1	20.0	22.2	20.0	14.1	21.1	23.5	22.2
従業員の熟練度向上	15.5	21.1	13.3	16.7	8.0	26.9	21.1	5.9	11.1
賃金制度改善	7.3	6.5	10.0	16.7	0.0	9.0	10.5	5.9	0.0
作業環境・労働条件改善	11.6	10.5	16.7	16.7	8.0	12.8	10.5	17.6	0.0
その他（需要増加）	0.8	0.0	0.0	0.0	0.0	1.3	5.3	0.0	0.0
合計	100.0	100.0	100.0	100.0	100.0	100.0	100.0	100.0	100.0

出所：韓国生産性本部、前掲『我が国産業の労働生産性測定』1971 年、14 頁。
注：調査対象は生産性向上を実現した企業。

　1960 年代前半における韓国の機械工業は、未だ金額的には限られていたとはいえ輸出を増加させ、一般機械部門において輸入代替を部分的に達成しつつあった。1960 年代半ばの韓国機械工業における製品の品質は国際水準に比べてそれほど高くなく、新規設備導入が直ちに労働生産性の向上に結びつく状況ではなかった。当時の政策当局者はこの点に気づき、企業はその提案を受け入れて設備効率化に励むことで労働生産性の向上につなげることができた。1960 年代半ばの韓国機械工業における各企業は品質改善にも努めていたが、その最大の目標は設備機械それ自体の性能向上よりも部品規格の管理、工程管理、品質管理、工作熱処理のような生産管理に置かれていたのである。各企業は生産管理の過程において検出された欠陥とその原因を探り、企業内において常時あるいは臨時に、さらには外部に委託して技術訓練を行った。このような技術訓練は、他業種に比べて製品の品質の高かった電気機械器具および輸送用機械器具において、特に重視して実施されたため、品質向上につながったと評価できる。

　以上のような政策当局者と企業の自覚は 1960 年代後半の機械工業において成果を上げた。代表的な工作機械である旋盤の韓国における労働生産性は日本に比べると低い水準であったが、生産性の上昇率では上回った。旋盤における労働生産性の向上は主に組立や加工の工程において実現された。全機械部門にお

付表 8-1　研究機関別研究内容

研究機関名	研究活動
政　府	
国立工業研究所	白礖石利用、電気素子、炭素製品製造、小型車調節機、石油化学製品合成、合成繊維染色加工
国立科学捜査研究所	法医学、韓国人毛髪化学的研究、裁判科学的鑑定、同一印章彫刻可否、少年犯罪研究
財務部醸造試験所	代用原料、増醸方法、技術講習、分析、鑑定
中央転売技術研究所	葉組、副産物利用、物理的改良、人参効能試験、材料品規格審議・国産化、紅参水分含有量検定、プラスチック食器Kit化、国産生薬
陸軍技術研究所	防毒浄化剤、野戦炊事、野戦電話機再生、電気式焼却器
中央電気通信試験所	路線標準工法、検定業務
中央観象台	旋風進路・気圧変化推定予報
国立地質研究所	地下資源調査、太白山地区調査、新規調査事業基礎確立
国立保健院	医薬器・食料品検定分析微生物学的疫学的検査検定
鉄道技術研究所	蓄電池寿命、練炭・重油併燃、レール長大化、橋梁強度測定、列車速度向上
原子力院原子力研究所	金属放射線効果、人参中放射代分析、短寿命同位元素生産・利用、金鉱処理中金消失量分析、松虫駆除、X-Ray照射影響、発種子への影響対流熱伝導動的特性
原子力院放射線医学研究所	放射線・放射線同位元素利用の各種浮腫診断・治療
国立建設研究所	道路舗装、厚さ設計法、構造物基礎調査法、コンクリート混和剤土、木材料全般の試験
空軍航空医療研究所	操縦士主体計測、気圧変化時の主体変化、操縦士適性検査
民　間	
東亜食品産業研究室	食品加工の技術的研究、各種食品の栄養学的研究
大同工業社分析試験研究室	エンジン・編物製品の品質向上研究、生産品検定分析
第一製糖試験研究課	工場管理合理化、新規事業開拓研究
汎用化学研究室	新製品開発研究、工程合理化研究、製品検定分析
利川電気研究室	施設の合理的運営・管理電器材料・金属材料に関する研究、製品検定分析法研究
韓国スレート研究室	Asbestos鉱山開発に伴う選鉱、着色スレート研究、石綿研究、品質研究
興亜タイヤ研究室	各種タイヤ品質向上研究、原資材料・配合剤の製品に与える影響研究、輸入原料の国産化研究
東洋ミシン研究室	新製品開発、品質改良部分品の金属分析
大韓製鉄研究室	鉄鋼材・副材料・その他分析、製品品質向上・品質管理
柳韓洋行研究試験所	医薬品原料合成の技術開拓、新製品開発研究、基礎応用研究、品質管理分析検定
大成木材研究室	合成樹脂、接着剤合成、工業用接着剤研究、品質検定分析
新興製紙企画研究室	品質管理、製造工程管理、製品標準化、規格制定研究・検定分析

出所：韓国生産性本部『我が国工業発展における技術寄与の分析』* 1965年、81、87頁。

付表 8-2 機械工業の細目業種

業種分類番号		業種
34		第一次金属製造業
	341	第一次鉄鋼製造業
35		金属製品製造業
	352	刃物・手工具・一般鋳物製造業
	3522	手工具製造業
	3523	農器具製造業
	353	衛生装置・加熱照明装置品製造業
	354	構築用金属製造業
	356	線材製品製造業
	357	ボルト・ナット・ワッシャー・リベット・ネジ等製造業
	359	その他金属製品製造業
36		一般機械製造業
	361	原動機製造業
	362	農業用機械製造業
	363	建設・鉱山用機械・設備品製造業
	364	金属工作機械製造業
	365	繊維機械製造業
	366	その他特殊産業用機械製造業
	366	その他機械・機械部分品製造業
	3661	食料品製造用機械製造業
	3669	その他特殊産業用機械製造業
	367	一般産業用機械・装置品製造業
	368	事務用・サービス用・家庭用機械器具製造業
37		電気機械器具製造業
	371	産業用電気機械器具製造業
	373	通信機械器具・類似品製造業
	375	電球製造業
	379	その他電気機械器具製造業
38		輸送用機械器具製造業
	381	船舶建造・修理業
	3811	船舶用機関製造業・修理業
	3812	鋼鉄製船舶建造・修理業
	3813	木造船舶建造・修理業
	382	鉄道車両製造業
	383	自動車製造業
	3831	各種自動車トレーラー製造業
	3832	自動車部品・付属品製造業
	385	自転車製造業
	389	その他輸送用機械器具製造業

出所：韓国産業技術本部『機械工業技術実態調査総合報告書』1965年、175頁。

ける労働生産性向上の要因をみると、新規設備導入によるよりも生産管理、作業環境、労働条件、賃金制度の改善と操業度の上昇のようなソフト的な側面において行われたことがわかった。

注

1) 宣在源「人的資源と技術革新」(原朗・宣在源編著『韓国経済発展への経路――解放・戦争・復興』日本経済評論社、2013年)。
2) 中馬宏之「イノベーションと熟練」(伊丹敬之他編『日本の企業システム 第II期第4巻 組織能力・知識・人材』有斐閣、2006年)。
3) 水野順子「韓国工作機械工業の発展要因」(『アジア経済』第31巻第4号、1990年)、朴永九『韓国の重化学工業化 工業別研究――機械工業―』*海南、2015年。
4) 朴根好『韓国経済発展論――高度成長の見えざる手』御茶の水書房、2015年。
5) シン・テヨン『研究開発投資と知識蓄積量の国際比較』*科学技術政策研究院、2002年、3～8頁。
6) 韓国生産性本部『我が国工業発展における技術寄与の分析』*1965年、における「研究投資」は、本章の本題である研究開発投資と同様の意味である。
7) 韓国生産性本部、前掲『我が国工業発展における技術寄与の分析』26～28頁。
8) 韓国機械は、1937年に設立され1965年現在従業員が866名、資本金が7億ウォンであった (韓国産業技術本部『機械工業技術実態調査業態別報告書』1965年、351頁)。
9) 韓国生産性本部、前掲『我が国工業発展における技術寄与の分析』148頁。
10) 朴根好、前掲『韓国経済発展論』33頁。
11) 韓国生産性本部、前掲『我が国工業発展における技術寄与の分析』147頁、以下同様。
12) 韓国産業技術本部、前掲『機械工業技術実態調査総合報告書』3～4頁。
13) 技術者は、理工系大学卒業者と政府機関が公認する同等以上の資格を有する者で現在該当技術の専門分野あるいは専攻科目と関連を有する分野に従事する者、技術工は、理工系初級大学あるいは理工系大学2年以上の修学者あるいは理工系高等学校卒業者で3年以上該当技術の専門分野に従事する者と政府機関が公認する同等以上の資格を有し現在該当技術分野に従事する者、技能工は、技術者や技術工以外の6ヵ月以上習得を要する技術職種に従事しているすべての技術職従事者、すなわち熟練工、半熟練工、見習工などである (韓国産業技術本部、前掲『機械工業技術実態調査総合報告書』85頁)。
14) Kim, Linsu and So-Mi Seong, "Science and Technology: Public Policy and Private Strategy" in Dong-Se Cha eds., *The Korean Economy 1945-1995: Performance and Vision for the 21st Century*, Korea Development Institute, 1997.
15) 韓国産業標準 (KS) 制度は、導入された1962年に300製品に適用され始め、1965年に1,081製品、1970年には1,846製品、1980年には7,029製品に適用された (ジョン・ビョンギ、キム・チャンウ「産業標準保有および標準化活動推移から見た韓国産業標準政策の特徴と変化」*『韓国と国際政治』第29巻第3号、2013年、159頁)。

16) 韓国産業技術本部、前掲『機械工業技術実態調査総合報告書』87頁。
17) 機械工業の細目業種は付表8-2を参照されたい。
18) 韓国産業技術本部、前掲『機械工業技術実態調査総合報告書』32頁。

第Ⅲ部

産　業

第9章 石炭産業──石炭開発とエネルギー転換

林采成

1．はじめに

　本章の課題は1960年代軍事政権の登場に伴って経済開発が推進されるにつれ、それまで主なエネルギー供給を担当していた石炭産業がどのように成長と再編をなし遂げたのかを明らかにし、そのなかで施された産業政策の歴史的意義を吟味することである。

　1960年代より韓国経済はきわめて高い成長率を示し、エネルギー面でそれを支える石炭の確保は喫緊の課題となった。軍事政権は、1950年代の李承晩政権のように可能な限り無煙炭田を開発して自給自足策を進め、外貨を節約するとともに、安定的な資源調達を図ろうとした[1]。そのために増産体制を構築したことはもとより、業界を再編しなければならなかった。とはいえ、石炭の増産によっても、高度成長に伴うエネルギー需要をすべて満たすことはできず、「煉炭波動」が発生すると、政府は蔚山精油工場の建設によって供給し始めた石油を中心とする主油従炭政策を取った。その後、石油がエネルギー源の主流となり、石炭は主に家庭用燃料として使用され、その一部に限って産業・発電・交通用として消費され、補助的エネルギー源として位置づけられた。

　そのなかで、石炭の供給は過剰となる一方、新しい石炭開発のためには採炭作業の深部化が余儀なくされ、とりわけ大韓石炭公社（以下、石公と略記）の場合、弾力的な人員整理が困難で、販売価格への政府介入も続けられた。そのため、石公の経営悪化が進み、石炭産業全体の収益率も低下し、補助政策が経営者側から要請された。こうして、韓国の石炭産業は高度経済成長による需要拡大にもかかわらず、エネルギー転換の後、先進国で見られるような産業の斜陽化に直面し始めた。これに対応し、韓国政府は新しい政策を模索しなければな

らなかった。1960年代石炭産業は市場環境の変化を経験し、増産体制が政策的に誘導されたものの、結果的に政府と企業の両側から意図されなかった再編を余儀なくされたのである。

　これらの論点が韓国経済開発に際して考察されなければならないにもかかわらず、既存研究では明示的に指摘されて分析されることはあまりなかった。もちろん、石炭産業合理化事業団『韓国石炭産業史』は、衰退産業としての石炭産業への合理化措置をとるに際して、前近代から1980年代の石炭合理化措置に至るまでの石炭産業の通史的考察を行った。それを通じて軍事政権下の石炭関連法規の整備、炭座会社の設立、主油従炭政策の推進、石炭鉱業育成政策が検討されたが、のちに石油不足に伴って主炭従油政策への再転換が行われたと見るなど、エネルギー統計からは支持できない「レトリック」をそのまま使っている。炭鉱経営に注目せず、石炭市場の変容を説明し切れないところがある[2]。

　これに比べて大韓石炭公社から出された社史はエネルギー転換について客観的な評価を下している[3]。すなわち、エネルギー政策の全般にわたる変化をもたらしたのはオイルショックであると見て、それが既存政策の見直しをもたらしたことを明確にしている。エネルギー全体における石油のシェアが伸びる中でも、石炭は増産体制を整えて一定のシェアを維持できたという統計的事実から見て、大韓石炭公社の歴史的認識が正しいと判断できよう。とはいうものの、『大韓石炭公社50年史』は当然自社の歴史について詳しく記述しているが、石炭産業全般に関する情報はきわめて制限されている。この時期はすでに民営炭が石公炭を大きく上回ったため（図9-1）、民営炭鉱をも視野に入れて分析しなければならない。それのみならず、当時資本財の供給に大きく寄与していた米国援助当局の役割をも考慮する必要がある。

　そこで、本章は大韓石炭公社だけでなく民営炭鉱の経営状態や生産効率などにも注目し、1960年代の石炭産業を検討して「石炭開発に関する臨時措置法」（1961年12月）と「石炭鉱業育成に関する臨時措置法」（1970年1月）との政策的間隙を解明したい。そのため、本章は次のような構成を持つ。第2節においては、高度成長に伴う石炭需要の増加に対して大韓石炭公社と民営炭鉱がそれぞれどのような供給条件を有したのか検討し、第3節においては大単位炭座開発が推進されたにもかかわらず、なぜ石炭不足を回避できなかったのかを明ら

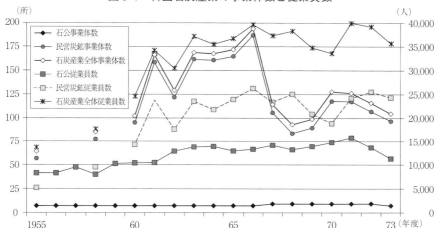

図9-1 韓国石炭産業の事業体数と従業員数

出所：韓国銀行調査部『鉱業および製造事業体名簿』*1955年度版、韓国産業銀行『鉱業および製造業事業体調査総合報告書』*1958年度版、韓国産業銀行調査部『鉱工業標本調査』1966年度版、商工部・韓国産業銀行『鉱業および製造業事業体調査総合報告書』*1960年度版、経済企画院・韓国産業銀行共編『鉱工業センサス報告書』*1967、1968、1973年度版、大韓石炭公社『石炭統計』各四半期版、同『大韓石炭公社50年史』2001年。
注：民営炭鉱の情報は資料上把握できないため、石公の情報をもって石炭鉱業全体から引き算することで推計。

かにする。第4節では、エネルギー政策の転換に伴って石油消費が優遇されてから、国内の炭鉱会社の経営悪化が進行し、これに対して炭鉱会社支援政策が導入されたことを検討する。

2．石炭需要と供給条件

　朝鮮戦争後、大韓石炭公社は炭鉱復興がなかなか捗らず、経営赤字を免れなかったため、李承晩大統領は特段の措置として石公への陸軍派遣を決定した。さらに、米国援助当局との間では韓米合同公社運営対策委員会（1954年12月）が設置され、短期増産プログラムを模索するとともに、長期開発プログラムを立案し始め、これが石炭開発5ヵ年計画（1956〜60年）として実施された[4]。1955年より産業鉄道（栄岩線［1955年12月31日］、聞慶線［1955年9月1日］、咸白線［1957年3月9日］）が開通すると、江原道の炭鉱から首都圏の消費地への石炭輸送費が約10分の1に低下した[5]。その結果、民営炭鉱の採算性が大

きく改善し、零細炭鉱をも含めた民営炭鉱が一挙に勃興した。民営炭は全般的に炭質が良好であるだけでなく、露頭採掘による生産費の低廉さに基づいて、自由販売制度による炭価の伸縮性を持っており、石公炭との市場競争において有利な条件と立場を確保した[6]。その結果、民営炭鉱が生産量を伸ばし、1956年に全体の採炭が181万5,000トンに及び、5ヵ年計画量の112%を達成した。

そのため、商工部は5ヵ年計画の再検討に入り、石炭総合開発10ヵ年計画（1957〜66年）を樹立して、生産量を1957年の240万1,000トンから10年後の66年には1,204万5,000トンへ拡大しようとした[7]。この10ヵ年計画は石公の供給を中心に立案されたが、鄭総裁の公社経営合理化方針によって収益性を優先して市場動向に合わせた採炭作業を進めたこともあり、1960年には石公の生産量はむしろ目標を下回った。その反面、民営炭鉱が生産を拡大し続け、その生産量は270万トンを突破して計画量の222万7,600トンを上回り、石公より多くなった。

一方、1960年3月15日に大統領・副大統領選挙が不正に行われたのに対して国民の反発が大きく、4・19革命が発生すると、産業全般の生産動向も影響を受けて、産業用石炭の需要が大幅に減退し、操業短縮ないし一部休業を余儀なくされた。家庭燃料用石炭も季節的に閑散期に入り、その需要が低下した。とりわけ、金融萎縮による資金涸渇で煉炭製造業者らの夏期における原料確保が困難となった[8]。そのため、貯炭が激増し、1960年9月末に全国貯炭量は国営、民営炭をあわせて75万7,000トン（石公45万2,000トン、民営30万5,000トン）となり、1959年同期38万3,000トン（石公22万4,000トン、民営15万9,000トン）に比して倍増した。石炭市場はもはや生産者本位の市場ではなく、需要者本位の市場、すなわち需要者の嗜好に符合する商品を供給する市場へと転換したのである。こうして石炭産業は貯炭の急増を示し、生産過剰に陥ると、需要減退による運営資金難のため、大小炭鉱とも一部生産業者はやむを得ず生産制限（あるいは休鉱）を断行した[9]。

そこで石炭需要サイドに注目すれば、家庭用として供給された石炭量が1960年に494万トンで全体の60%を占める中、民営炭はほとんど全量がこの家庭用として消費された。山林緑化事業の推進に伴い、森林の伐採と薪の都市搬入が禁止されたため、一般家庭用燃料が薪などの在来品から無煙炭に代えられ、都

表9-1　石炭開発5ヵ年計画の需要推定表

(単位：千トン、％)

年度	1962	1963	1964	1965	1966	合計	比率
軍需用	332	350	350	350	350	1,732	3.4
官需要	120	120	150	180	200	770	1.5
交通用	300	327	85	85	85	882	1.7
発電用	812	915	1,675	1,809	1,948	7,159	14.0
産業用	1,056	1,199	1,082	1,420	1,891	6,648	13.0
民需用	5,991	6,315	6,748	7,036	7,796	33,886	66.3
合計	8,611	9,226	10,090	10,880	12,270	51,077	100.0
生産量（供給）	7,220	7,970	8,700	10,310	11,740	45,940	
供給不足量	-1,391	-1,256	-1,390	-570	-530	-5,137	

出所：李柱桓本社営業部長「石炭需給の展望と問題点」*（大韓石炭公社『石炭』第15号、1962年12月）48頁。

　市部を中心として民需用石炭消費が増え続けた。その反面、産業用炭の比率は全体の4％に過ぎず、そのほか発電用16％、鉄道用7％、軍需用7％、官需2％、輸出2％であって、産業および公共（発電・鉄道）用炭の需要量は全体の27％に過ぎなかった。もし、長期経済計画の下に産業開発が促進されなかったならば、石炭需要は暖房燃料用しか期待できないと認識されたに違いない。

　こうした中、1961年5月16日に軍事政権がクーデターによって登場すると、早くも国家再建最高会議が設置され、「祖国近代化」を目標に経済開発5ヵ年計画が樹立された。その立案に際してエネルギー源をどのように確保するのかが大きな課題になったことはいうまでもない。とりあえずその需要を見れば、1962～66年の5年間に家庭用がシェアを若干伸ばし、全体の66.3％を占めたのに対し、発電用と産業用がそれぞれ14.0％、13.0％を占め、とくに産業用として従来よりも多く石炭消費が想定されたのである。その反面、機関車のディーゼル化を反映し、交通用の石炭消費は従来の7～9％から1％台へと減少した。軍需もシェアの低下が著しく、石油への代替が想定されていた。とくに全体的には増産に伴い供給不足量が減少すると予想され、経済開発5ヵ年計画でも1950年代以来の石炭を中心とするエネルギー政策が続けられたのである。それに伴い、すでに推進されていた1959～66年の8ヵ年計画は石炭開発5ヵ年計画（1962～66年）に改められた。

　これに際して米国援助当局であるICA（International Cooperation Agency, 国

図 9-2 開発展望と石炭需給

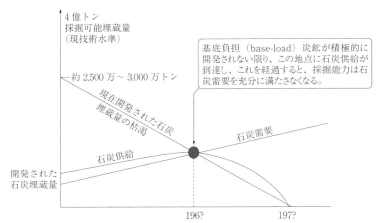

出所：J. L. Weysser, IED-M (PMC), "Coal Mine Development Program in the Republic of Korea: an Evaluation of Situation," Dec. 17, 1965, RG 286 Agency for International Development, Entry P 587 General Records, 1959-1967, Box No.5, NARA.

際協力局）からの技術援助として、PMC (Pierce Management Corporation) は石公との協力下で韓国政府の計画樹立を支援した[10]。PMCは、図9-2に見られるように、現在の炭田開発では1960年代の一定の時点まで石炭需要の増加に対応できるが、石炭埋蔵量に対して追加的開発が行われない限り、石炭供給は減少せざるを得ず、石炭不足に直面すると見ていた。そのため、長期経済開発に備えて炭田開発をいかに続けるのかがカギであったといえよう。

まず、石公についてみれば、石公区域内の埋蔵量は1億9,880万トンで韓国埋蔵量の16％に過ぎず、そのうち可採埋蔵量はその34％である7,392万トンであった。そのなかでも、長期的に投資開発すべき鉱山は長省炭鉱しかなかった。咸白と寧越の両炭鉱は炭層の発達状況など自然条件が不良で炭質が悪く、原価は高かった。収益性から見れば、咸白と寧越の開発規模を縮小すれば損失は少なくなるが、これらの炭鉱の生産を増やすのは国家的要請であった。道渓、恩城、和順は鉱山寿命からみて現目標以上に開発規模を拡大し難かった。道渓は、海上輸送力との関連で生産規模を決定すべきであった。また恩城は炭質が優れていたため、特殊需要先に対する長期的需要構造と関連させて開発すべきであった。和順は年間34万5,000トンの需要を持つ湖南肥料工場用炭と湖南地域の

第9章　石炭産業

表9-2　大韓石炭公社の鉱山別可採埋蔵量と目標生産規模（年間）

(単位：千トン)

区分	長省	咸白	道渓	寧越	恩城	和順	計
(A) 可採埋蔵量	41,810	6,782	11,450	4,823	3,331	5,724	73,920
(B) 目標年度年生産規模	1,440	840	720	360	240	600	4,200
A／B	29.0	8.1	15.9	13.4	13.9	9.5	17.6

出所：白士益本社企画部長「5・16後、石公業績を中心として見た石炭産業——その課題と展望」*
（大韓石炭公社『石炭』第15号、1962年12月）26頁。
注：炭鉱名の発音は長省（Jangseong）、咸白（Hanbaek）、道渓（Doke）、寧越（Yoengwol）、恩城（Onseong）、和順（Whasun）である。

民需用炭の需給問題と関連して開発規模を決定しなければならなかった。

当然、表9-2のように石公の炭鉱のなかでもっとも期待できるのは、長省炭鉱しかなかった。ところが、長省炭鉱も当時の埋蔵量の分布状態から考えて深部開発を要した。すなわち、埋蔵量の構造は自然排水（海抜600m）以上の石炭はほとんど採掘が終わっており、自然排水以下の300mまでは44％、300mから0mまでが36％、0mからマイナス200mまでが20％の状態で分布していた。深部開発は内径6mの竪坑を掘削し、運搬機具として1,000馬力級の巻揚機1台と500馬力級巻揚機1台をそれぞれ設置して年産144万トン規模で開発できるように設計すると、外資950万9,000ドル、内資3億9,800万ウォンを要した。そのほかの炭鉱でも増産体制を続けて年間420万トンを生産し、この採掘水準が続けられれば、石公の可採埋蔵量は17.6年で終わると予測された。

石公は鄭寅旭前総裁の在職2年4ヵ月（1957年9月～59年12月）の間に民間企業に劣らない創意努力を発揮し、腐敗の悪循環を処理し、経営の合理化を達成した。当時、欠損累計が14億3,100万ファンに達したが、鄭寅旭が石公総裁に就任すると、その当年で5億7,800万ファンの利益金を出し、1960年には産業銀行の債務を返済しており、減価償却を正しく計上して施設拡大を図った[11]。石公は公益性の要請、法定炭価制度、そして自己財源調達の法的制約などのため、経済原則に基づいた企業性を自由に発揮できなかった。にもかかわらず、民営炭との競争で生き残るため、対内的には生産管理に重点を置いて近代的施設と合理的管理、OMS（Output per Man Shift, 1人当たり産出量）の向上と生産原価の低下を進め、対外的には販売系統および市場組織を確立して石炭需給の正常化を図った[12]。こうした経営の健全性に基づいて、大規模投資の実施が想

表9-3 公社および民営炭鉱の規模別炭鉱数

		5〜9人		10〜19人		20〜49人		50〜99人	
		A	B	A	B	A	B	A	B
1960	公社								
	民営	4	22	12	134	24	852	16	1,206
	合計	4	22	12	134	24	852	16	1,206
1966	公社								
	民営								
	合計					50	1,704		
1967	公社							2	138
	民営	3	19	18	263	25	774	23	1,566
	合計	3	19	18	263	25	774	25	1,704
1973	公社					1	43		
	民営	3	23	19	264	21	657	18	1,236
	合計	3	23	19	264	22	700	18	1,236

出所:韓国産業銀行『鉱業および製造業事業体調査総合報告書』*1958年度版、度版、大韓石炭公社『石炭統計』各四半期版、同『大韓石炭公社50年史』
注:1.民営炭鉱の情報は資料上把握できないため、石炭鉱業全体から石公
2.1966年の20〜49人は5〜49人、100〜199人は50〜199人、200〜
3.Aは炭鉱数、Bは従業員数。

定されたため、1を下回った資本係数(capital coefficient = K/O、Kは資本量、Oは産出量)は、1960年以降には鉱山寿命20〜30年の炭鉱として深部開発が行われると、1.5以上となると予測された[13]。

以上のように、石公の最大の生産可能量が年間420万トンに過ぎなかったことから、石炭需要の急増に応じるためには民営炭鉱を活用するしかなかった。とはいうものの、表9-3のように、石公の炭鉱が1,000人を超える規模であったのに対し、民営炭鉱の平均規模は多くても300人を超えることはなかった。1960年に最も多かったのは20〜49人の炭鉱であって、その規模を下回る炭鉱が16もあった。もちろん、従業員数基準では200人以上のものが全体の半分以上を占めて大きくなるが、500人以上のものは4炭鉱、5,825人に過ぎなかった。多くの民営炭鉱が農村部からの出稼ぎ労働者に頼り、零細炭鉱は参入と撤退を繰り返しながら、石炭供給のマージナル部分を担ったと言えよう。実際は需要減退による運営資金難のため、大小炭鉱とも一部生産業者はやむを得ず生産制限(あるいは休鉱)を断行した[14]。

および従業員数

(単位：人)

100~199人		200~499人		500人以上		合計		平均
A	B	A	B	A	B	A	B	B
		1	254	6	10,109	7	10,363	1,480
24	3,061	11	3,073	4	5,825	95	14,173	149
24	3,061	12	3,327	10	15,934	102	24,536	241
		7	13,386			7	13,386	1,912
		40	16,032			187	26,620	140
97	8,484	47	29,418			194	39,606	204
		1	327	6	13,710	9	14,175	1,575
10	1,209	12	3,765	15	15,589	106	23,185	219
10	1,209	13	4,092	21	29,299	115	37,360	325
		1	338	5	10,953	7	11,334	1,619
11	1,657	7	2,649	19	17,840	98	24,326	248
11	1,657	8	2,987	24	28,793	105	35,660	340

経済企画院・韓国産業銀行共編『鉱工業センサス報告書』* 1967、1973年 2001年。
のデータをマイナスすることで推計。
499人は200人以上。

　民営炭鉱は地表濫掘という原始的採炭を続けていただけでなく、機械、電気などの炭鉱本来の施設を持つところが2、3ヵ所を除いて皆無であった15)。開発初期において政府は、中小民営炭鉱に対する設備投資を促す助成策あるいは誘導策を設けなかったのである。とりわけ、鉱区が細分錯綜し、総合開発を阻害するという鉱区設定問題が解決されず、適性規模の炭田開発が妨げられていた。また、民営炭鉱の所有と管理の性格はきわめて異なっており、場合によっては所有者が経営だけでなく技術面を担当することもあった。一部には技術援助事業による訓練を受けた石炭公社の勤務経験者がいたが、このような人々はきわめて少数であった。また炭鉱施設が鉄道に繋がっている民営炭鉱も少なかった。民営炭鉱の運営者は資本が不足し、水平露頭地帯以下の炭鉱を開発できる能力が小さかった16)。そのため、2~3年のうちに民営炭鉱が従来の原始的生産方式の限界に達するに従って、急激な生産減退が発生すると予測された17)。

　これに対し、政府は民営炭鉱の姑息な経営方式を止揚して国家的見地から資源の保護と合理的開発を行い、生産水準の急激な上昇を追求しようとした。「炭

表 9-4 開発計画による炭田別生産展

炭田	生産区分	1962	1963	1964	1965	1966	1967
三陟	石炭公社	2,490	2,610	2,640	2,760	2,880	2,880
	大単位炭田	120	300	500	1,000	1,500	2,100
	その他民営	1,980	1,980	1,980	1,980	2,370	2,370
	小計	4,590	4,890	5,120	5,740	6,750	7,350
旌善	石炭公社						
	大単位炭田		100	250	650	900	1,250
	その他民営	5			40	60	60
	小計	5	100	250	690	960	1,310
江陵	石炭公社						
	大単位炭田						
	その他民営	450	450	450	600	600	600
	小計	450	450	450	600	600	600
和順	石炭公社	520	600	600	600	600	600
	大単位炭田		60	150	300	400	500
	その他民営	51	55	55	55	55	55
	小計	1,021	1,165	1,255	1,555	1,655	1,755
寧越	石炭公社	200	270	360	360	360	360
	大単位炭田						
	その他民営	344	350	350	350	350	350
	小計	544	620	710	710	710	710
聞慶	石炭公社	290	320	360	360	360	360
	大単位炭田	70	90	150	300	300	300
	その他民営	337	370	390	390	390	390
	小計	697	780	900	1,050	1,050	1,050
忠南	石炭公社						
	大単位炭田						
	その他民営	260	310	360	460	510	510
	小計	260	310	360	460	510	510
その他	石炭公社						
	大単位炭田						
	その他民営	103	105	105	105	105	105
	小計	103	105	105	105	105	105
計	石炭公社	3,500	3,800	3,960	4,080	4,200	4,200
	大単位炭田	190	550	1,050	2,250	3,100	4,150
	その他民営	3,530	3,620	3,690	3,980	4,440	4,440
	小計	7,220	7,970	8,700	10,310	11,740	12,790

出所:李柱桓、前掲「石炭需給の展望と問題点」。

座」(石炭の合理的生産のために一定区域内のいくつかの鉱区をひとつにまとめたもの)の分布に従って技術的に合理化された大単位炭座を設定し、資本の集中により近代的な経営規模をもって炭座開発を進めようとする軍事政権の強力な石炭開発政策の発露であった。その結果、表9-4のように、8ヵ年計画と5ヵ年

石炭増産展望表

(単位：千トン)

展望					備考
1968	1969	1970	1971	1972	
2,880	2,880	2,880	2,880	2,880	長省、道渓、咸白鉱業所
2,700	2,700	2,700	2,700	2,700	舎北、浄庵、炭座継続区等
2,370	2,370	2,370	2,370	2,370	上長鉱業、江原咸太炭鉱含
7,950	7,950	7,950	7,950	7,950	
1,630	2,220	2,500	2,500	2,500	檜洞、羅田、九切炭座
60	60	60	60	60	その他民営
1,690	2,280	2,560	2,560	2,560	
600	600	600	600	600	江陵および嶺東炭鉱その他
600	600	600	600	600	
600	600	600	600	600	和順鉱業所
500	500	500	500	500	湖南炭座
55	55	55	55	55	継続区域その他
1,755	1,755	1,755	1,755	1,755	
360	360	360	360	360	寧越鉱業所
350	350	350	350	350	玉洞炭鉱その他
710	710	710	710	710	
360	360	360	360	360	恩城鉱業所
300	300	300	300	300	聞慶炭座
390	390	390	390	390	継続作業鳳鳴炭座その他
1,050	1,050	1,050	1,050	1,050	
510	510	510	510	510	聖住炭座その他
510	510	510	510	510	
105	105	105	105	105	全北、忠北、京畿地方
105	105	105	105	105	
4,200	4,200	4,200	4,200	4,200	
5,130	5,720	6,000	6,000	6,000	
4,440	4,440	4,440	4,440	4,440	
13,770	14,360	14,640	14,640	14,640	

計画では、現実に現れている民営炭鉱の量的優位を認め、民営炭鉱を中心として２倍近くの生産拡大を期待していた。なかでも、政府の計画は坑道、地形、地質、埋蔵量、採炭および経済的収益性などの観点で最も優良な石炭鉱区の大単位化事業を誘導するものであった。

炭座会社は生産量を大きく増やし、5ヵ年計画終了後の1967年には採炭量が415万トンに達し、石公420万トン、一般民営炭鉱440万トンに匹敵すると予測された[18]。石公と既存民営炭鉱の増産率が低率である一方、大単位炭座の増産率は急増すると想定して、1966年以後、シェア40％以上を占めることとされた。しかし、石公および民営炭鉱は増産計画量を確実に達成すると思われたが、増産計画の核心たる大単位炭座の増産は諸般の隘路を克服しなければ達成できないと懸念された[19]。そのため、大単位化の立法措置が発表され、鉱区所有権に対する公平な株式配分、および大単位企業の運営に参加しない鉱区権者に対する公平な補償基準が設定された。石炭開発臨時措置法が1961年12月31日に通過し、商工部は一定石炭地区を統合して大単位炭座を指定し、炭座会社の設立を促した。さらに、組織、資本化問題、所有権関係、鉱区および施設評価基準、鉱区権賃貸、支援事業の決定、施行、および政府の財政支援事項などについて、1962年6月12日に鉱業開発助成法が制定された。

3．大単位炭座開発と「煉炭波動」

大単位炭座は炭田の地形、地質、開発上の採鉱技術条件などを合理的に考慮して年産30万トン以上の開発が可能な区域を政府が設定し、その区域内鉱業権者が中心となって会社を設立し、該炭座を開発し、地下資源開発の効率を高めるとともに、急激な生産増強を達成すると想定された[20]。1962年末までに政府が設立した炭座の会社設立状況と炭座別埋蔵量および目標生産規模は、あくまでも遠大なものであった（表9-5）。1962年4月24日に東源、三陟が指定されて以来、九つの大単位炭座（東源、三陟、檜洞、羅田、佑田、湖南、聖住、江陵、聞慶）が設置され[21]、そのうち湖南炭座（1962年9月28日）を除く八つの炭座会社が設立された。石炭需要、生産、供給展望から判断すると、需要量に比べて生産絶対量が不足しており、需給上のギャップをできる限り縮小するためには、生産および供給計画を必ず達成しなければならなかった。

そのため、石公は大単位炭座を含む民営炭鉱に対する必要な支援と指導を行った[22]。政府は鉱業開発助成法を公布して政府直轄企業体を通じて民営鉱山の開発を助成し、この方針に従って石公が石炭開発5ヵ年計画を達成するため、

第9章　石炭産業

表 9-5　大単位炭座概況

(単位：千トン)

炭座	埋蔵量 （推定）	生産目標		会社設立状況
		1963 年度	68 年ないし 70 年	
舎北	55,506	250	68 年　1,500	設立完了
三陟	62,936	210	68 年　1,500	62 年内設立予定
檜洞	48,476		70 年　1,000	同上
羅田	40,966	50	70 年　　900	同上
九切	30,438	50	70 年　　600	同上
湖南	20,535		70 年　未定	63 年 2 月末設立予定
計	258,857	560	5,500	

出所：白士益、前掲「5・16 後、石公業績を中心として見た石炭産業」。

核心的役割を通じて増産による需要の充足と炭価の安定を追求した。石公の機能は、①技術支援、②地質調査および研究、③管理の受任および協力、④借款および融資の斡旋、⑤共同施設の建設、⑥炭鉱機械・資材の購買および賃貸斡旋、⑦石炭の購入および販売、⑧人員訓練、⑨外国借款の誘致、⑩その他商工部長官が認定した必要事項にわたる広範囲のものであった[23]。そのため、政府は累年の宿題であった石公法改正を実現したのである。

石公法の第 3 次改正（1961 年 1 月 30 日）によって、名目上の金額に過ぎなかった資本金 6,000 万ウォンを 20 億ウォンに増資し、経営の健全化を図った。5 ヵ年生産計画に必要な施設資金（内資）を社外より導入せず、自己資金で調達するため、1961 年から 1964 年まで主要な税金を免除し、資本金の 3 分の 1 に達するまで利益金を社内に留保する措置をとった[24]。石炭増産を遂行するため、公社に属さない炭鉱の鉱業権および管理運営権であっても、公社が開発せざるを得ない場合には、法律の定めるところによってそれを公社に譲渡あるいは貸与することができた。

1962 年 3 月 5 日には経営規模の拡大要請に従って公社は機構改革を断行し、従来の 4 部 3 室 14 課を 9 部 3 室 31 課へと拡充した。諸活動の企画調整統制機構として企画部、管理部を新設し、なお増産体制を確立するため、技術系統部署に技師室をそれぞれ新設し、有能な技術者を確保すると同時に、技術管理を徹底した。そのほか、重要都市に派遣された駐在員を出張所に改めた。とりわけ、民営炭鉱助成業務は国家的行政であったため、石公は機構改編に際して開発部を新設

し、優秀な社員を配置して関連業務を担わせた。石公固有の営業行為とは異なる民営炭鉱の大単位化業務の支援、民営炭鉱の技術指導、民営炭鉱の調査研究、融資斡旋、炭田ボーリング業務などを管掌した。これに対し、USOM/K (U.S.Operations Mission to Korea, 駐韓米国経済協調処) はその資金と資材を供給した。USOM/K はまた炭鉱開発融資基金を支援し、この基金は韓国産業銀行によって管理された[25]。その申請は石公開発部によって審査された。さらに、炭座開発の地質調査および坑道設計については 1964 年以来 PMC (Pierce Management Corporation) により助言と技術支援が行われた。

　表9-6のように、第1次5ヵ年計画期には石炭開発臨時措置法が通過した後の3年間、炭座開発体制の確立に重点が置かれ、韓国政府は財政融資、電線敷設、鉄道および道路の建設など相当の支援を行うこととなった。炭田ボーリング事業[26]、運炭鉄道、道路、送電線引込、および変電所の設置などが至急に要請された。そのうち、石炭開発が本格的に着手される 1963 年度までに政府が石炭開発臨時措置法によって送電線を架設する計画であった。とりわけ、採掘石炭を山元から消費地へと輸送供給するため、既存輸送施設の改良と運炭鉄道の敷設が必要とされた。鉄道の場合、1964 年までに建設される計画であったことから、石炭輸送のためにも道路建設は鉄道の前に推進しなければならなかった。しかし陸上輸送能力のみでは全生産量を適期に供給できないため、その補完策として海上輸送を強化することになった。とくに、地理的見地から見て、東部炭鉱地帯である嶺東地区と江陵地区は依然として海上輸送に依存せざるを得なかった[27]。そのためには現墨湖港の船積能力の増強策としてコンベヤーの増設および墨湖港拡張工事を予定通り推進しなければならなかった。要するに、この工事が竣工してこそ、慶南地区の民需用炭と発電用炭の円滑な供給と輸送促進が可能であった。

　こうした炭座の開発には膨大な投資が要請されたことは言うまでもない。事業計画によって開発に着手する時、政府は投資額の約 50% を融資すると同時に、外国借款に対して保証できるよう法的措置をとった。とはいえ、外国借款においては、炭田ボーリングによる埋蔵量の確認など、事業体の客観的借款担保能力が保障されてのみ、この獲得が可能であった。

　このように、炭座開発に重点を置いて5ヵ年計画が実施されたにもかかわらず、

表 9-6 大単位炭座開発事業の関連事業別所要工程および予算

区分	事業内訳		規格・数量(キロ)	所要予算(ウォン)	所要工程 62	63	64	65	66	備考
鉄道	(黄池本線) 桶里－深浦里		8.5	270,000						63.6 開通予定
	(黄池支線) 栢山－黄池		9.0	206,000						62.12 開通予定
	(東海北部線) 玉渓－鏡浦台		32.9	262,000						62.10 竣工
	礼美－旌善		37.0	1,530,000						
	武陵里－古汗里		11.0	330,000						
	旌善－頂洞		12.0	360,000						
	旌善－檜洞		15.0	450,000						
	頂洞－九切里		13.0	390,000						
	江陵－彦別里		9.0	270,000						
	陵州－午陰里		7.0	310,000						
	藍浦(大川)－松亭		3.5	120,000						
	計		157.9	4,498,000						
道路	礼美－別於谷－旌善		34.0	76,000						62.12 竣工予定
	三巨里－晩項－古汗里		15.0							
	礼美－大田里－花持峙		20.0	34,000						
	花峙－白雲山		5.0	10,000						
	(旌善) 魯彌里－松洞里		9.0	18,000						
	夜味－羅田－頂洞		7.0	14,000						
	余糧里－九切里		9.0	18,000						
	古汗里－別於里		17.0	34,000						63年着工確定
	慕田里－彦別里		6.0	26,000						
	陵州－山陵里		7.0	14,000						
	計		129.0	244,000						
送電線・発電所	咸白	送電線	25.0	11,070						
		電話線	25.0	2,038						
		変電所	1/3,000*	13,200						
	黄池	送電線	4.0	3,235						
		電話線	4.0	428						
		変電所	1/2,000*	8,300						
	和順	送電線	15.0	7,777						
		変電所	1/1,000*	5,000						
	旌善	送電線	34.0	22,000						
		変電所	1/6,000*	24,300						
	計			97,348						

出所:白士益、前掲「5・16後、石公業績を中心として見た石炭産業」。
注:1 送電線・発電所の規格・数量のうち、変電所の規格はKVA。
 2 所要工程のアミカケは該当年度。

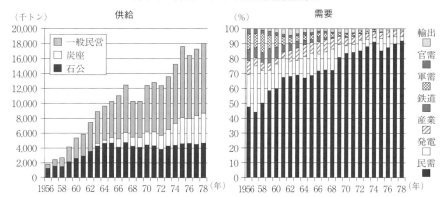

図 9-3 韓国における無煙炭需給構造

出所：大韓石炭公社『石炭統計』各四半期版、大韓民国国会図書館『我が国のエネルギー現況』*1980 年。
注：民需は一般家庭用。

　図 9-3 のように、その実績は計画の想定とは大きく異なるものであった。5 ヵ年計画の終了予定年度である 1966 年には石公 420 万トン、大単位炭座 310 万トン、一般民営炭鉱 444 万トン、合計 1,174 万トンが計画されたが、実績は石公 410 万トン、大単位炭座 111 万トン、一般民営炭鉱 579 万トン、合計 1,100 万トンであった。石公は期待の採掘ができたが、炭座会社の生産はそれに全く及ばず、むしろ一般民営炭鉱がその不足分を補ったのである。さらに、炭座会社の生産量が 1972 年に 600 万トンに達して石公 420 万トン、一般民営炭鉱 444 万トンを大きく上回ると想定されたが、実際の生産量は 200 万トンにも至らなかったことから見ても、炭座開発は机上の計画であったといえよう。それでは、なぜ大単位炭座開発計画は失敗に終わったのだろうか。
　表 9-7 を見れば、東源、三陟、聞慶の三つの炭座以外には 30 万トンを超えることはなく、檜洞、羅田、佑田、江陵、湖南はまったく採掘炭が出されないか、あるいはその量がきわめて少なかった。このような実態に対し韓国政府商工部は「1970 年には大単位炭座の石炭生産比重が全国生産量の 46.8％に達すると計画されているが、現在大単位炭座の生産比重は 8.7％に過ぎないため、目標生産量に到達するためには政府による産業鉄道および産業道路の適期施行が緊要な問題である。現在当初計画より 1～2 年の遅延を招来している」と診断した[28]。

表9-7 大単位炭座生産実績

(単位：トン)

	東源	三陟	檜洞	羅田	佑田	聖住	聞慶	江陵	湖南	合計
1963	154,354	6,335		395	5,309	189,523				355,916
1964	233,148	85,860			4,571	91,164				414,743
1965	203,486	228,322			11,270	114,724	193,909	205		751,916
1966	288,806	287,561		1,150	11,578	176,530	344,462	705		1,110,792
1967	385,143	400,501		2,665	30,219	121,112	412,563			1,352,203
1968	358,977	438,165			16,204		327,751			1,141,097

出所：大韓石炭公社『石炭統計』各四半期版。

炭座開発の遅延は決して解決されず、その深刻さを増していくが、この問題を取り上げて失策の反省を促す文書が公刊されることはなかった。その原因を把握する手掛かりとなるのが、この事業のコンサルティングにあたったPMCの報告書である[29]。

炭座開発は製造業とは異なって計画と開発において長期的な先行開発が必要とされた。とくに、採掘条件が悪いことから、探鉱と初期採掘が行われたとはいえ、大規模な長期炭鉱開発は5ヵ年計画より長い開発期間を要した。家庭燃料用だけでも石炭需要が将来年間2,000万トンを超えると予測されるにもかかわらず、現在の開発速度から見て1970年ごろの需要を充足することすら難しかった。多くの炭鉱で数年後に枯渇し、供給不足に直面すると予測されたため、大単位炭座開発計画（the consolidated coal mine program）が実施されたが、炭座開発投資は民営炭鉱とともに、その速度が遅れた。合理的石炭開発のためには相当の炭鉱開発資金を調達しなければならなかったが、それに対する具体的な計画は発表されなかった。

八つの炭座会社のうち、1965年末までに2社のみが中間段階の開発（the intermediate stage development）に入り、後にまた2社、さらに4社が中間段階の開発に進入する予定であった。その設備投資のためには1社当たり50万～150万ドル、8社全体としては800万ドルの外資が必要とされ、そのほかにも1,600万ドルに相当する国内資金の投下が要請された。そのうち、外資は韓国産業銀行によって調達される予定であったが、すでに外資は消尽された[30]。それだけでなく、借款導入の先決条件たるボーリング事業が1964年になってかろうじて完了することとなったため、第1次5ヵ年計画期間中には借款を確保

し難かった。

　こうした事態の発生に対し、USOM/K は石炭産業が韓国経済の基礎に相当することから、きわめて懸念した。なぜならば、それまで米援助プログラムによって相当の投資が行われた火力発電所、セメント工場、肥料工場へ石炭を供給できなくなるからであった。そのため、米援助当局は KOMEP（Korean Office of Mining Exploration Project）の機能の拡張と調整を提案した。事実上、初期開発段階より大きな支援を担ったのは、KOMEP であった。探炭坑道掘進支援および賃貸された外国機資材が各炭鉱に提供され、約100万ドルに相当する機械・資材（ブルドーザー、トラック、コンプレッサー、試錐機、ポンプ、巻揚機、通気施設、パイプ、レール、機関車など）が KOMEP 事業によって大単位炭座開発に投入された[31]。しかし、韓国政府は必要な組織的行動をとらなかった。計画としては、炭座8社は1970年からの最終段階（Final Stage of development）に備えて、1億ドルの資金調達を必要とすると予測されたが、韓国政府の具体的な対策はとられなかった[32]。そのため、炭座開発の遅延（Slow-down）が余儀なくされたのである。

　大単位炭座の設定時における当初事業の進度は良かったものの、1964年初めに同支援事業の進捗が計画より遅れた。前掲表9-6では、遅くとも1964年には鉄道工事が終わるはずであったが、東源、三陟および聖住炭座には鉄道が1967年初めになって建設されたのである。それだけでなく、旌善炭田内の三つの炭座の直接的な鉄道利用は1969年以後に行われる予定であった。石炭輸送は石炭需給上重要な役割を担っているが、輸送器具および設備の大部分を交通部が運営管理したため、同部の絶対的協力なしには円滑な輸送が不可能であった。そのほか、ほとんどの大単位炭座は探炭事業を政府（実際には石公）に依存したが、当初の事業（地質図作成、ダイヤモンド試錐、坑道掘進など）は一般的に不適切であった[33]。

　むしろ韓国政府の石炭価格政策は民営炭鉱の投資インセンティブを弱めて、結果的に石炭の乱掘を促した[34]。すなわち、石公炭に対する全国単一販売価格政策は輸送負担を過重にさせており、炭価が産地や炭質を基準にして策定されないため、実質利潤を保障できなかった。鉱業はリスクを伴う事業であるため、適正利潤が確保されなければ、長期間にわたる石炭開発を行うべき炭座会社に

インセンティブを提供することはできなかった。さらに、自由市場で民営炭鉱が行うより、石公は多くの石炭を生産することが要請され、過剰供給が生じ得た。実質的に政府による石公炭への価格統制は石炭業界の上限価格となっていた。民営炭鉱は良質で利潤を出しやすい炭層を中心に採掘作業を行い、炭田全体の採炭価値が将来的に下がらざるを得なかった。そのなかでは、炭座会社は利潤を出せず、内部留保からの追加的投資を行うことが不可能となった。

　こうして、石公炭をめぐる過剰生産と抑圧された価格が石炭開発計画の全体を歪める要因となった。炭座会社のうち、高率の利子、採掘の悪条件などのため、聖住と羅田の2社は石公に売却されたが、石公のなかでもその生産性は非常に悪かった。

　炭座開発の不足分を補ったのが民営炭鉱であったことは上述した通りである[35]。しかしそれにしても第1次5ヵ年計画の実行期間に発生していたエネルギー需要を賄うには大きな限界があった。5ヵ年計画（表9-1）では供給不足量が減り、エネルギー不足問題が改善されると見込んでいたものの、実際には逆のことが生じていた。石炭供給のバッファーとも言える貯炭量の推移を見れば、1962年69万トンから増えて63年92万トン、64年108万トンに達したあと、低下して65年96万トン、66年85万トンとなった[36]。1966年に限って詳しく見れば、石公炭は22万トンであって1960年以来最も少なかった。その反面、民営炭は62万9,000トンに達したが、これは民営炭鉱への輸送経路が充分に考慮されていなかったからである。

　1966年度生産計画自体が80万トンも過少策定され、石炭不足が年中続き、「煉炭波動」が発生した[37]。石公の生産が大きく伸びないなか、それに代替するものとして期待された炭座開発が進められず、旌善地区の三つの炭座は開発停止状態であった。それに加えて、民営炭鉱を中心に輸送不足が発生した。鉄道庁は1966年度全国民需用炭の輸送量を496万トンと策定し、9月末までの越冬用貯炭目標をソウル42万トン、全国63万トンと計画したが、セメント、食糧など夏季特殊輸送量の激増と暴雨による積荷作業の不振などもあり、計画は達成できなかった。輸送不足の根本的原因は石炭輸送に投入された貨車の不足にあった[38]。輸送対策委員会によれば、石炭輸送緊急対策として1日全国820両、ソウル330両を配車する計画であったが、事実上稼動貨車は全国760両、ソウ

ル280両に過ぎなかったため、毎日3,500トンも適正量を下回ったのである。そのため、1966年10月には軍輸送団が鉄道庁へ派遣され、緊急輸送に当たった。それにしても、「煉炭波動」は避けられず、煉炭の価格上昇[39]に繋がり、ついに買おうとしても煉炭がなくて買えない「煉炭飢饉」現象も生じた[40]。

経済開発に伴って増えつつある石炭需要は計画を大きく上回り、この需要過剰に対して輸送難が発生すると、「煉炭波動」が生じたのである。韓国経済の高成長はもはや国内資源の増産を通じてエネルギー問題を解決できる臨界点を超えたのである。

4．エネルギー転換と炭鉱経営支援政策

「煉炭波動」が1966年に発生し、石炭不足が甚だしくなると、1966年7月に経済科学審議会が立案した総合エネルギー長期対策をもとに、商工部はそれに修正補完を加えて1967年から76年までの10年間にわたる総合エネルギー需給計画を樹立した[41]。総合エネルギー需給計画の総規模を見れば、1976年までに3,600億ウォン（外資7億3,600万ドルを含む）を投入し、最終年度に石炭換算のエネルギー需要2,312万トンに対して、①石炭1,600万トンを供給し、②石油は5万5,000バレルから第2、第3精油工場の新設により29万9,000バレルへと引き上げるとともに、③電力は火力を58万トン（無煙炭換算）から143万トンへ拡大し、1974年には33万トン（無煙炭換算）規模の原発を開発し、④薪炭は829万トン（無煙炭換算）から446万トンへ引き下げることとなった。それによって、官需用炭を1969年から完全に石油に代替し、鉄道用炭は1968年まで20万トン規模を維持するが、1969年からは10万トンへ縮小し、産業用炭は年5％の率で代替させることとなった。

「主油従炭政策」に伴い、石油の消費が急激に拡大し始めた。早くも1966年下半期に政府管理の発電用と官需用の石油転換命令、産業用ボイラーに対する施設改造の勧誘および一般民需用中、営業用の石油使用推進（石炭供給中止、高層建物新築許可時石油使用施設条件附など）と大都市家庭用の石油使用キャンペーンなどが実施され、1964年から蔚山精油工場で生産された石油の供給量が急増した[42]。図9-4のように、中東原油を輸入して国内で精油加工を始めてから10

図 9-4 第一次エネルギーの種類別供給比重

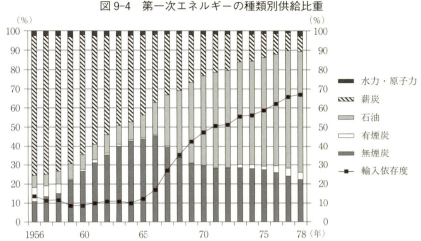

出所：大韓石炭公社『石炭統計』各四半期版、同『大韓石炭公社50年史』2001年、688〜689頁。

年も経たないうちに、石油が主な第一次エネルギー源となった。このようなエネルギー転換は海外からの原油購入を前提とするものの、表9-8の1000Kcal当たり価格で灯油が1970年まで煉炭より安いことからわかるように、当時としては経済性を持つものであった。もとより、石炭増産によっても国内エネルギーの需要を満たすことができないことから、戦後供給過剰の中東原油は朴政権にとってきわめて魅力的な選択肢であった。

とはいうものの、エネルギー転換は当然石炭業界にとってネガティブな影響を及ぼした。1967年前半まで続いた「煉炭波動」という石炭不足は、主油従炭政策の実施に伴って同年後半より需要不足という奇現象に直面した。貯炭量を見れば、1966年84万8,000トンから1967年には217万3,000トンへ急増し、68年にも189万1,000トンを記録した。もはや石炭市場が売り手市場にならなくなったことを示している。その内訳を見れば、1967年には石公59万6,000トン（中継地1万トン、消費地30万8,000トン、炭鉱27万8,000トン）、民営炭鉱157万7,000トンであって、民営炭鉱が販売先を探し難くなったのである。商工部の総合エネルギー需給計画によって官需用、鉄道用、産業用の石油転換が進行したため、韓国内の石炭採掘は家庭燃料を中心とする民需用に向けられざるを得な

表 9-8　石炭・石油類の価格および経済性の対比

	無煙炭 (ウォン/kg)		有煙炭	灯油	軽油	1000Kcal 当たり価格			
	粉炭	煉炭	(ウォン/kg)	(ウォン/l)	(ウォン/l)	煉炭	有煙炭	灯油	軽油
1966	16.10	2.53	4.71	7.21	9.65	1.01	1.09	0.90	1.50
1967	1.92	3.19	4.78	7.21	9.65	1.28	1.09	0.90	1.50
1968	2.11	3.34	4.67	7.38	9.65	1.34	1.07	1.17	1.50
1969	2.47	3.91	5.18	9.60	9.97	1.48	1.18	1.21	1.55
1970	2.58	3.99	5.83	11.62	11.03	1.60	1.33	1.45	1.72
1971	2.83	4.31	7.50	16.95	13.53	1.72	1.72	2.12	2.10
1972	3.50	5.00	9.69	24.02	17.80	1.95	2.21	2.99	2.76
1973	3.50	5.00	12.33	29.33	20.11	1.95	2.82	3.66	3.12
1974.5	5.28	7.78	16.00	76.00	68.00	3.11	3.65	9.49	10.56

出所:「石炭」(韓国産業銀行『韓国の産業』*上巻、1976年) 75頁。
注: 粉炭は 5300～5600kcal/kg 基準、煉炭は 22 孔炭 4.0kg 基準 (5000kcal/kg) 卸売価格、有煙炭は CIF 価格 (7300kcal/kg 基準)、灯油と軽油は税包含工場渡価格 (ソウル基準)、1000Kcal 当たり価格は熱利用率 50% (5000kcal/kg 基準)。

かった。石炭の生産量も 1967 年の 1,243 万 6,000 トンをピークとして漸次減り、1969 年には 1,027 万 3,000 トンへと大きく低下した。

　石炭生産の停滞または鈍化現象は経営指標面にも反映した。図 9-5 (A) の総資本利益率からわかるように、1966 年まではプラスを維持してきた利益率が、エネルギー転換政策が実施された 1967 年からマイナスとなり、オイルショックが発生した 1973 年まで悪化した。そのほか、資本配分の適正性を示す固定比率も 1965 年の 115% から 1967 年に 268% へ高まり、その後若干下がったが、1972 年には 330% に達した。その反面、流動比率は同期間中 165% から 75% へ下落し、その後オイルショックが発生する前までグラフのなかでフラットな状態を示し、短期支給能力が低下した。一方、企業の安定性を示している負債比率も同期間中 112% から 319% へ上昇し、その後いったん下がったが、1972 年には 567% に達し、負債依存度が高くなったことを示している。1968 年に諸経営指標が改善したように見えるのは、主として炭価の 25% 引上げと石公の増資などが断行されたからである。

　経営悪化現象は図 9-5 の出荷額を基準とする利益率 (B) でも確認できる。資料上、「鉱工業センサス」では正確な情報が得られないため、出荷額から給与額と生産費を取り除いたものを利益金として推計した。ただし、石炭産業と石

第9章　石炭産業

図 9-5　炭鉱会社の利益率

(単位：％)

A　各種経済指標

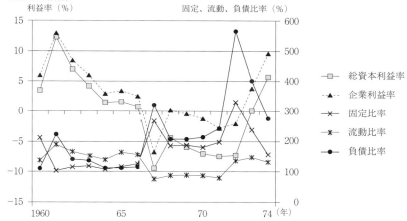

B　経営形態別利益率

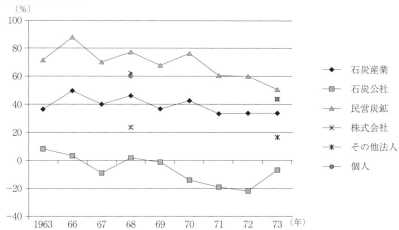

出所：韓国銀行『企業経営分析』各年度版、韓国産業銀行『鉱業および製造業事業体調査総合報告書』* 1958 年度版、商工部・韓国産業銀行『鉱業および製造業事業体調査総合報告書』* 1960 年度版、経済企画院・韓国産業銀行共編『鉱工業センサス報告書』* 1967、1968、1973 年度版、大韓石炭公社『大韓石炭公社 50 年史』2001 年。

注：1）Aは韓国銀行『企業経営分析』より集計。総資本利益率＝純利益÷［負債＋自己資本］、企業利益率＝［純利益＋金融費用］÷［負債＋自己資本］、固定比率＝固定資産÷自己資本、流動比率＝流動資産÷流動負債、負債比率＝他人資本÷自己資本。ただし、年度によって調査企業数が変わる。

2）Bは経済企画院・韓国産業銀行共編『鉱工業センサス報告書』シリーズより作成。石炭産業、株式会社、「その他法人」、個人は出荷額を基準とする利益率（＝［出荷額－給与額－生産費］÷出荷額）。民営炭鉱は産業全体の［出荷額－給与額－生産費］、出荷額からそれぞれ石炭公社の［売出額－売出原価］、売出額を引き算して計算される。また、石炭公社は売出額を基準とする利益率（＝［売出額－売出原価］÷売出額）。売出原価は一般管理費、販売費、営業外費用を含まない。

炭公社の項目基準が異なるため、時期によっては過大評価された可能性があり、本章では長期的傾向のみに注目したい。全体的には炭鉱会社はマイナスに転じることはなかったものの、石炭公社を除くと、民営炭鉱の利益率は傾向的に低下した。また、二つの時点しかないが、株式会社、「その他法人」、個人の経営形態別に分類された炭鉱会社でも利益率の低下が読み取れる。そうした中でも、石公は弾力的な人員整理や販売価格調整ができず、採掘作業の深部化が進展していたため、マイナスに転じざるを得なかった[43]。

　このような経営の悪化はどのような要因によって生じたのか。もちろん、韓国政府のエネルギー供給方針が大きく変わったことが背景にあるだろうが、それが経営成績にダイレクトに反映するとは考えられず、炭鉱経営を考慮しなければならない。いちおう指摘できるのは生産原価の上昇が続いたことである。石公の場合、図9-6のように1トン当たり生産原価が1967年の1,978.59ウォンから1972年には4,497.27ウォンへ上昇し、その後オイルショックが生じた後の1975年には7,424.32ウォンへ再び急激な上昇を示した。

　こうした動向は一般物価指数あるいは石公炭販売価格指数の上昇幅を大きく凌駕した。その背景には採炭の深部化、一般資材費の上昇などといった要因もあるが、炭鉱規模が零細性を免れず、非合理的な開発体制が続いて生産性が低下し、労働作業の機械化が遅れて賃金負担が過重となったからである[44]。経済成長に伴って賃金水準が加速度的に増える趨勢を示し、1967年41.7%であった労務費の比重が1975年には49.9%へ上昇し、1978年には54.0%に達した。その反面、原価構成において労務費の次にその比重が大きかった操作費（輸送費など）は運炭鉄道の電化など輸送手段の現代化、鉄道運賃の割引制が実施されるにしたがって1967年の18.2%から1975年には12.2%へ漸次減少を示した。

　一方、民営炭鉱の原価分析は資料上比較できないが、代表的な数社の原価分析を通じてみれば、石公より総原価が20〜30%安かった。これは自然条件が良好であり、炭層の発達が優れたところを集約採掘し、また地上採炭の比率が高かっただけでなく、季節的労働を利用して賃金水準が石公に比べて低かったからである。1978年のデータであるが、石炭1トン当たり総原価は石公炭1万3,763ウォン、民営炭1万2,685ウォンであって、そのうち労務費はそれぞれ7,476ウォン、4,822ウォンであった。民営炭鉱は労務費の負担が全体の38.1%に過ぎず、

図9-6 大韓石炭公社の1トン当たり総原価と利益率

A 総原価と損益

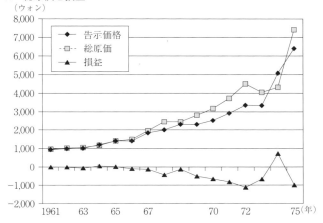

B 純利益と利益率

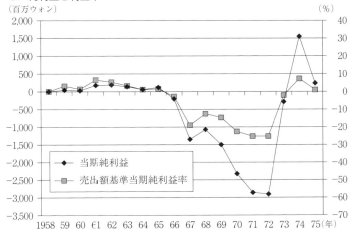

出所：大韓石炭公社『石炭統計』各四半期版、同『大韓石炭公社50年史』2001年、648〜659頁。
注：1）告示価格は「物価調節に関する臨時措置法」（1961年11月19日）によって石公の販売に適用された政府統制価格である。
　　2）総原価には生産原価のほか、一般管理費、販売費、営業外費用が入る。
　　3）売上高基準当期純利益率＝当期純利益金÷売上高。

採掘条件が優れていたこともあって、市場競争で優位に立った[45]。ともあれ、原価構成において労務費の比重がやや低く、材料費の比重が相対的に高いことを除いては、民営炭鉱は石公とほぼ類似した構造を有した。

ところが、販売価格においては民営炭は自由価格制度が適用されたが、石公炭は1950年代の法定価格に引き続いて政府統制を受けて「物価調節に関する臨時措置法」(1961年11月19日)によって公共料金審議委員会の諮問を経て告示価格制が実施された。この二元的価格体制は1975年に政府告示最高価格制度の採択によって中止され、炭価の単一化を見た。それまで石公は民営炭鉱に比べて不利な立場に置かれたのである。

こうして炭鉱経営が全般的に悪化すると、マージナルな炭鉱から撤退し始め、前掲図9-1で1966年には194ヵ所まで増えた民営炭鉱は68年84ヵ所へと減り、その後やや増加した。1969年末に石炭登録鉱区数は1,318ヵ所であったが、そのうち、稼行鉱区数は442ヵ所であって稼行率は34%に過ぎなかった。とくに中小炭鉱の乱立は大単位炭座開発政策にもかかわらず、依然として解決できない石炭産業が抱えていた問題であった[46]。1969年中、年産10万トン以下の中小炭鉱数は総稼行炭鉱数の89%を占めていたが、その生産量は230万トンであって、総生産量の22%を占めるにとどまった。このような中小炭鉱の大部分はその資本が零細脆弱であって、経営合理化あるいは生産性向上のための近代的施設の導入が不可能であった。大単位炭鉱の一部も排水準が地下100〜300mに至る採炭中年期に達し、深部採掘が不可避であり、採炭原価を高める要因となった。それだけでなく、石公経営から見ても、経営安定性が損なわれて、生産性の向上に対する誘引が弱くなり、図9-7のように、OMSは1966年以降1972年まで低下し続けた。労働生産性を基準としても、石公は同様の傾向を示したが、民営炭鉱の場合、1960年代末から70年代にかけて石炭公社の水準を超えたものの、1970年にピークを示し、その後停滞の状態であった。

これらの問題を解決する方案として補助政策が模索された。石油転換政策の実施を契機として石炭鉱業が全般的に深刻な打撃を受けるに従って、韓国政府は大韓石炭協会からの要請に応じて石炭産業への補助政策を考案した[47]。すでに、1962年に「鉱業開発助成法」を制定して、鉱業権を担保とする財政資金の融資を実施し、さらに1967年には「鉱業開発助成法」を廃棄する代わりに「鉱業振興公社法」を制定して「鉱業振興公社」による資金の融資を行った。それだけでは石炭産業の斜陽化に対応できないと判断した政府は、1969年8月「石炭鉱業育成に関する臨時措置法」を制定し、1970年から79年までの10年間に

第9章　石炭産業

図9-7　大韓石炭公社の炭鉱別1日全坑OMSと民営炭鉱の労働生産性

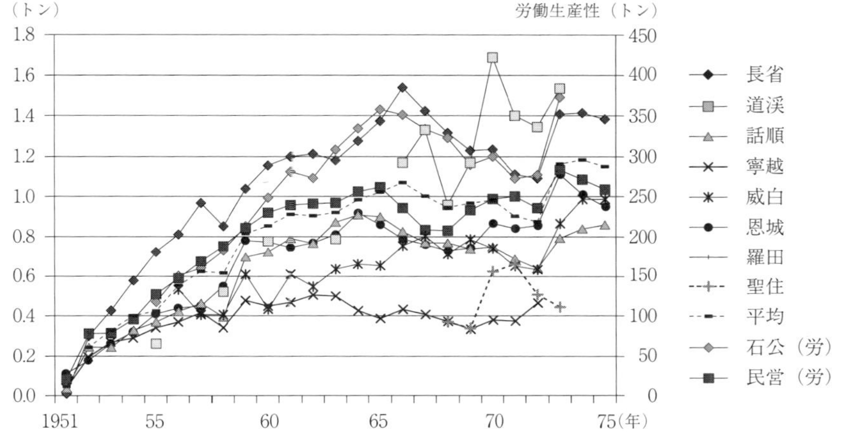

出所：大韓石炭公社『大韓石炭公社50年史』2001年、670～673頁。
注：石公（労）と民営（労）はそれぞれ石炭公社と民営炭鉱の労働生産性（＝年間生産量÷年末従業員数）。

わたり石炭鉱業の新しい補助政策を実施した[48]。この育成法は石炭鉱業の合理化と石炭需要の確保、そして流通の円滑化と雇用の安定を期し、総合的施策の検討と安定成長を図るものであった。

具体的な施策としては、①石炭鉱業の発展に向けた諸般の施策の調査審議のため、政府の関係公務員と業界、また学界の専門家16人以内で構成される「石炭鉱業助成審議会」を設置すること、②長期的かつ総合的開発計画の樹立を法制化すること、③助成事業費の財源調達と用途を規定して、財源はバンカーC油に対する税率を5％から10％へ引き上げてその税収をもって確保し、これを炭鉱施設の近代化および逼営資金の融資、輸送費の補助、大量消費先に対する価格補助、深部開発のための竪坑の施設費の補助などに使用すること、④不良鉱業者の鉱業権の譲渡の勧告と他人鉱区の使用などを規定し、石炭鉱業の合理的開発を期することとした。初年度たる1970年には19億ウォンを、海上・奥地輸送の欠損補填をはじめとする開発資金と煉炭工場施設資金として融資・支援する方針であって、政府としてはこれを拡大し、1979年までに500億ウォン以上を石炭産業の保護育成と消費増大のために使用する計画であった[49]。

しかし、当初は石炭鉱業育成法の効果は微々たるものであって、1972年の生

産実績は1967年の水準を超えない1,240万3,000トンであった。ところが1973年末にオイルショックが発生し、石油価格の暴騰によって石炭需要が再び大きく増大すると、長期エネルギー総合対策はエネルギーの安定供給に重点が置かれ、国内資源を最大限に活用することとなった[50]。そのため、政府当局は適時の炭価現実化措置を1974年4月に実施し、石炭生産の誘引を強化した。それと相まって、石炭鉱業育成資金も1973年の46億3,100万ウォンから1974年には164億700万ウォンへと大きく増額された[51]。さらに、その支援対象も夥しい項目へと拡大された。当然、石炭業は再び活気をとり戻し、生産量も史上最高の1,300万トン水準を突破し、1975年には1,749万5,000トンを記録するに至った（図9-3）。

5．おわりに

　韓国政府は経済開発に際して大単位炭座開発を通じて石炭供給力を確保しようとしたものの、政府自らの支援体制を整えず、技術、資金、訓練、採掘、販売にいたるまで広範囲の開発業務を石炭公社に一任した。しかし、新規会社への資金調達も計画通りに行われなかったことから、期待の効果を得られなかった。そのため、炭座開発からの採掘量が計画量を下回ったことに加えて、新規会社の経営も決して安定せず、倒産状態の2社を石炭公社が引き受けざるを得なかった。これが石公にとっても経営負担の要因になったことは言うまでもない。炭座の不足分を補ったのは、むしろ生産を伸ばした民営炭鉱であったが、石炭需要は計画作成時の予測を上回るものであったため、石炭供給が家庭用をはじめとする年々のエネルギー需要を満たすことは不可能であった。そこに時折の輸送難も加わり、「煉炭波動」が発生した。

　これに対し韓国政府は、更なる炭座開発に臨むよりは、廉価かつ使いやすい石油を中心とするべくエネルギー政策の重点を移行させた。「煉炭波動」として現れた失政への対策として、早々に発電・産業・交通用石炭を石油に代え、石炭の利用を主に家庭用燃料たる煉炭に限定した。これがエネルギー転換をもたらしたことは言うまでもない。1960年代の炭座を中心とするエネルギー政策が実現できなくなると、石炭に代わる新しいエネルギーに韓国政府が注目したのである。そのため、石炭市場は供給過剰となり、そのなかでも販売価格統制

（告示価格）制度が維持されたため、石炭公社は赤字経営となり、さらに物価安定のため抑圧された価格（suppressed price）での石公炭の過剰供給は、民営炭鉱の経営をも悪化させ、貯炭量の増加をもたらし、限界企業の撤退が余儀なくされた。

当然石炭業界の反発も強く、経営安定化対策が要請されると、政府は「石炭鉱業育成法」を制定し、民間炭鉱の経常補助と資本補助を実施した。とはいうものの、当初は明示的効果は現れず、生産ピークを回復することはなかった。これに対する突破口は外部から与えられ、オイルショックが発生すると、国内資源として石炭が再び重視されることとなり、販売価格の引き上げとともに、石公炭と民営炭の販売価格の単一化が実現された。価格設定において政府統制を受けていた石炭公社から見て、価格の天井（price ceiling）の下で自由な設定が可能となり、民営炭鉱に対して自由競争ができた。それに伴い、石炭増産が再び実現され、のちに生産量は2,000万トンを超えていった。

以上のように、規模の経済を追求し、人為的な炭座会社の設立を促すために石炭開発臨時措置法・鉱業開発助成法が創り出されたが、政府支援の遅延と歪められた市場構造のため、長期資金調達を必要とする炭座会社が経営難に直面し、資金不足に陥った。さらに、炭田もそれほど経済性を持たない場合もあり、政策は失敗し、それを補うためのエネルギー全般にわたる意思決定が行われた。これが石炭産業の衰退の始まりであったのである。そこで、成長産業としての石炭産業を前提とする石炭開発臨時措置法体制から、衰退産業としての石炭産業を前提とする石炭鉱業育成臨時措置法体制への転換が行われた。そうした政策転換があったとしても、もはや石炭はエネルギー供給において主役になることはなかった。

注
1）林采成「1950年代韓国における石炭産業の復興と成長――軍派遣団の支援と民営炭鉱の登場、そして大韓石炭公社の合理化」（『エネルギー史』第24号、2009年）、林采成「石炭市場と大韓石炭公社」（原朗・宣在源編著『韓国経済発展への経路――解放・戦争・復興』日本経済評論社、2013年）。
2）石炭産業合理化事業団『韓国石炭産業史』1990年。
3）大韓石炭公社『大韓石炭公社50年史 1950-2000』2001年。

4）林采成、前掲「石炭市場と大韓石炭公社」。
5）栄岩線の開通によって江原道の三陟炭田と首都圏の消費地が直接連結され、1トン当たり石炭輸送費は船舶運賃3,618ファンから鉄道運賃の333ファンへ低下した。林采成、前掲「1950年代韓国における石炭産業の復興と成長」。
6）朴寿徳（石公業務理事）「石公炭販売促進に対する小考」*（大韓石炭公社『石炭』第14号、1960年12月）。
7）「石炭開発五個年計画」（『京郷新聞』1955年4月23日）、「丁酉落穂 産業編」（『京郷新聞』1957年12月20日）。
8）朴寿徳、前掲「石公炭販売促進に対する小考」。
9）鄭寅旭（前石公総裁・現江原炭鉱社長）「石炭産業の分析——炭鉱長期開発政策上の盲点と是正策」*（『石炭』第14号、1960年12月）17頁。
10）Pierce Management Corporation「PMC最終総合報告文（上）」（Pierce Management Corporation Final Report, Contracts AID/fe-59-60）大韓石炭公社『石炭』第30号、1967年12月。
11）李東旭（東亜日報論説委員）「石公の使命」*（『石炭』第14号、1960年12月）。
12）李源福・安在休（長省鉱業所選炭課）「石炭の品質管理と経営合理化——長省炭を中心として」*（『石炭』第14号、1960年12月）。
13）鄭寅旭、前掲「石炭産業の分析」。
14）鄭寅旭、前掲「石炭産業の分析」。
15）鄭寅旭、前掲「石炭産業の分析」。
16）PMC、前掲「PMC最終総合報告文（上）」。
17）鄭寅旭、前掲「石炭産業の分析」。
18）李柱桓（本社営業部長）「石炭需給の展望と問題点」*（『石炭』第15号、1962年12月）。
19）李柱桓、前掲「石炭需給の展望と問題点」。
20）白士益（本社企画部長）「5・16後、石公業績を中心として見た石炭産業——その課題と展望」*（『石炭』第15号、1962年12月）。
21）東源（1962年4月24日）、三陟（1962年4月24日）、檜洞（1962年6月27日）、羅田（1962年6月27日）、佑田（1962年6月27日）、湖南（1962年9月28日）、聖住（1963年1月11日）、江陵（1964年5月5日）、聞慶（1965年3月3日）。
22）白士益、前掲「5・16後、石公業績を中心として見た石炭産業」。
23）PMC、前掲「PMC最終総合報告文（上）」。
24）白士益、前掲「5・16後、石公業績を中心として見た石炭産業」。
25）C. M. Watts, IMD, "Coal Development," Feb. 25, 1963, RG 286 Agency for International Development, Entry No. P 587 General Records, 1959-1967, Box No. 5, NARA.
26）ボーリング工事は民営炭鉱の個別的財力ではできなかった。すなわち、1962年1万750mは地質調査所が施行し、1963年3万90m、1964年3万1,420m、1965年3万1,420mは石公が施行する予定であった。石公は15万6,500ドルをもって20台のボーリング機械を導入して年3万mのボーリング能力を保有し、これに使われる融資金は政府予算で償還

されることとなった。

27) 李柱桓、前掲「石炭需給の展望と問題点」。
28) 商工部「石炭開発と関連事業問題点」＊1964年8月18日。
29) J. L. Weysser, IED-M (PMC), "Coal Mine Development Program in the Republic of Korea: an Evaluation of Situation," Dec. 17, 1965, RG 286 Agency for International Development, Entry P 587 General Records, 1959-1967, Box No. 5, NARA；PMC、前掲「PMC最終総合報告文（上）」。
30) J. L. Weysser, "Coal Mine Development Program in the Republic of Korea: an Evaluation of Situation," Dec. 17, 1965.
31) 李柱桓、前掲「石炭需給の展望と問題点」。
32) 1トン当たり10ドルの資金投資が必要であるとすれば、1,000万トンを生産するためには1億ドルの資本投下が必要とされることとなる。
33) PMC、前掲「PMC最終総合報告文（上）」。
34) J. L. Weysser, "Coal Mine Development Program in the Republic of Korea: an Evaluation of Situation," Dec. 17, 1965.
35) 1966年度の一般民営炭鉱の生産量を見れば、江原42万3,249トン、上長17万8,572トン、咸太40万7,221トン、豊谷1万9,190トン、黄池17万6,619トン、東古18万6,280トン、豊殿26万5,335トン、穴岩19万4,217トン、第一14万6,624トン、旌東12万7,030トン、興国12万2,611トン、江陵23万8,109トン、玉洞29万2,130トン、魚龍34万5,919トン、旌岩8万3,386トン、鳳鳴23万814トン、その他236万4,510トンであった（大韓石炭公社『石炭統計』各四半期版）。
36) 大韓石炭公社『石炭統計』各四半期版。
37) 「煉炭はなぜ足りないのか 上」＊（『毎日経済新聞』1966年10月18日）。
38) 「煉炭はなぜ足りないのか 中：輸送」＊（『毎日経済新聞』1966年10月19日）。
39) 石炭価格は政府によって統制される上限（a controlled ceiling）の下にあったが、煉炭は異なっていた。J. L. Weysser, "Coal Mine Development Program in the Republic of Korea: an Evaluation of Situation,"Dec. 17, 1965.
40) 「深刻一路 煉炭飢饉」（『京郷新聞』1966年10月29日）。
41) 「尨大な綜合エネルギー開発(1) 総量計画」＊（『毎日経済新聞』1966年9月1日）。
42) 調査研究室「エネルギー需給方向と石炭政策」＊（大韓石炭公社『石炭』第31号、1968年3月）。
43) 大韓石炭公社の売上高基準当期純利益率（＝当期純利益金÷売上高）は1958年0.2％、59年3.2％、60年1.6％、61年6.6％、62年5.5％、63年3.4％、64年1.2％、65年1.7％、66年-2.8％、67年-19.0％、68年-12.5％、69年-14.6％、70年-22.5％、71年-25.3％、72年-25.0％、73年-2.1％、74年7.2％であった。
44) 「石炭」（韓国産業銀行『韓国の産業』＊上巻、1976年）75頁。
45) 大韓民国国会図書館『我が国のエネルギー現況』＊1980年、「表16 石公・民営炭鉱の原価構成比（1978）」。

46）「石炭鉱業の現況と生産奨励策」*（韓国銀行産業調査課『週間経済』韓国銀行、1970 年）。
47）許倫「石炭産業画期的育成策促求」、発議者宋元英外 11 人「燃料政策に関する対政策権議案」*、燃料政策審議小委員会委員長曹昌大「燃料政策に関する対政府建議案および石炭産業育成等に関する請願審査報告書」*（大韓石炭協会『炭協』第 1 号、1969 年 1 月）。
48）この臨時措置法は 10 年間の時限法であったが、その後更新され、1986 年まで延長された。
49）「商工部来年度に石炭鉱業保護育成」*（『毎日経済新聞』1969 年 8 月 15 日）、「10 年間 5 百億支援」（『京郷新聞』1969 年 7 月 1 日）。
50）「長期エネルギー総合対策の特徴」*（『京郷新聞』1974 年 6 月 3 日）。
51）1970 年代の石炭鉱業育成資金は 1970 年 26 億 8,400 万ウォン、71 年 37 億 9,800 万ウォン、72 年 44 億 4,700 万ウォン、73 年 46 億 3,100 万ウォン、74 年 164 億 700 万ウォン、75 年 196 億 6,600 万ウォン、76 年 154 億 7,700 万ウォン、77 年 216 億 6,900 万ウォン、78 年 254 億 6,200 万ウォン、79 年 531 億 7,400 万ウォン、合計 1,674 億 1,500 万ウォンであった。大韓石炭公社、前掲『大韓石炭公社 50 年史』93 頁。

第10章 鉄鋼産業——鉄鋼業育成総合計画と仁川製鉄

李相哲

1. はじめに

　1960年代以降における韓国の急速な工業化は、政府の選別的産業育成政策、すなわち産業政策の下に行われた。ガーシェンクロンの後発産業化論に立脚してこの時期の工業化の過程を分析した一連の研究は、1960年代以降の産業政策の展開過程について、国家が市場の調整メカニズムを代替するという、位階(ヒエラルヒー)構造の形成過程として把握している[1]。特にこれらの研究は、輸出の義務付けなどを通じた海外市場からの競争圧力が、さもなければ内需市場に安住して非効率的運営に陥ったかも知れない企業に対する規律として作用した点を指摘している。つまり、海外市場からの競争圧力に直面した企業が、現場のレベルでの技術能力の蓄積のために一連の投資を遂行し、これによって漸進的な学習を通じた工業化が行われたとみている[2]。
　しかしクーデター直後の軍部および経済官僚が、このような完成品としての政策手段を具備した状態で産業政策を遂行したことはなかった。1960年代初期の工業化政策は、試行錯誤の過程を経ざるを得なかった。1950年代とは違う新しい国際的環境[3]の下で後発産業化過程を開始した1960年代の韓国には、先行の技術的蓄積を活用して成長を図ることができる可能性[4]が与えられたが、これを現実化する過程で過去に経験しなかった新たな問題に直面した。外資の調達と効果的配分システムの確立、世界的に標準化され商業化された技術の選択、需要の変化を考慮した適正規模の選定、そして現場レベルでの技術能力の拡充を誘導できる効果的規律メカニズムの確立、さらには実際の生産を組織できるような経営人材の拡充も、解決しなければならない重要な課題となっていた。
　本章は、鉄鋼業の事例を通じて、具体的な産業および企業レベルにおいて、

1960年代の産業政策の形成および執行過程で浮き彫りになっていた試行錯誤の過程に焦点を合わせる。韓国の鉄鋼業に関する既存の研究は、浦項製鉄の成立過程に焦点を合わせ、その成功要因を見出すことを主な内容としている[5]。これらは、主に浦項製鉄内部の技術能力の拡充過程に焦点を合わせ、それを通じて、浦項製鉄が竣工直後から高い効率を維持し、輸出競争力を短期間内に確立できた理由を探っている。しかし実際に浦項製鉄が相対的にみて成功した裏には、1961年5月のクーデター以降、1973年6月、浦項製鉄の完成に至るまでの鉄鋼業育成政策の形成と、それに関連する試行錯誤が存在した。浦項製鉄設立前の鉄鋼業育成に関する政府の政策、およびそれに対応する企業の動向についての研究は、新たな内外環境の下で進行した1960年代の工業化過程において、いくつかの制約に直面し変転した産業政策の動態的形成過程を解明するうえで、少なからぬ意義をもつはずである。

2. 総合製鉄所建設の構想

1964年12月4日に開催された第102回経済長官会議において、「鉄鋼業育成総合計画」（以下、計画）が成案確定した。計画の主要骨子は、東海岸と西海岸にそれぞれ総合製鉄所[6]を新設するものの、従来の国内企業と関連性をもたせる見地から、西海岸工場は仁川重工業[7]の施設を母体に中型鋼中心の銑鋼一貫製鉄所を完成して（規模は10～20万トン前後）、東海岸工場は蔚山に30～40万トンの板材および大型鋼中心の製鉄所を建設するというものだった。

西海岸と東海岸に二つの工場を建設するという決定は、1950年代後半から構想され、第1次経済開発5ヵ年計画立案とともに具体化した総合製鉄所の建設が難関にぶつかり、それまでの試行錯誤をもとに、総合製鉄所建設の新しい方向を設定したことを意味した。

結局、西海岸の仁川重工業中心の製鉄所は、1964年12月、朴正熙大統領の西ドイツ訪問を通じて獲得した長期借款で建設され、東海岸工場に対する構想は、その後紆余曲折を経験しながら、浦項製鉄の設立として実現した。

以下では1950年代末から構想された総合製鉄所建設事業の展開過程を見てみよう（表10-1）。朝鮮戦争休戦後、韓国で唯一の製銑施設を備えた工場は三和製

第 10 章　鉄鋼産業

鉄公社だった。三和製鉄公社は日本の是川製鉄(株)が1943年、小型溶鉱炉8基を三陟地域に建設して設立された工場だった。しかし、朝鮮戦争中に施設の約30％が破壊され、1952～53年に国庫補助金を通じ、溶鉱炉3基および付帯施設に対する復旧支援が行われていたが、燃料および資金難によって1955～57年の間、休業状態に入っていた。以降1957年に追加補修が行われ、1959年5月20日から民営の形で操業を開始した。

1960年代当時、三和製鉄公社以外の製銑施設としては、大韓製鋼工業(株)、京城鋳物製作所など10余りの小規模工場の設備があったが、それらは中小機械工場で自家需要に充当するためのくず鉄を利用した再生銑鉄工場に過ぎなかった。

一方、粒鉄生産に向けて1941年に仁川松峴洞に設立された朝鮮理研金属(株)仁川工場が帰属企業体[8]として管理されてきており、1948年6月に大韓重工業公社と改称された。1954年6月、西ドイツ・デマーグ社から設備を導入し、平炉・中型圧延・薄板工場を順次建設する計画が立案され、1956年11月15日、平炉製鋼工場の竣工を終え、分塊・中型圧延工場は1959年12月9日、そして薄板圧延工場は1960年4月1日に竣工した。この過程で、銑鋼一貫工場を建設しようとする努力が大韓重工業を中心として始まった。特に大韓重工業の平炉が、古鉄の再使用を通じて鉄鋼を生産する施設だったので、朝鮮戦争中に発生した古鉄の枯渇は予見されていた。したがって、学界の金属工学の専門研究者たちと当時の大韓重工業の幹部らは鉄鉱石の製錬からスタートする一貫製鉄所の建設を希望したのだ。大韓重工業企画担当常務柳元相と企画チームの職員たちはソウル工大尹東錫教授の諮問を受けて、1950年代後半から商工部機械科とともに一貫製鉄所建設案を構想することになる。

1958年8月26日の商工部建議、続く10月4日の商工部、鉄鋼諮問委員会の建議によって再確認された総合製鉄所建設計画は、このような過程で提起された最初の一貫製鉄所建設計画案だった。これによると、外資3,475万ドル、内資248億ファンを用い、1965年までに銑鉄20万トン規模の施設を大韓重工業が担当して襄陽に建設するものであり、製鉄方式は高炉溶鉱法と直接還元製鉄法(RN法)を併用し、製鋼方式はLD方式とするという具体的な内容を盛り込んでいた。もちろん、活用可能な資源、資本、技術などに対する実地調査が不十分な漠然

表10-1 銑鋼一貫製鉄所建設計画案

年　月	建設主体	規模 （万トン 粗鋼／年産）	工　法	建設場所
1958年10月	大韓重工業	20	高炉+RN法、LD製鋼	襄陽
1961年3月	大韓重工業	25	高炉一貫製鉄	東海岸
1962年4月	韓国総合製鉄	37	高炉一貫製鉄	蔚山
1962年11月	韓国総合製鉄	31	高炉一貫製鉄	蔚山
1962年	仁川重工業	15	低炉4基	仁川
1964年12月	仁川重工業 新規	10〜20 30〜40		仁川 蔚山
1965年12月	仁川重工業	1) 50 2) 15+30	高炉一貫製鉄	1) 東海または南海 2) 仁川+東海または南海
1967年10月	大韓重石	60	高炉一貫製鉄	浦項
1968年12月	大韓重石	60	高炉一貫製鉄	浦項
1969年12月	浦項製鉄	103	高炉一貫製鉄	浦項

出所：仁川製鉄株式会社『仁川製鉄——その成長35年と企業文化』* 1990年など各種資料より筆者作成。
注：「資金」の（　）内は外貨資金、残額はウォン貨資金。

とした構想に過ぎなかったので現実化はできなかった。

　民主党政権下でも西ドイツ借款を利用した銑鋼一貫製鉄所建設計画が樹立された。1961年3月商工部が復興部に付託した西ドイツ借款による産業開発計画案によると、大韓重工業を実需要者として東海岸に、外資3,200万ドル、内資300億ファンを投入し、銑鉄25万トン、鋼材17万トン規模の銑鋼一貫製鉄所を建設するという内容が含まれていた。

　民主党の下で作成された一貫製鉄所建設計画は、5.16クーデター以降、一部修正を経て1961年7月22日に発表された5ヵ年の総合経済再建計画（案）に再録された。5ヵ年の総合経済再建計画（案）で提示された総合製鉄事業は、生産能力22万トンの総合製鉄所を外資3,200万ドル、内資300億ファンを投じて建設し、1966年に完工するというものだった。5ヵ年の総合経済再建計画（案）が発表されるなか、経済人協会は、民間部門で担当できる事業で構成された基幹産業建設計画案を最高会議に提出したが、その中で鉄鋼部門の内容は、年産銑鉄24万5,000トン、鋼塊21万6,000トン、そして鋼材16万4,000トン規模の総

第 10 章　鉄鋼産業

の変遷

資金（万ドル）	資金源	備　考
6,000　(3,000)	ICA	
5,508　(3,200)	西ドイツ	
16,500　(13,575)	西ドイツ	DKG 案
15,560　(11,780)	米国	Blaw-Knox 案
		鉄鋼工業育成総合計画（商工部）
		鉄鋼工業系列化育成法案（大韓金属学会）
13,070　(9,570)	米国など5ヵ国	KISA 基本協定
16,300　(10,307)	米国など5ヵ国	KISA 追加協定
20,060　(12,370)	日本	綜合製鉄事業計画研究委員会

合製鉄所を外資3,200万ドルおよび内資200億ファンを投入して建設するというものだった。李東俊と李庭林などが中心になって推進したこの製鉄所建設計画は三和製鉄の活用を前提としたものであり、西ドイツと予備交渉を終えて事業実行計画書を交換する段階にまで達したが、資金調達計画を確定できず、それ以上進まなかった。

　1962年1月13日に発表された第1次経済開発5ヵ年計画には、5ヵ年の総合経済再建計画（案）の中の総合製鉄建設事業に基づいた一貫製鉄所建設が含まれていた。これによると銑鉄25万トン、鋼塊22万トン規模の総合製鉄所を外資3,200万ドルおよび内資300億ファンをかけて1962年から1966年まで建設することになっていた。第1次経済開発5ヵ年計画内の総合製鉄所建設計画作成に向けた実務作業を遂行した総合製鉄推進委員会[9]では、製鉄所建設の立地に対する予備調査の結果、蔚山、三千浦、そして迎日湾の三つの地域が有力候補地として検討された。

　民主党により立案された総合製鉄所建設計画が、規模および所要資金にほと

んど変化がなく第1次経済開発5ヵ年計画に反映されると、問題は誰がこの事業を遂行していくのかということになった。当時、韓国政府は外資導入対象事業に選定された総合製鉄所建設を担当する適格者を選定しなかったため、不正蓄財者に「投資共同体」を構成するように促し、投資共同体の構成員は、不正蓄財者の中で総合製鉄所の建設に投資を希望する者と一般民間人がなり、不正蓄財者の投資金額のうち不正蓄財没収金相当額は政府株式に還元するようにした。当時、総合製鉄所の建設に参加した不正蓄財者は李庭林、李洋球、薛卿東、そして南宮錬の4人だった。総合製鉄所の建設場所は、1962年1月26日の閣議で「蔚山総合工業地区の件」が議決され、蔚山地域に製鉄、肥料、セメント工場を建設する計画が発表されて蔚山に確定し、2月3日、蔚山工業団地の起工式が行われた。

投資共同体の主要構成員である李庭林らは、総合製鉄所建設に必要な借款交渉に向けて、2月8日欧州に出発した。この交渉の結果、4月7日、大韓セメントの会議室で投資共同体代表李庭林と西ドイツDKG（デマーグ、クルップ、GHH）代表デンハルトゥの間に「DKGは、年産鋼塊37万トン規模の総合製鉄建設のための計画調査および予備設計を8月31日までに提出し、投資共同体は用役費17万1,875ドルを支払う」という内容の総合製鉄技術契約が締結された。総合製鉄・投資共同体は1962年4月11日、最高会議で可決された「不正蓄財の返還に向けた会社設立の臨時特別法」によって4月30日、総合製鉄(株)の発起人総会を開催し、5月4日、商工部によって定款が認可された。

西ドイツとの交渉が進行する中、米国との接触も並行して推進された。米国を訪問した投資共同体の構成員である南宮錬らは3月20日、ブロー・ノックス社のシュナイダー社長とともに欧州側とは別の総合製鉄建設事業計画合意文を発表し、事業内容を具体化するために米国側経済使節団が訪韓する意思を確認した。蔚山工業地区への投資機会を検討するため訪韓したベン・フリートをはじめとする米企業家26人は、5月17日、総合製鉄所建設に関する仮契約に署名した。署名された合意書によると、建設に必要な外資の所要額の25%を直接投資の形で拠出すること、この金額を米国のブロー・ノックス社などが負担すれば、残余金額75%はAID（US Agency for International Development、米国国際開発局）で負担するという仮定のもと、これと関連する技術調査報告書を11月1日

第 10 章　鉄鋼産業

までに提出すること、報告書が提出されれば、12 月 31 日までに政府または韓国側カウンターパートが可否を決定することなどが取り決められた。建設契約が締結された時に、技術調査費 7 万 5,000 ドルを契約金に含ませること、仮に否決されれば技術調査費は米国側が支払うこととした。当時、政府は、西ドイツおよび米国の両国と交渉し、より有利な借款導入および建設条件を吟味していたのだ[10]。結局、政府は 11 月 30 日、米国側の条件がより有利だと結論づけている。年産 31 万トン規模の総合製鉄所を、外資 1 億 1,780 万ドル、内資 49 億 549 万ウォン（3,780 万ドル相当）の合計 1 億 5,560 万ドルを投入して蔚山地域に建設するという韓米合作の総合製鉄建設投資基本契約が、金裕澤経済企画院長官、李庭林総合製鉄社長、フォイ米投資共同体代表の間に締結された。それとともに、韓米合作会社設立の準備に要する資金を調達するために、株式の公募が 1963 年 1 月 20 日から 2 月 13 日まで行われた。しかし、その結果は満足のいくものではなかった。一般公募予定だった 33 億ウォンのうち、準備資金として公募した 9 億 1,000 万ウォンに対して、実際の応募金額は 1,347 万ウォンに過ぎず、資金調達計画は暗礁に乗り上げた。

　さらに、所要外資の大半を AID 借款に依存する予定になっていた総合製鉄所建設計画は、AID 側の反対によって結局は挫折した。計画実現のために最も重要な外資の供給源として設定されていた AID 側は、総合製鉄所建設計画案が公式に提出される前から否定的見解を表明していた。すなわち、1962 年 10 月 20 日付の『東亜日報』は AID 関係者へのインタビューを収録しているが、これによると AID の立場は次の通りだった。

① 韓国は鉄鉱石やコークス炭等の自然資源が貧弱であり、それらを輸入しなければならない。ところが、輸入に必要な外貨 3,500 万ドルは 1961 年時点での韓国の総輸出額 4,200 万ドルを考慮するならば到底調達できず、所要原料の輸入を実現することができない。
② 総合製鉄所建設後の生産能力は 50 万トンに達するが、現在需要は 30 万トンに過ぎない。
③ 韓国は世界鉄鋼市場で隣国の日本と競争することはできない。
④ したがって韓国は鉄鋼材を生産するよりは輸入して使用することが有利

表 10-2　韓国の銑鋼生産能力（1962 年現在）

（単位〔生産能力〕：千トン）

	区分	工場数	生産能力	主要企業
製銑		1	48	三和製鉄
製鋼	平炉	3	68	仁川重工業
	転炉	4	80	東国製鋼、韓国鋼業
	電気炉	—	—	
	小計	7	148	
圧延	中型	2	110	仁川重工業
	小型	27	310	東国製鋼、極東製鋼、韓国鈇鋼
	熱延薄板	2	56	韓国鈇鋼、仁川重工業
	冷延薄板	—	—	
	重厚板	—	—	
	特殊鋼板	1	6	三洋特鋼
	鋼管	5	89	釜山鉄管、日新産業、韓国鋼管
	小計	37	571	
鋳物	鋳鉄管	2	26	韓国鋳鉄管
	鋳物	6	13	江原産業
	鋳鋼	230	130	
	小計	238	169	

出所：金胤亨『韓国鉄鋼業の成長』* 韓国開発研究院、1976 年、仁川製鉄株式会社、前掲『仁川製鉄』、浦項総合製鉄株式会社『浦項製鉄 20 年史』1989 年などより作成。

である上、建設費 1 億 5,000 万ドルは韓国で必要とする他の事業に転用することがむしろ有利だ。

これによって韓米総合製鉄は解散状態になり、1964 年 1 月に発表された第 1 次 5 ヵ年計画の補完計画で総合製鉄事業は除外されてしまった。総合製鉄所建設計画は、鉄鋼需要に対する予測、資金調達、そして建設される工場の競争力確保策などに関する綿密な事前調査に基づいて作成されたものではなかったため、これは予見される結果だった（表 10-2）。

3．鉄鋼業育成総合計画の樹立

AID 側の反対によって資金調達の難しさに直面した総合製鉄建設計画は、第 1 次経済開発 5 ヵ年計画の補完計画樹立の過程で除外されたが、改府の計画が

第10章　鉄鋼産業

表10-3　国内の鉄鋼の生産施設および年間生産能力（1966年現在）

区分		主要会社		年間生産能力
		会社名	設備　（トン）	（計、トン）
1. 製銑部門	（銑鉄）	三和製鉄	20トン　小型高炉8基	10,000
2. 合金鉄部門		韓国電気冶金会社 北三化學	2,000KV　2,500 6,000KV　6,000	2ヵ所　8,500
3. 製鋼部門	平炉（鋼塊） 転炉（鋼塊） 電気炉（鋳鋼品）	仁川重工業 東国製鋼 釜山製鉄所	50,000 20,000 20,000	3ヵ所　65,000 8ヵ所　102,000 8ヵ所　34,000
	小計			201,000
4. 圧延施設	分塊中型圧延	仁川重工業 大韓製鉄	100,000 10,000	2ヵ所　110,000
	小型鋼圧延	東国製鋼	60,000	37ヵ所　342,000
	小計			452,000

出所：経済企画院「鉄鋼業育成総合計画」1964年12月（『経済長官会議案件（1964年度第102次回）』国家記録院、文書番号#131　9～11頁）より作成。

完全に廃棄されたわけではなかった。すでに指摘したように、1964年12月4日に開催された第102回経済長官会議で成案確定された「鉄鋼業育成総合計画」（以下「計画」）は、民主党攻権の下での銑鋼一貫製鉄所建設構想が第1次経済開発5ヵ年計画の補完計画の作成に至るまでに経験した試行錯誤の過程の中で、新たに作られた総合製鉄所建設の具体案だった。

「計画」がそれ以前の総合製鉄所建設計画と区別される点は、鉄鋼業育成にあたって考慮しなければならない様々な要素を体系的に検討していることだった。つまり「計画」では、第一に鉄鋼需要を考慮した工場の規模の設定問題、第二に規模の経済を考慮した単位施設の最適効率規模の問題、第三に総合製鉄所の地域的配置の問題、第四に設備投資における時期の考慮、つまり年次計画の作成の問題、第五に公正な採択の問題、第六に投資資金の調達問題、第七に鉄鋼製品を使用する関連工業との関連性の問題、そして第八に直接投資や借款導入などによる実需要者（建設主体）の選定問題など、実際に総合製鉄所建設計画の作成において要求される多角的な条件が総合的に検討されていた。

「計画」では、先に規模の問題と関連して鉄鋼材の当面の需給状況および施設の状況を検討している（表10-3）。「すなわち、経済活動が活発化し、従っ

表10-4　商工部作成の鉄鋼製品需要想定表

(単位：トン)

年度 品名	1963	1967	1970	1975
型鋼	26,258	36,000	48,000	75,000
棒鋼	90,408	125,000	160,000	240,000
線材	16,646	36,000	45,000	70,000
重厚板	33,667	45,000	60,000	90,000
薄鋼板	61,108	70,000	90,000	140,000
鋼管	20,209	27,500	35,000	50,000
鋳鉄管	11,350	15,000	15,000	15,000
軌條	17,035	20,000	20,000	20,000
鋳鋼品	2,118	3,000	4,000	6,000
鍛鋼品	778	1,200	1,500	2,000
その他	2,819	4,000	5,000	7,000
合計	282,396	382,700	483,500	715,000

出所：経済企画院「鉄鋼業育成総合計画」1964年12月（『経済長官会議案件（1964年度第102次回）』国家記録院、文書番号＃131、16頁）。
注：1963年度分は消費実績推定。

て経済量が拡大したことを受け、鉄鋼材の需要成長は伸び率でも絶対額でも大きく発展し」、「今後の成長は加速度的だろう」（計画、3頁）と予想されるが、「わが国の独自生産能力が我々の需要を満足せずにいる」ために「我が国の鉄鋼材の需要の大半は輸入に依存している」実情であり、「鉄鋼業の育成問題がまず量の面で提起」（計画、9頁）されることとなったと指摘している。特に製鋼設備能力20万1,000トンに対して、その素材である銑鉄供給は年1万トン程度にも達せず、銑鉄の不足分が現時点では朝鮮戦争の古鉄や米軍余剰くず鉄により弥縫策として調達されているという問題である。したがって国内の古鉄が枯渇して、高価な古鉄の輸入によって国内の鉄鋼施設の運休がもたらされているので、優先的に製鋼原料である銑鉄の国内確保が切実に要請されているのが実情だという点を強調している。

さらに、「計画」では「製鉄所の建設は、外資の交渉で完成まで3〜4年の時間が必要とされているので、私たちの工場建設の指標は1970年代を基準とせざるを得ない」（計画、17頁）として、今後鉄鋼の需要が年間8％ずつ成長すると予測した後、1970年に至り延50万トン規模の生産設備を備える必要があると主張した（表10-4）。

導入設備と関連して、「計画」は「製銑部門から来る銑鉄の製鋼処理は、一般的には鋳鋼など特殊な場合を除いては、冷銑に比べて溶銑が経済的な面では有利、つまり銑鋼一貫処理がよいという事実」（計画、17頁）と「鉄鋼業はスケールメリットが最も適切に当てはまる分野だという事実を考慮する時」（計画、18頁）、製銑・製鋼設備は同一工場内における一貫作業施設として、製銑設備の規

第10章　鉄鋼産業

模は実際の鉱石採鉱量の60万〜100万トンを処理する限度を上限とし、企業の単位性を考慮して下限規模は10万トン以上で計画することとした。

次に工場の立地と関連して、「計画」は韓国の主要鉄鋼財の需要地域が京仁地域と釜山および蔚山地域であり、可能な複数企業として相互競争の経済的および社会的利益を確保しなければならない点などを考慮すると、東海岸と西海岸に一つずつ製鉄所を建設する複数の工場建設が必要であり、具体的に西海岸地方は仁川中心、東海岸地方は蔚山中心となるべきだと記している。

「計画」は、工場建設に必要な内外資の調達如何によって西海岸工場と東海岸工場の中でどちらを先に建設するかという問題を解決しなければならないが、新設よりも既存施設を利用する方法を選択せざるを得ないため、「第1次計画は仁川重工業に、銑鋼一貫作業の経済性を期して主原料の確保のため溶銑を供給できる製銑施設10万トン以上を確保しなければならないだろう」（計画、22頁）と結論を下し、まず仁川重工業を補強して、もし余力があれば同時にするものの、万一余力がなければ第2段階として蔚山地域に将来30万トンを目標とする新製鉄所を建設し、これを通じて1970年代基準の総需要を充足できる（50万トン）施設を取り揃えることを勧告していた。

しかし、「計画」では、一貫製鉄所がどのような工程を採択しなければならないものであり、必要な資金をどのような方法で用意できるかについては、具体的方策作りをしていなかった。つまり工程の採択問題においては、「韓国の鉱石が一般的な事情を考慮して、経済的および技術的に妥当し、企業性のある生産工場」（計画、23頁）とし、製鋼・圧延部門においても「最も原価が節減され、技術的に可能な工程を採択する」（計画、24頁）という程度の記述しかしておらず、「投資額調達策においては、可能な財源を全部活用する」と言及するのみであった。反面、総合製鉄所が借款導入を通じて建設されれば、民間人による事業を優先し、この時建設を担当する民間企業が供給する資金に関して、次の条件を満たすことを規定していた（計画、27頁）。

① 政府の財政資金に依存しない。
② 自己資金の借入金に対する割合は最低40：60以上の財務状態を維持しなければならない。
③ 内資不足を補填する外資借款は認めない。

④事業計画と収入の見通しが関係機関によって堅実であると認められなければならない。

　結局、「計画」は総合製鉄所の建設にあたって検討する必要のある様々な条件を多角的に検討していたという点で、それまでの建設計画とは区別される側面を持っていたが、次のような側面ではまだ不完全な要素を内包していた。

　まず、需要推定と最適の設備規模の問題をあげることができる。1950年代後半から1960年代半ばまで総合製鉄所の建設は鉄鋼の輸入代替を目標に推進された。1970年の国内鉄鋼需要を予測して、これを満たすことができる鉄鋼工場の規模を算定していた。しかし、鉄鋼工業は規模の経済が現れる代表的な産業である。製銑・製鋼・圧延工程が垂直的に統合された一貫製鉄所の場合、年間生産能力が500万トンに到達するまで規模の経済が持続的に現れることが報告されている[11]。したがって表10-5で提示されているように、年間生産能力の規模が50万トンの場合、トン当たりの生産費は100万トンに比べて28％ポイント、1,000万トンの場合よりは99％ポイントも増加することになる。したがって、国内需要に合わせて適正規模に達しない生産設備を、それも二つも建設することは、生産原価面で競争力の確保を困難にする。この問題と関連して、大韓金属学会は「複数企業の育成という原則が鉄鋼工業の分散を意味し、それだけ稼動単位の低下をもたらすので、採算性を阻害するため、これに対する再検討」を要請した[12]。

　国際的に標準化され商業化された技術による適正規模の設備を導入するとなれば、結局、国内需要を超過する生産に帰結するしかないため、超過生産分の輸出の有無が重要な問題として浮上することになるが、このような問題に対する積極的な検討は行われなかった。

　次に、生産技術に関連する問題がある。「計画」は、製銑部門で生産された銑鉄の製鋼処理において、溶銑がより経済的な面では有利であるため銑鋼一貫処理がよいと指摘して一貫製鉄所の建設を推進する立場を明らかにしているが、どのような製銑設備を導入するのかという問題は直接には扱っていない。そして結局、後述するように、西海岸の製鉄所の製銑設備は、「たとえ多くの鉄鉱石や原料炭を輸入することがあっても、生産性が高い大型溶鉱炉」[13]にしなければならないという大韓金属学会の主張とは異なる方式で、その後の建設が推進

第 10 章 鉄鋼産業

表10-5 一貫製鉄所の規模別の生産費指数

工場規模（年間生産能力、トン）	50万	100万	200万	400万	600万	800万	1,000万
トン当たり生産費指数	199	155	136	119	110	105	100

出所：南宗鉉『鉄鋼業の特性と需給構造』*韓国開発研究院、1979年、59〜62頁より作成。

されるしかなかった。このような事実は、当時の官僚らが、鉄鋼業が持つ技術的特性について十分な理解に基づいて政策を立案していなかったことを示しているものであり、後述するように巨額の借款を通じて導入した設備が十分に稼動せず、廃棄される結果をもたらした。

最後に「計画」は、民間企業が借款導入を通じて総合製鉄所を建設するのであれば、十分に検討された事業計画を基盤としなければならないのみならず、建設主体の資金繰り能力が一定水準以上確保された状態で推進される必要があることを指摘していた。特に、借入金と自己資本比率に対する厳密な規定、国内調達用の現金借款の導入禁止規定など、莫大な資金がかかると予想される総合製鉄建設事業の成功裡の推進のために必要な規定を設けていたが、このような規定は実際において守られなかった。以下では、仁川製鉄が主体となった西海岸工場の建設過程を通じて、以上の問題を見ていこう。

4．仁川製鉄の設立と不実化

(1) 仁川製鉄の設立と総合製鉄建設

AIDの反対に遭遇して総合製鉄所建設計画が難関に直面し、第1次経済開発5ヵ年計画の補完計画で総合製鉄所建設事業が削除される中でも、鉄鋼業界内部では仁川重工業の既存施設を活用した銑鋼一貫製鉄所建設の動きが続いていた。

まず仁川重工業の内部で一貫生産体制を構築し、同社を総合製鉄所建設事業の中心企業へと発展させるという計画が作成されていた（表10-6）。

株式会社体制で新たに発足した仁川重工業は、1950年代半ばから宿願事業として構想してきた銑鉄製造設備の追加導入問題を検討し始めた。1963年頃に着

表 10-6　仁川重工業の低炉製鉄工場建設計画

区分			第1次計画	第2次計画
設備	製銑部門	低炉 焼結機 無煙炭ブリケット工場	70トン級（日本産）基 250トン（日本産）基 年産7万5千トン規模	70トン級（日本産）基追加 250トン（日本産）基追加 年産15万トン規模増設
	製鋼部門			溶銑長入起重機新設炉時間 当たり15トン→25トン拡張
	圧延部門			Planetary圧延機設置で帯鋼生産
	付帯施設			荷役、貯蔵、輸送設備設置 構内発電所新設
生産 (単位：トン)	製銑部門	銑鉄 （購入銑鉄） （自家発生屑鉄） （購入屑鉄） 小計	50,000 26,000 11,500 44,500 132000	120,000 — 15,000 36,000 171,000
	最終製品	ビレット 鉄筋 シートバー 薄鋼板 棒鋼、形鋼 帯鋼 小計	18,375 14,000 30,000 20,000 15,000 — 97,375	19,141 14,000 20,000 16,000 18,000 40,000 127,141

出所：仁川製鉄株式会社、前掲『仁川製鉄』88～89頁より作成。

眼され、1964年10月から1966年8月まで検討・作成された一貫生産体制の成立を通じた従来の平炉工場との連結計画は、2回にわたる建設計画で具体化された。つまり、仁川重工業の建設計画は、一山70トン級の製銑用低炉[14]を2基ずつ2回にわたって設置、銑鉄生産能力をそれぞれ年産5万トンとし、合計12万トン規模へと新設・拡大して、銑鉄や古鉄の輸入代替を果たすとともに、規模拡大を通じた銑鉄製造コスト削減を行う内容を盛り込んでいた。さらに、第2次計画期間において製鋼生産設備を備えることで、製鋼および圧延部門のバランスを維持し、収益の増大を図ることとした。

　仁川重工業が構想した一貫生産設備の設置計画は、既存設備を最大限活用するだけでなく、国産の無煙炭を利用して銑鉄を製造するという着想から出発していた。仁川重工業は1965年初め、実際に銑鉄を生産する試験段階にまで達し

たが、それ以上の進展を見ることはできなかった。東海岸地域に最新鋭一貫製鉄所を完工するまでに、仁川重工業の施設を母体に中型鋼中心の総合製鉄所を完成するという内容の鉄鋼業育成総合計画発表とともに、仁川重工業の民営化が推進されたためであった。

　公企業の民営化に対する議論は、第1次経済開発5ヵ年計画の補完計画の作成過程で本格化した。つまり、補完計画では「計画遂行上支障のない政府所有の財産を早期に民間に売却して投資者保護策を作成し、国民経済的にみて効率性の観点から政府の株式保有比率を再検討することにより、23個もある政府投資企業の民営化、国有財産の売却を果敢に促進しなければならないであろう」[15]と指摘している。これによって1964年6月、首相室と財務部によって「国営企業民営化、管理合理化案」[16]が策定され、7月には財務部が政府出資企業の株式構成、公益性や営利性などを検討した後、国有企業・混合所有企業・民営化企業など3種類に区分して民営化を推進するという案を閣議に報告した。そのなかで、仁川重工業などは民営化の対象に含まれていた。

　仁川重工業の民営化問題に関連して、最も積極的に対応した人物は元亨黙と李東俊だった。元亨黙は、1962年7月28日、鉄鋼工業協同組合[17]の第2代理事長に選出されて以来、1963年まで継続的に仁川重工業の払い下げに向けて努力してきた。1961年末から総合製鉄会社および蔚山精油株式会社の設立計画に参加意思を表明してきた在日朝鮮人申学彬による仁川重工業の払い下げを前提とした製鉄事業推進構想が1963年に表面化すると、元亨黙は鉄鋼工業協同組合を中心とした陳情書および建議書提出を通じて、特定人に対する仁川重工業の払い下げに反対する世論を形成した。例をあげれば、1963年に鉄鋼工業協同組合が推進した事業内容の一項目に「仁川重工業の払い下げ活用を含めた製鉄所の建設申請」と明記されるほど、この間の競争は熾烈であった[18]。

　このような過程で1964年6〜7月に仁川重工業の民営化案が発表された。1962年2月、投資共同体の主要構成員である李庭林とともに総合製鉄所建設に必要な借款交渉のために西ドイツを訪問した経験がある李東俊[19]は、元亨黙などとともに仁川重工業の払い下げに対応し始めた。彼らは1964年8月16日、南大門路4街銅鉱ビル521号を賃借し、定款の草案作成など諸般の準備を経て、10月10日仁川製鉄(株)を設立した。この日、払込資本金7,500万ウォンとして

創立総会と理事会を開催した仁川製鉄は、代表取締役社長に李東俊、代表取締役副社長に元亨黙を選出した。役員9人のうち6人が鉄鋼工業協同組合側の人士で構成された事実からわかるように[20]、彼らは既存の組合を通じた仁川重工業買収努力の限界を認識し、会社の設立を通じて仁川重工業の買収を試みたのだ。

　彼らは会社設立準備と同時に政府に製鉄所事業計画書を提出し、西ドイツのデマーグおよびルルギ社と設備導入にかかわる借款契約の協議を進めた。この計画は、1964年12月初め「韓ドイツ経済関係協議に関する議定書」が締結され、12月7日朴正熙大統領の西ドイツ訪問を通じて長期借款導入が確定したことによって現実化された。1965年1月19日、仁川製鉄は仁川重工業の従来の製鋼設備を補強し、生産能力を年産14万トンに拡張するとともに、12万5,000トン規模の製銑設備を新設するために、3,680万マルク（920万ドル相当）の資本財導入契約を西ドイツのデマーグおよびルルギ社と締結し、また手付金支払のため623万7,600マルク（155万9,400ドル相当）の借款導入契約をUDI（United Development Investment, Inc.）[21]と締結した。

　仁川重工業の払い下げが決定される前に仁川重工業の既存設備を活用して銑鋼一貫生産体制を構築するという事業計画は、仁川製鉄への払い下げ確定に向けた事前努力の一環として作成されたもので、当時の世論の注目を浴びることとなった。

　仁川製鉄は時価約20億ウォンに達すると評価されていた仁川重工業の株式の払い下げ代金について、最初に2億8,000万ウォンを払い込み、残額は20年分割払い込みの特例措置を取ることを当局に建議して、この条件による払い下げ契約締結を要請した。これに対し、財務部当局者は、国有財産の処理法上、明白な規定がないことと、株式の代金を長期分割払い込みとした場合、契約会社側が株主権を行使できない、という理由でこの提案を拒否し、この問題は政策的見地から検討されることになった。

　1965年6月10日に開催された国会本会議では、仁川製鉄の西ドイツ借款をはじめ、12の借款事業に対する支払保証同意案が上程されたが、当時の野党はセメント工場の建設と関連した財政借款1件を除いたすべての支払い保証同意案に反対し、結局、仁川重工業の払い下げ案は与党だけの賛成で、国会内に設置された財政経済委員会の付帯条件が添付されて政府原案通り通過した。仁川製

鉄の西ドイツ借款支払保証と関連して、財政経済委員会で議決された付帯条件は「仁川重工業会社は仁川製鉄事業の借款とは関係なしに合法的手続きにより払下げしなければならない」というものであった。

　結局、仁川重工業の民営化は一般公募を通じて行われた。1966 年 8 月 29 日から 12 月 29 日まで 16 回にわたり政府所有株式 117 万 6,450 株の払い下げが行われ、最終的に 116 万 3,130 株（仁川重工業全体発行株式の 51.9％）を払い下げたことで、ついに仁川重工業は買収されることになった[22]。1967 年 2 月、李東俊は仁川重工業会長に就任し、仁川製鉄に役員を派遣して、両社体制の経営が本格化した。

(2) 設備の導入、技術の選択

　仁川製鉄が西ドイツから導入した設備は年間 23 万トンの鉄鉱石を処理する SL/RN 予備還元炉（Rotary Kiln）と炉上回転式 2 万 6,000KVA 開放型電気還元炉を結合して年間 12 万 5,000 トンの銑鉄を生産する製銑設備を筆頭に、既存の年産 7 万 5,000 トン生産能力の平炉工場を 14 万トン規模に拡張するための製鋼設備、既存の時間当たり 15 トン容量の分塊中型圧延工場の時間当たり 20 トン容量への拡張設備、そして鉄道輸送路の 2km 延長、動力給水および給油能力の増設用設備だった。

　その間、製銑設備をめぐって仁川製鉄側と大韓金属学会との論争が広がるようになった。大韓金属学会の主張は、総合製鉄所で生産の起点となる製銑部門は、その技術と生産性が確認されており大多数の製鉄会社が採択してきた高炉方式に依拠しなければならず、特に特殊製鉄法の多様な方式の中で、仁川製鉄が導入しようとする設備は技術的にまだ大量生産方式が確認されたものではないということだった。こうした大韓金属学会の主張は、1964 年 10 月 13 日、商工部長官が依頼した「製鉄所建設に必要な参考資料」提出に対する答申書にすでに収録されていた。商工部の資料要請に対して、3 回にわたる常任理事会を通じて答申書を準備した大韓金属学会は、1964 年 11 月 21 日、第 3 回目の常任理事会で最終案を決定したところ、答申書の結論は、Strategic-Udy 法、Elektrokemisk 法、DHN 法、そして R-N 法の各製鉄法の中で技術的に優秀な工法を選ばなければならないだけでなく、もしも韓国が本格的な製鉄所建設を企図するのであれば、

たとえ燃料費およびほとんどの鉄鉱石を輸入する必要があるとしても、大型高炉を採択しなければならないということだった。

反面、仁川製鉄側は、それまで総合製鉄建設計画が実現しなかった理由は燃料であるコークス用瀝青炭の輸入の必要性によって経済性に疑問が提起されていたためだとし、国産の無煙炭と国産の鉄鉱石を使える「SL/RNという回転炉を利用した予備還元や開放型の電気製銑炉を結合した」特殊製鉄法を採択しなければならないと主張した。さらに、仁川製鉄側は、導入しようとする設備は特殊製鉄法に基づいているが、すでに小規模生産試験で成功し、その確実性が立証されており、世界的なメーカーが保証する方式であるだけに、問題になることがないと主張したのだ。

ついに大韓金属学会は1965年6月15日付の『朝鮮日報』を通じて、「現在政府が推進中の分散的で非合理的な鉄鋼事業計画を一切避けて、これらを総合した単一総合製鉄建設計画に切り替えるべき」、「現実には日産1千トン以上の大型高炉を採択しなければならず、仁川製鉄が計画中の予備還元式電気炉製鉄法は回避するのが妥当である」という内容の声明書を提出するに至った[23]。導入の工程の技術的妥当性問題は、仁川製鉄の資本財の導入契約、借款契約および支払保証の承認申請を審議するために1965年11月20日に開催された第65回目の外資導入促進委員会で再び提起された[24]。しかし、電気製鉄法の妥当性が技術的に認められており、性能保証においても供与者側で責任を負うようにしたので政府が自信を持って提案するという幹事の補足説明に従って、仁川製鉄の資本財導入の件は承認された。

それにもかかわらず、その後の状況は仁川製鉄の主張のように順調には進まなかった。工場建設工事は1968年12月15日の還元炉工場の竣工と12月27日の電気製銑炉工場の竣工とともに仕上げとなり、1969年から試験生産のための稼動が開始されたが、相次ぐ故障と操業事故のため設備の性能は全く保障できなくなり、竣工式は延期され製品生産を通じた経営の正常化は実現しなかったのである[25]。

(3) 資金調達と不実化

仁川製鉄の銑鋼一貫工場建設事業は、少なくとも外資導入規模に関しては1960

年代国内鉄鋼業において最も重要な事業だった。表 10-7 を通じて確認できるように 1962 年から 1969 年までに仁川製鉄が導入した外資総額 2,064 万 9,000 ドル（確定基準）は、同じ時期、鉄鋼部門で鉄鋼会社 9 社が導入した総外資 5,068 万 3,000 ドルの 40.7％を占めていた。この時期の鉄鋼業において仁川製鉄が占める位置を推察できる。

　仁川製鉄の年産 12 万 5,000 トン規模の銑鉄生産設備の導入に必要な外資 920 万ドル（ウォン換算で 23 億 6,000 万ウォン相当）は全額西ドイツからの商業借款に依存することになっていた。また、仁川製鉄が 1965 年経済企画院に提出した資金計画書によると、工場建設や運営に必要な国内資金の所要額は 13 億 4,000 万ウォンに達したが、この内資も 11 億ウォンは資本金の払い込みを通じて、他の 2 億 4,000 万ウォンは融資を通じて調達することが計画されていた。表 10-8 に提示されているように、1965 年まで仁川製鉄の実際の払込資本金は 1 億 5,000 万ウォンに過ぎなかったので、工場建設および初期の操業に必要な 37 億ウォンの 4％足らずの資金で工場建設事業が開始されたわけである。のみならず、仁川製鉄の資金計画書には西ドイツ借款導入に UDI からの 155 万 9,400 ドルの借款導入が追加されていた。この金額は、西ドイツから資本財を導入する際に、全体金額の 15％（138 万ドル）に相当する手付金を UDI が代わりに支払うことによる追加借款（元金 138 万ドルおよび利子 17 万 9,400 ドル）に該当した。つまり、資本財導入の手付金を支払うほどの資金も確保されていない状態で仁川製鉄の借款導入が承認されていた。それだけでなく仁川製鉄の資金計画書には、事業推進に要した国内の所要額に仁川重工業の株式買収代金 7 億 2,500 万ウォンが明記されているため、同事業が仁川重工業の払い下げを前提として進められているという点を明確にしていた。

　仁川製鉄は 1967 年 2 月、UDI から 300 万ドルの追加現金借款を導入することになるが、これは、仁川重工業の株式買収代金の早期支払いの必要性のためだった。つまり、財務部が当初 10 年年賦で納入するようにした計画を変更して、1967 年までに早期納入する方針を決めたことによって、8 億 500 万ウォンにのぼる株式の代金を早期に確保しなければならなかったのである。1966 年 11 月 26 日に開催された第 3 回外資導入審議委員会では、仁川製鉄が申請した 300 万ドルの現金借款を承認することになる。十分な資金を確保していない状態で巨

表10-7 鉄鋼部門の外資導入

確定年度	事業主体	事業名	借款先	借款区分
1965	連合鉄鋼	冷間圧延工場新設	日本	商業借款
1966	仁川製鉄	製鉄工場新設	西ドイツ	商業借款
	韓国電気冶金	合金鉄工場拡張	日本	商業借款
	日新産業	冷間圧延工場新設	英国	商業借款
1967	韓国鉄鋼	重厚板工場新設	米国	現金借款
	日新産業	冷間圧延工場拡張	英国	商業借款
	仁川製鉄	製鉄工場新設	パナマ	現金借款
	東国製鋼	製鋼原料導入	英国	現金借款
1968	日新産業	圧延素材導入	米国	現金借款
	三成製鋼	電気炉施設・屑鉄導入	米国	現金借款
	極東製鋼	圧延施設・屑鉄導入	米国	現金借款
	韓昌伸鉄	圧延施設・屑鉄導入	米国	現金借款
1969	仁川製鉄	製鉄工場予備品導入	西ドイツ	商業借款
	仁川製鉄	製鉄工場新設	英国	商業借款
	日新産業	圧延工場拡張	米国	商業借款
	連合鉄鋼	圧延素材導入	米国	現金借款
	合計			

出所：韓国産業銀行調査部『韓国の産業（上）』* 1971年、105頁。

額の借款を導入するだけでなく、現金借款を利用して仁川重工業を買収していた仁川製鉄の正常運営を期待するのは難しい状況だった。

借款導入当時、電気還元炉は1967年10月末、そして予備還元炉は1967年12月末までに竣工することが計画されていた。前述のように設備の設置は1968年12月に完了していたが、相次ぐ故障と操業事故で製品生産は行われていなかった。したがって、仁川製鉄は1965年約478万ウォンの欠損を記録した後、鉄スクラップなどの原料を輸入し、仁川重工業および鉄鋼工業協同組合に販売することにより営業を展開するしかなかったのだ。1968年UDIから借り入れた現金借款の元利金の償還要求が始まることによって、表10-9のように仁川製鉄はUDIとの交渉を通じて返済期間を変更し、これによる利子の増額分の支払保証金額変更を経済企画院に要請することになる。

しかし仁川製鉄は継続的な資金不足のため、運転資金の借り入れが増えてい

（1962～69年、確定基準）

(単位：千ドル)

借款導入額					
1962-66	1967	1968	1969	1970	合計
4,049	435				4,484
	6,918	2,285	3,122		12,325
	873				873
	700				700
	3,500				3,500
		864			864
	3,000				3,000
		3,000			3,000
		960			960
			1,500		1,500
			2,000		2,000
				1,156	1,156
			27	297	324
				5,000	5,000
			4,534	966	5,500
			3,584	1,913	5,497
4,049	15,426	7,109	14,767	9,332	50,683

　った。結局、1968年12月、産業銀行からの5億ウォン借入について、それ以上の担保提供が不可能になり、これによって産業銀行による管理を受けることになった。

　その後、1969年3月、不実企業整理担当特別班が大統領府に設置され、6月に仁川製鉄の整理案が用意された。それに従って、1970年4月に同社は仁川重工業を合併し、仁川製鉄所有の仁川重工業の株式は売却され、産業銀行の投資は融資に転換された[26]。以降、仁川製鉄は製銑・製鋼・圧延を結ぶ一貫生産体制を構築するという計画から製銑部門を放棄する方向に転換することになる。結局、仁川重工業の既存設備を活用して銑鋼一貫製鉄所を建設するという西海岸総合製鉄所建設計画は矢敗に終わった。

表 10-8 仁川重工業および仁川製鉄の年度別財務指標（1960～69年度）

（単位：千ウォン）

		1960	1961	1962	1963	1964
仁川重工業	売上					
	ビレット	319,080	189,392	376,368	556,060	452,159
	シートバー	0	18,175	181,644	83,175	153,722
	形鋼	6,105	27,606	73,286	170,717	138,345
	鉄筋	72,705	59,213	164,994	375,076	343,933
	薄板	15,408	188,397	329,836	378,487	566,529
	副産物	22,141	28,083	72,829	57,323	77,429
	その他	7,761	26,043	21,550	3,076	5,138
	小計	443,200	536,909	1,220,507	1,623,914	1,737,255
	当期純利益	15,092	108,163	167,930	332,520	373,620
	資産	1,226,919	1,494,717	1,571,624	1,600,465	2,546,572
	負債	1,120,202	1,377,163	922,721	714,623	699,474
	借入金	20,771	182,000	629,065	508,168	456,468
	資本金	29,320	29,341	401,341	401,339	1,119,846
仁川製鉄	売上					0
	当期純利益					0
	資産					75,041
	負債					41
	借入金					n.a.
	資本金					75,000

		1965	1966	1967	1968	1969
仁川重工業	売上					
	ビレット	740,161	754,520	886,832	907,606	705,495
	シートバー	218,733	174,603	62,818	39,773	46,289
	形鋼	250,636	425,064	400,549	601,569	613,186
	鉄筋	444,127	286,866	553,369	1,413,516	1,161,274
	薄板	782,663	1,130,009	1,080,219	895,357	1,301,089
	副産物	115,814	115,717	158,992	181,242	144,901
	その他	10,303	3,176	37,842	134,597	51,552
	小計	2,562,437	2,889,955	3,180,621	4,173,660	4,023,786
	当期純利益	208,480	288,920	235,530	13,010	176,710
	資産	2,683,740	2,990,846	3,449,603	4,716,369	7,147,029
	負債	724,055	966,593	1,435,670	2,917,711	5,190,203
	借入金	393,568	458,768	571,845	655,904	596,209
	資本金	11,119,846	11,119,846	1,679,769	1,679,769	1,679,769
仁川製鉄	売上	0	133,259	793,671	1,409,541	199,493
	当期純利益	-4,779	67,639	59,973	989	-1,294,055
	資産	427,347	1,148,754	5,145,721	8,202,720	11,791,991
	負債	282,126	856,115	4,718,109	7,644,119	11,527,445
	借入金	n.a.	n.a.	n.a.	n.a.	n.a.
	資本金	150,000	225,000	300,000	430,000	1,550,000

出所：仁川製鉄株式会社，前掲『仁川製鉄』より作成。
注：通貨改革以前の1960～61年度の数値はファンをウォンに換算したもの。

第10章 鉄鋼産業

表10-9 仁川製鉄の現金借款償還計画変更内訳(1968年8月)

(単位:ドル)

返済回数	支払日時	元金	利子	計
	当初返済計画			
1	1968年8月15日	600,000	371,835.61	971,835.61
2	1969年2月15日	600,000	78,641.09	678,641.09
3	1969年8月15日	600,000	58,019.17	658,019.17
4	1970年2月15日	600,000	39,320.54	639,320.54
5	1970年8月15日	600,000	19,399.72	619,399.72
合計		3,000,000	567,156.13	3,567,156.13
	変更返済計画			
1	1968年8月15日	—	371,835.61	371,835.61
2	1969年2月15日	750,000	98,301.36	848,301.36
3	1969年8月15日	750,000	72,523.97	822,523.97
4	1970年2月15日	750,000	49,150.68	799,150.68
5	1970年8月15日	750,000	24,174.65	774,174.65
合計		3,000,000	615,986.27	3,615,986.27

出所:経済企画院「現金借款契約に関する返済計画一部変更による修正契約認可(仁川製鉄株式会社)」*(『第32次回外資導入審議委員会会議録』国家記録院、文書番号#372、1968年8月26日)。

5. おわりに

1950年代末から構想された総合製鉄所建設の計画は、第1次経済開発5ヵ年計画を経てより具体化されたが、資金調達の問題に遭遇した。1964年12月に確定した鉄鋼業育成総合計画は、それまでの試行錯誤をもとに、借款および外国技術導入を通じた一貫製鉄所の建設にあたって考慮しなければならない多くの条件をそれなりに検討して立案されたものであった。鉄鋼業育成総合計画の結論は、西海岸と東海岸に二つの総合製鉄所を建設することであり、国内の鉄鋼需要を満たし、複数企業間の競争を通じて経済的効率を引き出すねらいがあった。しかしその計画は、鉄鋼需要と導入設備が有する規模の経済に対する不十分な検討、最適工程の技術に対する不十分な理解、そして導入される資金の効果的使用を誘導できる適切な監督システムの不備という面で多くの限界を内包していた。

仁川製鉄の成立とその不実化に至る一連の過程は、1960年代鉄鋼業育成政

策の形成に関する政府の未熟な対応を示す明らかな事例だと言える。またこの過程は、官僚、企業、学界などの相互作用と一連の試行錯誤を通じて「韓国型発展国家モデル」が形成される過程でもあった。1968年4月の浦項総合製鉄(株)の設立、1970年1月の「鉄鋼業育成法」制定、1970年4月の浦項製鉄1期事業着工、そして1973年6月の1期事業完了に至る東海岸の製鉄所建設過程は、西海岸の製鉄所建設で経験した試行錯誤の過程と別の過程として把握することはできない。

外資の調達形態が援助から借款に変化することによって、導入外資の効率的活用を図ることができる適切な監視システムを構築するための法的・制度的装置を考案することが重要な課題となっており、当時としては新しい産業に進出するために要求された生産技術に対する十分な理解も必要不可欠なものだった。しかも輸入代替を一次的な目的とする場合でも、すでに先進国で商業化され、少なくとも規模の効率性が技術的に確定している設備の施設能力が国内需要を超過すれば、その超過生産分をどう処理するのかということは、鉄鋼だけでなく、この時期ほとんどすべての産業において考慮されなければならない重要な事項になったのである。以上のように、1960年代の産業政策は新たに直面する様々な問題を解決していく過程で修正され変化していった。

注
1) Amsden, Alice H., *Asia's Next Giant - South Korea and Late Industrialization*, Oxford University Press, 1989、李済民「後発産業化の歴史的類型と韓国産業化の理解」*(『主要国の経済発展経験——発展模型の評価と比較』*経済発展学会、1996年)。
2) Amsden, Alice H., and Takashi Hikino, Borrowing Technology or Innovating: An Explanation of the Two Path to Industrial Development in Thompson, Ross(ed.), *Learning and Technological Change*, St. Martin's Press, 1993, Amsden, Alice H., South Korea: Enterprising Groups and Entrepreneurial Government, in Alfred D. Chandler, Jr. et al.(eds.), *Big Business and the Wealth of Nations*, Cambridge University Press, 1997.
3) Woo, Jungen, *Race to the Swift : State and Finance in Korean Industrialization*, Columbia University Press, 1991, MacDonald, Donald S., *U.S.-Korean Relations from Liberation to Self Reliance*, Westview Press, 1992 (韓国歴史研究会1950年代班訳『韓米関係20年史(1945~1965)——解放から自立まで』*ハンウル、2001年)、朴泰均「1956~1964年、経済開発計画の成立過程——経済開発論の拡大と米国の対韓政策変化を中心

第10章　鉄鋼産業

に」* ソウル大学博士学位論文、2000年。
4）李済民「韓国の産業化と産業化政策」*（安秉直編『韓国経済成長史――予備的考察』ソウル大学出版部、2000年）486〜487頁。
5）Amsden, Alice H., *Asia's Next Giant - South Korea and Late Industrialization*, 1989, Stern, J. et al., *Industrialization and the State: The Korean Heavy and Chemical Industry Drive*, Harvard Institute for International Development, 1995、宋成守「韓国鉄鋼業の技術能力発展過程――1960〜1990年代の浦項製鉄」* ソウル大学博士学位論文、2002年。
6）総合製鉄所とは、製銑・製鋼・圧延など一連の工程を単一工場内に備えることを意味する。
7）仁川重工業（株）は、後述する前身の大韓重工業公社が会社法「仁川重工業株式会社法」制定とともに1962年11月10日に株式会社という形で会社体系を転換したものであった。
8）「帰属企業体」とは、帰属財産の一つであり、帰属財産というのは1948年9月11日に韓国政府と米国政府との間に締結した「財政及び財産に関する最初協定」第5条にしたがって韓国政府へ譲渡された韓国領土内にあったすべての日本人所有の財産を指している。この帰属企業体は「帰属財産法」（1949年12月19日制定）にしたがって処理された。
9）1961年8月に商工部傘下に発足した総合製鉄推進委員会は、尹東錫教授を委員長にして商工部劉錫埼金属課長、仁川重工業朴通源企画課長、そして仁川重工業白徳鉉企画課員が委員に委嘱された（白徳鉉「韓国鉄鋼業発展史［7］」（『ジェリョマダン（材料の庭）』大韓金属学会、第14巻第4号、2001年7月、55頁）。
10）1962年5月31日に開催された第12回目の外資導入促進委員会で、西ドイツ側と交渉中の事業と米国の実業人団との今回の合意書との関係を問う委員たちの質問に対する外資導入局長の答えは、「双方と交渉するのではなく、現在のところまだ契約締結の段階ではなく、良いオファーがあるから意識的に米国と交渉している」ということであった（経済企画院「米国の実業人団との事業交渉総合報告（口頭）」*『第12回外資導入促進委員会会議録』国家記録院、文書番号#172、1962年5月31日）。
11）一貫製鉄所において製銑部門は高炉方式、製鋼部門はLD転炉方式を使用し、圧延部門は熱延大綱圧延施設だけを備えている場合を想定して規模の経済による生産コストの変化を計算したA.Cockerill、The Steel Industry、Cambridge University Press、1974に基づいたものである（南宗鉉『鉄鋼業の特性と需給構造』* 韓国開発研究院、1979年、58頁から再引用）。
12）大韓金属学会『鉄鋼業系列化育成方案』1965年、33頁。
13）同前、75頁。
14）低炉（low shaft furnace）とは、炉高が低い小型溶鉱炉を言う。製銑に使われる燃料（一般的にコークス）は炉頂上部に入れられ下降するので、上からの圧力を受けるようになる。したがって大型高炉ほどより大きな強度が求められる（韓国鉄鋼新聞鉄鋼用語辞典編纂委員会『鉄鋼用語辞典』韓国鉄鋼新聞、1997年、599頁）。一方、炉高が低くなると燃料効率と生産性は低下するが、入れる燃料の強度が小さくても製銑工程に使用することができる（白徳鉉「韓国鉄鋼業発展史［7］」『ジェリョマダン』第14巻第4号、

2001 年 7 月、58 頁)。
15) 朴東哲「韓国における公企業の形成と民営化」*（ソウル社会経済研究所『ソ経研研究』第 1 号、1995 年 11 月）28 頁。
16) この計画によると収益性は良いが公益性が低い 5 都市銀行をはじめ 19 企業を次第に民営化して、公益性が比較的高い韓国電力など 7 企業を政府と民間の混合経営化し、産業銀行など政府出資の著しい 4 企業は完全国営化するようになっていた（『ソウル経済新聞』1964 年 7 月 12 日）。
17) 鉄鋼工業協同組合は圧延企業 16 社が中心となり、圧延用原材料の共同の確保と分配そしてそれと関連した資金融資を主たる目的として 1962 年 4 月 1 日に結成された。
18) 1963 年度に組合が推進した事業内容は次の通りであった。①共同事業資金融資の申請、② 1963 年度下半期鉄鋼材原料導入の承認、③酸素値上げに対する是正要望、④仁川重工業の払い下げ活用を含めた製鉄所建設の申請（白徳鉉「国内鉄鋼業発展史 [10]」『ジェリョマダン』第 14 巻第 7 号、2001 年 11 月、58 頁）。
19) 李東俊は民主共和党の創党過程において結党準備委員として活動した経歴があったので（仁川製鉄株式会社『仁川製鉄——その成長 35 年と企業文化』1990 年、100 頁）、与党との政治的親交関係を利用できる有利な位置にいた。
20) 李東俊と元亨默以外の理事および常任監査はみな組合出身の人物であり、非組合員関係者としては技術担当の柳元相専務理事および朴應鳳常務理事だけであった（仁川製鉄株式会社、前掲『仁川製鉄』101 頁）。柳元相は 1950 年代から大韓重工業の技術理事として在職しており、朴應鳳は 1950 年代に大韓重工業の企画部長を歴任した後に三和製鉄の運営を担当した経験があって仁川重工業の買収に必要な技術的知識を備えていた（白徳鉉「国内鉄鋼業発展史 [11]」『ジェリョマダン』第 14 巻第 8 号、2001 年 12 月、66 頁）。
21) 当時韓国企業に借款を仲介していた本社がパナマにある会社であり、ヨーロッパに事務所を有していた。
22) 仁川製鉄株式会社、前掲『仁川製鉄』108〜109 頁。財務部は当初、仁川重工業の政府保有株式売却代金は 10 年間分割納付としていたが、1967 年度に全額納付へと方針を変更した（経済企画院「仁川製鉄所の内資調達のための現金借款契約認可（仁川製鉄株式会社）」*『第 3 回外資導入審議委員会会議録』国家記録院、文書番号＃290、1966 年 11 月 26 日）。
23) 『朝鮮日報』1965 年 6 月 15 日。
24) この席で李鳳寅委員は商工部の技術検討結果が妥当であるとしたが、電気製鉄法はまだ試験段階にあるものであり、日本の例から見て韓国では技術的妥当性が極めて疑わしいと考えているのでさらに深く研究してみる必要があると主張した（経済企画院『第 65 回外資導入促進委員会会議録』国家記録院、文書番号＃210、1965 年 11 月 20 日）。
25) 仁川製鉄株式会社、前掲『仁川製鉄』111 頁。この問題と関連して仁川製鉄側は、次のように記述している。「西ドイツのデマーグ・ルルギ社共同体も彼ら自体、実際の商業的工場の操業による技術の蓄積や専門技術人材を確実に保有していない状態だったため、確実な性能保障や工場の正常な稼動のための措置又は根本的な改善対策を提供できな

第 10 章 鉄鋼産業

ったが、会社側もやはり事前検討が不十分な状態で導入した設備だったために彼らに全面的に依存するしかなかった」(仁川製鉄株式会社、前掲『仁川製鉄』131頁)。結局、竣工式は1970年10月16日に開催されたが、10月29日に電気製銑炉の貫通崩壊事故によって10人の労働者が死亡する事故が発生することになった。事故発生後、1971年6月科学技術研究所で作成した「健全化方策樹立に関する調査研究」によると、仁川製鉄のSL/RN予備還元・電気製銑方法は韓国で近いうちに経済的生産施設として営利的に運用するのは難しいとされた。また、1965年度基本契約書上に提示された条件によって保障された年間生産能力を発揮することができず、たとえ保障された生産能力を発揮するとしても、製造原価面で銑鉄1トン当たり少なくとも26ドルの赤字を免れなくなるはずだった。そこで科学技術研究所は、すでに投資されている施設を試験操業施設として使用することを勧告していた。

26) 産業銀行の出資管理を受けてきた仁川製鉄は1978年6月に現代グループに買収された。

第11章　造船産業——対日請求権資金による国家主導の育成の試み

裵錫満

1．はじめに

　韓国造船産業の成長は、朴正煕政権期国家主導の経済開発において、浦項製鉄等の鉄鋼産業とともに代表的な事例として認識されてきた。しかし、朴政権の造船政策は、1960年代と70年代とで政策基調に大きな違いがあり、いくつかの面で断絶的な性格を持つことはあまり知られていない。1960年代は、国内の海運業と水産業を強化するために、植民地期に設立された国内唯一の大型鋼船建造造船所である大韓造船公社を中核に、既存の中小造船所を利用した輸入代替目的の育成政策であった。これに対して、70年代には、60年代後半から急激に拡大していったタンカー市場に主導された世界市場への参入を目標に、現代重工業株式会社等の大規模造船所新設など、輸出専門産業の育成政策が展開された。70年代には、輸入代替的造船産業育成は事実上放棄され、国内の船舶需要は外国中古船の輸入に依存する構造が定着した。

　より具体的に政策の内容を比較してみると、1960年代には、大韓造船公社の国営企業への復帰、財政資金や請求権資金を財源にする造船産業施設の拡充、人為的造船市場の創出など、国家の直接介入による育成政策が展開された。一方、1970年代には、現代グループ、大宇グループ、サムスングループなどの財閥企業が輸出船の建造を専門とする大規模な造船所の建設を主導し、国家はこれを間接的に支援する形をとった。したがって表面的にだけ見れば国家の政策介入は、1960年代の方が相対的に強かったと言うこともできる。また、海外からの資本と技術援助という観点からみると、1960年代は日本に一方的に依存する傾向であり、1970年代は英国を中心としたヨーロッパへと多角化した。

　このように朴政権の造船産業育成政策は、1960年代と70年代で異なるにも

かかわらず、従来のイメージは、70年代の現代グループの造船所建設と輸出向け大型タンカーの建造のみで説明されている傾向が強い。60年代の韓国造船産業には祖父江利衛と裵錫満の研究があるが、主に大韓造船公社に注目しており、中小造船所を含む韓国造船産業の全体を視野に入れていなかった[1]。

　1970年代に造船産業が、民間企業を主体とした輸出専門産業へと転換したことは、60年代に経験した試行錯誤と学習の結果であった。この点だけをもってしても60年代の韓国の造船産業政策を検討する必要がある。さらに、朴政権期における国家主導の造船産業育成政策に関する全体的な評価をやり直し、急速な経済成長の過程で国家の役割を客観的に評価するためにも、60年代の造船政策を検討しなければならない。

　本章では、日韓国交正常化の対価である「対日請求権資金」に注目し、朴政権による大韓造船公社の国営化と、日本の資本と技術の輸入に依存した1960年代の造船産業の育成政策を具体的に分析する。1960年代の韓国では造船でも経済全般でも、対日請求権資金が主要な投資財源だったからである。同資金は大韓造船公社の造船量の確保と施設拡充の主な財源であり、遠洋漁業などの水産業を振興し、大規模な漁船建造需要を創出する資金として、造船業界全体の大きな期待を集めた。

　周知のように、対日請求権資金は1965年の日韓国交正常化の対価として韓国が受け取った5億ドルの資金を意味する。無償資金3億ドル、有償資金（政府借款）2億ドルのこの資金は、現金ではなく日本からの財貨・用役の形で供給された。これとは別枠として、3億ドルプラス・アルファの民間商業借款の供与も約束されたが、これは「経済協力資金」の名目で日本政府が輸出入銀行の民間借款規定に基づいて推進し、広義の対日請求権資金とみなされた[2]。本章では、韓国の造船産業に使われた請求権資金の規模と使用方法について検討し、それが韓国の造船産業に与えた影響を分析する[3]。

　第2節では、請求権資金の全体的な規模と使用内訳を概観し、造船産業に充てられた金額とその内訳を確認する。次いで第3節では、韓国政府主導で請求権資金によって船舶が建造される過程と、建造実績を明らかにする。第4節では、請求権資金による船舶建造に対する造船業界の対応を、大型鋼船建造を担当した大韓造船公社と、漁船等の小型船建造を担当した中小造船業界の対応に分けて検討する。

第 11 章　造船産業

2．対日請求権資金と造船産業

(1) 全資金の使用内訳

　請求権資金の使用は、年度ごとに韓国政府が計画を策定し、日本政府との協議を経て決定された。韓国政府の使用計画の樹立プロセスは、経済企画院が関連省庁から提出された基礎資料を基に計画案を作成し、国務総理を委員長とする「請求権資金管理委員会」の審議を経て閣議決定し、大統領の裁可の後、最後に国会の同意で確定した。日本政府との協議のため東京には日韓合同委員会が非常設機構として設置されており、これとは別に関連実務組織として経済企画院長官の隷下に「請求権および経済協力使節団」が組織され、これも東京に駐在させた。使用計画が確定すると、執行手続きに入り、韓国政府各省庁の購買要求に基づいて調達庁が輸入者を選定した。輸入者の選定は原則的に公募により、請求権資金管理委員会の承認と日本政府による契約の認証が必要であった[4]。

　対日請求権資金は、1966 年から使用されはじめ、1975 年に執行が完了した。1966 年に 1 次資金 8,459 万ドルが入り、1975 年の 10 次の 3,148 万ドルを最後に、5 億ドルの資金導入が完了した。その内訳をまとめたのが表 11-1 である。資

表 11-1　対日請求権資金の使用内訳

(単位：ドル)

導入年度（次数）	無償資金	有償資金	合計
1966（1 次）	39,914,380	44,677,077	84,591,457
1967（2 次）	34,668,334	27,389,047	62,057,381
1968（3 次）	27,978,737	17,812,962	45,791,699
1969（4 次）	24,059,194	11,069,974	35,129,168
1970（5 次）	25,994,967	8,893,741	34,888,708
1971（6 次）	29,205,143	7,999,833	37,204,976
1972（7 次）	29,798,154	34,900,000	64,698,154
1973（8 次）	29,612,831	5,004,720	34,617,551
1974（9 次）	28,016,157	41,521,000	69,537,157
1975（10 次）	30,752,103	731,646	31,483,749
合計	300,000,000	200,000,000	500,000,000

出所：経済企画院『請求権資金白書』1976 年、376 頁。

表 11-2　資金の使途別内訳

(単位：ドル、％)

	無償資金		有償資金		合計	
	金額	％	金額	％	金額	％
農林業	36,547,573	12.2	2,309,190	1.2	38,856,763	7.8
水産業	27,175,542	9.1	0	—	27,175,542	5.4
鉱工業	164,262,801	54.8	113,724,594	56.9	277,987,395	55.6
科学技術開発	20,125,402	6.7	0	—	20,125,402	4.0
社会間接資本・その他サービス	6,029,275	2.0	83,966,216	41.9	89,995,491	18.0
その他（清算勘定、銀行手数料）	45,859,407	15.2	0	—	45,859,407	9.2
合計	300,000,000	100.0	200,000,000	100.0	500,000,000	100.0

出所：経済企画院、前掲『請求権資金白書』377頁。

金導入と実際の日本からの関連物資、機資材、用役の韓国到着には時間的ギャップがあり、関連物資などがその年にすべて韓国に入ってきたわけではない。例えば、後述する817万ドル海運振興事業で大韓造船公社が建造する6隻の船舶の必要機材は、1966年に資金導入が完了し、実際の機資材の導入は、1967年から1968年であった。このような遅延は、主に機材調達先である日本側の事情によっていた。

　次に使途別の内訳をまとめたのが表11-2であり、資金の5割を超える2億7,800万ドルが鉱工業に使われ、そのうち浦項製鉄の建設には1億2,000万ドルが注がれた[5]。鉱工業に次いで社会間接資本およびその他サービス9,000万ドル、農林業3,900万ドル、水産業2,700万ドル、科学技術開発2,000万ドルであった。

　なお、水産業と科学技術開発にはすべて無償資金が使われ、農林業では無償資金が9割以上を占めた。一方で、社会間接資本およびその他サービス関連については有償資金が9割以上を占め、鉱工業は有償資金と無償資金が半分ずつであった[6]。

（2）造船産業関連の使用額

　造船産業への資金は、水産業の「漁船導入・建造および改良事業」と社会間接資本およびその他サービスの「海運振興事業」として執行された。

　まず、水産庁が主管する漁船関連資金は水産業総額2,700万ドルのうち、最大の1,600万ドルが充てられた。その内訳は、漁船導入360万ドル、漁船建造832

万ドル、漁船動力改良142万ドル、漁船装備改良216万ドル、指導船建造および資材97万ドルであった（表11-3）。漁船の導入は第1年度の1966年に360万ドル全額が執行され、97万ドルの漁業指導船の建造と必要資材の導入も第1年度に完了した。漁船建造は1966年度の293万ドルからはじまって、第9年度の1974年まで逐次充てられた。装備改良事業

表11-3　漁船関連項目からの使用内訳

（単位：ドル）

細部事業名	金額
漁船導入	3,598,222
漁船建造	8,316,579
漁船動力改良	1,424,302
漁船装備改良	2,156,364
指導船建造・資材	967,589
合計	16,463,056

出所：経済企画院、前掲『請求権資金白書』379頁。

も同様であった。動力改良事業は第5年度の1970年度までに完了した。

　次に、5億ドルの請求権資金の中、9,000万ドルが使用された社会間接資本およびその他サービス部分からの交通部所管海運振興事業は、817万ドルが投入された[7]。すべて有償資金であったが、第1年度に資金執行が完了した。その内訳は、船舶導入660万ドル、国内造船157万ドルであった。船舶導入は6,000トン[8]級の貨物船2隻と3,500トン級タンカー2隻、合計4隻、2万トンの輸入であり、大韓海運公社が運営に当たった。国内造船は、造船に必要な資材を日本から導入し、大韓造船公社が4,000トン級貨物船2隻、1,000トン級貨物船2隻、500トン級貨物船2隻、合計6隻1万1,000トンを建造する計画であった。船舶導入と国内造船を通じて海運振興事業が完了すれば、貨物船とタンカーの合計10隻、3万1,000トンを確保することになる。

　海運振興事業の817万ドル有償借款の条件は年利4％、2年据え置き13年分割返済であった[9]。当時の韓国政府は海上運送に要する外貨の節約のため、船舶の拡充に積極的であった。韓国の年間輸出入貨物量550万トンに対して、韓国海運業の輸送能力は保有船舶16万3,000トンで、輸送能力180万トンに過ぎず、莫大な外貨が海上運送費として消費されていた。韓国政府の海運振興事業の全体構想では、海上輸送力の拡充に向けた船舶確保に請求権資金の有償借款2億ドルのうちおよそ25％に該当する総額4,700万ドルを投入して20万トンの船舶を新規に確保しようとした[10]。817万ドルはこの中で第1年度に執行された金額であった。第1年度の執行金額に対する韓国政府の要求案は、船舶導入660万ドル、国内造船のための資材導入240万ドルの合計900万ドルだっ

たが、日本政府との協議過程で資材導入額が157万ドルに縮小され、最終的に817万ドルが第1年度分として執行されることになった[11]。

なお、民間商業借款からも造船産業に資金が回された。3億ドルプラス・アルファの部分については、日韓国交正常化と関連した諸協定が正式に公布された直後の1965年12月29日、国内の鋼船建造をほぼ独占していた大韓造船公社は、三菱商事と305万ドルの施設拡充を目的とする借款契約を締結した。借款条件は、年利6％、6ヵ月据え置き8年分割返済であった[12]。この借款契約は、請求権資金による造船計画を含めて、農林部と交通部の船舶需要量が年度別、船種別、トン数ごとに確定され、大型船舶の建造施設の拡張および近代化計画が1965年3月にまとめられたことによっていた。請求権資金が使われる以前に、それに合わせる形で素早く対応したものであった。計画は、商業借款305万ドルと20億ウォンの国内資金で造船用船台と修理用ドックを拡充し、最大建造能力を3,000トン級から1万トン級に、修理能力を年間15万トンから34万トンに拡充するものであった。これに必要な国内の資金は「大韓造船公社法」の改定によって、20億ウォンの増資を計画し[13]、財政資金で調達した。施設拡張の起工式は1966年7月6日、朴大統領臨席の中、盛大に開催された[14]。

3．船舶建造の仕組みと実績

(1) 船舶建造の仕組み

請求権資金の無償資金による漁船の建造は、必要な機械・資材を導入し、主管官庁の水産庁の監督下に建造業者である韓国造船工業協同組合と実需要者である船型別漁業組合の間で団体協約が結ばれ、建造船舶の船型・規模・価格などが決められた後に、造船工業協同組合の会員造船所に割り当てられた[15]。

漁船建造用の832万ドルは、汽船底引網100トン級28隻、50トン級35隻分の機械・資材に210万ドル、近海用70トン級漁船6隻分に23万ドル、沿岸用小型漁船514隻分と中型漁船766隻分に599万ドルが使われた。導入された資材は船用木材（日本産杉）、機関と発電機、鋼板、外装品などが中心であった。

第1年度の1966年の場合、建造用機械・資材の導入が遅れ、漁民の事業に

表 11-4　早期発注による漁船建造の構成

材料	業種	規模 (G/T)	馬力 (HP)	隻
木造	中型汽船底引網・エビトロール漁船	50	180	10
木造	沿岸中型漁船	20	60	30
鋼造	大型汽船底引網漁船	100	350	20
	合計			60

出所：韓国造船工業協同組合『造船組合 50 年史』1998 年、279 頁。

　影響することを恐れた政府は、年内に 60 隻の中小型漁船の船体工事を自力で早期着工するように造船所に指示した（表 11-4）。

　韓国造船工業協同組合では、100 トン級鋼船の大型汽船底引網漁船 20 隻は遠洋漁業協同組合、20 トン級沿岸中型漁船（鮟鱇網、流し網）は水産業協同組合中央会、50 トン級中型汽船底引網漁船とエビトロール漁船は業種別漁業協同組合とそれぞれ共同で発注契約を締結し、それに基づいて組合員の造船所に建造を割り当てた。この資金によって建造を割り当てられたのは全国で 28 造船所であった[16]。

　こうした仕組みは、実需要者の漁民と水産業者の側に選択権がないという問題点があった。したがって、一部の水産業者は団体協約による割り当てを拒むこともあった。例えば、早期発注漁船のうち大型汽船底引網漁船 20 隻の場合、一部水産業者が個別契約と船価の引き下げを求めたため、工事が捗らなかった。これに対して政府は水産業協同組合が水産業者に縛られて効率的な対応ができないと認識していた[17]。

　97 万ドルの漁業指導船の建造計画は、水産庁によって 80 トン級 450 馬力の船舶 5 隻、80 トン級 900 馬力船舶 2 隻、300 トン級 1,000 馬力船舶 2 隻、合計 9 隻と確定され、1966 年 12 月に、釜山の中堅造船所である大鮮造船株式会社と建造契約が締結された[18]。

　請求権資金の有償資金による海運振興事業の 817 万ドルのうち、157 万ドルの造船用資材は日本から導入して大韓造船公社が 4,000 トン級貨物船 2 隻、1,000 トン級貨物船 2 隻、500 トン級貨物船 2 隻、合計 6 隻 1 万 1,000 トンを建造した。この事業は、日本からの資材導入が遅延したが[19]、早期着工のため大韓造船公社が自らの努力で 52 万ドルの機資材を導入し、1966 年度に工事を開始して 15%

表11-5　1966～75年間の漁船の建造実績

	請求権資金		その他資金		合計	
	隻	トン	隻	トン	隻	トン
沿岸小型漁船	514	4,686	1,651	8,283	2,165	12,969
沿岸中型漁船	766	20,675	102	5,160	868	25,835
サメ錬網	6	541	—	—	6	541
中型汽船底引網	35	1,753	—	—	35	1,753
大型汽船底引網	28	2,795	—	—	28	2,795
その他	9	180	82	4,552	91	4,732
マグロ錬網	—	—	32	12,230	32	12,230
スタントロール	—	—	4	1,437	4	1,437
合計	1,358	30,630	1,871	31,662	3,229	62,292
（％）	(42.1)	(49.2)	(57.9)	(50.8)	(100)	(100)

出所：経済企画院、前掲『請求権資金白書』159頁。

の工程進捗率を見せた[20]。

(2) 建造実績

　請求権資金による建造実績を見ると、まず、無償資金による大規模の漁船建造事業の場合、1966～75年の間に合計1,358隻、3万630トンが建造された（表11-5）。同期間中に国内で建造された全漁船が3,229隻、6万2,292トンだったので、漁船の半分程度が請求権資金によって建造されたことがわかる。とくに汽船底引網漁船の場合、すべてが請求権資金によって建造された。

　漁船建造事業には、機械・資材の導入に投入された832万ドルの請求権資金のほか、67億5,500万ウォンの国内資金が使われた。船型別にみると、沿岸中型漁船に最も多くの資金が使われ、請求権資金469万ドル、国内資金51億6,500万ウォンが投入された。それに次いで、請求権資金は大型汽船底引網漁船、沿岸小型漁船に、国内資金は沿岸小型漁船、大型汽船底引網漁船に多く使われた[21]。

　大鮮造船が9隻を建造することにした漁業指導船は、必要資材が1967年までに全量導入された。9隻のうち、300トン級漁業指導船1隻は同級の漁業訓練船の建造に変更され[22]、漁業指導船8隻は1967年12月、漁業訓練船1隻は1968年5月までに竣工した[23]。

　一方、海運振興事業の一環として、500トン級、1,000トン級、4,000トン級の貨物船6隻を大韓造船公社が建造する事業は、1968年までに概ね完了した

（表11-6）。1967年8月に行われた4,000トン級（6,000DWT）貨物船の進水式には、朴大統領に代わって丁一権国務総理が出席し、海運振興事業の主管官庁である交通部の安京模長官、大韓造船公社の金

表11-6　船舶建造の内訳

船舶名	トン数（G/T）	船種	請求権資金の使用（千ドル）	需要者
南京号	502.64	貨物船	70	石準規
千里号	501.04	貨物船	70	天敬海運
new korea	999.96	貨物船	171	ソウル海運
漢江号	999.96	貨物船	171	東洲航業
東元号	3,839.81	貨物船	545	東西海運
東光号	3,999.63	貨物船	545	東西海運
合計	10,843.04		1,572	

出所：経済企画院、前掲『請求権資金白書』305頁。

斗燦社長などが臨席した中で、国内最大船の建造を盛大に祝った。丁総理が代読した祝辞で、朴大統領は、造船工業育成策に基づいて万難を排して施設を整備、増設し、国内で初の大規模貨物船を建造したのは、成長する韓国造船工業の凱歌であり、世界の造船舞台に進出する契機になると称賛した[24]。

4．造船業界の対応

(1) 漁船建造事業と中小造船業者

巨額の請求権資金が造舩産業に回されたことは、外国の中古船に太刀打ちできずにいた国内造船業者に福音であった。1965年5月に中小造船業者の同業組合である韓国造船工業協同組合は、国内で必要とする船については、船種を問わず、全面的に輸入を禁止し、請求権資金および漁業協力資金による船舶建造はすべてを国内の造船所で建造することを、商工部と農林部に建議した。1966年1月の臨時総会では、商工部に対し、より強力な建議を行うことを議決した。その骨子は、国内需要のすべての船舶を国内造船所で建造すべきということと、外国船を導入してもその修理を拒むということであった[25]。当時の造船業界は請求権資金などによる船舶建造の実現如何によって造船産業の盛衰が決まるとみていた。上述の建議は、こうした認識から出されたものであった。

韓国造船工業協同組合は、1967年に交通部が進めていた5万7,000トン貨物船の導入計画にも強力に反対した。この導入計画には、請求権資金を使って海

運振興のために外国の貨物船を輸入することも含まれていたからである。数回の建議で、それを国内建造に変更することを主張し、具体的な代案を提示した。すなわち、5万7,000トンのうち2万トンは老朽船の代替用であり、それほど緊急ではないので、1967年に国内造船所で14隻（9,000トン）を建造し、残りは1968年に建造する。そして、3万7,000トンの場合、緊急物資輸送のために不可欠だとすると、2,000トン級以上の新造船舶に限って輸入を許可することとし、国内中小造船所への被害を最小限にとどめようとした。なお、資金調達は、自己資金15％、外貨貸付50％、産業銀行融資35％として、船主の負担を軽減することも求めた[26]。

しかし、こうした協同組合の要求は受け入れられなかった。前掲表11-3にも現れるように、360万ドルの請求権資金が大型汽船底引網漁船100トン級16隻と旋網漁船70トン級18隻の輸入に使われたのである。それは、長崎、福岡、大分など九州地域の中小造船所に韓国政府が発注し、建造した船舶を導入する方式であり、その過程は韓国水産庁が監督した[27]。

海運振興事業による船舶導入も前述したように817万ドルのうち、660万ドルを使って6,000トン級の貨物船2隻と3,500トン級タンカー2隻、合計4隻2万トンを外国から輸入した。日本の造船所で船舶を建造して輸入する形であり、韓国の「請求権および経済協力使節団」は1966年10月に東京で随意契約の形式で関連契約を締結した。タンカー2隻の212万ドル、貨物船2隻の448万ドルであり、導入された船舶は、植民地期朝鮮総督府主導で国策海運会社として設立された朝鮮郵船株式会社の後身であった国営企業の大韓海運会社の所属船として運営される予定であった[28]。同契約に関連しては政界でも問題になり、11月に国会財政経済委員会で野党議員らは、緊急を要する場合にのみ随意契約を結ぶことができるようになっている対日請求権資金管理法などの関係法令に違反したもので、政治資金捻出のための違法契約だと主張した[29]。大型船舶の日本造船所での建造・輸入は、請求権資金および漁業協力資金による船舶建造はすべてを国内の造船所で建造することを望む造船工業協同組合の主張と建議が最初から無視されたことを意味した。

第 11 章　造船産業

（2）大韓造船公社

　国内の鋼船建造をほぼ独占していた大韓造船公社は、請求権資金が使われる以前に、それに合わせる形で素早く対応した。前述したように1965年3月に設備拡充と近代化計画を発表したのである。大韓造船公社の狙いは、請求権資金による鋼船建造の全部を担当することであった。ところが、交通部の海運振興事業の推移から確認したように、大韓造船公社は請求権資金の1年目からその目標を実現できなかった。海運振興事業817万ドルのうち660万ドルは船舶の導入に使用され、157万ドルで機材を導入し、6隻の船舶を建造したが、それはより大きな経営難に陥るきっかけになった。何よりも、6隻を買収する船主が現れなかった。その理由は、船舶を取得して運営しなければならない国内海運業界にとって、大韓造船公社の船価が国外建造船舶より高いため、買収に難色を示したことであった[30]。船主の立場を代弁する大韓船主協会は、大韓造船公社が建造した4,000トン級貨物船の場合、同じ船舶を日本で建造するケースと比較すると、トン当たり102ドル高く、1,000トン級の場合は190ドル高いため、船舶の購入が難しいと主張した[31]。特に1967年の国内最大船建造として称賛された4,000トン級の貨物船は、竣工時までに船舶の所有者が決まらない状態であった。建造した船舶の引渡しが遅延したことによって大韓造船公社は船舶建造費など莫大な負債を抱えることになった[32]。6隻の船舶の引渡しが遅延した時点で大韓造船公社は政府に緊急資金の支援を要請した。船価基準算定の不合理、相対的に高い国内資材の使用、工賃・資材単価の上昇をその理由としてあげた。当初提示された価格水準さえ、日本からの輸入価格より高いと大韓船主協会が指摘したことを考えると、この問題の根本的原因は機械・資材産業の脆弱性であるが、財務体質にも問題があり、これを考慮しなかった政府の試行錯誤だった。公社は2億5,700万ウォンの追加資金を求め、政府も1968年度の補正予算からこれを確保した[33]。

　大韓造船公社は1966年7月にも三井物産から222万ドルの商業借款によって造船用機械・資材を導入し、4,000トン級貨物船3隻、3,500トン級タンカー1隻、1,000トン級冷凍運搬船1隻、その他漁船、曳船、警備艇など22隻を建造する計画を立てたことがあったが、結局、日本政府の消極的態度[34]によって実現で

きなかった経緯がある35)。1968年10月からは222万ドル借款の1次元利金28万ドルを償還することになったが、自力では償還できず、産業銀行が立替払いをした36)。その後も状況は好転せず、1969年には借款の立替払い、経営破綻企業として大韓造船公社は「不実企業」に指定された。

1965年に「近代化計画」という名称で三菱商事との305万ドル借款契約により始まった施設拡充も計画通りには行われなかった。とりわけ増資を通じた20億ウォンの内資動員に支障が生じ、68年10月の民営化以降は、海運業者で大韓造船公社を政府から買収した南宮錬社長が、10万トン級の船渠建設へと施設計画を拡大したが、その際も資金調達の難しさを経験した37)。

1970年10月、大統領秘書室は大韓造船公社の経営難と関連して、「造公の整備対策推進状況及び今後の対策」を朴大統領に報告したが、当面の問題点を以下の二つにまとめている38)。

1. 当社は業務量不足、その他業界の与件不利によって1970年6月末現在、欠損累積額が24億ウォンに達し、滞納利子はもちろん、約定利子さえ償還できない状態である。
2. 1970年7月末現在、当社の借入金37億ウォンのうち27億ウォンが滞納し、金利負担が大きいだけでなく（年間10億ウォン）、正常な金融取引ができないため、業務に支障をきたしている。

1971年11月には、大韓造船工業協会が、当時韓国造船産業の1、2位の企業であった大韓造船公社と大鮮造船の合併を青瓦台（大統領府）と財務部、商工部など、政府関係省庁に提案した。大韓造船工業協会は、両社の稼働率が低調で放漫な企業経営により収支改善の見通しが非常に暗いため、政府主導で合併し、設備の大規模化、生産性の向上、人件費、間接費の節約などの経費削減で経営を合理化して、健全育成を図る必要があると主張した。当時の大韓造船公社は負債87億ウォン、年間の赤字27億ウォンであり、大鮮造船は借金17億ウォン、大韓造船公社より規模は小さいが赤字経営であった。そして両社とも韓国産業銀行の管理下にあり、同銀行から莫大な融資を受けている状況であった。しかし、当事者である大鮮造船が大韓造船工業協会を脱退し、強力に反発したこと

と、合併の有力な方法として提示された韓国産業銀行融資の出資転換ができなかったことで、最終的にこの計画は失敗に終わった[39]。

5．おわりに

　対日請求権資金の確保によって、造船業界は国内市場での輸入代替を目論んでいた。輸入船舶の修理も拒否するという主張は、請求権資金など日本からの資本流入がまたとないチャンスであると認識していた当時の造船業界の期待と意志を端的に現している。

　請求権資金は1960年代後半から70年代前半までの韓国造船産業に大きな影響を与えた。まず、沿岸中小型漁船を中心に、この時期に建造された船舶の半分がこの請求権資金によるものであった。請求権資金によって日本から導入した機械・資材を使って国内中小造船所が建造したのである。国内唯一の大型鋼船造船所の大韓造船公社も設備拡充と貨物船建造の面では成果をあげた。三菱商事との305万ドル商業借款による設備拡充と、戦後国内最大船であった4,000トン級貨物船を含め、6隻の貨物船を建造したことはその成果の一部であった。

　もっとも、こうした成果も造船業界の当初の期待には遠く及ばなかった。漁船の輸入は依然として続けられた。貨物船・タンカーなど大型鋼船は、海運振興事業の例で確認したように、請求権資金の流入によって外国船の輸入が却って多くなった。請求権資金などによる船舶建造需要の増加を予想し、商業借款による設備拡充・資材の輸入など積極的に対応した造船公社の目論見は外れ、作業量不足は変わらず、大韓造船公社の経営難は続いた。商業借款まで含めて請求権資金を大韓造船公社の新造船に使ったならば、この問題は解決したかもしれないが、そのための政策的な調整は試みられなかった。

　請求権資金によって国内船舶の輸入代替を実現するという造船業界の目標は達成できなかった。その根本的な理由は、同じ船舶を日本で建造して輸入するよりも船価が高いという国内造船産業の脆弱な競争力であった。また、船価の15％である自己資本の負担能力もない零細な海運業、それを考慮していなかった政策の誤謬によって頻発した船主なく建造された船舶、日本政府の国益追求[40]なども理由にあげられる。なお、国内資金が求められていないこと、担保

に活用することができたことも国内建造より輸入が選好された理由であった[41]。海運業界は国内建造による高い船価に不満であったし、政府内部でも造船、水産、海運部局の間で互いに対立した状態であった。供給側（造船）と需要側（水産、海運）を全体として調整・統制する独立機構（海事部）の設立は陽の目を見ることができなかった[42]。

　以上のような過程は試行錯誤のようにも見える。しかし、それとともに、韓国政府の「意図的な」二重政策の側面もある。韓国政府は船舶の輸入代替という造船業界の主張に共感しつつも、漁船の増強を通じた水産業振興と貨物船・タンカーの増強による海運業振興を「加速度」的に進め、船舶の輸入についても放任した。その意味で、自国水産業と海運業への被害を恐れて、韓国への船舶輸出に消極的であった日本政府に強く抗議した韓国政府の姿は、1960年代船舶の輸入と国内建造の間での矛盾した政策スタンスを象徴的に現しているように思われる。

注
1）祖父江利衛「1960年代韓国造船業の混迷——大韓造船公社の設備拡張計画を巡る一連の過程とその帰結」（『歴史と経済』第177号、2002年）、裵錫滿「朴正煕政権期の造船工業の育成政策と日本——1960年代大韓造船公社の222万ドル造船機資材の導入問題を中心に」*（『経営史学』第25巻第3号、韓国経営史学会、2010年）。
2）民間商業借款の供与は請求権協定（財産及び請求権に関する問題の解決並びに経済協力に関する大韓民国と日本との間の協定）で資金の供与が義務的に規定されなかった点で、無償資金および有償資金とは根本的に性格を異にするものであった。ただ、「商業上の民間信用供与に関する交換公文」で漁業協力資金9,000万ドル——水産振興施設4,000万ドルと漁船導入5,000万ドル——と海運当局による船舶導入資金3,000万ドルの合計1億2,000万ドルに対しては、日本政府が可能な限り好意的な配慮をすると言及されていた（公報部『官報』第4225号、1965年12月18日）。この資金は1963年から本格化した「日韓漁業協定」の交渉で韓国政府が要求したものであった（『東亞日報』1963年7月29日）。
3）請求権資金に関する先行研究は、意外に思われるほど乏しい。その研究も主に交渉過程に焦点が当てられており、請求権資金の使用とその影響を視野に入れた研究は、管見の限り見当たらない。請求権資金と関連した主要研究は以下の通りである。金光玉「韓日会談請求権の成立過程と展開に関する理解」*（東アジア歴史研究会編『東アジア歴史研究』第1巻、1996年）、李元徳『韓日過去事処理の原点——日本の戦後処理外交と韓日会談』*ソウル大学校出版部、1996年、朴泰均「1965年韓日国交正常化以降の韓半島と日本——韓日会談時期における請求権問題の起源と米国の役割」*（韓国史研究会『韓

第11章　造船産業

国史研究』第131号、2005年)、李眩珍「韓日会談と請求権問題の解決方式——経済協力方式への転換過程と米国の役割を中心に」*（東北亜歴史財団『東北亜歴史論叢』第22号、2011年)、李利範「対日請求権資金の細部項目交渉に関する研究」*（高麗大学校日本研究センター『日本研究』第23号、2015年）。

4) 細部を見ると、請求権資金を構成する無償資金、有償資金（長期低利政府借款)、そして民間商業借款の導入手続きに若干の違いがあった。これに関しては、裵基玎「対日請求権資金の運用及び管理に関する関係法令の解説」*（『法制月報』1966年4号）を参照のこと。

5) 経済企画院『請求権資金白書』1976年、379頁。

6) 1億2,000万ドルの浦項製鉄の建設資金のうち8,900万ドルは有償資金であった。したがって、この「例外」を除くと鉱工業は無償資金の比重が圧倒的に高い。

7) 社会間接資本およびその他サービス部門で請求権資金が最も多く投入された事業は、昭陽江多目的ダム建設に有償資金2,161万ドル（24.0%)、鉄道施設改良事業に有償資金2,027万ドル（22.5%）であり、この二つの事業が全体の半分ほどを占めた。海運振興事業の817万ドル（9.1%）は昭陽江多目的ダム建設事業と鉄道施設の改良事業を除いた17の事業のうち、最も規模が大きかった。社会間接資本およびその他サービス部門で代表的事業として知られている京釜高速道路建設事業には、有償資金689万ドル（7.6%）が使用され、海運振興事業より比重が小さかった（経済企画院、前掲『請求権資金白書』43頁)。

8) 船舶の大きさを測定する単位は総トン（Gross Tonnage: GT)、載貨重量トン（Dead Weight Tonnage: DWT)、純トン（Net Tonnage: NT）など多様である。本章では、特別に表示しない限り、容積トンである総トンを使用する。これを明記する理由は、当時の関連資料が船舶のトン数についてGTとDWTを混用したり、間違って記載したりして混乱を与えるからである。1 GTは通常1.5DWTに換算される。したがって4,000トン級の貨物船は、GTで船舶のサイズを表示したものであり、DWTで表示すると、6,000トン級の貨物船になる。

9) 経済企画院「請求権資金実施計画執行状況（第Ⅰ～Ⅳ次年度）」(『請求権資金事業（第4次年度)』1969年、韓国国家記録院、BA0156450）8頁。

10)『京郷新聞』1966年3月14日。

11) 経済企画院、前掲「請求権資金実施計画執行状況（第Ⅰ～Ⅳ次年度）」8頁。

12) 当時社長であった金斗淙が直接日本に行って三菱商事と契約したという。競争相手であった住友商事が提示した契約条件より不利な内容であった三菱商事と契約を締結した経緯については、国会で野党側から政治資金の疑惑を追及された（『東亜日報』1966年11月24日)。

13) 社史編纂委員会『大韓造船公社30年史』1968年、251～253、275頁。

14)『東亜日報』1967年7月6日。

15) 団体協約を経ずに個別造船所が直接に受注して建造する場合もあった。第2年度には、韓国造船工業協同組合と水産業協同組合中央会との団体協約によって沿岸漁船504隻が建造され、その一方で個別造船所の直接受注によっても23隻が建造されている（韓国造

船工業協同組合『造船組合50年史』1998年、283頁）。
16）同前、279～280頁。
17）大統領秘書室「対日請求権資金による漁船早期建造事業進行状況報告」*（韓国大統領記録館、1966年11月19日）。
18）漁業協力官室「請求権資金による漁業訓練船の建造承認」*（『請求権資金事業』1968年、韓国国家記録院、BA0156445）。
19）請求権資金の1次年度である1966年の資金執行に含まれていた海運振興事業の817万ドルは、実際に当年では、この資金による機資材の到着はなかった（経済企画院、前掲『請求権資金白書』472頁）。
20）前掲『大韓造船公社30年史』266頁。
21）経済企画院、前掲『請求権資金白書』159～160頁。
22）韓国政府は、遠洋漁業の急成長に対応して、必要な海技士の拡充に向けて1966年に韓国遠洋漁業の技術訓練所の拡張を決定した。訓練生の数を従来の150人から250人に増員すると同時に、漁業訓練船1隻も政府予算で追加確保することにした。ただし、その後実施が難しくなり、請求権資金によって建造する漁業指導船のうち1隻を漁業訓練船に変更することになった（前掲「請求権資金による漁業訓練船の建造承認」）。
23）前掲「請求権資金による漁業訓練船の建造承認」。
24）『毎日経済新聞』1967年8月24日。
25）韓国造船工業協同組合、前掲『造船組合50年史』464～465頁。
26）同前、466頁。
27）大統領秘書室「対日請求権資金による漁船導入促進対策」*（韓国大統領記録館、1967年1月23日）。
28）『京郷新聞』1966年10月8日。4隻の船舶は1968年までに導入が完了した。林兼造船所で建造された貨物船2隻は大韓海運公社が運営したが、タンカー2隻は大韓海運公社の民営化過程で大韓油槽船株式会社に所有権が渡って、同社所属船として運営された。このプロセスでは国内沿岸の石油輸送市場を取り巻く当時の漢陽財閥と楽喜財閥（現在のLGグループ）との間の暗闘があったことが知られている（『毎日経済新聞』1968年10月29日）。
29）『東亜日報』1966年11月4日。
30）『毎日経済新聞』1967年4月29日。
31）『毎日経済新聞』1967年3月28日。
32）『毎日経済新聞』1968年7月2日。
33）大統領秘書室「大韓造船公社Fy68緊急所要資金支援措置に関する報告」*（韓国大統領記録館、1968年4月13日）。
34）日本政府のこうした態度は韓国側から見たイメージであるが、経済協力の具体的な過程で徹底的かつ慎重に国益を計算し、また日本の民間経済界の要求もある程度代弁する姿勢をとったことから生じたものと考えられる。
35）これに関しては、裵錫満「朴正熙政権期造船工業の育成政策と日本」*（『経営史学』第25巻第3号、2010年）を参照されたい。

36) 韓国産業銀行「大韓造船公社借款元利金に対する当行代払報告（1968.11.1）」*（『大韓造船公社借款関係綴』1968〜69年、韓国国家記録院、BA0147700）。
37) 『毎日経済新聞』1969年2月22日。
38) 大統領秘書室「造船公社整備対策推進状況及び今後の対策報告」*（韓国大統領記録館、1970年10月19日）。
39) 『毎日経済新聞』1971年11月17日、24日。大韓造船公社と大鮮造船の合併は、大韓造船公社社長の南宮錬の企画であった可能性がある。合併案を政府に提案した大韓造船工業協会の会長が南社長であり、彼は建設予定の現代グループの100万トン級の大規模な造船所である蔚山造船所（現在の現代重工業株式会社）に対して、強力な危機意識を持っていたからである。大韓造船工業協会も合併の背景の一つが現代蔚山造船所を意識したものであったことをあえて隠さなかった。大韓造船工業協会の金祐石副会長は、合併が必要な理由に、国内造船業界の過当競争の防止、造船所の大型化を目指す世界的傾向とともに、現代蔚山造船所との対等な立場での競争を通じた発展をあげた。釜山影島の大韓造船公社と隣接している大鮮造船を合併することにより、造船所の敷地を広げ、当時進行中の施設拡張の相乗効果を出すことによって現代蔚山造船所との競争を図るという戦略として見ることができる。
40) 日本政府は供与する資金が日本国民の損害になってはならないという原則の下で強硬な立場を貫いた。請求権資金による船舶建造の一部を日本の造船所が担当するよう要求したり、韓国の日本からの中古船導入に消極的だったりすることがそれを端的に現している。なお、日本政府は船舶に関する支援を漁業協定、海運協定と連携しながら積極的に活用した。
41) 『毎日経済新聞』1967年9月4日。
42) 『毎日経済新聞』1967年9月1日。

第12章　紡績産業——綿紡績業輸出体制の形成と発展

徐文錫

1．はじめに

　1960年代の韓国経済は経済開発計画によって輸出主導型経済成長政策が強力に推進され、急速な経済成長と本格的な工業化が行われ始めた。これがまさに「漢江の奇跡」の外観であり、一般的に受け入れられている見解だ。外観に対する理解とは違って、このような外観の変化をもたらした要因については、様々な議論が行われている。大きく外因論と内因論に大別できるが、外因論は米国を、内因論は朴正熙政府を核心キーワードにしている[1]。一方、1960年代の経済の変化を輸出が主導したという点には特に異論がない。したがって、輸出体制の形成と発展を検討するのは1960年代の経済を理解する前提となる。

　1960年代の輸出体制[2]の形成と発展を最もよく示していた分野が綿紡績業である。綿紡績業は外因論的説明で核心的な役割を果たす米国との直接的な関係がある。なぜなら総原価の約70％程度を占める核心的な原料である原綿が米国から供給されるだけでなく、生産された綿製品の最大輸出市場が米国だったからだ。

　また、綿紡績業は内因論的説明で最も核心的な主体である政府の活動が最も具体的に表れる部門でもある。なぜなら使用者団体の大韓紡織協会が原綿の割当に介入して政府と多様な交渉を推進し、政府の様々な局面での役割を知ることができるからだ。

　したがって、本章では綿紡績業で輸出システムが形成され発展する過程を見ることにより、この時期の輸出主導型経済成長の出発点と基盤を確認することを試みる。

　第2節では、朝鮮戦争以降の綿紡績業界の動向を1960年代の前史として検

討し、第3節では綿紡績業界が輸出を開始する過程で発生する困難を克服し、本格的な輸出体制を構築して代表的な輸出産業に成長する過程を検討する。そして第4節ではこのような検討を総括し、結論を示すこととする。

2．1960年代以前における紡績業の動向

(1) 戦後復興と帰属工場の払い下げ

1) 設備の復旧と増設

朝鮮戦争は解放後、再生に向けて努力していた韓国経済に決定的な打撃となった。特に広い敷地に大規模な設備を備えた綿紡績工場は最も大きな被害を被った。その結果、大規模な綿紡績工場は核心設備である紡機の65%、織機の66%程度が被害を受け、全体的には約70%の設備が破壊された。

このような被害の中で、一部工場では、職員たちが手作業で燃えた機械を再生して工場を復旧したが、復旧に失敗して完全に清算された工場もあった。幸いにも綿紡績産業は同一の設備を多数保有する技術体系を活用するため、設備を解体し、再組立てする方式によって復旧を行うことができた。しかし、戦災設備を復旧した工場の生産性は低かっただけでなく、一部の設備は復旧が無理なものもあったため、自力で一貫生産システムを復旧することはほとんど不可能だった[3]。

朝鮮戦争下の衣類不足問題を解決するため、1951年12月に「緊急再建計画」が作成された。この計画は米国の積極的な援助のもとに実行され、紡機7万6,824錘と織機748台を再生して1953年12月末に終了した[4]。また、長期の復興計画として作成された「繊維工業復興Memorandum」[5]をもとにして、1952年12月に「韓国綿紡織工業復興対策要綱」[6]が発表され、本格的に復旧が行われた。1952年11月には政府が外貨貸付施策を示し、また1953年2月には通貨改革を通じて政府保有ドルを放出した。この時期に政府が保有した591万ドルで16万8,200錘の紡機を、1954～55年度UNKRA（United Nations Korean Reconstruction Agency, 国連韓国再建委員団）資金275万ドルで解放後初めて新規織機2,100台を導入した。

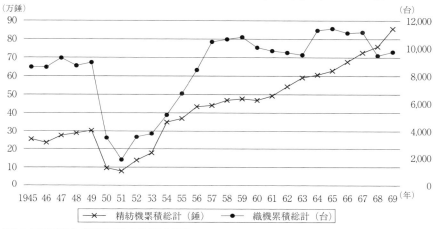

図12-1 綿紡績核心設備（紡機および織機）の推移（1945～69年）

出所：大韓紡織協会『繊維年報』各年版より作成。

1950年代半ばになると、図12-1に示されるように、綿紡績工業の核心設備である紡機と織機の規模は朝鮮戦争以前の水準を超え始めた。

しかし、戦後の復旧が完了し、綿紡績設備が大きく増えたものの、綿製品の需要はそれほど増えなかった。1955年に物価が急騰するや、綿製品の需要が急激に減り、それまで相対的に良かった綿紡績業界の経営環境が大きく悪化した。その結果、1万錘以下の小規模綿紡績工場が廃業や経営権を譲渡する事態まで起こった。

このような一連の事態によって、1956年10月にCEB（Combined Economic Board, 韓米合同経済委員会）は綿紡績業界に対して、1957年から改修・補修用や一部の工程・設備以外の全ての設備増設を規制し、事実上綿紡績業界に対する設備の導入を制限した。これにより、朝鮮戦争以降の綿紡績業界の大規模な増設は終了した。

2）大規模な帰属工場の払い下げ

植民地期に日本人所有であった工場は、解放後に米軍政庁に敵産として捕捉された。米軍政庁はその清算の中で小規模家屋や農地は払い下げたが、大規模な工場は韓国政府樹立以降に払い下げを延ばしたまま、管理人を置いて管理し

た。
　したがって、1950年代半ばまで帰属工場として残っていた工場は大規模な工場だった。これらの工場は、業界全体紡機の43％（37万632錘中の16万1,168錘）、織機は70％（6,692台中の4,725台）を占めるほど綿紡業界で絶対的な割合を占めていた。
　これらの企業は払い下げに先立ち、1955年上半期に政府と賃貸借契約を結んだ。帰属株式の比重が大きく重要な国策会社には、数人の共同管理人を取締役として配置し、彼らを代表する理事長を置く方式を選択した。その他は賃貸借人を社長に任命する方式だった。
　これら大規模な帰属綿紡績工場は1955年8月と1956年1月にすべて払い下げられた。その過程で管理人が賃借人に、賃借人が買受人に決定される場合が多かった。実所有主が決定された大規模工場は政府の干渉から脱し、積極的な営利活動を開始する準備を整えた。

(2) 生産過剰と活路の模索

1）輸入制限

　1950年代後半になると、綿紡業界は新たに導入された設備をもとに生産能力と品質が大きく向上し、国内市場の自給が可能なほどに成長したが、新たな難題に直面した。
　供給面では原綿為替レートの引き上げや、各種コスト上昇、市中資金事情の悪化、剰余軍需綿製品の市場流通、高級綿織物の輸入などで国内メーカーの費用が上昇し、市場状況が悪化した。需要面でも米価の下落により農民たちの購買力が減少し、需要の減少によって綿製品の価格も下落し始めた。
　このような状況に直面した綿紡業界では、1955年2月に外国製綿製品の輸入禁止を政府に要請した。その根拠として、国産綿製品生産増加、高級綿糸の独自生産、価格の下落と生産原価高騰、国産原綿の価格上昇、輸入原綿に対する高率の輸入関税賦課などを提示した。これに対して輸出入品目査定委員会[7]は、40番手以下の綿糸の輸入禁止を決定した。
　1957年に入ると、状況はさらに悪化し、操業度が77％水準まで下落した。業界内では商品の品質向上、原価の低減、消費者の選好反映、スフ紡績への転換

など、さまざまな努力をしたが、在庫を解決できる新規市場の確保が急がれる状況だった。

2）新しい販路の開拓

　新たな販路を探していた業界は、米軍に対する取引物量を拡大するように努力した。それまで軍納は、米国政府の制限措置により業績が振るわなかったが、1955年の韓米軍事委員会で8,000万ドルの資金が計上され、軍との取引の道が開かれた。韓国軍の場合、国内調達が可能なものは国内で調達し、国連軍の場合も可能な範囲で韓国内調達をするという原則が決められた。

　これに対して業界では、軍需物資体系を確立するための常設機構の設立に合意し、商工部の支援のもとで「国産軍需物資生産団体中央会」を発足させて軍納を準備した。しかし、大規模な軍納に対する期待は30万ドルのメリヤス製品の納品で終わってしまった。

　それ以外にも業界では消費者団体との団体契約を通じて新たな販路を確保しようとした。綿糸消費者団体である大韓メリヤス工業協会との団体契約を推進して、綿紡業界は安定的な販路を確保し、メリヤス業界は綿糸価格の変動による危険を回避できるようになった。しかし、ちょうど団体契約が行われている中で、米軍余剰軍需品であるメリヤス製品が市中に大量流出することになり、この試みも成功しなかった。

　それまで比較的良い経営環境の中で設備を増設していた綿紡業界は、自ら輸出体制を作って海外市場を開拓するしかない状況になった。しかし、当時、海外市場の綿織物価格は国内市場より安かったため、業界は損害を甘受しながら輸出をしなければならない困難な状況に置かれた。それにもかかわらず綿紡業界が輸出せざるを得なかった理由は次のとおりである。

　第一に、1950年代半ばから国内の綿製品市場で発生する超過供給を解消しなければならないことが業界の死活的な問題として浮上した。

　第二に、援助が縮小する状況下で、自力で原綿を確保するためには、ドルが必要であった。綿紡績業界で最も重要なことは、総原価の70％前後を占める原綿を効率的に確保することだった。

　第三は、輸出を通じて、輸出入リンク制（特定品目制）、輸出品に対する物品

税減免制度、集荷や船積の関連の貿易金融、貿易業の許可や政府保有ドル公売に対する優遇など、政府の輸出支援政策を活用できるようになったことである。

当時、国産の原綿は、食糧作物が不足したために栽培面積を確保することが困難であり、栽培農家が個別に使用する部分もあって収集すること自体が大変だった。それだけでなく、国際相場より価格が高かったため、国産原綿の活用には限界があった[8]。したがって、輸出は国内市場の綿製品超過供給問題を解消し、自力で原綿を導入できる最善の案だった[9]。

3．輸出体制の形成と発展

(1) 輸出体制の形成

1) 輸出開始

綿製品の輸出が切実な状況下、1956年1月に駐豪州総領事から国産綿織物の輸出可能性を照会されると、業界は大韓紡織協会を中心に迅速に対応した。

まず輸出対策委員会を構成して、海外市場調査や輸出計画の樹立、輸出事業に必要な諸般の事項を審議決定する業務を任せた。そして海外領事館に各種の見本帳を提供し、政府に対して東南アジア諸国の商品市場調査を依頼した[10]。

政府は綿製品の海外輸出問題を契機に、東南アジア地域の輸出市場を開拓するために東南アジア経済視察団を派遣したが、そこには綿紡業界の関係者も含まれていた。彼らは朝鮮戦争後初の海外視察団として1957年12月に香港、タイ、南ベトナム、シンガポール、フィリピン、オーストラリア、台湾などを視察した。

商工部では綿織物のオーストラリアへの輸出計画を海外総領事館に通報する一方、復興部でも援助原綿を使用した綿織物の海外輸出案を立案し、韓米合同経済委員会企画分科委員会に提出した。1956年12月3日に開かれた同委員会では、援助原綿を通じた綿製品の海外輸出が可能だという意見が支配的であり、援助原綿を使用した綿製品の輸出が可能なものと見られた[11]。1956年12月に大田紡織が唐木3,000疋を香港に輸出したが、これが解放後、初の綿製品の輸出だった[12]。

第12章 紡績産業

表12-1 綿紡績業界の輸出と関連した韓米協定

締結日	協定	内容
1948年12月10日	韓米援助協定／第5条3項	大韓民国政府は米国援助代表の同意なしには本協定により米国政府が提供する物品の再輸出を許さず、同種の国内生産品またはその他の方法により獲得した同種物品の輸出または再輸出を許さず。
1950年1月26日	大韓民国とアメリカ合衆国間の協定／第1条2項	大韓民国政府は本条1項により受け取った援助をその供与目的のため有効に使用することと米国政府の事前承認なしには援助供与目的以外のその他の目的のために流用しないことを公約する。
1953年5月24日	大韓民国と匡連軍司令部の経済調整に関する協定／第3条8項	統一司令部は供与する設備物資や国内で生産されたりあるいは他の方法で購得したこれと同一または類似する性質の物品は委員会の建議がない限り大韓民国で輸出することを禁止する。
1956年3月13日	米農業貿易発展及び援助法第1章による大韓民国及びアメリカ合衆国間の余剰農産物協定／第4条1項	大韓民国政府は西暦1954年農業貿易発展及び援助法の規定によって購買される余剰農産物は他国に転売移送または国家需要以外の目的の使用を防止するために極力措置を取ることに合意し、（ただし、事前にアメリカ合衆国政府の承認を得た転売移送または国内需要以外の目的で使用されているものは除く）このような物資を購入することでアメリカ合衆国に対して非友好的な国家にこのような又は類似する物資提供の増加をもたらさないことのためにすべての可能な措置を取ることに合意する。

出所：大韓紡織協会『繊維年報』1957年版、第1部 国内の動向、32頁より作成。

2）輸出の中断と再開

しかし、綿製品輸出に問題がないという予想は外れ、輸出は中止された[13]。当時、綿紡績業界は、表12-1のような韓米協定によって、援助原綿を使用して作った綿製品を海外に輸出するためには米国政府の同意を得なければならなかった。したがって、輸出を通じ超過供給量を解消し、原綿の導入用ドルを獲得しようとした綿紡業界の試みは、米国の反対で最初から難関に遭遇した。

1957年、業界の500万ドル輸出許可申請に対して、駐韓米国大使館では輸出枠を200万ドルまでは許容し、輸出代金は輸出綿製品に所要される原綿の全量輸入に代替（充当）することを要求した。これに対して業界では、輸出の綿製品生産に所要された原綿全量を輸出代金で輸入代替するというのは採算上不可能な状況であるため、業界が負担できる範囲で原綿代替の割合を決定することを要請

した。しかし、このような要請は受け入れられず、輸出は全面的に中断された。

　援助原綿による綿織物の輸出問題は1957年11月25日に米国大使館で開かれた韓米間の会議で本格的に扱われ始めたが、続く協議の中でも妥協は行われなかった。原綿代替比率を巡り、長い交渉が継続された末に、米国は収率を考慮して綿糸は製品重量の114%、生地綿布は117%相当量での代替という、むしろさらに強硬な条件を掲げた。この提案を受けた業界では再び交渉を開始したが、援助を提供していた米国側の強硬な立場を受け入れざるを得なかった。

　結局、1959年9月に米国側の主張を受け入れ、綿製品輸出に伴う原綿代替率交渉を終えた。綿織物の輸出を阻止した原綿代替の割合条件が韓米間の交渉を通じて妥結となったが、綿紡業界の輸出採算性は悪化するしかなかった[14]。

　輸出原綿に対する代替の比率をめぐる問題で中断されていた輸出は、業界が、韓米間の協議の結果を受け入れる条件で再開された。1959年4月に三護貿易（大田紡織、三護紡織、朝鮮紡織の傍系輸出会社）が輸出を再開し、大田紡織と金星紡織でも綿製品輸出に乗り出した。

　1960年には前年度に比べて輸出量が大きく増加した。その理由としては、海外需要の増加、国際市場での綿製品価格の好転などとともに、国内での特恵外国為替制度の適用、輸出振興基金の設定、輸出産業に対する運営資金融資、輸出奨励補助金支給などがあげられる。

　しかし、米国側と合意した重量別原綿代替の割合のために、輸出の採算性は改善されなかった。業界では輸出採算性を確保するため、原綿代替の割合の緩和、輸出商品に向けた生産資金や貿易金融の金利引下げ、原綿導入向け外貨基金の設置、輸出補償金のドル当たりの割合引き上げなどを主張した[15]。

　このように本格的な輸出を準備していた業界は、1960年4月に勃発した4.19革命によって新たな環境に直面することになった。政権が交代し、国産品愛用運動が起こり、内需市場が蘇り、赤字輸出を拡大する理由がなくなったのだ。そして財閥に対する不正蓄財の返還論が台頭し、企業の投資心理が萎縮し、以後の輸出の契約と交渉もほとんどなくなった。

　1961年には国際貿易の条件が、発展途上国に有利であったにもかかわらず、国内経済環境、輸出補助金制度、赤字輸出に対する補償策などが整わなかった。その結果、輸出は三護貿易を通じて前年度から繰り越された契約だけを消化す

表 12-2 輸出綿製品の原価と欠損額推計（1961 年 7 月）

		綿布		綿糸	
		ドル（$）	ウォン（W, 130:1）	ドル（$）	ウォン（W, 130:1）
輸出原価			1,364.50		24,940.60
直接費	産地卸売価格		1,341.20		24,032.50
	包装費		4.00		100.00
	陸路費		4.00		150.00
間接費			15.30		658.10
輸出価格（FOB）		8.40	1,092.00	150.00	19,500.00
欠損額（FOB）		2.10	272.50	41.85	5,440.60
輸出価格 1$ 当たり欠損額		0.25	32.44	0.28	36.27

出所：大韓紡織協会『繊維年報』1962～63年合本版、27頁。
注：輸出原価で綿布は Unbleached Duck 基準、40yds 当たり、綿糸は 20's 400Lbs 当たり価格。

る水準に縮小し、前年度実績の 3 分の 1 水準にとどまった。

ここに 5.16 クーデターが発生すると、外国の輸入業者の信用状開設が延期あるいは忌避され、輸出はさらに萎縮するしかなかった。そして財閥に対する不正蓄財資金の返還問題が本格的に提起され、業界の資金難が深刻になり、還収額を支払うために業界が国内販売に集中するようになると、輸出はさらに萎縮した。

綿製品輸出が低迷した他の理由は、日本など他国より高い製品原価に加えて、綿製品の販売価格が韓米間の協定によって原綿代替率に縛られていたためだった。このため、業界では輸入許可品目である綿糸や綿布について全面的な輸入禁止と綿布輸出代金で肥料など求償輸入をできるように提案してこれを貫徹させた。当時、輸出代金による肥料など求償輸入の提案には、米国から肥料を輸入することで原綿はなくても輸出代金を代替しようという名分と、国内で超過需要の多かった肥料の輸入によってより多くの利益を得ようとする実利とが内在していた。

当時、業界では原価と輸出価格を比較して綿布の場合にはドル当たり 32.44 ウォン、綿糸の場合にはドル当たり 36.27 ウォンの欠損が発生すると主張した（表 12-2 参照）。したがってこのような損失を政府が直接補助することを提案した。

それ以外にも、共同輸出機構の設立、輸出振興基金の設定、施設の増設と近代化の促進、輸出による欠損に対する特別補償策の施行、輸出品の生産工場および輸出の共同組織に対する免税措置、輸出製品に対する集荷資金の融資、D/PおよびD/A輸出の許可、輸出製品生産部門における保税加工工場の認定と免税措置、輸出製品向けの原綿代替制度の見直しなどを政府に要求した[16]。

1962年2月、業界共同出資の輸出代行機関である「韓国繊維貿易株式会社」を設立し、同社内に「輸出振興諮問委員会」を設置して綿製品の輸出に対して共同歩調をとることができる土台を用意した。業界の活発な動きとともに、政府でも貿易委員会の決議で、1962年上半期の輸出綿製品について綿糸ドル当たり15ウォン、綿布ドル当たり20ウォンの直接的な輸出補償制度を施行した[17]。

その他にも1962年に輸出振興法が成立しており、輸出製品の検査制度が強化された。保税工場は認められなかったが、法人税および所得税50％減免とドル当たり110ウォンの輸出金融の特典が与えられており、加工生産の所要額の25％に該当する資金融資などの輸出金融制度が確立された[18]。

3）先進国の輸入制限措置

政府との共同歩調を通じて本格的な輸出を準備していた綿紡業界は、予想しなかった問題に直面することになった。1961年と1962年に韓国の綿紡業界の輸出は、米州地域に集中していた。日本に船積みされたものも、日本商社が綿糸を輸入して米国に再輸出したものが相当量だった。

ところが発展途上国の安価な綿織物の輸入のために自国の繊維産業に被害を被っていた米国は、日本に続いて韓国からの綿製品の輸入をも制限した。1962年12月28日、米政府は「国際綿織物長期協定」第3条および第6条に基づき、韓国産綿製品について輸入制限措置を通知した。綿布にはSheetingとDuck[19]が盛り込まれており、その他には保税加工衣服類があげられた。この措置後も輸出増大や米国の国内市場の撹乱の憂慮などを理由に、計13項目（綿布2種、衣服類11種）に対して再び輸入制限措置を断行した[20]。

原料の原綿を米国の援助に頼っていた韓国は、米国の輸入制限措置について問題となった品目に対する個別的解決の方針を立てた。1963年12月31日に第1次5項目について割当枠が満了すると、1964年割当枠の交渉過程で、米国

側は全面的な交渉、つまり商務協定締結を提案してきた。

　1963年から始まったこの交渉は1964年3月23日から4月15日まで米国のワシントンで行われた「韓米間の綿布交易のための双務協定」の締結の論議にまでつながった。しかし、両国の要求する数量の格段の差異のため、会議は中断されたが、米国の修正案を韓国側で受諾して1965年1月26日に協定が締結され、1月1日から遡及適用された。

　この協定は1965年から継続し、1974年に多国間繊維協定が発効するまで有効だった。その内容を見ると、韓国の輸出量は1年に2,600万ヤードに制限され、1966年に5％、1967年に再び5％ずつ数量を増加させることにした。そしてスポーツシャツ、男性用・女性用パンツ、スーツなどの品目は年間190万ヤードを超過できないようにした。船積みは季節的な要因を酌量して可能な範囲内で均等にし、この期間中は、米国政府が新たな輸入制限措置を取らないという内容が含まれた[21]。

　しかし、韓国産綿布に対する輸入制限措置は米国以外に他の国にまで拡大された。1963年6月に開拓された英国市場は、その年下半期綿紡業界の総輸出の26％を占めるほどその割合が急増した。1964年に入っても輸出量が急激に増加すると、英国政府は2月20日に年間輸入枠を35万ヤードに規制すると通知してきた。内容は韓国産綿布を輸入許可制にすることであり、英国の国内消費用綿織物は、両国間で合意される割当枠の範囲内で政府が自主的に規制して、再輸出は制限の対象から除外され、綿糸、加工品、織物、衣服類の輸入は一切禁止するというものだった。

　こうした措置に対して政府と業界は、手続き上の問題を提起し、自主的な輸出規制を施行するという条件で輸出認証制度を中止することを要請し、3月5日から自主的に船積みを中断した。これに対して、英国政府が5月1日に輸出制限量が策定されるまで輸入を許可すると通知してきたことで、英国政府と輸入割当枠の交渉が行われた[22]。

　こうして米国以外の国でも輸入制限措置を施行し始めると、業界では1964年に「国際綿織物長期協定（Long-term Cotton Textile Arrangement）」[23]に正式に加入した。これで貿易上、一方的で不当な待遇を受けている状況から脱することができたし、輸出量も前年度実績の5％程度を安定的に増やすことができ、綿

布交易について国際的討議に参加できるなど、国際綿布交易でそれなりの地位を確保することができた。

　それにもかかわらず、先進国の輸入制限措置は継続され、1965 年に英国とフランス、1966 年に西ドイツとオーストリア、1967 年にカナダ、1968 年にノルウェーなどが綿織物の輸入制限措置をとった。このような欧州諸国の輸入制限措置によって、1971 年 EC との綿織物双務協定を締結した後に、輸出枠の割当を受けた。

(2) 輸出体制の発展

1) 新しい市場の開拓

　韓国の綿紡業界は海外から輸入制限措置を受け、国内でも 1962 年 8 月に「物価調節に関する臨時措置法」によって綿製品の価格統制が施行され、危機状況に追い込まれた。こうなると、新規商品を開発して新規市場を開拓するしかなかった[24]。

　当時、綿紡業界では京城紡織、東洋紡織、金星紡織、三護紡織、大田紡績などの生産業者と韓国繊維貿易、三護貿易、金星産業などの輸出代行会社がすでに輸出に参加していた。これら以外にも朝鮮紡織、全南紡織、阪本紡績、日新紡績などの生産企業と源林産業、凡洋社、利川物産、三洋通商、大韓産業、全南貿易部、リー・ブラザーズ（Lee Brothers & Co., Ltd.）などの輸出代行会社が新たに参加した。

　すでに開拓された米国と英国以外にも 1963 年 3 月に三護貿易が西ドイツ市場を開拓しており、5 月には阪本紡績が源林産業を通じて日本に輸出を開始した。その結果 1963 年には綿織物を輸出する国が米国、西ドイツ、日本、英国、タイ、香港、豪州、シンガポール、カナダ、南ベトナム、スイス、イタリアなど 13 ヵ国に拡大され、綿織物輸出が軌道に乗った。これを担当していた輸出会社も 5 社から 10 社に大きく伸張し、輸出実績は前年比 146％ も増加して 478 万ドルを記録した。

　以前に輸出していた Sheeting、Duck、Drill などの粗布類以外にも Shirting、Poplin などの細布類も扱うことで、輸出品が高級化し始め、商品の種類も綿布類 8 種、半製品 3 種、綿糸など、計 12 の商品に拡大された。

　1964 年からは綿織物輸出が本格的に行われた。米国の輸入規制によって、米

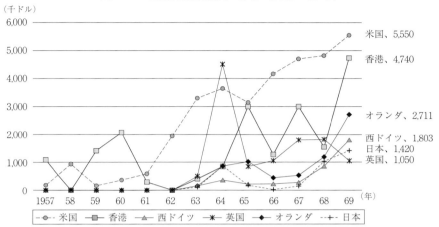

図 12-2 国別綿製品輸出の推移（1957〜69 年）

出所：大韓紡織協会『繊維年報』各年版より作成。
注：輸出額が少ない国と Local L/C、その他などは除く。

国への輸出増加率が急激に萎縮したにもかかわらず、167.4％の増加率を見せたのは、図12-2に見られるように英国への輸出が急激に増加したためだった。1963年に50.9万ドルに過ぎなかった英国への輸出は1964年には451万ドルまで急増した。

　輸出増加に対応するために生産から加工、検査、物流、決済までの過程が有機的に動く輸出システムが働き始めるようになった。図12-3に見られるように、1962年まで全綿布生産量の中で輸出用の綿布が占める割合は10％未満ときわめて少なかった。しかし、輸出用の綿布生産量は1963年に20.6％へと大幅に増大した後、1964年から全体の綿布の生産量の約50％程度を占めるほど、その輸出が本格化した。

　これに対して輸出第一主義を掲げてきた政府も、輸出増進のために輸出品目や許可品目の拡大、輸出用原材料の優先配分、輸出実績リンク制の全面的な実施などの支援策を施行した。リンク制は輸出増大や輸入調節のために実施されたが、自動承認品目と許可品目の区別なく、すべての輸入に輸出実績をリンクさせた。

　それだけではなく輸出意欲の減退を防ぐために輸入権の使用期間の制限を緩

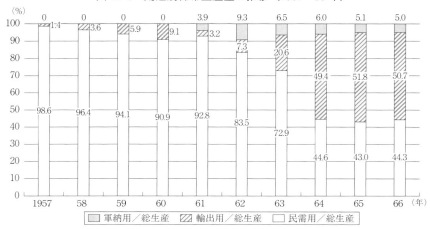

図 12-3　用途別綿布生産量の推移（1957～66 年）

出所：大韓紡織協会『繊維年報』各年版より作成。

和して、不正なプレミアム形成を防ぐため輸出実績を譲渡し得る範囲を拡張した。

　また、輸出促進に向けた輸出奨励補助金は 1963 年上半期に綿布にドル当たり 30 ウォン、下半期にはドル当たり 15 ウォンずつ交付するなど、輸出支援システムを本格的に稼動させ始め、積極的な輸出振興政策を展開した。

　このような政策に対応して 1964 年には 22 ヵ国に 29 種の綿製品 1,278 万ドルを輸出したが、これは総輸出の 10.7％に上る水準だった。当時、綿製品輸出で最も比重が大きい品目は綿織物だった。

　図 12-4 に見られるように、1957 年から 1962 年までは、少量のその他の品目を除いて厚織綿織物（粗布）だけが輸出されていた。しかし、1963 年からは綿混紡製品、綿糸などが輸出され始め、1969 年には綿混紡製品が大きく増え、輸出額を 3,338 万ドルまで引き上げた。安い低付加価値品を中心としていた輸出品目が次第に高級製品へと変わっていく姿を確認することができる。

　このように輸出が増えたのは、国内の綿製品市場が継続的に萎縮する一方、1964 年の 5.3 為替レート引下措置[25]施行、設備導入資金の確保、そして輸出綿製品品質の向上の結果であった。

　このような品質の向上には、製品検査制度と検査機関の役割が大きかった。

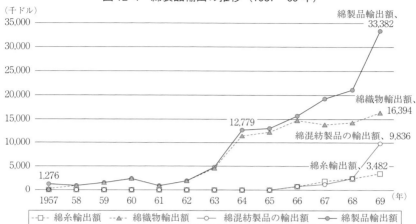

図12-4 綿製品輸出の推移（1957〜69年）

出所：大韓紡織協会『繊維年報』各年版より作成。
注：その他は除く。

　初期の輸出で様々な問題点が露呈すると、綿紡業界では1958年に綿製品の輸出検査規定を作成し、政府と協議を始めた。そして1961年に紡協に「紡織試験検査所」を設立し、1962年、商工部から貿易法に基づき、法定輸出検査機関に指定されて、同年8月から綿糸や綿布に対する輸出検査を実施した。この検査所は1964年4月に「韓国繊維試験検査所（KOTITI）」に拡張され、1965年からは繊維製品全般へと製品検査を拡大した。政府も輸出品の中で工業製品の比重が高まると、輸出検査法を公布し、輸出製品に対する検査制度の確立を推進した。

　しかし、1965年には先進国の輸入制限措置が強化される状況となり、一部の輸出国が綿製品を投売りして、綿製品の相場が急激に下落すると、輸出増加傾向は大きく鈍化した。このような状況を克服するため、政府の提案によって、輸出業務の合理化や綿製品の輸出専門機構として11月に「韓国綿製品輸出組合」[26]を発足させた。

2）積極的な輸出奨励政策

　政府と大韓紡織協会を中心に綿紡業界が推進した輸出奨励政策は、経済開発計画が実施される1962年から本格化したが、1960年代半ば以降、さらに具体

的な制度が運用された。その中で代表的なものは、輸出責任制、自家補償制、共同輸出制などである。

1965年に輸出が萎縮すると、政府は輸出責任制を施行した。この輸出責任制[27]は、政府が経済開発計画の実施過程で行う輸出目標額の決定から始まった。もちろん、この目標額の決定過程で業界の意見をあらかじめ聴取したり、決定の後に意見を求めたりした。このようにして決定された業界の輸出目標額は業界内部で再分配された。そのうえで、業界の輸出は関連省庁別、公館別、市道別、業種の生産団体別に重層的に目標量が算定された。

綿紡業界では1965年に輸出目標達成に向けた政府試案に対する業界の意見提出の要請を受け、1966年から輸出責任制が施行された[28]。輸出責任制の施行に向けて各社別に責任量を分配するために、各社の設備を内需向けと輸出用に区分して登録した。内需用設備はこれまで急激に乱高下した国内綿製品市場の価格変動問題を解決できるレベルで会社別に内需用設備の規模を確定した。そしてその他の設備は全て輸出製品生産用設備と確定し、輸出向け製品の生産を増やすようにした。

綿紡業界では大韓紡織協会が中心となり、輸出責任制を運営した。輸出目標額は、各メーカーの設備を基準に内需用設備30％、輸出用設備70％を反映して決定した。

そしてこの目標は、毎月開催される輸出振興拡大会議で大統領が出席する中、目標対比の実績が報告されて実績の好調と不振の理由までも議論された。輸出目標を達成した企業に対してはインセンティブが与えられ、担当公務員は人事考課に反映されるほど強力に推進された[29]。政府が目標水準を設定し、大統領が出席して履行状況を直接評価するほど強力に輸出振興策を実施したのだ。

しかし、綿製品の輸出は、個別企業には損失を発生させた。当時、紡協が提示した綿織物輸出のドル当たりの欠損額推計を見ると、1966年には23.37ウォン、1967年には43.21ウォン、1968年には57.35ウォン水準だった[30]。

したがって、このような輸出欠損を解消し、輸出責任制を正常に運営するために自家補償制を実施した。自家補償制は、輸入された原綿を購入できるドルを指定したときに、ドル当たり15ウォンから30ウォン程度を大韓紡織協会に積み立てすることから始まった。支給対象となる製品は各会社が保有した設備

表 12-3　年度別の輸出責任制と輸出補償制度

	1967年 3月9日	1968年 8月2日	1969年 1月10日、 7月11日（補完）
決定時期			
輸出目標額（万ドル）	1,850	2,460	2,870
輸出目標額分担原則	登録された施設に比例して算出（内需用登録施設30％、輸出用登録施設70％）		
輸出補助金積立額 （ドル当たり）	内需用原綿資金配当時原綿1ドル当たり15ウォン	1968年度PL480号原綿資金1ドル当たり20ウォン	1969年度PL480号原綿資金1ドル当たり30ウォン
輸出補助金支給対象	紡協会員会社保有の紡績施設工程を経た製品（綿糸から加工素材まで）		
輸出補助金支給額 （ドル当たり）＊	輸出責任の額の50％までの輸出実績に22ウォン、50％超過の実績は25ウォン	純綿製品　　40ウォン 混紡製品　　32ウォン 純化繊製品　24ウォン	純綿製品　　50ウォン 混紡製品　　40ウォン 純化繊製品　30ウォン
輸出実績定義	輸出補助金支給対象品目の入金の実績（Local L/C含む）		
施行主体	輸出補償金運営の小委員会	輸出補償金運営の小委員会	輸出責任制および自家補償制の運営小委員会

出所：大韓紡織協会『第21期事業報告書』1967年、『第23期事業報告書』1969年より作成。
注：＊小規模会社である明敏紡、興韓動、国安紡などは別の割合が適用される。

で作られた綿糸から加工素材まで含まれており、関連業務は輸出補償金運営の小委員会を構成して進めた。初期には輸出責任額の達成比率によって補償金を差等支給したが、1968年からは製品別に差等して支給した。次第に積立金の金額や補助金の支給額が大きくなる傾向を見せた。輸出責任制と同時に施行されたこの制度の具体的な内容は表12-3のようである。

　それにもかかわらず、1966年以降は各国の輸入制限措置が拡大され、輸出実績を大幅に増やすことができなかった。ただ、1969年には図12-2に現れたように香港への輸出が150万ドル水準から470万ドル水準へと急増したため、輸出が大きく増加した。

　このように輸出が急増した理由は、輸入制限措置が徐々に強化されるなかで、数量割当制が施行されていない地域の市場を開拓するため、大韓紡織協会の会員社と韓国の綿製品輸出組合、香基貿易株式会社が共同輸出制を施行した結果だった。大韓紡織協会は全般的な業務を、綿製品輸出組合は輸出の実務を、香港にある香基貿易株式会社は海外業務をそれぞれ分担した[31]。

　それだけでなく、大韓紡織協会は、輸出責任制と自家補償制度をさらに強化

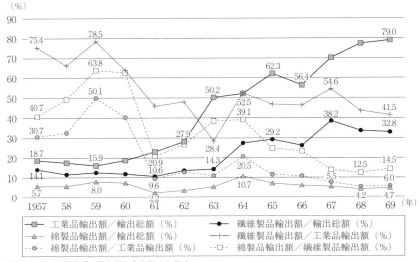

図12-5 工業製品、繊維製品の輸出割合の推移（1957〜69年）

出所：大韓紡織協会『繊維年報』各年版より作成。

して輸出を拡大するために、「輸出振興委員会」を設置して数量割当制が施行されていない新規市場輸出については「特別自家補償金」[32]まで支給した。

　政府と業界のこのような努力をもとに、綿紡業界の輸出は徐々に拡大し、綿製品は韓国の代表的な輸出品となっていった。全体的に見れば、図12-5に見られるように1960年代に入ると、韓国の輸出全体の中で工業製品の比重が大きく増加した。1959年に15.9％に過ぎなかった工業製品の輸出額の割合は4年後の1963年に50.2％、65年には62.3％まで急激に増加し、1950年代の1次産品中心の輸出体制から脱皮することになった。韓国の輸出総額の中で繊維製品の輸出額が占める割合は、1957年14.1％水準から徐々に上昇し始めて、1965年には29.2％、1967年には38.2％まで持続的に上昇した（図12-5）。

　工業製品の輸出額の中で繊維製品の輸出額が占める割合を見ると、1950年代末に繊維製品が輸出体制を主導的に形成していく姿を確認することができるほど、絶対的に大きい割合を占めた。1959年に繊維製品の輸出額が工業製品輸出額の78.5％を占め、他の部門の輸出が増えたために徐々に比率が減少していった1960年代にあっても、ほぼ50％前後の割合を占めた。

工業製品の輸出額の中で綿製品輸出額が占める割合も、1957年30.7％、1959年50.1％という高い比率であり、繊維製品の輸出額の中で綿製品輸出額が占める割合も1959年に63.8％を占めるなど、輸出体制の形成に与えた綿紡業界の影響力は大きかった。このような推移をみると、1960年代に輸出体制が本格的に形成される直前に、この体制を先頭で主導したのが綿紡業界の綿製品だったことが確認できる。

4．おわりに

　韓国の経済成長は1960年代に始まり、その中心には強力な政府の輸出主導型経済成長政策があったというのが一般的な認識である。もちろんこのような認識は強力なリーダーシップを発揮している朴正煕政府、極東アジアで自己の利益を貫徹させようとしている米国などの役割の重視に基づいている。もちろん、経済成長の基盤が不足した状況で政府主導の経済成長を遂行するには、政策の執行者である政府と、成長に必要な資金と技術、原料を持っている米国の影響力を重視するしかない。
　しかし、市場経済の核心は当然のことながら企業にほかならない。もちろん、政府部門の比重が相対的に大きかったために、限定的とみるしかなかったが、1960年代の韓国経済の主要なもう一つの核心キーワードとして企業を欠落させてはならない。
　このような観点から、1960年代綿紡績業において大韓紡織協会を中心に形成され、発展していった輸出体制を見ることで、輸出主導型経済成長の出発点と基盤を確認することができた。つまり綿紡業界を通じて、業界自体の必要によって輸出を構想し、輸出を増やしていく過程で、政府の政策と輸入される主要原料を適切に活用して、利益を貫徹させた業界の姿を明らかにすることができた。
　本研究の結果、次のような事実を確認することができた。
　第一に、輸出体制は1950年代後半にすでに自生的に形成され始めた。したがってこの体制は1950年代との断絶から現れたものではなく、1950年代との連続線上で現れた体制だった。

第二に、1960年代の輸出体制は、綿紡績業で大規模な輸出実績を示すことによりその現実的な姿を整え始めた。つまり1950年代から続く綿紡績業を中心とする軽工業の輸出増大が、政府の輸出主導型工業化政策を引き出す出発点の一つだった。

　第三に、輸出体制は政府と業界の相互交流の過程で発展した。この体制は、業界の実際的な利害関係によって作られ始め、これが政府に伝達されると政策に具体化され、これを再び業界が活用する方式で進展した。

　以上の研究を通じて、1960年代は政府と業界が多くの試行錯誤を経て輸出体制を形成し、これによって急速な経済成長を始めた時期だったことを明確にすることができた。このようにして韓国の経済成長について、「日帝の植民地統治」や「米国の援助」という「外部的衝撃」と、強力な開発国家の政策樹立と執行という「上からの強制」という要因以外に、「民間部門の自主的構想と努力」という要因を追加することにより、国内経済の自生性を確認することができる。

注
＊本章は「解放以後、韓国綿紡織績産業の輸出体制の形成」＊（『経営史学』第24巻第2号、2009年）を発展させたものである。
1）外因論的観点の研究では木宮正史「韓国の内包的工業化戦略の挫折」＊高麗大学校博士学位論文、1991年、李炳天「朴正煕政権と発展・国家モデルの形成──1960年代初・中葉の政策転換を中心に」＊（『経済発展研究』第5巻第2号、1999年）、朴泰均『原型と変容──韓国経済開発計画の起源』＊ソウル大学校出版部、2007年等があげられる。一方、内因論的観点の研究では金光錫・L. E. Westphal『外換・貿易政策、産業開発戦略的接近』韓国開発研究院、1976年、李相哲「輸出主導工業化戦略への転換と成果」＊（李大根他『新たな韓国経済発展史──朝鮮後期から20世紀の高度成長まで』＊ナナム、2005年）、李完範『朴正煕と漢江の奇跡──1次5ヵ年計画と貿易立国』＊先人、2006年、金洛年「1960年代韓国の経済成長と政府の役割」＊（『経済史学』第27巻第1号、1999年）、李相哲「輸出支援政策の形成と軽工業製品の輸出」＊（『韓国の貿易成長と経済・社会変化』＊大韓民国歴史博物館、2015年）、崔相伍「韓国の輸出志向工業化政策の形成過程」＊（『経営史学』第25巻第3号、2010年）、崔相伍「輸出志向工業化と政府の役割、1965～1979──輸出振興拡大会議を例に」＊（『経営史学』第25巻第4号、2010年）、金洋和「1960～70年代の綿紡績工業における輸出主義の形成・展開の要因に関する研究」＊（『韓民族文化』第28号、2006年）等があげられる。
2）輸出体制とは、輸出を目的として生産から加工、検査、物流、決済の過程が有機的に

第 12 章　紡績産業

連動し、持続する関係を指すものと定義する。したがって、特定の商品が一度輸出されたとしても輸出体制が形成されたのではなく、生産から決済に至るまで、すべての過程が事前に計画された方式によって持続的かつ反復的に輸出が行われてこそ輸出体制が形成されたといえる。このような体制が政府の政策によって拡大され精巧に構築される過程を指して、輸出体制が発展していると定義する。

3）大韓紡織協会『紡協創立十周年記念誌』1957 年、I-14 頁、徐文錫「解放以後、帰属財産変動に関する研究」*（『経営史学』第 17 号、1998 年）245 頁。

4）この緊急の再建計画は 21 万 7,980 錘の全体罹災設備の中で織機を除いて紡機 11 万錘だけを再建する計画だった（大韓紡織協会、前掲『紡協創立十周年記念誌』16 頁）。

5）この memorandum は商工部繊維課と UNKRA（United Nations Korean Reconstruction Agency, 国連韓国再建委員団）、そして UNCACK（United Nations Civil Assistance Corps Korea, 駐韓国連軍民事処）紡織課の間で作成されたが、主要な内容を見ると、紡機の場合、政府保有 23 万ドルで購買した機料品と UNCACK で計画している 58 万 3,582 ドルの機料品を補充して、当時運転中の 7 工場 7 万 7,800 錘の紡機を 16 万 6,000 錘に、2,061 台の織機を 2,550 台に増やして操業できるようにするというものだった（大韓紡織協会、前掲『紡協創立十周年記念誌』第Ⅲ部、34〜37 頁）。

6）この要綱は 1953 年から 5 年間、解放以後初めて紡機 39 万 8,000 錘、織機 8,522 台の新規設備を導入しようとする計画だった。重要な内容は、①導入設備の配分対象、②導入設備の配分の順位と条件、③適正規模の限界、④企業の参加機会の造成などだった。このような内容を裏づけるために、①帰属企業体の払い下げ、②緊急の再建計画の急速完遂、③資金調達、④国産線の増収対策、⑤綿紡績工業復興事業審議委員会の設置、⑥基本的な調査、⑦税の軽減または免除などの措置が明記された。この要綱の全文は、大韓紡織協会、前掲『紡協創立十周年記念誌』第Ⅲ部、37〜39 頁、参照。

7）輸出入品目査定委員会は 1955 年 1 月 19 日、政府が正式に発足を決定した。商工部次官を委員長とし、商務局長、物動局長、審議物品の主務局長、韓国銀行副総裁（ただし外国為替管理部長）、大韓商工会議所副会長、貿易協会会長で構成された（大韓紡織協会『繊維年報』1956 年版、第 3 部資料編 2）。

8）業界は紡協を中心に国産原綿の買入れを継続的に行ったが、結局、1970 年に国産原綿に対する買入れを中止し、綿紡績業界で国内原料調達はそれ以後進展しなかった（大韓紡織協会『紡協 50 年史』1997 年、162 頁）。

9）政府は経済開発の過程において資本財や中間財、原料などの輸入需要に必要なドルを確保するため、また借款に対する元利金返済問題を解決するために、輸出増大を強調した。このような判断は、後に第 1 次経済開発 5 ヵ年計画の補完計画を作成するなかで、より明確になっていった（崔相伍「韓国の輸出志向工業化政策の形成過程」*『経営史学』第 25 巻第 3 号、2010 年、211〜212 頁）、経済企画院「第 1 次経済開発 5 ヵ年計画、補完計画」序文、1964 年、3〜4、6 頁）。

10）大韓紡織協會『繊維年報』1958 年版、第 1 部国内動向編、15〜16 頁。

11）この会議で、米国側（Mr. Chawner）は、援助原綿を通じて作られた最終綿織物に対

する輸出を明示的に禁止した規定はなく、原綿と最終的な綿織物は完全に他の商品という立場を明らかにした（柳尙潤「李承晩政権期輸出をめぐる韓米当局の葛藤」* 産業史研究会発表論文、2015 年 11 月 20 日、図 1、1956 年 12 月 3 日「合同経済委員会本会議議事録」）。したがって、綿紡績業界としては、輸出は合意に達したと理解した（大韓紡織協会『繊維年報』1957 年版、33 頁）。

12) すでに 1957 年 6 月から国産綿糸の香港輸出問題が報道されていた（「最初に香港輸出綿糸二百梱」* 『京郷新聞』1957 年 6 月 19 日）。なお、朝鮮戦争直前の 1950 年上半期にパキスタン商工会議所会長である Harbilurar の仲介でパキスタンと輸出契約を締結したが、朝鮮戦争の勃発によって船積みをしないで失敗に終わったことがある（京城紡織『京城紡織 50 年』1969 年、249 頁、大韓紡織協会『繊維年報』1957 年版、15 頁）。

13) 米国側は 1957 年 3 月 7 日、ICA のワシントン本部から最終結論が出るまで綿織物の輸出許可を発給するなという指示を受けた（柳尙潤、前掲「李承晩政権期輸出をめぐる韓米当局の葛藤」図 1）。

14) 大韓紡織協会『繊維年報』1958 年版、第 3 部 資料編、122 頁、1960 年版、120 頁。

15) 同前、1961 年版、第 I 編 国内の動向、4、34 頁。

16) 同前、1961 年版、27 頁。

17) 大韓紡織協会、前掲『紡協 50 年史』139 頁。

18) 韓国開発研究院『韓国経済半世紀政策資料集』1995 年、183～272 頁、朴振根『韓国歴代政権の主要経済政策』* 韓国経済研究院、2009 年、120～123 頁。

19) 綿織物の種類の中で Sheeting は 14～24 番手を使用した平織で、普通広木、内広木、玉洋木などがあり、Duck は、経糸と緯糸に太い糸の練糸または合糸を使用して密に製織した厚い織物でテント、濾過布などに使われている。つまり輸入制限綿布は当時、輸出の主力品だった厚手の綿織物を指していた。

20) 大韓紡織協会『繊維年報』1964 年版、28 頁。

21) 大韓紡織協会、前掲『紡協 50 年史』144 頁。

22) 大韓紡織協会『繊維年報』1965 年版、38 頁。

23) 1961 年 5 月 2 日、ジュネーブで綿織物の貿易関係を国際的に調整するため、GATT 加盟国間で国際綿織物協定（International Cotton Textile Arrangement）が合意された。そして 6 月 30 日、1961 年 10 月 1 日から 12 ヵ月間の短期綿織物協定が発効した。その後 1962 年 10 月 1 日、長期綿織物協定（Long-Term Cotton Textile Arrangement）が発効したが、この協定は GATT 関係 19 ヵ国が 1962 年 1 月 29 日から同年 2 月 9 日までジュネーブで会合し、短期綿織物委員会で草案作成した「長期綿織物協定」を通過させ、加盟国の承認を得た多国間協定であった。核心的な内容はまず、世界綿織物貿易に向けて協力すること、二つ目、発展途上国により多くの外貨を獲得できる機会を付与すること、第三に、綿織物貿易は市場が攪乱する危険があることに留意すること、第四に、綿織物貿易を合理的かつ秩序をもって行うこと、第五、発展途上国の貿易増大に留意することなどだった。

24) 大韓紡織協会『繊維年報』1964 年版、27 頁。

25) 5.3の為替引下措置は1954年5月に、当時ドル当たり130ウォンだった為替レートを256.5ウォンに引き下げた措置である。闇市場の為替レートが公定為替レートに比べて1960年には2.4倍に達していたのが、この措置が施行される1960年代半ばには1.22倍水準に大きく低下し、為替が市場状況を反映し始めた。以降、公定為替レートは1965年に264ウォン、66年に271.3ウォン、70年に310.7ウォンと、通貨市場の事情を反映して変動した。
26) 1965年6月7日、商工部長官から綿織物に対する輸出組合の設立協力依頼要請を受けて、6月16日理事会の懇談会で輸出組合設立のための小委員会を構成することにした。9月21日、輸出組合の設立原則を確認して10月6日に発起人会を構成した後、11月18日に紡協会員と輸出商社を含む27社が外交倶楽部で創立総会を開き、11月25日付で商工部長官の認可を得て正式運営することになった(大韓紡織協会「第19期定期総会会議録」1966年1月27日、69〜70頁)。
27) 崔相伍「韓国の輸出志向工業化政策の形成過程」*(『経営史学』第25巻第3号、2010年)218頁。
28) 1966年1月27日に開かれた1965年紡協第19期の定期総会に商工部長官が祝辞の代わりに送った要望事項では、綿紡業界で輸出責任制を施行することを強調していた。これに対して紡協でも官民合同懇談会の開催を要請し、長官からこれに応じるという回答を受けた(大韓紡織協会「第19期定期総会会議録」1966年1月27日、3頁)。
29) 崔相伍「輸出志向工業化と政府の役割、1965〜1979」*(『経営史学』第25巻第4号、2010年)376〜379頁。
30) 大韓紡織協会『繊維年報』1971年版、62頁。
31) 香基貿易株式會社(Hong Kee Trading Co. Ltd.)は、1969年3月21日紡協から東南アジア地域への綿糸共同輸出のための専属代理店に指定された会社である(大韓紡織協会『繊維年報』1970年版、86〜96頁)。
32) 輸出振興委員会で綿糸共同輸出に関連した決定をしており(大韓紡織協会「第23期事業報告書」1969年、159〜162頁)、特別補助金は、特定地域に対して共同輸出経路を通じることなく輸出した混紡糸の特別補償のために、大韓紡織協会の会員が保有している自家紡績施設を経た1969年度綿糸、混紡糸類共同輸出計画量2万梱だけが支給対象になった(大韓紡織協会「第23期事業報告書」1969年、180頁)。

終　章　総括と展望

金子文夫

　本書は、韓国の高度経済成長の始動期であった1960年代を対象にして、対外関係を中心とする経済体制、資本・労働力等の生産要素、主要な産業・企業の動向等の視点から実証分析を試みた成果である。高度経済成長のメカニズムについて、従来は政府の介入を高く評価する見地が広く受け入れられる一方、これを批判して市場経済（企業）の論理を強調する見解も提起されていた。しかし、政府の役割と市場の論理とを二者択一的に論じるのでなく、両者の対応関係あるいは協力の具体的様相について、高度成長を担ったそれぞれの部門・領域ごとに考察を加えていくことが必要であろう。

　また1950年代と1960年代とを対比して、停滞の50年代と成長の60年代というように違いを浮き彫りにし、その間の断絶を強調する見解も広く出回っている。しかし、60年代の高度成長が何の前提条件もなく突如として生起するはずはなく、50年代からの継承関係が当然問われねばならない。50年代から60年代への状況変化のなかで、これも部門・領域ごとに断絶と連続の統一的把握を追求していく必要があろう。

　本書を構成する諸論文が、上記の課題にすべて答えているわけではないが、先行研究では扱っていないいくつもの新たな論点を提起していることは間違いない。以下、政府と市場経済（企業）との対応関係、50年代と60年代との断絶・連続関係の順に、本書で示された論点の整理を試みたい。

　政府と市場経済（企業）との関係について考えてみると、政府の主導性が強い部門から民間の主体性が発揮される部門まで、両者の連携・協力関係には濃淡がある。1960年代は全般的に政府の主導性が強力であったが、そのなかで企業の主体性が認められるのは綿紡績業界であった。第12章は、1950年代後半、生産過剰問題に直面した綿紡績業界が、大韓紡織協会を中心にして自主的に輸

出体制構築を模索しはじめ、その延長線上に1960年代の輸出支援政策を獲得し、輸出を拡大していったことを明らかにした。業界の積極的な取り組みが政府の体系的な政策を引き出し、それを活用して業界が利益を確保していくという官民相互関係のメカニズムを描き出した研究である。綿製品輸出関連の政策については、第4章も詳細に検討を加えた。そこでは、1965年以降、政府の綿紡績業界に対する輸出目標達成の要請が強まり、綿製品輸出組合と大韓紡織協会は「出血輸出」で対応せざるをえず、国内市場で獲得した利潤で損失を補填したことが示されている。第12章に比べると、強い政府に対する業界の協力の側面を強調した論稿である。

政府が設定した政策の大枠のなかで、企業が能動的に対応した事例は、第6章に描かれている。そこでは、企業の株式公開、資本市場育成政策を取り上げ、政府の主導性を強調する従来の見解を批判し、大企業が結集した全国経済人連合会がいかに企業利益確保のために対応したかという観点から経緯をたどっている。大企業側に、財務構造悪化の懸念、社会的な企業批判への対処といった背景事情があったこと、政府から企業公開の見返りに様々な税制面・金融面の優遇措置を引き出したことなど、政策に対する企業側の主体的対応の側面を強調した見解を示している。

政府の主導性を認めつつ、そのなかで企業利益追求がいかになされたかについては、いくつかの章が検討している。第1章は、1960年代前半、日韓国交正常化以前の商業借款交渉の進展、国交正常化以後の商業借款ブームを指摘し、民間ベースの借款導入に期待する韓国企業の積極姿勢を示唆した。第11章は、造船業界が対日請求権資金を活用した輸入代替工業化を目論み、沿岸中小型漁船や貨物船の建造に成果をあげたと論じた。その反面、海運業・水産業振興のための船舶輸入も拡大し、政策的に不統一があったことも合わせて指摘している。その他、政府の銑鋼一貫の総合製鉄所建設構想に呼応した、民間における仁川製鉄設立の動向を検討した第10章、政府の技術革新・研究開発政策に対応した企業の生産管理、品質改善の努力を論じた第8章なども、政府主導の開発政策に応じる企業の協力の側面を扱っている。

他方、政府が市場の実態に適合しない政策を打ち出したため、修正、再検討など、試行錯誤を重ねた事例もいくつか明らかにされた。第2章は、1961年為

替制度改革が、米国の圧力のもとで性急な単一レート制導入に踏み切ったため、外貨不足を来たして失敗に終わったこと、その経験をもとに1964年改革では関連施策を整備したうえで柔軟な変動相場制を採用し、輸出拡大策として機能した事情を検討している。二つの改革を対比し、政府と市場との相互規定関係を提示した論稿である。また第5章は、金融市場の二重構造（低利の銀行金利と高利の私金融市場）の解消を目指して1965年に実施された金利現実化措置が、金融市場発展を促す一方、企業の財務構造の悪化、私金融市場の繁栄をもたらすなかで、高金利政策が徐々に変質し、二重構造解消に成功しなかった経緯を分析している。高度成長に対する経済政策の高評価に留保をつける研究とみることができる。

　この他、石炭産業を扱った第9章は、政府のエネルギー政策の試行錯誤を描いている。1960年代前半、石炭増産のために石炭鉱区の大規模集約化を推進したが、支援体制は十分でなく、大韓石炭公社に広範囲の業務を委ねたため公社の負担は重く、石炭供給は総じて需要の増加をまかなうことができなかった。1966年に安価な石油中心へとエネルギー政策が転換すると、石炭産業は成長産業から衰退産業へと位置づけを変えざるをえなくなる。この章では、60年代の石炭産業政策が一貫性を欠き、紆余曲折を経て展開していくプロセスを詳細に描写している。鉄鋼産業を論じた第10章もまた、産業政策における試行錯誤の過程に焦点を合わせている。1950年代から構想された総合製鉄所建設は、1960年代に至り、西海岸と東海岸の2箇所に設立する計画として具体化した。しかし、規模の経済との齟齬、最適技術への無理解、外資導入の困難などから実現に至らなかった。その過程で民間ベースの仁川製鉄が設立されたが、これも不実企業化を免れなかった。1970年代に東海岸に浦項総合製鉄が建設されるが、その成功は60年代の試行錯誤の経験をふまえたものであるということを、この論文は示唆している。マンパワー政策を取り上げた第7章は、第1次技術計画では技能工養成について無策であったが、第2次技術計画では学校教育と職業訓練という技能工養成手段を整備し、工業化に必要な人材を確保していった事情を解明している。ここでも、労働市場の拡大に対応すべく、労働政策が試行錯誤を重ねたことを指摘している。

　次に、視点を変えて、1960年代を歴史的に位置づけるための連続と断絶の論

点に進もう。1950年代の李承晩政権は米国援助に依存し、輸入代替工業化が部分的に進展したのみで経済は停滞していた。これに対して1960年代の朴正煕政権は、経済開発計画に基づき工業化、高度成長を達成したとして、その間の断絶を強調するのが一般的見方であろう。しかし、近年は1950年代の経済発展が再評価されつつあり（原朗・宣在源編『韓国経済発展への経路』参照）、50年代と60年代とを連続的に捉える観点を欠落させてはなるまい。本書では、この問題は必ずしも主要な論点となっていないが、それでもいくつかの論文は連続的に捉えることの必要性と有効性を示している。代表的なのが、輸出支援政策を論じた第3章である。そこでは、1950年代末から60年代前半にかけて作成された四つほどの経済計画に即して、その中の輸出支援政策の内容を比較検討し、50年代から連続する要素を検出している。また1959年に8回開催された韓米合同経済委員会輸出振興分科委員会の内容を詳しく点検し、そこで議論された輸出支援の諸施策、および議論に参加した韓国側の経済官僚が60年代の輸出支援政策形成に結びついている事実を明らかにした。また、石炭産業を扱った第9章をみると、50年代から60年代前半にかけてはエネルギー政策の中心は石炭であったため、産業政策の連続面にも注目していることがわかる。鉄鋼業を検討した第10章も、総合製鉄所構想という点では50年代と60年代を連続して捉える視点を提供している。さらに、綿紡績業を考察した第12章においても、輸出体制構築という点では連続的にみることの必要性を主張している。

　これに対して、やはり断絶が主要な側面であることを主張する論文も少なくない。日韓関係を扱った第1章は、国交正常化にむけての韓国側の政策転換は1960年の張勉政権期にあったことを指摘している。為替改革を論じた第2章は、この政策は李承晩政権期には問題とならず、その崩壊後の過渡政府期（1960年4～8月）から韓米間の交渉が開始されたと述べている。輸出組合を取り上げた第4章は、輸出組合法の制定は、1961年の軍事政権成立による強い政府の誕生が重要な契機になったと主張している。さらに、マンパワー育成政策を考察した第7章は、50年代に作成されたマンパワー政策は、実地調査の欠如、国民経済との関連性の欠落といった点で、60年代の政策とは質的に異なると論じている。

このように、断絶と連続の関係は、当然ながら分野によって多様であるが、こうしたまだら模様のなかで時代が転換していくのが実態であろう。終章の結びとして、1970年代への展望にふれておこう。70年代まで対象に含めて論じているのは、第5章、第6章、第9章である。第5章は金利現実化政策が実体経済に適合しなかったため、二重構造が解消されなかったとした。それではこの章の末尾に記された72年の8.3金融緊急措置は問題をどのように解決したのであろうか。その点に論及することで、1965〜71年の金融政策の歴史的意義は一段と明確になるであろう。一方、資本市場の形成を論じた第6章は、1972年以降、株式市場が量的拡大を示す統計を提示している。その点を確認できるとすれば、第6章は韓国株式市場形成史の前史の研究と位置づけることも可能であろう。エネルギー政策の転換を検討した第9章は、60年代半ばにおける石油中心政策への転換が70年代にも継続しているわけであるから、当然ながら連続的に議論を進めている。

　この三つの章以外には、1970年代に直接論及した論文はない。とはいえ、1950年代から60年代への転換が、性格の異なる政権交代に規定されているのに対して、60年代から70年代への移行は、同一政権による同一政策の継続であるから、連続性が検出されるのは当然のことである。そうしたなかでは、70年代に何が異なってくるのか、その点の解明がむしろ今後の課題となっていくであろう。

あとがき

　本書は韓国の中堅・若手研究者が中心となって執筆した現代韓国経済史の研究成果である。韓国では、1950～60年代という高度経済成長の前史、あるいは始動期に関する一次資料を用いた実証的な経済史研究が、博士論文などの形で急速に蓄積されつつある。しかし、そうした韓国における最近の研究動向は、日本にはあまり伝えられていないのが実情であろう。

　もちろん当該時期の韓国経済に関する現状分析的研究はこれまでに少なからず刊行されているが、それらは公表された情報に基づく概説的なものがほとんどであったといえる。本書は、一次資料に基づく深みのあるバランスのとれた研究成果として、現在の日本で刊行される意義があるように思われる。

　本書成立の背景には、日本の現代日本経済史研究会（代表・原朗東京大学名誉教授）と韓国の産業史研究会（幹事・宣在源平澤大学校教授）との長年にわたる研究交流の歴史がある。11回に及ぶ東アジア経済史シンポジウムの開催は、そうした交流の成果であり、またさらなる展開の契機でもあった。その間の経緯については、原朗編『高度成長始動期の日本経済』（日本経済評論社、2010年）、原朗編『高度成長展開期の日本経済』（日本経済評論社、2012年）の「あとがき」に記されている。

　本書はまた、原朗・宣在源編『韓国経済発展への経路――解放・戦争・復興』（日本経済評論社、2013年）の続編に相当する。同書が1950年代の韓国経済を対象としたのに対して、本書は1960年代を主に扱っており、執筆者もある程度共通している。

　ここで、同書の章別編成と執筆者を示しておこう。

```
　　　序文　　　　　　　　　　　　　原朗
　　　序章　離陸直前の加速　　　　　宣在源
　　第Ⅰ部　市場と政府
　　　第1章　体制変化　　　　　　　朴燮
```

第2章　産業育成政策　　　　　李相哲
　　第3章　対外貿易　　　　　　　崔相伍
　第Ⅱ部　資本と技術
　　第4章　金融制度と金融市場　　李明輝
　　第5章　人的資源と技術革新　　宣在源
　第Ⅲ部　市場と企業
　　第6章　綿紡織業　　　　　　　徐文錫
　　第7章　計画造船と大韓造船公社　裵錫満
　　第8章　石炭市場と大韓石炭公社　林采成
　1945〜70年の韓国・日本・米国年表

　このように同書は3部8章構成であり、序章を加えて8名で9本の論文を執筆している。これに対して本書は、同じく3部構成であるが12章建てとなり、序章、終章を加えて14本の論文を11名で執筆している。両書とも執筆しているのが7名、本書のみが4名であり、それぞれの担当テーマからみても、2冊の連続性は明らかであろう。
　さて、本書が成立する直接の契機は、2015年8月に慶応義塾大学三田キャンパスで開催された「第11回 東アジア経済史シンポジウム」(現代日本経済史研究会・(社)経営史研究所共催)である。2015年が日韓条約締結50年であることから、1960年代の韓国・日本経済を対象とし、「韓国経済発展の歴史的条件——1960年代日本産業との比較を中心に」と題して開かれたこのシンポジウムでは、韓国側5名、日本側5名により以下の10本の報告がなされた(報告集『東アジアにおける経済発展パターンの比較』2015年8月、が作成されている)。

李相哲「韓国輸出支援政策の形成」
李明輝「金利現実化措置以降の韓国企業金融の変化」
宣在源「新規設備の定着と技術革新」
徐文錫「日韓国交正常化前後における韓国綿紡績工業の発達」
裵錫満「対日賠償金資金と造船業」
山崎志郎「戦後日本の生産、投資調整」

金子文夫「日韓経済協力の評価について」
　　渡辺純子「通産省の産業調整援助政策」
　　植田浩史「機械工業振興臨時措置法と『自動車部品工業』」
　　原朗「日韓会談と日韓国交正常化」

　このシンポジウムの成果は、その後、韓国側から丁振聲「1970年代の韓国企業における技能労働者の充員と養成」が追加されたうえで、『三田学会雑誌』（第109巻第2号、2016年7月）の「特集：韓国経済発展の歴史的条件——1960年代日本との比較を中心に」にまとめられた。シンポジウムの企画、実施から『三田学会雑誌』特集号の刊行にいたるまで、慶応義塾大学の柳澤遊氏が格別のご尽力をされたことをここに記しておきたい。

　このような経緯により、シンポジウムに提出・追加された韓国側の報告6本、日本側の報告1本を大幅に、あるいは全面的に書き直したものに、新たな論文7本を加えて本書は成立している。本書作成にあたって、韓国側の論文は宣在源氏が日本語原稿にとりまとめ、それを現代日本経済史研究会の植田浩史、加瀬和俊、柳澤遊、山崎志郎、渡辺純子の諸氏および金子文夫が内容、文章表現を含めて検討し、意見と質問を韓国側に送った。それを受けて韓国側執筆者が可能なかぎりの手直しを行い、完成原稿を仕上げていった。その際、形式や用語の統一については金子が担当した。翻訳の不備、意図せざる見落としが残されているかもしれないが、そうした不十分性の責任は編者にあることはいうまでもない。

　本書が刊行されるまでには、現代日本経済史研究会のメンバーの方々からは多大なご支援をいただいた。また、出版事情の厳しいなか、日本経済評論社の柿﨑均社長、新井由紀子氏には本書の刊行を快くお引受けいただいた。末尾ながら厚くお礼を申し上げたい。

　なお、本書は平成29年度日本学術振興会科学研究費補助金（研究成果公開促進費、課題番号17HP5160）の助成を受けたものである。

（金子文夫）

索　引

1. 韓国語の項目は韓国語読みにして配列した。
2. 朴正熙のような頻出する項目は省略した。

人名索引

ア行

浅野豊美　15, 36, 37
足立正　27
安倍誠　15, 36, 38
安西正夫　20
安藤豊禄　20
石坂泰三　27
李鍾元（イジョンウォン）　15, 36, 37
李庭林（イジョンリム）　251-253, 261
李盛培（イソンベ）　76
李東俊（イドンジュン）　251, 261-263, 272
稲垣平太郎　27
李南俊（イナムジュン）　138
李秉喆（イビョンチョル）　152
李炳天（イビョンチョン）　63, 78, 312
李活元（イホワルウォン）　20
林中吉（イムジュンギル）　20
李洋球（イヤング）　252
李完範（イワンボム）　63, 78, 312
植村甲午郎　19
元亨黙（ウォンヒョンムク）　261, 262, 272
太田修　15, 36, 37
大平正芳　18

カ行

ガーシェンクロン　11, 247

姜重熙（カンジュンヒ）　149
岸信介　28
木宮正史　15, 36-38, 41, 57, 60, 63, 69, 78, 312
金相鴻（キムサンホン）　147
金鍾洙（キムジョンス）　73, 76
金鍾泌（キムジョンピル）　18, 133
金正濂（キムジョンリョム）　73, 76
金松煥（キムソンファン）　72, 75
金斗昇（キムトゥスン）　15, 36, 37
金斗燦（キムトゥチャン）　283, 289
金都亨（キムドヒョン）　15, 36, 38
金弘準（キムホンジュン）　73
金裕澤（キムユテク）　253
金容甲（キムヨンガプ）　49
金龍周（キムヨンジュ）　147
金映宣（キムヨンソン）　48
金容完（キムヨンワン）　146, 157
金立三（キムリプサム）　135, 136, 147, 155
具仁会（グインホィ）　149
小坂善太郎　18
高錫尹（ゴソクユン）　72, 73, 75, 79

サ行

張熙台（ジャンヒデ）　20
シュナイダー　252
申学彬（シンガクビン）　261
徐甲虎（ソカプホ）　23

石在徳（ソクジェドク） 73, 76
徐相善（ソサンソン） 168, 187
祖父江利衛 276, 288
薛卿東（ソルギョンドン） 252
宋正範（ソンジョンボム） 73, 75, 79
成昌煥（ソンチャンホゥン） 85, 86
孫炳斗（ソンビョントゥ） 135, 155

タ・ナ行

崔泰渉（チェテソプ） 138
崔徳新（チェトクシン） 18
車均禧（チャキュンヒ） 76
車明洙（チャミョンス） 3, 11
趙鳳植（チョボンシク） 76
丁一権（チョンイルクォン） 283
鄭寅旭（チョンインウク） 218, 221
全相根（チョンサンクン） 163, 167, 168, 186
太完善（テウゥンソン） 163
デンハルトゥ 252
土光敏夫 20
南宮錬（ナムクンヨン） 252, 286, 291
南悳祐（ナムドクウ） 144, 145, 156, 157

ハ行

朴基錫（パクギソク） 163
朴根好（パクグンホ） 4, 11, 15, 36, 210
朴泰均（パクテギュン） 63, 78, 270, 288, 312
朴英哲（パクヨンチョル） 103, 116, 126, 127
韓在烈（ハンジェヨル） 19
黄秉泰（ファンビョンテ） 73, 76
フォイ 253
フリート，ベン 252
裵錫満（ベソクマン） 276, 288, 290

マ・ヤ行

閔丙徽（ミンボンチョル） 73, 76
文徳周（ムンドクジュ） 73, 76
矢次一夫 28, 38
柳元相（ユウォンサン） 249, 272
湯川康平 19
尹東錫（ユンドンソク） 249, 271
尹能善（ユンノソン） 135, 155
吉澤文寿 15, 36, 37

A-Z

Amsden, Alice 4, 10, 11, 270, 271
Camelio, Joseph A. 72, 75
Chandler, Alfred 5, 11, 270
Clark, Gregory 2, 3, 10
Cole, David C. 103, 116, 126, 127
DeHaan, Norman 73
Dillon, C. Douglas 49, 50, 60
Draper, W. 71, 79
Friedman, John 73
James, Daniel J. 72
Lamoreaux, Naomi 4, 11
McKinnon, R. I. 103, 126
Nixon, W. M. 73
Peterson, Avery F. 49, 59
Read, Stan 73
Shavell, Henry 72
Shaw, E. S. 103, 126
Sparks, Kenneth 73
Wijnbergen, V. S. 104, 126
Young, John Parke 43, 47, 59

事項索引

ア行

アイルランド輸出促進委員会　75
石川島播磨　20, 30
利川物産　304
日新産業　151, 266
日新紡績　94, 304
仁川重工業　77, 136, 248, 250, 254, 255, 257, 259-263, 265-268, 271, 272
仁川製鉄　9, 247, 250, 254, 259-269, 272, 273, 318, 319
隠蔽補助　42-44
源林産業　304
蔚山精油　261
蔚山第三肥料　22
LG財閥　149
遠洋漁業協同組合　281
小野田セメント　20

カ行

韓米合同経済委員会　6, 64, 70-72, 74, 76, 79, 295, 314
　──企画分科委員会　70, 72, 298
　──技術分科委員会　70
　──救護分科委員会　70
　──財政分科委員会　70, 72, 74
　──地域社会開発分科委員会　70
　──輸出振興分科委員会　6, 63, 64, 69-73, 75, 77, 79, 320
起亜産業　151
企業公開促進法　130, 141, 144-145, 157, 158
帰属企業（帰属工場）　87, 249, 271, 296
93年度産韓国海苔輸出組合　8₋
京城鋳物製作所　249
京城紡織　94, 304
金利現実化措置　5, 7, 103, 105, 123, 126, 127, 319, 321
国安紡績　95, 309
国際化学　151
国際証券　152
国際綿織物長期協定　302, 303, 314
クルップ社　252
金星産業　76, 82, 304
金星社　149, 158
金星紡績　300, 304
京釜高速道路　30, 124, 289
鉱業開発助成法　9, 226, 240, 243
鉱業振興公社法　240
神戸製鋼　22
高麗遠洋　150
コレアン工業振興　20
是川製鉄　249

サ行

阪本紡績　23, 94, 95, 304
三星物産　82
三護貿易　300, 304
三護紡績　300, 304
三和製鉄　248, 249, 251, 254, 255, 272
三養社　147, 149
三養食品　150
三洋通商　304
産業教育振興法　8, 173, 174, 184
産業銀行⇒韓国産業銀行
第一製糖　150
私債凍結措置（8・3緊急措置）　7, 104, 126, 127, 144, 145, 147, 149, 151, 157, 321
しぼり輸出組合　89, 90

資本市場育成法　8, 117, 129, 133, 134, 136-139, 141-144, 146, 147, 153
長省炭鉱　220, 221, 244
主油従炭政策　215, 216, 234, 235
証券波動　129, 132
昭和電工　20
職業訓練法　8, 166, 168, 173, 174, 182-184
全羅南道漁業組合連合会　85
全南貿易部　304
全南紡織　94, 147, 158, 304
真露醸造　150
水産業協同組合中央会　281, 289
請求権資金　9, 10, 17, 18, 30, 33, 38, 276-285, 287-291, 318
世界銀行　105
石公⇒大韓石炭公社
石炭開発臨時措置法　9, 216, 226, 228, 243
石炭鉱業育成臨時措置法　9, 216, 240, 241, 243
石炭産業合理化事業団　216
全国経済人連合会（全経連）　7, 8, 129-140, 142-148, 152-157, 318
総合製鉄　252, 253, 261
昭陽江ダム（発電所）　22, 124, 289

タ行

大単位単座開発　216, 226, 229-232, 240, 242
中小企業銀行　111, 114, 123
朝鮮運送　76
朝鮮銀行　75
朝鮮殖産銀行　75
朝鮮郵船　76, 284
朝鮮理研金属　249
朝鮮紡織　300, 304
チョン・テイル事件　125, 127
天宇社　82
帝人　30
大宇実業　151

大田紡織　94, 298, 300, 304
大鮮造船　281, 286, 291
泰昌紡績　23
鉄鋼業育成総合計画　9, 247, 248, 251, 254-256, 261, 269
鉄鋼工業協同組合　261, 262, 266, 272
大韓海運公社　279, 284, 290
大韓金属学会　258, 263, 264, 271
大韓産業　304
大韓重工業　249, 250, 271, 272
大韓製鋼工業　249
大韓石炭協会　240, 246
大韓石炭公社（石公）　215-217, 219-224, 226, 227, 230, 232, 233, 235-245, 319
大韓セメント　252
大韓船主協会　285
大韓造船工業協会　286, 291
大韓造船公社　10, 31, 275, 276, 278-283, 285-287, 289-291
大韓プラスチック　31
大韓紡織協会（紡協）　92-95, 100, 293, 295, 298, 299, 301, 305-311, 313-315, 317, 318
大韓メリヤス工業協会　297
太平紡績　94
デマーグ社　249, 252, 262, 272
東芝　30
東洋レーヨン（東レ）　20, 30
東亜製薬　149
東一紡績　94
東洋証券　152
東洋セメント　31, 125
東洋紡織　304

ナ行

日韓閣僚会議　6, 27, 35
日韓協力委員会　28
日韓経済閣僚懇談会　27

索　引

日韓経済協会　19, 20, 23, 37, 38
日韓合同経済懇談会　27
日韓長期経済協力試案　28
日韓民間合同経済委員会　28
日本輸出入銀行　21, 30, 276
農漁村開発公社　77

ハ行

8.3緊急措置⇒私債凍結措置
韓一合繊　31, 151
韓一証券　152
韓国アルミ　31
韓国外換銀行　110
韓国化成　31
韓国化繊協会　96
韓国ガラス　138, 156
韓国機械　196, 210
韓国銀行　46, 50, 51, 53-56, 72, 73, 75, 76, 106, 108-110, 112, 114, 116-118, 120, 121, 123, 155, 186, 192, 196, 197, 217, 237, 246, 313
韓国産業技術本部　199, 200, 202, 209-211
韓国産業銀行（産業銀行）　22, 107, 108, 111, 114, 135, 217, 221-223, 231, 236, 237, 245, 266, 267, 273, 284, 286, 287, 291
韓国住宅銀行　110, 114
韓国信託銀行　110
韓国スレート　150
韓国生産性本部　192, 194, 196, 197, 204, 205, 207, 208, 210
韓国繊維試験検査所　307
韓国繊維貿易　302, 304
韓国造船工業協同組合　280, 281, 283, 284, 289, 290
韓国電力　22, 31
韓国投資開発公社　144
韓国海苔輸出組合　83
韓国肥料　31

韓国貿易協会　43, 79, 84, 85, 98, 313
韓国綿製品輸出組合⇒綿製品輸出組合
韓国輸出振興　75, 76
韓国洋灰輸出組合　96
半島商事　82
韓南貿易振興　76
韓永紡績　95
邦林紡績　23
ヒエラルヒー　4, 5, 247
日立製作所　20, 30, 31
香基貿易　309, 315
曉星証券　152
現代重工業　275, 291
不実企業　31, 32, 35, 38, 123, 126, 145, 267, 286, 319
ブロー・ノックス社　251, 252
興韓紡績　95, 309
豊韓紡績　95
貿易法　83, 85
湖南肥料　220
浦項総合製鉄　26, 124, 248, 250, 254, 270, 271, 275, 278, 289, 319
凡洋社　304

マ行

馬山輸出自由地域　32
マルサスの罠　2, 3
丸紅（丸紅飯田）　20, 22, 31
満洲拓殖　76
味元　149, 158
三井物産　20, 31, 285
三菱重工　30
三菱商事　20, 31, 280, 286, 287, 289
綿製品輸出組合　92, 96, 307, 309, 318

ヤ・ラ行

輸出組合法　7, 82-88, 90, 92, 96, 97, 320
輸出自家補償制　91, 96, 97, 100, 308, 309

輸出振興法　67, 302
輸出責任制　93, 308, 309, 315
輸出促進法　75
輸出入取引法　82, 85, 91
潤成紡績　24
永豊商事　82
ラッキー（楽喜）財閥　152, 158, 290
ラッキー化学　149, 150
リー・ブラザーズ　304
ルルギ社　262, 272
煉炭波動　215, 226, 233-235, 242

A–Z

AID　21, 24, 52, 53, 60, 114, 252-254, 259
CT（Coras Trachatala）　75, 79
DKG　252
GATT　26, 56, 98, 314
GHH　252
ICA　44, 46, 47, 60, 67, 219, 251, 314
IMF　43-46, 53, 55, 57, 58, 105
KOMEP　232
KS　199, 200, 210
NAC　52-54
OMS　221, 240
PMC　220, 228, 231, 244, 245
UDI　262, 265, 266
UNKRA　294, 313
USOM　45, 46, 53, 57, 59-61, 73, 74, 127, 228, 232
Webb-Pomerene Export Trade Act　82, 91

編著者紹介

金子文夫（かねこ　ふみお）　第 1 章、終章

横浜市立大学名誉教授、1948 年生まれ
東京大学大学院経済学研究科博士（経済学）
『近代日本における対満州投資の研究』（近藤出版社、1991 年）
「対アジア経済関係——東アジア貿易の展開を中心に」（原朗編『復興期の日本経済』東京大学出版会、2002 年）
「資本輸出の展開——対アジア進出を中心に」（原朗編『高度成長始動期の日本経済』日本経済評論社、2010 年）
「対アジア政策の積極化と資本輸出」（原朗編『高度成長展開期の日本経済』日本経済評論社、2012 年）
「グローバル危機と東アジア経済圏」（矢後和彦編『システム危機の歴史的位相』蒼天社、2013 年）

宣在源（ソンジェウォン）　序章、第 8 章

平澤大学校国際地域学部教授、1963 年生まれ
東京大学大学院経済学研究科博士（経済学）
『近代朝鮮の雇用システムと日本——制度の移植と生成』（東京大学出版会、2006 年）
『社会的合意の歴史的教訓——日本の雇用調整と政労使関係、1890-1990』（ヘナム、2015 年）［韓国語］
「企業合理化と『職制改正』——昭和電工の事例、1949-62」（原朗編『高度成長始動期の日本経済』日本経済評論社、2010 年）
「自主技術開発と労働市場——高学歴技術者組織化の試み」（原朗編『高度成長展開期の日本経済』日本経済評論社、2012 年）
「人的資源と技術革新」（原朗・宣在源編著『韓国経済発展への経路——解放・戦争・復興』日本経済評論社、2013 年）

執筆者紹介

柳尚潤（リュウサンユン）　第 2 章

LG 経済研究院経済研究部門責任研究員、1977 年生まれ
ソウル大学校大学院経済学部経済学博士
「植民地期朝鮮における産地織物業の展開——平安南・北道の絹織物業の事例」（『地域総合研究』第 35 巻第 1 号、鹿児島国際大学、2007 年）
「大恐慌の衝撃と植民地朝鮮の蚕糸・絹織物業の再編」（『経済史学』第 45 号、経済史学会、2008 年）［韓国語］
「李承晩政府の為替政策再論」（『経済史学』第 53 号、経済史学会、2012 年）［韓国語］
「韓国に提供された公的開発援助——規模推定と国際比較」（『経済学研究』第 62 輯第 3 号、韓国経済学会、2014 年、共著）［韓国語］
「1950 年代後半における綿製品輸出をめぐる韓米葛藤」（『経営史学』第 31 輯第 3 号、経営史学会、2016 年）［韓国語］

李相哲（イサンチョル）　第 3 章、第 10 章

聖公會大学校社会科学部教授、1964 年生まれ
ソウル大学校大学院経済学科経済学博士

「韓国における化学繊維の輸入代替と政府の役割、1965-1972」（『経済史学』第 25 号、経済史学会、1998 年）［韓国語］

「韓国産業政策の形成──1960 年代鉄鋼産業の事例」（『経済発展研究』第 10 巻第 1 号、韓国経済発展学会、2004 年）［韓国語］

「馬山輸出自由地域の初期発展過程」（『経済発展研究』第 14 巻第 2 号、韓国経済発展学会、2008 年）［韓国語］

「韓国交換機産業と産業政策、1961-1972」（『経済史学』第 50 号、経済史学会、2011 年）［韓国語］

「韓国経済官僚の日帝植民地起源説検討、1950 年代-1960 年代前半」（『民主社会と政策研究』民主社会政策研究院、2012 年）［韓国語］

朴燮（パクソプ）　第 4 章

仁濟大学校国際経商学部教授、1958 年生まれ

京都大学大学院経済学研究科経済学博士

「韓国と台湾経済における同業者団体の役割，1950-1980」（『経済学研究』第 55 巻第 1 号、韓国経済学会、2007 年）［韓国語］

"Cooperation between Business Associations and the Government in the Korean Cotton Industry, 1950-70"（*Business History*, 51-6, Routledge, Taylor & Francis Group, Nov. 2009）

「体制変化」（原朗・宣在源編著『韓国経済発展への経路──解放・戦争・復興』日本経済評論社、2013 年）

『適応と協力の時代──20 世紀の韓国経済』（ヘナム、2013 年）［韓国語］

「朝鮮総督府の小生産者政策と経済団体」（『経済史学』第 40 巻第 2 号、経済史学会、2016 年）［韓国語］

李明輝（イミョンヒ）　第 5 章

梨花女子大学校経済学科教授、1963 年生まれ

成均館大学校大学院経済学科経済学博士

『韓国の有価証券百年史』（海南出版社、2005 年、共著）［韓国語］

「1953 年通貨改革以降金融市場の不安定と対応」（『女性経済研究』第 4 巻第 2 号、韓国女性経済学会、2007 年）［韓国語］

「韓国における庶民金融の制度化──無尽から国民銀行へ」（高橋基泰他編『グローバル社会における信用と信頼のネットワーク──組織と地域』明石書店、2008 年）

「農漁村高利債整理事業研究、1961-1970」（『経済史学』第 48 号、経済史学会、2010 年）［韓国語］

「1970 年代初めの不実企業構造調整」（『韓国の経済危機と克服』大韓民国歴史博物館、2017 年）［韓国語］

李定垠（イジョンウン）　第 6 章

歴史問題研究所研究員（韓国）、1979 年生まれ

高麗大学校大学院韓国史学科文学博士

「全経連の『合理的』内資調達方途要求と展開──1966〜1972 年を中心に」（『歴史問題研究』第 32 号、歴史問題研究所、2014 年）［韓国語］

「資本市場育成と企業公開──1967〜1973 年全経連の推進と企業の施行を中心に」（『歴史問題研究』第 34 号、歴史問題研究所、2015 年）［韓国語］

「1960 年代大資本の日本外資導入開始と組織的対応」（『史学研究』第 128 号、韓国史学会、2017 年）

[韓国語]
『冷戦分断時代韓半島の歴史を読む──分断国家の樹立と国際関係(1)』(ソンイン、2015年、共著)
[韓国語]
『韓国現代生活文化史──1960年代』(創批、2016年、共著)[韓国語]

丁振聲 (チョンジンソン) 第7章

韓国放送通信大学校教授、1957年生まれ
筑波大学大学院歴史・人類学研究科博士(文学)
「高度経済成長期の石炭産業調整政策──生産維持と雇用調整を中心に」(『社会経済史学』第72巻第2号、2006年)
「エネルギー革命期の日本石炭産業における労働運動──石炭政策転換闘争を中心に」(『韓日経商論集』第56巻、2012年)[韓国語]
「日本の産炭地域振興政策──産業構造調整政策から地域開発政策へ」(ソウル大学校日本研究所『日本批評』第8巻、2013年)[韓国語]
「1950年代の大手石炭企業の投資戦略」(『大阪大学経済学』第63巻第1号、2013年)
「1970年代の韓国企業における技能労働者の充員と養成──POSCOの事例を中心に」(『三田学会雑誌』第109巻第2号、2016年)

林采成 (イムチェソン) 第9章

立教大学経済学部教授、1969年生まれ
東京大学大学院経済学研究科博士(経済学)
『戦時経済と鉄道運営──「植民地」朝鮮から「分断」韓国への歴史的経路を探る』(東京大学出版会、2005年)
"The Development of a Control Policy over the Coal Industry and the Management of the Coal Mining Industry in Wartime Colonial Korea", *The Review of Korean Studies*, Vol. 14, No. 4, 2011.
「三陟炭田の開発と石炭輸送──日本電力による植民地朝鮮の資源開発史」(『立教経済学研究』第69巻第5号、2016年)
『華北交通の中日戦争史──中国華北における日本帝国の輸送戦とその歴史的意義』(日本経済評論社、2016年)
「植民地朝鮮における炭鉱労働の実態:戦時期を中心として」(『エネルギー史研究──石炭を中心として』第32号、2017年)

裵錫滿 (ペソクマン) 第11章

高麗大学校韓国史研究所研究教授、1968年生まれ
釜山大学校大学院史学科文学博士
「太平洋戦争期朝鮮総督府の『木船量産計画』推進と造船工業の整備」(『経済史学』第41号、経済史学会、2006年)[韓国語]
「1970年代初頭現代グループの造船工業参入過程の分析──韓国経済開発期における国家と民間企業の役割に関する再検討」(『現代韓国朝鮮研究』第7集、現代韓国朝鮮学会、2007年)
「朝鮮製鉄業育成をめぐる政策調整過程と清津製鉄所建設、1935-45」(『東方学志』第151号、延世大学校国学研究院、2010年)[韓国語]
「現代重工業創立初期造船技術の導入と定着に関する研究」(『経営史学』第26輯第3号、経営史学会、2011年)[韓国語]

『韓国造船産業史――日帝時期編』(ソンイン、2014 年)〔韓国語〕

徐文錫(ソムンソク)　第 12 章

檀国大学校経済学科副教授、1966 年生まれ
檀国大学校大学院経済学科経済学博士
「日帝下高級繊維技術者の養成と社会進出に関する研究――京城高等工業学校紡織学科卒業生を中心に」(『経済史学』第 34 号、経済史学会、2003 年)〔韓国語〕
「解放前後大規模綿紡織工場の高級技術者」(『東洋学』第 40 輯、檀国大学校東洋学研究所、2006 年)〔韓国語〕
「解放直後ソウル地域大規模綿紡織工場の運営と人力実態に関する研究」(『経営史学』第 21 輯第 2 号、経営史学会、2006 年)〔韓国語〕
「1950 年代大規模綿紡織工場の技術人力研究」(『経営史学』第 25 輯第 4 号、経営史学会、2010 年)〔韓国語〕
「近代的綿紡織工場の登場と技術人力養成制度の形成」(『東洋学』第 50 輯、檀国大学校東洋学研究所、2011 年)〔韓国語〕

韓国経済発展の始動
Starting Development in Korea

2018年2月19日　第1刷発行　　定価（本体8900円＋税）

編著者　金　子　文　夫
　　　　宣　　在　　源

発行者　柿　﨑　　　均

発行所　株式会社　日本経済評論社
〒101-0062 東京都千代田区神田駿河台1-7-7
電話 03-5577-7286　FAX 03-5577-2803
URL：http://www.nikkeihyo.co.jp
印刷＊文昇堂・製本＊高地製本所
装幀＊渡辺美知子

乱丁・落丁本はお取替えいたします。　　　Printed in Japan
Ⓒ KANEKO Fumio & SUN Jae-Won, 2018　　ISBN978-4-8188-2485-0

・本書の複製権・翻訳権・上映権・譲渡権・公衆送信権（送信可能化権を含む）は、㈱日本経済評論社が保有します。

・JCOPY〈㈳出版者著作権管理機構　委託出版物〉
本書の無断複写は著作権法上での例外を除き禁じられています。複写される場合は、そのつど事前に、㈳出版者著作権管理機構（電話03-3513-6969、FAX03-3513-6979、e-mail: info@jcopy.or.jp）の許諾を得てください。

韓国経済発展への経路 ――解放・戦争・復興	原朗・宣在源 編著	4,800 円
韓国の経営と労働	禹宗杬 編著	6,300 円
韓国財閥史の研究 ――分断体制資本主義と韓国財閥	鄭章淵 著	5,200 円
大軍の斥候 ――韓国経済発展の起源	朱益鍾／堀和生 監訳・金承美 訳	6,500 円
植民地事業持株会社論 ――朝鮮・南洋群島・台湾・樺太	柴田善雅 著	8,800 円
グローバリゼーションと東アジア資本主義	郭洋春・關智一・立教大学経済学部編	5,400 円
東アジア工作機械工業の技術形成	廣田義人 著	5,600 円
華北交通の日中戦争史 ――中国華北における日本帝国の輸送戦とその歴史的意義	林采成 著	8,500 円
物資動員計画と共栄圏構想の形成	山崎志郎 著	14,000 円
太平洋戦争期の物資動員計画	山崎志郎 著	22,000 円
高度成長始動期の日本経済	原朗 編著	6,400 円
高度成長展開期の日本経済	原朗 編著	8,900 円

表示価格は本体価（税別）です

日本経済評論社